民國時期文獻
保護計劃

成果

北碚圖書館 編

北碚月刊（一九三三—一九四九）

第一册

國家圖書館出版社

圖書在版編目(CIP)數據

北碚月刊：一九三三—一九四九：全五册/北碚圖書館編. -- 北京：國家圖書館出版社，2018.5

(民國文獻資料叢編)

ISBN 978-7-5013-6381-0

Ⅰ. ①北… Ⅱ. ①北… Ⅲ. ①期刊-彙編-中國-1933-1949 Ⅳ. ①F812.96

中國版本圖書館 CIP 數據核字(2018)第 050377 號

書　　名　北碚月刊：一九三三—一九四九(全五册)
著　　者　北碚圖書館　編
責任編輯　靳志雄
封面設計　敬人書籍設計工作室

出　　版　國家圖書館出版社(100034　北京市西城區文津街7號)
　　　　　(原書目文獻出版社　北京圖書館出版社)
發　　行　010-66114536　66126153　66151313　66175620
　　　　　66121706(傳真)　66126156(門市部)
E-mail　nlcpress@nlc.cn(郵購)
Website　www.nlcpress.com→投稿中心
經　　銷　新華書店
印　　裝　河北三河弘翰印務有限公司
版　　次　2018年5月第1版　2018年5月第1次印刷

開　　本　787×1092(毫米)　1/16
印　　張　193

書　　號　ISBN 978-7-5013-6381-0
定　　價　3000.00圓

『民國時期文獻出版工作委員會』名單

（按姓氏筆畫排列）

主　任　周和平　韓永進

副主任　于　群　王建朗　馬秦臨　孫光奇

張東剛　翟玉霞

委　員　王筱雯　方標軍　任　競　李西寧

李忠昊　李春來　李　培　步　平

吴建中　周建文　洪勇剛　馬振犢

倪曉建　徐欣禄　陳　力　張　勇

鄭智明　劉洪輝　謝　林　應長興

『民國時期文獻編纂委員會』名單

（按姓氏筆畫排列）

主　任　周和平　韓永進

副主任　王建朗　陳　力　黃修榮　程天權

委　員　王奇生　王開學　毛雅君　方自今

朱志敏　全　勤　何振作　汪朝光

金以林　周德明　倪俊明　徐大平

徐曉軍　高　紅　陳謙平　桑　兵

孫伯陽　黃興濤　楊奎松　詹長法

厲　聲　鍾海珍　羅志田

『民國時期文獻出版工作顧問委員會』名單

（按姓氏筆畫排列）

王建朗　王曉秋　金沖及　馬大正

姜義華　夏燕月　陳鐵健　章開沅

張注洪　張海鵬　張　磊　張憲文

楊天石　劉桂生

總序

中華文明之所以博大精深、源遠流長，不僅與未曾斷裂的文字記録有關，也與自古有『易代修史』和重視文獻收集、整理等優良傳統密不可分。明有《永樂大典》、清有《四庫全書》，都是有力的佐證。自新中國成立，特别是改革開放以來，我國日漸加大對古代各時期文獻整理和保護工作的力度，但對具有重要價值又亟需保護的民國時期文獻的重視程度尚需進一步加强。

民國時期是中國歷史上一個重要而特殊的嬗變時期，新舊交匯、中西碰撞，形成了社會轉型期特殊的文化景觀；同時，這一時期也是中華民族遭受外侮、充滿灾難的時期。僅從文化角度考察，一方面傳統文化得到進一步的整理繼承和批判揚弃，另一方面西方文化又强烈衝擊和影響著當時人們的思想與行爲。特别是馬列著作的譯介與傳播，不僅深刻影響著人們的思想意識，而且直接導致了新民主主義革命的爆發，并由此帶來一系列社會巨變。這些政治、經濟、文化、社會的巨大變革，形諸文字，輔之於出版業和新聞業的飛速發展，使得民國時期的出版發行業達到了空前的規模。短短數十年間，積纍了圖書、期刊、報紙以及檔案、日記、手稿、票據、傳單、海報、圖片及聲像資料等大量文獻。這些文獻正是記録、反映民國時期政治、經濟、軍事、文化等諸多方面的重要載體。

概括而言，民國時期文獻具有以下特點： 第一，數量衆多。據初步估算，民國時期文獻數量遠遠超過存世數千年的古籍總量，僅國家圖書館一館所藏就達八十八萬餘册。第二，内容豐富。該時期文獻涵蓋了政治、經濟、文化、軍事等領域，既有政府公報、法律規範等方面的文獻資料，也有豐富的文學作品。同時，電影及唱片等作品也大量出現。無論在内容上，還是在文獻形式上，均極爲豐富。第三，歷史和學術價值高。民國時期，中國經歷了内憂外患，中國共産黨領導中國人民開展了艱苦卓絶的革命鬥争，在中國歷史上寫下了輝煌篇章，産生了大量革命歷史文獻。這些文獻歷久彌珍，是研究中國共産黨黨史的珍貴資料。民國時期又是各種思想交匯、碰撞的時期，留下了大量記載時代印跡的資料，在政治、法律、語言文字、歷史等諸學科都留下了豐富的文化遺産，對研究民國時期的歷史，尤其是人文社會科學，有著重要的借鑒意義。第四，現實意義重大。民國時期形成的邊疆墾務、農商統計、中國經濟志、賑灾史料等文獻，對研究國家主權、邊境、民族、軍事以及農業、水利、經濟等均有重要的現實意義，同時也是開展愛國主義教育、革命傳統教育和國情教育的生動教材。例如，大量有關『東京審判』的文字記録、照片、影像資料，集中反映了日軍侵略中國的歷史，是日本軍國主義侵華罪行的有力證據。第五，紙張和印製品質不佳。民國時期正處於從手工造紙向機械造紙轉换的初期，所産紙張酸性高，加之印刷、裝訂等工藝的自身缺陷，造成了文獻印製質量上的先天不足，致使很多文獻出現了嚴重的老化或損毁現象，其保存難度大大高於傳統手工紙文獻。民國時期文獻的上述特點，決定了對其進行保護的思路必須隨著科學技術的發展不斷創新，如在文獻普查、原生性保護基礎上，充分利用影印出版、縮微、數字化等再生性保護方式，以期達到事半功倍之效果。

國家圖書館是國家總書庫，履行國内外圖書文獻的收藏和保護職能，爲中央和國家領導機關立法決策、國內科學研究和公衆提供文獻信息服務。文獻作爲一個國家的歷史積澱和文化載體，肩負著國家和民族的文化傳承重任，保存、保護和利用好這些文獻，是圖書館人的歷史責任。二〇一一年，在文化部、財政部支持下，國家圖書館聯合業內相關單位啓動了『民國時期文獻保護計劃』，旨在通過文獻普查、海内外文獻徵集、整理出版，以及文獻保護技術研究等各項工作的開展，切實有效地搶救與保護民國時期文獻。

文獻整理出版是保護計劃的一項重要内容，由國家圖書館策劃，將依據文獻的館藏特色、資料類型、瀕危狀况、珍稀程度和社會需求等方面，整合各文獻存藏單位所藏，彙集相關領域專家與出版工作者等多方力量，采取『民國文獻資料叢編』形式，統籌規劃、有序推進，成規模地整理、編纂出版包括民國時期政治、經濟、社會、文化、教育、外交等各領域文獻，努力爲社會各界提供豐富的、有價值的、便利的文獻資源。

中華民族的偉大復興，以文化復興爲標志。文化的復興，必須以弘揚傳統文化爲基礎。弘揚傳統文化，又必須以保護、傳承傳統文化爲前提。我們堅信，『叢編』的推出，必將爲民族復興、文化繁榮做出重要貢獻。

是爲序。

周和平

二〇一三年一月

本書編委會

序言

《北碚月刊》原名《工作周刊》，創辦於一九三三年，是時任江、巴、璧、合特組峽防團務局局長盧作孚主持，由嘉陵江三峽鄉村建設試驗區《工作月刊》編輯部編輯出版的雜志。一九三三至一九三四年名爲《工作周刊》，一九三六年更名爲《工作月刊》，一九三七年更名爲《北碚月刊》。該刊於一九四九年停刊。北碚圖書館館藏該刊共計四卷五十五期，其中缺《工作周刊》第四、五期，《北碚月刊》第三卷第七期。雖經多方查找，以期配齊成套，但終不得果，甚爲遺憾。

北碚原屬巴縣，位於江、巴、璧、合四縣之間，因爲盜匪出没，特組峽防團務局以資鎮壓，一九二七年由盧作孚接任峽防局局長。『這本質是一個峽區治安聯防機構，不具有地方政權性質』，但盧作孚却在此開展了轟轟烈烈的嘉陵江三峽地區鄉村建設運動。他以經濟建設爲中心，以交通運輸爲先行，以鄉村城市化爲帶動，以文化教育爲重點，发展文化和社會公共事業。短短十幾年間，該地區的經濟、文化、教育及社會秩序發生了巨大變化，呈現了與當時中國社會『城市化』『現代化』不同的發展景象，實實在在地實踐著另外一種現代化的理念。這種理念的特色在於『精神』和『人的現代化』的訓練，使北碚鄉村建設形成了如一股清流的『北碚模式』，爲抗戰時期成爲大後方的『小陪都』奠定了基礎。《北碚月刊》正是『北碚模式』建設的客觀記録和寶貴經驗的承載。其内容涵蓋經濟建設、技術技能、文化教育、社會調研等。如其刊行要旨所講：『本刊爲四川嘉陵江三峽鄉村建設試驗區主辦之刊物，其要旨爲介紹各地農村實況，傳達各地鄉建之進行辦法，及其精神與成績……總上幾點，皆爲本刊最低限度之任務，他如新文化之建設，復興民族運動之推进……皆爲吾人努力之標的。』今天看來『北碚模式』仍有很多值得後人借鑒和思考的地方。作爲當時北碚官方發行的刊物，可以説《北碚月刊》爲當時的『政府工作報告』。創辦此刊的目的有兩個：其一，總結工作，發現工作中的錯誤；其二，開展工作計劃，内容包括主席報告、轄區各機構報告等。作爲地方刊物，詳細記録了北碚轄區各機構工作動態、當時的社會生産等工作經驗總結，是這一時期北碚社會發展最詳實、連續的史料，對於我們研究那段歷史提供了寶貴的歷史文獻資料。

二〇一八年，北碚圖書館迎來了建館九十周年。九十光陰，回味悠長。九十年來，北碚圖書館始終不忘初心，與讀者執著堅守，砥礪前行。此次再版《北碚月刊》，不僅是對北碚地區相關史料的收集整理、對民國文獻的保護利用，也是對歷史的敬意，更是對北碚圖書館建館九十周年的獻禮。

重慶市北碚圖書館

二〇一八年三月

總目録

第一册

第二册

第三册

第四册

第五册

第一册目録

中華民國廿二年三月廿三日（星期四）

工作周刊

第一期

編輯者　中國西部科學院　江巴璧合特組峽防團務局
發行者　嘉陵江日報社
出版期　每星期四出版一次
價值　每期四仙訂閱嘉陵江日報者隨報贈閱

「工作週刊」所貢獻的和所貢獻於(工作週刊)的

作孚

我們的工作，工作的方法，和工作所得的成績，是我們自己應得知道的，是在我們一个集團當中共同共作的朋友應得共同知道的，是在凡社會上工作的朋友都應得知道的。有兩个推進工作的原動力：第一个是時間的，隨時需要知道我們的進程；第二个是空間的，隨時需要比賽有人。

報告我們的工作，兼有這兩个意義。

有兩个指示工作的羅針：第一，明日工作的計劃，須根據於今日工作的成績；第二，自己工作的錯誤，須借鏡於他人的指陳。

報告我們的工作，兼有這兩个利益。

所以我們自有工作便有週會，自有週會便有報告，所報告的都是工作，工作的方法和工作所得的成績，有時因工作豐富而使報告豐富，亦有時因報告有意義而使工作有意義。

我們曾經研究牠，欣賞牠，抓住牠。然而只有批評沒有記載；只有影子，沒有痕跡。三月十九日，峽局門外的週會，尤其是內容豐富而有意義，尤其是我們值得紀念的。遂決定從這週起將報告內容記載起來，發行一種(工作週刊，)由科學院與峽防局聯合舉辦，

我們的工作是繼續不斷的，

我們將從「工作週刊」看出各位的前進不斷地而且加速率地前進，即以此祝各位。

三月廿一日週會中之工作報告

主席（盧作孚）報告

今天要報告的第一件事，是剛才與醫院商量的關於醫院募捐的事，醫院爲了建築房屋和點種牛痘必須募捐，募捐却必須有方法。需要捐款見人便募，募得便完，是一个方法，但是一个最失敗的方法。如見參觀的人動輒募捐，則參觀的人會不來了；見醫病的人動輒募捐，則醫病的人會不來了，所以這回醫院募捐，必須先定一个精密的計劃。不但醫院募捐，今天以後我們任做一椿事業，都得先定一个精密的計劃，才不致于動輒失敗。

醫院要建築房屋先得定一方案，繪成圖畫，列出預算，製定異於尋常的募捐表册，這表册上捐款人姓名之下，須有數目三欄：第一欄，是所捐金額，第二欄，是連前共有金額，第三欄，是尚差金額。例如建築一間房屋需銀三萬元，某先生捐銀一千元，連前已收之捐款共有五千元，尚差二萬五千元。收得捐款時除給收條外，還須有謝函，還須登報誌謝，而又將報寄去，皆所以安慰捐款人。甚麼時候捐款收齊了，甚麼時候房屋動工了，甚麼時候房屋完成了，甚麼時候住滿病人了，甚麼時候爲捐款人留有紀念了，都要拍照影片附函寄贈與捐款人，這樣安慰捐款人，才是募捐有效的方法。

我們開口向一个人募捐，還得斟酌這个人是必能而且必肯捐款的，才不至於難爲他人，丢掉自己。假定我們覺得來了一位參觀者是可以募捐的，引他參觀了醫院內容以後，便應請他參觀壁上，所陳列的建築新醫院的計劃，圖畫，預算，和捐款人一覽表，供他比較追些都是促起人捐款的利器，我們必須細緻地，殷勤地運用牠。我們提出募捐的請求必須充分予人以考慮斟酌的自由，絕不出諸強勉。人如稍有爲難的表現則立刻亂以他語，不使爲難。這些都是盼望醫院募捐十分留意的問題。

第二件事是每人要集中精神於自己的中心問題，要天天在中心工作上繼續前進，天天接觸與自己中心工作有關的人討論中心問題。可是我們往往沒有勇氣在一種前途遙遠的工作上支持，好像必須天天尋求不相干的人，說不相干的話，做不相干的事，以安慰自己似的。其結果乃至於任何事業都無所成，這是足致死亡的病症，必須急切療治，

督練部報告

盧子英

本週間工作較有積極意義的：

第一、屬於救護人羣的，是峽局今天又下了一個討伐令，更拜了一個大元帥羅代榮，率領了十個集團軍，三十路司令去討伐天花魔王，並任有集團軍之總司令周仁貴，漆聯金，杜大華，彭彰伯，羅正遠，高孟光，朱春濃，黃尙榮馮禹夫等十八人現已決於早飯后就兼善校三峽廠兩較場演武演武，更決于又明日拂曉號炮一響，便浩浩蕩蕩的於是乎東西征，南北討，大張撻伐那天花公敵去了。

至於此次所用的戰略戰術，與夫戰爭經過或結果，則一切請容在嘉陵江報上發表。

第二、訓練方面的，有民生公司現在新招的茶房三十八名，未來或者還有練習生等都相

繼來峽試受軍事教育，至於此舉的中心意義，是因爲軍事的生活是一種紀律的生活，所應用以訓練和所應用以管理一切的方法，是一種科學的方法，所以世界各國無論是經濟的或甚至於文化的，幾多事業也多引用他的組織訓練以去增進他事業的能率，民生公司也不過在此效尤而已。

再就消極點說，是要幫助維持事業生命的安全，例如在行船上有些便足以藉資保盜匪險，這樣對於社會不是又更多一點幫助嗎？同時他們也於此受服務方法的訓練，可說是以學行一致爲中心的試驗教育試驗動的教育，其辦法請容事畢才來報告。

第三、有一件合作的事業，科學院峽防局聯合經營的，就是最近即將成立的屯墾隊，在辦法已是早由盧指導員擬好了，大概在一個月間即可實行，這事業的動機，不僅在幫助解決峽局一部份官兵的生活，或科學院經費的補助問題，更企圖的是墾殖的試驗成功影響到邊地去，並影響到軍隊去。

第四、再有峽局的一個破天荒事件就是「編遣」，在峽局大則因了世界經濟的恐慌，小則因了國內的災禍頻仍的影響所以經費收入銳減不得已於是厲行緊縮，同時更因了部隊的整頓關係，於是編遣至於士兵五十三名之多，在最初官長們以爲被遣的士兵，或許不免悲慘之至，乃當時一經宣布與解說，被遣散者却滿面歡喜，他們簡直當着歸休一般的高興，似此狀況，一方面在秩序上說，似乎是好的現象，然而他方面的確是一個最不好的徵兆，因爲他們相處有時，對於峽局公誼私情都無留戀，此可以想見峽局、意義尚未昌明，官長職責多所未盡，太少下訓練工夫，他們原是新兵來還是新兵去，萬望官長特別注意。

第五、督練部遲至於昨日始報正式成立所以今天週會報告，改用這個名義。

總務股工作報告

楊紹賢

本股報告的有四點

一二、(從略)

三、兩月前縉雲寺漢藏教理院請託本局函知澄江二岩黃角歇馬北碚各鄉鎮長調查當地極貧無依之老弱男婦意欲設法施賑曾經兩次函達並限三月十五日以前造册送局乃限期既屆僅北碚黃角兩場送來計北碚貧民男女共四十一人黃角鎮男女共二百九十九人隨歇馬鄉亦列册送來共男女四十七人册中未塡住址復查必難着手就這一件事看來一催再催仍有不照辦的其困難可知了這次調查數目以黃角樹最多一個地方有二三百人沒有飯吃其問題是如何的嚴重然而向來都少人注意所以形成今日社會的不安若果切實調查恐怕沒飯吃的人還不止此吧

四、近有遂縣教育局長符靜僧君來函索取本局各種單據表册意在倣效此間辦事方法業已將一切表册搜齊寄去又符君函中說「儉德二字其義常新」符君曾在此間辦事欲以此間之節儉風氣在遂縣教育界中極力提倡商量推銷三峽廠布疋一則作學生制服一則提倡國貨供給社會養成儉德風氣這事己復函請就近向廣安售貨處接洽推銷其辦法先交押金一半再覓妥當商號担保

政治股報告　　黃子裳

政治股報告，本週工作，我們算一算，政治股有人三個有事三椿，第一是在政治股的，本週編好峽區事業常識民衆教材，在斟酌字句間，會同趙主任絞了不少腦經，第二編嘉陵江報，報紙的編輯是朱樹屏，現赴戰地攷察去了，代理編輯袁畊又到富順去了，剩下來的工作，是政治股的第三民衆教育辦事處，本週對於工人教育，在工廠開會，有一次商量，對於施行工人教育的步驟，提出了許多口號標語，是三峽染織工廠，工人都要識字，識字的工人，幫助不識字的工人，工人儲蓄起來，增加生產，降低成本，推廣銷路，穩定三峽廠的基礎，工廠資本，今年到十萬，明年到十二萬，後年完成第二廠，等等，本週即開始工人識字教育，實行第一個口號，

地方醫院報告　　蒙炳元

醫院本週的工作在治療方面計普通人內病九十名外病一百四十一名本局各機關內病一百一十一名外病三百零一名總計人數六百四十三名收入方面計掛號費洋一元二角三仙正藥費洋五角共洋一元七角三仙正

審計股報告　　魏策芳

審計股本週的工作可分四點報告：

第一，第二，第三，（從略）

第四　這三月份上半月來的收支情形在收入方面碚卡收洋二一四五、三〇〇乾卡收洋三

九、一二五鹽卡收洋二三六元共計收生洋二七三〇、四二五在支出方面總共支洋三四六四、五四九品迭支出超過收入七三四、二四、

圖書館報告

袁白堅

圖書館這兩週都是集中力量在編目，一人分類，一人寫製標目，二人分寫目錄卡，好多人都以爲圖書館的人，不過把書守着，有人來取，便取給別人，是很清閒的，就懂一點的人，他也以爲圖書館的工作，不過是編目罷了，今天放下其餘，單舉編目中最小的標目來說，也有好些手續，平常大家見着書籍上貼的寫着號碼的書標，有個一致的想像，就是「寫起貼上去，」好像非常容易，但實際幷不如此，第一寫的字體要一致，寫好了晾乾后要校一次，然后用一種潔白稀薄之漿糊塗上，塗時要下細，不然就將字跡擦花；晾乾后，再以亮油塗上，——這種亮油係標目專用在滬購來的——至于貼時，照圖書館規定，距下邊一英寸高的地位，所以就須得用尺子量好，用鉛筆把記號打起，然后貼上，必須這樣，才得整齊美觀，號碼才不致錯誤，保持永久，不致糢糊，平常朋友那知道貼個紙圓圓還有這多的手續呢？

再說圖書館負責辦的民衆夜課學校，開學兩週了，開學時，到學生三十幾人，中間二十以上的男生，只有一個，其餘都不像成人，而又是合乎民教辦事處的十二歲以上的規定，都是十二三歲的孩子，在攷查之下，就發現一個問題，因夜課學校不收學費，贈送書籍，畢業還有獎金，有些從前本來住學校的，爲想便宜，現在不住學校，改入夜課學校了，所

以我們就想向民教辦事處建議，非成人絕對不收，并改十二歲以上爲十六歲于是我們遂決定以一星期行間課，再發招生廣告，叫學生大家介紹，一面盡量裁減小孩，招收成人，到現在共有十八歲以上的十八，十六歲以上的二十餘人，普通教授可教授六十八，我們也打算招足六十八，至于教授法，因教員都是圖書館同事，時時有商量機會，第一就發見講師只知講解，不留意學生程度，這一點改正以后，第二就是要大家預備，預備不是翻字典找材料，因爲課本很淺，用不着這樣，是要先預備講這一課所有的方法有一位講課聲音太低，不能提起學生精神，因此秩序不好，并且純是不用方法的直叙，有一位說話時用力過大，秩序雖好惟使學生在威嚴之下，容易感着上課是一件苦事，并在講話時，還希望活潑，以上發見，在前晚峽局會畢，大家轉到醫院共同吃飯的桌上，順使商談一度，是夜實驗，都覺得彼此教法，都顯然有了進步，

第二特務隊報告

劉騏良

本週因爲白廟子民練撤消，市政治安，全由本隊負責，那個地方，居民又複雜。盜案糾紛，隨常發生，我們用全幅精神整理一週，至今始覺稍有秩序現在將工作情形報告大家：

(一)規定事項(略)

二、規定棧客時間和登記　白廟子煤炭既多，挑夫雲集，住宿並無一定，甚至通宵來去無由清查，實屬紊亂秩序，特規定各棧晚間十一鐘后停止棧客，並須一律登簿，以便清查。

三丶規定挑炭辦法　白廟子炭幫規定每挑八角，重百二十斤，有力氣大或奸心的夫子以兩人挑三挑，將字據三張一人拿起，出煤后收力錢，奸心的趁人多時候將票據交與收炭人，亂指遠來一挑作證因此時常發生失炭情形，故特規定每挑須將炭票放於炭挑內，以便一目了然。

四丶五丶（從略）

（二）案件事項（略）

本週以前專管鉄路秩序，常感無事可幹，生活異常枯燥，現在將白廟子市政一併管理又覺事務繁多，時間不濟，人數不敷分配，但精神則較從前快慰多了。

理化研究所報告　黃治平

本週工作分兩點報告（一）室內的：分析煤炭：A北川鉄路沿綫煤礦已分析完竣B現正開始分析縉雲山脉煤礦本週己分有七八種在分析當中不日可以得出結果（二）室外的：：採集煤炭標本：由黃角樹起至麻柳坪止沿河兩岸共採集標本三十種時間四日人員二名已工作完畢

第一特務隊報告　吳定域

本隊現正進行的工作分兩方面說：

（一）對內

1. 衛生丶凡士兵飲食沐浴被服等，力求清潔，以重衛生。

2. 教育　北碚辦有平民學校施行平民教育，我們覺得隊上的兵也是平民，也應該辦平民學校教育他們因此我們在隊內辦了一個平民學校，由官長當教員，凡士兵識字，常識，言語，態度，均加以切實教導，尤其對不識字的要教他們都能識字。

3. 秩序　凡公物單據表册等的放置，皆須整理有序。

二、對外

1. 清潔　由市面清潔，市外清潔，進展住戶人家清潔，因為出病多由街面以外的地方。

2. 治安　先防于未然，凡查號，巡查，偵探來往之過客船隻等，皆特別注意。

動物園報告

郭倬甫

動物園的工作分三項報告：

一、是赴渝搬運動物　本月十三日，我到重慶民生公司報告局長，說明下來搬運動物，午后卽同局長和公司職員，乘民富汽船到民康船上，接收在上海所購的大批動物，附帶參觀船中各處及活動情形，都和公司一樣，覺得一些人工作都很緊張，个个都是很忙的（下略）

二、建築　現旣忽然增加了許多動物，牠們須要住的地方感覺不敷，故昨前兩天都在準備修鴿籠鶴籠水池等計劃，並造具預算俟核准後卽動工，至於原來建築的熊洞，日內工作可告完竣，我們工程計劃之時處處想顧到四个要點（一）經濟花費少，（二）適宜動物生活，（三）藝術，使人見着不討厭，而且感與味（四）便利遊人參觀。

三、孵化　二月間始行天然孵化，的火鷄兩抱，都已出雛，一抱係初次生產，不特卵小，連雛亦小，而且很弱，雖是十四枚卵中得雛十一个，而死亡竟達十个之多，可是老母鷄就不然了，十三枚卵中出雛四隻，而今仍存三隻，足見母鷄不健壯，決不能行交配，亦證明了早婚的害處，又孵化絨毛鷄一抱，不久亦可出雛，因爲參觀來賓很多索購，所以應該極力繁殖，以供需求。

四、剝製　自從康成德技師到院以後，積極進行裝置工作，現已裝成大小標本六十一件，小鳥工作甚易，每日可裝二隻，而大的如豹子之類，至少一週，乃至兩週，方能裝成，而且不易裝好，現在所作雖多，而都是瞎子，均未生眼睛，（玻璃做成的）已匯款至北平購買，又在土沱玻璃廠交涉試作五十對，北平買的今已寄到，有眼珠二百九十五付，可是還很希望本地玻璃廠能悉心研究，使出品精價格廉，不僅金錢不外溢，且爲社會的一个貢獻。

第三特務隊報告

劉學理

今天報告本隊的工作分

A　隊內與隊外，第一，隊內，本隊三月二日全部開往夏溪口，當時鑛務警查所有應撤未撤的兵一班仍住彫樓上，經許多交涉才將原住的兵移開到附近地方駐起，本隊始得入內駐紮，現在報告駐紮的情況，

（一）清潔　碉樓裏面骯髒極了角角上口痰而起很厚我們分組先掃后洗后來用石灰粉白現

在巳經總算弄得很乾淨了

(二)工作　碉樓原來形狀是一个孤堡官長士兵深恐不周到現正巳派兵挑泥磊石築坎砌牆直接便于管理士兵間接也可防禦匪患

(三)訓練　爲了維持市街的淸潔礦場的治安改良舊習慣起見我們每天抽時間對士兵講關于警務方面的常識一次更要士兵出巡把所見所聞的報告出來便將事由經過及處理情形作爲教材這些便是本隊最近的工作

我們自到夏溪口以后人民與我們很相安不過市場上偶有少數人專作無中生有之事想對我們激起意氣鬧成問題好藉口…………我們却忍耐不與爭執(下略)

第三特務隊報告

戴大春

剛才劉隊長報告工作是對內的個人要報告是對外的—就是社會工作可分四方面；

一、淸潔方面　因本隊到達夏溪口見着街道骯髒不堪，實屬有礙衞生，才在本隊選擇善於說詞的士兵十六人由官長一一加以訓練向人民宣傳掃街的意義，及衞生的重要，第二天本隊士兵分爲六組、每組士兵六人，由官長率領在夏溪口大掃除，該地的陰溝簡直多年都未輸通，於是日由士兵幫助輸通，担了陰溝泥一百五十三挑，工作完畢，後來檢查各街淸潔，現時地方人明瞭掃街的意義和衞生的重要，以致自動起來掃街了，

二、治安方面　(1)規定各旅館不准窩留娼妓，每夜住宿客人須將來歷問明方准登記投宿以便視查(2)規定煙館每夜十一點一律息燈，不准藉故宿客(3)嚴禁各色人等賭博。

三、秩序方面　本隊應人民的請求，幫助維持澄江口菜市秩序，原先的菜市，是在該場的路邊，人民感覺交通不便，請求本隊計劃一新的菜市、所有各種菜蔬均移在廟裏，人民趕場往來，再不致擁擠了，又澄江口原來有棲留所，宿有許多的叫化子，無人照閑，場近隨時發生小偷，人民也請求設法取締，本隊現巳派兵調查，如年壯的十七八歲的，勸其担炭謀生，老的可暫住該所編成册子，本隊現在每夜派兵點名，若不到的作偷竊論罪，並一律驅逐，自此以後，小偷案件，沒有聽說了。

四、擬辦的事，第一想辦民衆夜課學校一所，因爲那个地方學齡兒童四百多人，僅設有公立小學一所，故一般無學校讀書的很多，本隊打算成立民衆夜課學校一所，使其任何青年工作餘暇，都有來讀書的機會，第二準備辦民衆俱樂部，我們調查夏溪口戶口二百多家，煙館就有四十多家，幾乎每十家人便有兩家煙館，而且茶館也不少，當中就是賭場，人民無事，不進煙館，須進賭場，自本隊嚴令禁賭後，不得不爲一般民衆圖謀一種正當娛樂，使其恢復疲勞，增加興趣，打算更要開辦公共體育場，促成民衆體育技能，巳商定燧川實源兩廠承認出地方，本隊出力

特務學生隊報告

羅代榮

本週特務學生隊的學課，照表實施無缺、術課操到軍人散兵止，學科是應術科進程教授的，今天報告的是追述盧局長前次回峽給我們一點教訓，因爲那天我們請問盧局長，對特務學生隊施教的方法，局長答說『隨時隨地要造起生活的意義，并且要使學生明瞭生活的意

義，尤須要因地因事因人而施教，』我們得到局長這番教訓，連想到特務學生隊，將來應負的使命，是教導民衆，是幫助民衆，我想這批學生將來有無教導民衆的能力，還是一大問題，不過幫助民衆這個責任，是要特務學生隊將來負起的，因爲這樣的關係，我們才利用前週的今天（星期日），將學生全隊帶到黃角樹場去做清潔運動，在那天清潔運動的辦法，分下四個步驟，

（一）準備漫畫的傳單

（二）研究宣傳的方法

（三）分組步量街長

（四）分段實施掃除

當日實行清潔運動的結果，全街市民都欣欣然有喜色說，今天承各位先生來幫我們把街掃了，好像街面都寬了些，比過年還好，我們勞動的學生，見着民衆這樣的歡喜，他們自身也安慰，回思那天，宣傳以后，只有兩個學生，對社會生了很大影響，一個是朱心培，在他担任宣傳那條街以后，聽得有許多人，將他所宣傳的話，轉宣傳于人，這是他宣傳得法生了效果的一個證據，第二個學生叫曾聯陞，他向一家飯食館子的老板說，「請你把一切食料及器具弄清潔」，起初那個老板對他所說的話似乎漠不關心而且還對他表示不願意的神氣，曾聯陞見他不納善言，就向他警告說，你如不把一切食物弄清潔，我們下次來檢查，要在你館子門前懸掛（這家館子食物不潔淨）的一塊招牌，那個老板聽得這句話，不覺悚

然連忙說『哎呀，先生你這樣做法會弄得我這家館子賣不倒錢，我就聽你們的話，把食物弄潔淨就是了，』我認爲他對付食物館子的方法，値得供獻本局特務一二三隊同事官兵的考，再有那天清潔運動完結以后，我邀同當地王鎮長前往各街視察各學生清掃的成績，同時向他商量繼續維持該場清潔辦法，他很樂意的說，今后每天派他那班團丁督促民衆掃，并且禁止場上放廠豬，一面還要設法雇清道夫將來要與北碚市場比賽清潔，這位有勇氣的王鎮長，還希望嘉陵江報社的朋友們送一張報紙給他，作最后的助力好麼（完結）

主席（盧作孚）批評

聽了今天的週會報告，想着一樁事業，是應該舉辦的，是應該從這一週起舉辦的，是應該從今天的週會報告起舉辦的，就是我們每週有工作，每次週會有報告，應該以這種材料發行一種工作週刊，而就以今天週會的報告作爲第一期週刊的材料。

今天週會的內容很豐富，尤其是意義很豐富，是應該一點一點地提出來介紹與大家的：

第一是督練部盧督練長子英的報告，第一項用動員的方法描寫種痘的預備和出發，是很有意義的，我們敘述一件事情，往往不引起人的興趣，但另用一個方法描寫得很靈動，則聽的人興趣昂然了，只可惜後來事項理論稍多，事實嫌少。

第二是政治股黃主任子裳的報告，當中最値得注意的是工人教育是工人教育中間的一標語和一些教材，一個標語是識字的工人要幫助不識字的工人，促起人幫助人，是我們今天最緊要的工作，一些教材是如像教工人儲蓄，教工人造成一個偉大的三峽染織工廠，我們教人的要點就是在教人生活的方法，並教人造成一個社會的理想而去努力實現牠。

第三是審計股魏策方的經費收入和支出的數目字上的報告，中國人最怕數目字，做事不求正確只問大概，我們必須改正過來，要求數目必須正確，必須養成一個習慣。

第四是圖書館袁主任自堅的報告，最小的事情如像貼一張小小的書上的標籤，亦有很多的麻煩，很大的困難，我們便不要把天下事看得太容易，認為自已能辦，他於民衆學校，一方面實施，一方面攷察，一方面研究辦法，而且幾個實施的朋友，遇着機會便相互研究這樣不忘自已的中心問題，而且集中力量去解決牠，這是我們急切需要的精神，大家都需要集中力量於自已的中心問題，少做不相干的事，少會不相干的人，少說不相干的話。

第五是醫院蒙炳光的報告，完全是數目字，極其簡單明瞭，我們留意數目字是要從數目字當中找出問題來，醫院，報告的治療人數普通病人不如各機關，各學校，各隊多，而各機關各學校各隊總共不過幾百人，普通人不知要多若干倍，而到醫院看病的倒反轉比較少，這究竟是因為各機關各學校各隊的病人特別多，而普通人病的特別少，抑或是因為普通病人雖多，而相信醫院的特別少呢？這倒是一個值得注意的問題，望大家研究研究牠。

第六是動物園郭倬甫的報告到重慶取鳥獸看見民生公司和民康船上的人，都非常忙碌，，非常緊張，希望我們為了社會活動，亦緊張起來做事說話走路都要忙碌，莫太從容。

第七是第一特務隊吳隊長定域的報告，士兵也是平民，我們施平民教育，應該首先施到士兵身上，他對於北碚清潔運動，不重街前，而重街後，並且決定深入市民的家裏，每椿事情都應該辦得這樣澈底。

第八是第二特務隊劉隊長騏良的報告，以前只知維持鉄路上秩序，好像沒有事做，而今担任白廟子市場的整理，才覺得早晚忙碌，才覺得時間太短，我們工作起來會感覺時間太短，總算是一種進步了。

第九是第三特務隊劉隊長學理的報告，因爲峽防局奉命派特務隊去住下溪口，很使一部份人感覺不安，想激起意氣，鬧成糾紛，而特務隊却事事謹慎，決不與爭意氣，與鬧糾紛，這是我們作事最要緊的方法，我們的精神必須集中於我們正面的事業，所以必須消滅意氣，避免糾紛，而且戰勝人的方法，用意氣去加強人的意氣，决不如不用意氣而用幫助人的精神去消滅人的意氣，而且進一步取得人的同情，這才算是獲得全勝，

第十是第三特務隊戴大椿的報告，以士兵幫助人民清潔街而和街溝，並先教士兵去向人民宣傳，每一個人都需要有宣傳的能力，每對社會做一樁事，都需要有宣傳的工作，這種程序是非常重要的，他的報告當中每一樁事都注意到社會的攷察，而且注意到數目字的攷察，例如見着煙館就注意煙館的數目，並與住戶的數目的比較想到實施民衆教育便調查現有學校和學生的數目，這都是我們解決社會問題必須先有的工作，尤其有意義的是禁止賭博之後提倡正當娛樂，設體育場和俱樂部，

第十一是特務學生隊羅隊長代榮的報告，黃葛鎮清潔運動以學生隊去担任，是非常有意義的工作，不但於黃葛鎮有帮助，於學生隊亦有幫助，尤其值得注意的是他們的內容，第

一是在事前有確定的計劃，我們應得養成習慣，每做一件事都事前有計劃，第二是他們宣傳時想到一種對館子掛牌的方法，如果一个館子不清潔，在門前替他掛一塊牌寫明這館子不清潔，人就會怕去吃牠，這種方法頗有效，如果從正面做一个館子最清潔，在他的門前掛一塊牌，寫明這館子最清潔，豈不更有意義嗎？第三是他們運動鎮長請他去看一週，而又送登載這椿事情的報紙去請他看，用這種包圍的方法，是社會運動最有效的方法，尤其是我們作一次清潔運動之後應該鼓起當地人繼續工作起來。

綜合今天的報告，內容和意義都豐富，都是由于一週以來我們有豐富的社會活動，今天算是從我參預週會以來報告內容最優美的一回所以主張工作週刊從本週起，今天的報告列入第一號，而盼望從今天起我們的週會報告更進步，我們的社會活動更進步，

（按以上說話的次序，是依着時間先後排列的，並不是發的一个榜次）

中華民國廿二年三月卅日（星期四）出版

工作周刊

第二期

編輯者 中國西部科學院
江巴璧合特組峽防[redacted]團務局

發行者 嘉陵江日報社

出版期 每星期四出版一次

價值 每期四仙訂閱嘉陵江日報者隨報贈閱

致開會詞：

袁伯堅

特務學生隊種痘歸來，科學院，峽防局，工廠，銀行，四機關全部人員，於開週會時間，即席歡迎並代表致詞。

峽局近來因爲破獲一個匪巢，救出一個被綁的孩子，引起了社會上許多人的稱許，同時那孩子的家庭，更登報聲明感謝骨肉重圓之賜，假使我們更破獲一個極大的匪巢，從死裏救出幾千乃至幾萬的孩子，其震驚社會的力量，當更如何？可是這樁偉大的救人工作，我們已經做了，就是諸君這次出去做的，不過不是從匪裏救出去，而是從比匪更厲害普及的天花魔窟救出來這數萬的孩子。

峽局之普遍種痘，係從十六年起，每年春秋兩次舉行，一直到現在、未嘗間斷，最初的時候，一半人搗亂，懷疑的要靠我們用書面去勸去拉，搗亂的要靠我們的事實的證明與効果來消弭，到了最近，不要我們勸人而人自動請求了，如這次，事前來催問種痘的不知若干，這樁偉大的救濟事業，已成峽區數十場鎮人民唯一相依的了。今後要使那一年停止不辦，立刻引起恐慌，而且是我們內心所不許的，

今天舉國混沌，各自爲謀，一切人的活動中心，都是只爲自己，以及自己的家庭，莫有人肯爲人務服，地方上公衆福利的事情莫有人做，更莫有人肯爲公共而犧牲自己一點，這次諸位可算是純粹爲公衆服務，特務學生隊，將來本是專做爲人服務的工作的，這次

也可算開始的第一次，所以今天週會當中的歡迎會不僅是膚淺的慰勞，因爲爲人服務，還有更勞的時候，今天是以特務學生隊爲人服務，特務學生隊，開始爲人服務，這兩點意義上開這個歡迎會的，亦卽是慶祝諸位開始爲人服務而凱旋的，現在要聽諸位的報告了，畢！

代表出發種痘者的簡單申明

盧子英

個人出席是申明，不是答謝在答謝一項，自有各集團之事實來代表一切。

此次出發工作的意義有六點

①爲救人而種痘

②爲民衆教育的關係特別宣傳衞生……常識等等

③介紹峽區各事業內容與精神
④連絡地方人物與事情的合作
⑤訓練學生調查社會認識社會
⑥訓練學生辦事方法與服役精神

至於籌備一切都是學生們自行設計在工作以前又曾多事演習廣以此次種痘得有一帆風順的勝利

現在算是凱旋歸來了，已有結果了，不過這個果子還未成熟啊！因爲一切還須加以精緻整理，但是，突如其來的要作完善的報告，時間太成問題，再勉强都來不及，例如正規的報告方式，是要全部的種痘成績，消費比較等項的統計，須得分工加以整理乃能成功的。現在急切需要全部成績的報告，那嗎祇好將就現有的原料，馬虎的托出，而按各集團的序列，以行報告罷了！

這樣辦法，意義能發揮的，定是很少，或許聽者方面，對於要領都不易得，有負各位熱烈的期望。但，倘使因不便而遂停止報告，則在工作者的良心上，那更過不去，故祇好就報告。祇好在報告之前，申明「非常抱歉」。

此外還有附帶要講的，是幾句恭維的話，此次出發人員，他們熱誠的精神，紀律的精神，勤務勝任愉快的情節，秩序有恆的精神，應請大家都加以注意注意，

還有更要注意的，是此次種痘運動不僅學生有了事物的經驗，

戰鬥能力的進步，尤其是各職員對於訓練部屬的本事也有非常的成功。這都是由於他們共同一致活動的原故，至於此次一次組織調查宣傳等等辦法與成就，諸看以後出版的報告書好了。特務學生隊分組十集團種痘，工作報告，（另載峽防局種痘報告書茲從略）

種痘報告：在種痘工作上得到的一個教訓

宋春濃

這次出發種痘，第一集團分一二三路，第一路駐沙溪廟，第二路駐草街子、第三路駐響非溪，關於種痘人數及所消耗的數目，剛才已由特務學生隊的幾位同學報告過了。我所要報告的，就是我們這次在工作上得到的一個教訓，就是人類的行為都是相互影響的。

當我們第三路到達鹽井溪時，正逢着塲上演戲，又加以次日便當塲期，我們想利用演戲的機會，於當日用全力宣傳，使鄉下的人，第二天趕塲之便，都把小孩帶來種痘，所以我們實施種痘，便在次日才開始，當我們把欒攤子擺好的時候，周圍都圍滿了人，但大家都觀望着不敢上前，我們用多種方式向他們宣傳，而來的人還不十分踴躍，最後我們除了向各個人勸告之外，並叫已經種了痘的人，都去約他們的親戚朋友來種，這樣一來，我們便增加了很多有力的宣傳員了。當天從午前八鐘起到午後五時止，繼續不斷地種了兩百多人，乃至我們連午飯也沒有吃成，所帶去的痘苗，已僅存三分之一了，這樣踴躍的來種痘，自然是因了我們的宣傳，而最有力的，還是他們的相互影響，於是我們更覺得在社會上造起良好的習慣以影響人，算是很重要的。

種痘報告，種痘以外的社會觀察

羅正遠

社會是相互影響的，不但好的可以影響社會，使其爲好，而凡壞的亦能影響社會，使其同歸於壞，例如現在峽區各場，都在比賽唱戲，總計峽區場鎮，以唱戲來說；現在已有六場之多，那六場呢？鹽井溪，灘子坎，雙鳳場，文星場，土沱，靜觀場，並且還是同一時間，以金錢消耗計，平均起來，每本暫以四十元計。又每場唱戲的本數，至少在十本以上，以至於二十本，平均以十五本計，那末各場，最低也要唱九十本，戲錢就要花三千六百元之多，唱戲就必有人看戲，看戲就必有人酬客，而酬客定要用錢，類如這樣的往來應酬費，至少也要糜耗萬元左右，還有賭博，凡在熱鬧場中。賭博的輸贏極大，平均每場總在萬元上下，六場就有六萬元，加以戲錢應酬費等，差不多有十萬元之譜，我們試想，若以十萬來辦一學校，不知要造就多少人材，若以辦一工廠，其發展當未可限量，若以之幫助國家抵抗暴日，最低限度也要購一架戰鬥機或一尊大砲，設有愛國者，能將此種浪費，都節省起來，集中去幫助國家，禦侮抗日，雖不能踏破東瀛三島，至少也要將失去的東北四省奪回。

我這次出去在各場中，看見很多的人，都帶有幾分賦閒氣象，一天專門閒話，做廢事，或坐茶店上談天，或搓四圈麻雀消遣，以「在耍」「無事」為闊綽，為漂亮，以我在口口口所見到的紳士們；都相互恭賀唱戲，或口先生壽誕，或口先生口先生誌慶……與那些親友同賀的戲報，（下略）

口口場上的烟館，多於飯館，賭錢的人，要占全場人口的五分之三，麻雀戰爭，晝不足而繼以夜，真有蔡廷楷馬占山之精神，其作戰將士，夫去妻來，父息子繼，子退女承，作循環式的戰法，實可與南宋的楊家將，唐代的薛家兵後先輝映咧！我們試想，以如此光陰，如此精神，如此金錢，而整日消磨於無謂的娛樂上，人生的意義何在呢？有如此多的遊手好閑光吃不做的人，我們偌大的中華民國，又不亡何待，素號地大物博的四川，形成今天以前的現象，我想這些都是原因啊！

場的市政和衛生，我且舉一個茶房對我說的話介紹給大家，就可以想見一斑了。我們寄住在鎮公所，開的茶社的一夜，我們解便時尋不着廁所，問茶房東池在那裏，他說：「不要緊，就撒在街上罷」我們很詫異道：「街上豈不成了一個公共廁所了嗎」？他接着說：「可不是嗎，我們街上，每夜聽着撒尿的聲音，好像是落雨一樣咧」。同時又有一人說：「恐怕下頭的小河，會要漲水呢？」於是我就向特務隊同學開玩笑說：「陌房宮的渭流漲膩，棄脂水也」□□□的河下漲水，遺小便也。

我這次看見該場鎮公所，祇懸着是報社的招牌，連一本殘書一張濫報祇也找不出，我們轉來取道鹽井溪，草街子也是同樣的，在鹽井溪最足使人憑吊嘆息的，就是那裏闢的籃球場，不但沒人運動，簡直成了豬兒市了。可惜那價值十五元的那對圈子咧。

以上所說的話，都是此回出去種種見到的事實，並非揑造，假使一個人不入社會裏去：便不清楚社會 由此！可以證明局長常說，「不入社會，決不知道社會，決不能發現社會問題」，在我們常常處在北碚好的社會和好的環境當中，還不覺得怎樣，一到了旁的社會去，薰蕕妍媸，一見瞭然，所以覺得觸處都是壞的，說到此我要請各鎮鎮長先生原諒，這並不是托盤端出不好看的給大家看，的確是希望不對的事，要改正轉來，今天假如有人從北碚更好的樂園來，還是同樣的觀察和批評，假使有一個無聲無臭的社會，永遠沒有人指摘我想：永遠牠也不會進步。

種痘報告幾點見聞

彭彰伯

我們這次種痘，僅四天的時間，在這當中，個人覺得有幾點可以報告的事件。

一，我們在清平場種痘的第二天，遇着一位老農，他對我講：「我們鄉下種牛痘，要忌口，吃脹漿藥，掃毒藥，而且還要款待先生。送禮，這些都是非錢不行的事，在我們鄉下很多的親戚鄰里，沒有這筆錢。就無法顧到女子身上。自然他們已經知道：先生們在作這樣的好事。但是他們八股筋固執。又聽了鄉下太醫的話：種了痘不生育。慢慢的要錢，所以他們寧肯不種。及待天花到了。這些天眞爛漫活潑潑的小孩。竟無法挽救。只好聽天安命。這是多麼可憐可痛心的事啊！本來我也是盲從。與他們有同樣的錯。後來知道了，認清了，才即刻的改過來。並且盡量的向親戚鄰里說明淸楚。所以今天帶來的小孩，都是親戚鄰里囑託我帶來請先生放牛痘的。」

這位老農的話。剛要說完的時候。他從一個藍色白花的布袋裏。摸出幾條紅苕出來。說道：『這土產的味道不錯。齊脆水多，畧大解渴，是再好沒有的了。』我已多方推却。他再三說出他應該答報的種種原因。終要我們收下。我見他是很誠懇的。只好謝謝他的好意。嘗嘗這土產的美味！

二，是我正在種痘的時候。聽着人說：『今天下雨你放了好容易得乾呢？不如像太醫那樣。點紙火來烤吧』又一個說：「太醫已不用火烤了。」當我聽着這話。很注意的問他。他說：『我家裏放痘我親眼見過』我又向他說：『太醫的放痘方法，痘苗，保護，恐怕沒有我們這樣的好呢？」他說：「在前兩年太醫的，舊方法，溫痘苗，沒保護，不僅先生們認為有害無益。就是我們也知道這中間的種種害處。因此在今年太醫已改變了。他也要用清水洗臂。已不比尺寸。刀口微紅。痘苗是小玻管的。已讓他自乾。只用布包。種後也不說吃服漿藥，掃毒藥，忌口忌風；並且不來看痘。不收痘疤。在我看來太醫所差你你們的是：：：沒有用酒精消毒。保護那樣的好。此外的都與你們相同了。」

是：過去種痘的運動。都是照常的呆板工作。所以覺得枯燥無味。但是在這一次種痘運動。除了工作而外。是要——訓練集團生活，監督集團工作後的整理。弄得我的腦筋，時刻不休。一張嘴也幾無休歇的時候。至於手足，更是忙碌極了。尤其兩隻耳朵也要運用來接各路的電話報告。自早至晚。我的一身都是勞動的。而在勞動忙碌之中。尋求了無量的快樂與趣和經驗。可惜時間太短了。但是在短時間的集團生活。是特務學生隊作社會工作之始。也是領導以集團方法作社會工作之始。這豈不是一張新紀錄和我個人可貴的紀念嗎？

從上面所講的當中。我得了三個結論：一個是峽局種痘已得着民衆的信仰同情了。二個是：新方法已戰勝舊方法。三個是以集團的方法去作社會工作。以我這次的嘗試。不但不感覺苦。而且還得着許多作事的興趣和作事的經驗。所以我覺得。集團生活是添加作事的興趣。增長作事的經驗的。

種痘報告：對於本集團的感想：

黃倘榮

本集團各路衛生軍，此次爲人民種痘自然有欠缺？的地方。然而拿他們行動來看。確有幾點特別的好處：(一)他們各個人一舉一動都不忘軍紀，但在範圍內。確又非常活潑。對人的態度也非常和藹客氣。(二)工作的說幹就幹。一天到晚毫不苟安。卽或稍有閑暇。就自動走去宣傳。因爲他們的態度好。來種痘的也特別多。惟可惜時間短促，痘苗太少。只救到一部份的小孩。沒有達到普遍。這是抱歉的一點。局長常說一句話。我們要『深入社會』。本局此次出去一百個醫生爲社會療病。雖然只救活一部份人的生命。

然而這回事可說是實現了『深入社會』的口號。所以我在抱歉之中又不覺得爲之一快!!

◎第九集團報告

甲工作方面：

1人員——共十人。

2組織——分三路每路三人或四人每路有司令管理，全部由團長指揮。

3路綫——第一路種澄江口，夏溪口，第二路，石板場，並下鄉。第三路到八塘場點種。

4時間——每路平均種三日，共計約56鐘，每路平均種18點鐘，每路每日種六鐘，54秒強，（調查，整理，開會時間在外）

5點種人數——共計1209人平均每路種403人，每路每日134人5強。

6痘苗消耗——共計220管，每路平均73管強。

7衛生藥品材料消耗——以出發時所領，僅餘5分之一，但綳帶藥棉不敷。

8經費開支——共＄o1^{15}平均每縣＄10^{05}每人＄。^{11}

9結果：（以救人為標準）

A以人數計——平均每人救121人。

B以時間計——平均每三分鐘弱救人一個。

D以痘苗計——每管痘苗救五人強。

C以經費計——每救一人代價為二仙五。

E人員方面：

今天各位報告都是發見別人的問題，而我則反是，因為此番自己所最留意的不是工作而是在工作裏面的人，尤其是問題發生了，而在解決問題當中的人，換言之，即是對各位同學的活動情形尤其留意，因為各個同學是救人的人的關係，同講還有一點聲明，

此次我沒有工作在他們工作的時候，我袖着手在側邊看，在他們接洽或宣傳的時候，我

偏着頭在側邊聽，而且在他們稍有錯誤的地方，立刻便與他們糾正，或示以方法，這自然對於他們有許多難過的地方，然而我所不管者、正是因爲含得有訓練的意義在。

我同本團的各個同學接觸，雖然，只有這裏短促的幾天，但對他們的活動，也有一點粗淺的，普遍的觀察，報告如次：

甲，一般的長處，

1「忍苦耐勞」——從起居作息上卽可看見。

2「看不慣不好的社會」——離開北碚之後，從他們口頭上，態度上立刻發見。

3「服務熱心盡責」——有時作整理工作或開會到夜半，皆不覺疲倦，而固定職務，無論如何艱難，都不推諉。

4「利用暇時」——在稍空閒的時侯，卽能去找有意義的活動，如運動等。

5「有自動的精神」——洗面水洗脚水自己燒，住地及工作地自己淸潔。

6「作事有興趣」——一天到晚，皆能緊張，而且甲路與乙路提出比賽甲乙負提出比賽。

7「態度活潑謙恭」——在他們工作時態度異常活潑，在他們接洽時態度異常謙恭。

8「對社會尚發生興趣」——他們對社會調查，都覺津津有味的，毫不感覺疲乏乾燥

9「不灰心，不絕望」——在他們宣傳時如果第一個方法失敗了，即用第二個方法，如果有人反宣傳，我們知道了，就立刻與人解釋使人明瞭爲止。如果沒有人來種痘，便想法去找人來種。

10「對經費」——不苟，有公共心，而且節省，他們晚上照的是桐油燈和菜油燈。

乙，一般的短處：

1「交際能力差」——在向人宣傳或接洽時，除了說明自己的來意和盼望人的地方以外就不知道藉此以宣傳，峽區事業情形，或從人口中得着該地的一切事業內容。

2「觀察社會能力差」——不容易發見社會問題，例如到旣較立刻可見則我不清潔（衛生問題）如到榮較立刻可見無聊人到了什麽於度（職業問題）其他如煙較廁所…………

」……這些「都是有趣味的社會問題，他們很不容易發見。

3「辦法少，思想不細。」——例如臨江口這路的繃帶用完了，不知道買，專門派一個人到不報場那路去借。你想！你自己這路都不敷用，別路怎樣？還不說時間太不經濟」。

4「整理能力差」——尤其是數同學的整理，例如各路的開支，這是　門都要整理的、但是一直到後來整门費了一天的工夫還沒有把三天三個人用的錢算正清楚。

盧局長講評

孟先筆記

。……談話的方法……。今天聽了許多有趣味的報告，當中給了我們不少的經驗，尤其是羅正遠的報告，最有趣味，我們知道，同樣的話，有說得好的，有說得不中聽的，這就在看各人所用方法怎樣，例如羅正遠的報告，他是用文學作生活上的描寫，描寫得極其靈動，所以使人聽了很覺有趣，直如身臨其境一樣，第二報告最有條理的是高孟先，他是用科學的方法，把一樁事情整理成有系統，有條理，報告出來，所以使人聽了。

十分明瞭。從這兩點上，我們可以得到兩種說話的方法：一是用文學的描寫，一是用科學的整理。但是最重要的，還是要有內容。

> ……特務學生隊和兼善學校要留意實際生活……

因爲，這種關係，所以連想到特務學生隊和兼善學校的學生，尤其要留意實際生活，如果只在幾本教科書上去尋求知識，那是有限得很，我想除星期一，二，三，四，五，六，在教室活動外，星期日儘可以到社會去尋求實際的問題，因爲每一個人都要有經驗，每一個人都須要將他的經驗用文學的方法描寫出來，用科學的方法整理出來。如果你們都能常常接觸社會，親切社會，那麼你們都能一定得着許多有意義的經驗，和切實的學問。

> ……精粹的話句往往從平凡人的口中流露出來……

我們知道，一般做文章的，都差不多只是一種照例的方法，一種平凡的語句，當中很難尋出親切的深刻的文章來，就是古人中間的好文章中，也難找出許多精粹的句子來，但是，我們從今天的各個報告中，已經得着許多精粹的話句了。

第一，如宋春濃所說的；一個人有好的行動，在社會上可以相互影響的。

……人有好的行動在社會上可以相互影響的……

第二，是羅正遠反過來說，人有不好的行動，也可以在社會上相互影響的。從這兩點上我們可以得着一個結論，就是：如果我們爲社會打主意，就容易找着方向了。

……人有不好的行動也可以在社會上相互影響的……

壞的方向我們應當消滅，好的方向我們應當前進，可是要想把一樁事情做好，就須要範圍極小，因爲小的關係，所以才把牠做得極細緻，最細緻的地方，最能造起廣大的影響。今天我們要曉得我們的範圍愈小，就是愈給與我們造起大的影響的機會。卽是我們更不要錯過這樣機會。

……事業範圍小，愈容易把牠做好……

……要做得愈細緻的地方影響才愈大……

第三，是剛才報告中有人說不入社會，便不知道社會，這邊是到過社會的人才能說出來的說，但我更還要把牠的意思加

……不入社會便不知道社會……

深刻一些，就是說，如果入社會帶起眼鏡，仍不能看清楚社會，這有個例證，以前在辦瀘縣教育的時候，川南共派了二十五縣的視學，去攷查教育，攷查之後，便得兩個結果一個結果是說瀘縣教育太舊了，還有許多新的應該辦的，未辦起來，一個結果是說瀘縣的教育太新了，有許多地方都沒有這些新的辦法，這便是證明帶起眼鏡到社會的一個證明。

我們對社會……要認識清楚……

我們對社會要認識清楚，北碚這個社會是偶然的，不要以爲牠便是頂好的，還須要看到連北碚都還沒有的社會，要怎樣的社會，才是我們理想的社會，這個理想的社會，我們還沒有把牠創造起來，還要待我們努力的去創造。

我們對不好的社會要有同情，幫助的……精神，決不應有責備，痛罵的態度。

假定我們看清楚了離我們理想的社會的距離，那麼，我們就不應該責備他人，形容他人，痛罵他人，我們應該像愛護無人照顧的小孩子一般的愛惜他們，同情他們，幫助他們，今天特務學生隊對不好的社會的態度，加以極端厭惡的態度是應得修改的。

這個種痘活動當中，他們應該得着幾點意義。

第一，進社會才知道社會。

> 一個活動所得的結果

第二，用了力量幫助社會。

第三，在集團當中練習了一個生活。

> 如何幫助社會？第一先要調查第二要用集團的力量

更要知道，我們認識了社會，才能爲社會打主意，其次才能幫助社會，今天同伍玉璋先生談及救濟農村問題，我就問農村怎樣救濟法。他說第一須得調查，才知道我們應幫助的是什麼，第二才是想辦法，第三才怎樣用集團的力量去幫助。

所以更覺得此次特務學生隊的集團活動，是我們十分值得寶貴的。

> 集團生活的意義是在共同發現問題解決問題

今後兼善學校亟應設法認識社會，幫助社會，過集團的生活，所謂集團，並不止於共同吃飯，睡覺，遊戲而已，最應要的是在共同發見問題，解決問題。

（完）

中華民國廿二年四月六日（星期四）

工作周刊

第三期

編輯者　中國西部科學院
江巴璧合特組峽防團務局

發行者　嘉陵江日報社

出版期　每星期四出版一次

價值　每期四仙訂閱嘉陵江日報者隨報贈閱

四月二日週會工作報告

主席報告

盧作孚

今天要提出的是盼望我們一萃事業。在目前以兩个工作爲中心。一个是訓練特務隊執行警察的任務，一个是各機關聯合總動員實施民衆教育。這兩个工作是一个問題，總是向民衆身上做—做民衆運動。

警察亦是民衆的教師，是幫助民衆的—不問他們是偶從外邊來或常在北碚住。他們是要幫助民衆防範匪徒，防範小偷，防範火災、防範疾疫。這都是顯然的事情。他們從調査戶口中發現了沒有職業的，而促其有職業，發現了不能識字的而促其受教育。他們天天巡邏天天搜求，凡民衆有須他們幫助的事情，他們便立刻幫助。這便是我們理應中的警察，是盼望訓練一个特務學生隊，三个特務隊去實現他。

民衆教育不僅僅是民衆學校是可以從多方面舉行的。如像醫院天天有病人，博物館動物園天天有遊人，圖書館天天有讀書看報的人，再則。如像上下木船的船夫子當場天的趕場人，都是我們應施教育的民衆。各街茶房酒館都是我們值得布置教育環境的地方。各機關的職員都是擔任教育的朋友。平時的夜晚，有時的白天，都是我們擔任教育的時間。凡教育所需要的事項都有了，祇等我們舉行。我們應得馬上舉行。

科學院理化研究所報告

黃治平

1.理化研究所本週共分析緒雲山煤十種，月底可將全山所採四十種煤化驗完畢，因為幾種藥品缺乏了，有三種化驗煤的工作不能辦，另外想法子調製藥品已在進行，

2.火焰山全部房屋修改為化驗所已于上週內計劃妥當，俟款領到，就要動工修理，預算在六月底。完工。

博物館動物園報告

郭倬甫

本園工作分三方面

(一)建築方面：(略)

(二)飼育方面：(略)

(三)參觀情況：參觀人分兩等(一)是無知識的每到園內，就亂認動物，把豹子認作老虎，甚至把熊也認作老虎，推其原因，是不識標本說明，不識說明的字和意義所以生出很多錯誤，這類人很多約占參觀人中百分之九十這倒是當前值得注意的平教問題，再有他們因無知識，也無公德心，所以有投石豹窩驚起豹子的或以烟桿戲玩猴子的這種人很好對付祇要特務隊兵能盡責自然會減少乃至于沒有。可是(二)有知識的人每到園內亦任意驚駭動物並警察干涉而可不理使動物驚徨碰起來他才覺得有趣結果致動物因驚發怒因碰受傷甚至傷人。這倒是一个大問題哩！

農林研究所報告

漆連金

這一週來，農林研究所的工作大概可以分着六項來報告，

第一氣象記載　本週晴一日，雨三日，陰三日，最高溫度爲七十六度，最抵溫度爲四十四度，共下雨兩次，第一次是三月廿六日至二十七日，計經貳拾捌小時，共下雨量19mm第二次是三月廿七日至廿八日，計經十小時共下雨量3.5mm

第二花卉園藝　已盡好荷花池外圈，幷已計劃引水冰溝，及修砍火焰山原來之天然林，伐去矮小荆棘，留出較大較好之林木，此外更幫助地方醫院改造一長方形花壇。

第三蔬菜園藝　種下黃豆，及栽好葉菸黃瓜，南瓜，絲瓜，

第四果樹園藝　搭好籬垣式葡萄架兩頭栽柱，中高約六尺餘用鉛絲繫之以便看虫及採摘果實，此與一般葡萄架，迥然不同，又省事，又省錢，今年葡萄可望結實，此外更整了桃樹枝的。

第五畜牧　以前所孵化之鷄卵約四十餘枚，共出雛十二個，因死精及未受精卵過多故出雛成份太低，現又用母鷄四隻孵卵四十餘個。本月份鷄場共產卵三百一十八枚，意鷄最高紀律爲十七枚，中鷄最高紀律爲十三枚，此外更飼有小牛二隻，每日均出外放牧。

第六墾殖　已託圖書館將墾殖參攷材料搜出約四十餘種，墾殖學會也準備正式進行，至前次到西山坪踏看帶囘的三種土壤在化驗所用藍色里底馬氏紙 letemasgaqes 試驗其酸性，結果均變紅色，足以證明均含有酸性，但尤以黑沙泥爲最甚，黃粘泥次之灰色泥最弱至其土質則以灰色泥爲最沙性，黑沙泥中等，黃粘泥爲最粘性，此外關于墾荒的農具，在中

國的已認定斧，鋸，砍刀，挖鋤，鷹嘴鋤，踩鍬，窩鍬等，至于外國的如墾荒犁，圓碟耙，及拔根器等，是否適用，尚在考慮中，關于具體的開墾辦法，尚有詳細計劃不再報告，完了。

三峽染織工廠報告

繆成之

工廠除經常作工而外，本週可以報告的，有三點：第一是工人教育我們已把全廠男女工人組合起來，分成三班，一班高級，兩班初級，由廠內職員及峽局民衆教育辦事處派員担任講課。第二我們最近組織旅行團，利用工廠星期時間作遠距離的旅行，意在增強工人體力，也可以得點智識，所有旅行用費是由廠上供給的。第三準備職員工人一處會食，菜飯並取一樣，這事决定在五月份實行。完結。

農村銀行報告

伍玉璋

北碚農村銀行，自二十年七月正式開幕營業截至現在，股本已達三萬元，去年六月底止贏餘三千餘元，股東分股紅息一分三厘五，從下年七月到本年三月止贏利超過一萬元，詳細狀況報告如下：

（一）股本及放款

	金額	戶數	每戶平均數
股本	三〇〇一二·〇〇	二二一戶	一三五·八〇

特別存款	三七九三•四九	二九七戶	一二一•一
特別放款	三九七〇•〇〇	二六二戶	二四•五〇
定期放款	六六四六〇•五一	九四戶	七〇七•〇三
抵押放款	二四六一•〇〇	一八戶	

（二）營業比較

時間	三•三	三•三	比較	二〇•六…二•三	三•六…三•三	比較
銀行	損三九•三三	九〇一•三三	十九四〇•四五	三二〇九•五六	七二一七•五四	十六〇〇七•九八
貿易部	一四九•六六	一三九•八三	一九•八三	四二六八•四三	六〇三三•三一	十一七七四•八八
總計	三一〇•四三	四四一•〇五	十九三〇•六二	六三六七•九九	一三五〇•八五	十六七八二•八六
開支	二六四•七八	二五三•四五	一一一•一三	二八一七•〇四	二七•八三•二一	一三三•九三
餘利	損五四•二五	八八八•六〇		三五五〇•九五	一〇三六七•七四	十六八•六九

兼善學校報告

王定一

兼善學校近來的工作，今天可分課內和課外兩方面報告出來：

課內方面

1. 學校鑒於學生將來對於職業上的需要，本期中學各班，加授應用文珠算簿記和書法；小學三年級以上四班，加授珠算，注重書法，均授至畢業為止，并隨時利用機會，令學生實地實習，

2.學生將來無論投身何種事業團體，均須具有嚴守紀律和耐勞忍苦的習慣，本期於中學課程中加授軍事訓練，延請峽局盧督練長子英採訓練士兵方法，切實訓練，

3.學校普通體育多成畸形發展，未能收均齊發育之效，本期於中學部及小學四年級以上三班，均加授國術，延請峽局第一特務隊會隊㭊樹華切實教練，

課外方面，

1.利用每週星期日，令中學生調查各種地方事業，第一步就附近礦工入首，特組織一峽區礦工事業調查團，編學生爲兩組，由劉仲炷王定一申雪岑三先生領導，分頭實地調查，調查後一日內，每人均須繳呈報告書，此爲課外作業成績之重要部分，本日各組齊到璧山夏溪口，調查寶源公司并參觀輕便鉄道及運河方歸，

2.利用每日午後四至五時，令小學四年級以上各班學生，就學校本年所租較子壩壩土十五畝作爲農場，由級任教師蔣東川李先照曾仲牧三先生指導，實習培種菜蔬花卉及各種農作物，

以上各項，爲近來學校課內外新計劃中已實行的，其餘未着手進行的候日後略有端倪再行報告，完結，

督練部報告

盧子英

督練部在本週主持了三種十二个會議參加了五種十次會議所主持之三種會議中一是三个特務隊之訓練會議二是種痘整理會議三是工人義勇隊之教育會議

(一)現在有必要的解釋「何謂特務隊」

所謂特務隊者乃是負有軍事與警察兩重責任之部隊也因此更要申明的現在整頓期間之教育爲軍事訓練與警察訓練並重之教育祗是各隊有因任務比較之不同境遇比較之不同官兵人數與能力皆各有所不同所以學術科的質與量上多各有其差異

各特務隊之正規學術教練時間平均計之第一隊每週十六小時全期九十六小時第二隊每週四十三小時全期二百五十八小時第三隊每週三十六小時全期二百三十四小時有多無少

在軍事訓練方面尤其側重應用機會中之要求精到務期其習於行動之符合正確與紀律

在警察訓練則尤其側重隨事隨時隨地之領導率用暗示之教育大概都是學行教三者合爲一體的教育

各隊有全體實施教育的有因勤務關係萬不得已而僅及於大多數或半數人員教育的但被訓練者總是繼續的各該隊之官長官佐則是總動員而從事的

今后又爲了增進教育的意義與精神的常識的種種關係計在每个月一次之聯合週會各特務隊都決齊到參加並隨帶武器與被夾札等而參加這樣警備在各隊是絕對應該養成習尚的

(二)種痘方面的最后消息

做事之難每多難於開先或更難於最后須能戰勝最后乃有完全之成功此次種痘人員爲了供給爾后自身工作辦法改良的根據或人家的參攷並策勵此番特別出力人員於是更出版一種報告書內容暫定九項有導言籌備組織經費實施概況社會調查札記各種表册致謝等事詳細節目

更有四十項以上之多在此項整理會議的意義是(一)相互攷證疑難(二)分別整理並審訂材料編著之人員有杜大華周仁貴羅正遠宋春濃高孟先漆運金六人並有黃尙榮任校刊排版與裝訂至於其他情節且看報告書上分解

(三)工人義勇隊的特別消息

1.六个禮拜的特別教育期滿仍然舉行畢業大典仍然舉行閱兵儀式仍然照像仍然坐席至少也要請大家坐席吃茶或者仍然有報告書出版

2.義勇隊每日午后都有游戲指導有司務長一人專任之游戲事項絕對日日變更每次皆新且另有紀載以備其他各隊之參照實施

3.又經驗告訴我們凡事要有最后之整理乃有眞正完善之成功故今后在術科方面例如操場終了卽中隊長負責召開五分鐘之簡單會議整理教練中之問題與應計劃或修正之辦法

(四)電務處方面的新經驗

未說事實之前要先說个「抱歉之至」在電務處的各種勤務職守遲至本星期一日乃嚴格規定執行從當日起不僅各生兵對勤務有了辦法就是讀書運動一切生活也更有了進步自有這次經驗以后不僅是督練部要將所屬各級人員的職責明令規定正確或者峽局也要要求各機關各部分將其職守與各級人員之任務都明白公佈使別的人易於認識事業的內容新來的職員也易於知道勤務的守則同時主任與職員都要熟讀成誦因爲倘若不這樣那嗎你自已的職守都不曾記得更何以能勤務呢

不過在職責之預備事前最好須由各該機關各該部份之主管人負責將一切擬具成綱彙交政治股轉呈局長核准方有效力就是要核准了一條乃有其一條之效力

(五)兼善校將要變法

這樁事情至少在兼善校那个小小的天下是一件驚天動地的變化

聽說教育部新有規定即凡是中級學生須受過軍事訓練乃能正式畢業但兼善校之變化絕不是為了要敷衍教育部的命令而是另有更偉大的原因不過也絕不是消極方面的原因或者為了擁護未來的和平或者地方公安的共同維持等而是單純為了團體精神紀律習慣生活的修養因為在兼善校的教職員朋友些都是有認識都是很相信人類之進化表面上看不過似乎由於戰爭的推動其實根本乃由來於互助關係的成功

現在軍事訓練的廣義更不能為了戰爭而是為了社會文明的促進所以大家都絕對相信將來戰禍消滅軍事教育絕不能消滅因為現代新工業上所需要人們的品性例如紀律的習慣精確的習慣負責任的習慣勤義務的習慣等等這些品性都由於強迫服從於軍事而得

故美國前大總統威爾遜曾說過德國和美國工業優勢之來源殆悉由軍國民教育之成功的結果

中國未來需要的是大規模的新建設如國內工業化人們都是集團的生活着這樣為了企圖工作的效能組織的健進都非軍事化不可在中國目前尤非預備着不可

所以兼善校的教職員們都感覺得軍事教育簡直是一種真正精神教育社會精神的教育將來

一定是公民教育中的第一必修科因此昨晚上决定了以后學校實施嚴格的集團生活尤其在學生方面的行動如飲食起居平時的對人舉止態度言論禮節以至於解散集合看齊報數都要有一定的方式鉄則的紀律非生活軍事化不可故議決在五月一日以后生活就大變其法度了

(六)督練部同人在本週受了一個很大的新教訓急應該公開一吓免大家再有類於這樣的上當曾記得重慶金融界有個規矩每值比期凡各賑務之往來者須有一次相互的查對因此頗難致誤今后峽防局的武器與其他事業機關有出入的也摹倣這樣辦去並定每月十五日為比期屆時查對以后或庶少問題

(完)

總務股報告

這兩週來本股的工作，因為人少的關係，每天祇感覺到事務煩冗，和天日太短，好像沒有辦到些什麼事，又過去了一天。在工作當中，我約略的報告幾件事，

一，案件方面三宗，

第一，第二(略)

第三，劉姓上水船在縈石上面撬沉林姓米船一事，由局排解，勸劉姓板主出洋八十元幫助林姓了息免起訟爭。我們本週又算做到一件「消滅人類鬪爭和仇視」。

二，文件方面一件。

局長常常告訴我們說：無論辦什麼事，都要勇於宣傳，近來二三兩特務隊，在地方上執行任務，往往有些人不相諒，生出誤會，特地出了一張佈告，與地方人士解釋。因為文星

鎮有許多人認爲特務隊是北川公司所轄的，平日辦理一切查禁嫖賭緝拏匪盜那些事情，都誤會成是北川公司找來與地方爲難的，所以才用佈告，與他們詳細解釋，同時又很委婉的給文星黃桷兩鎮鎮長一個公函，說明此事，又在夏溪口爲了執行禁賭和講究清潔的事，也有一個佈告與他們解釋，這兩個佈告的內容，都曾在報上披露過的，我想有了這個佈告，以後一定是要少些誤會而且四圍的阻力，也要減少，以至於沒有

審計股報告（略）

政治股報告

黃子裳

這一週政治股人太少，事太忙，成績太有限，也報告大家知道：

第一，（略）

第二民衆教育在第二夜課學校方面發覺夜裏有旁聽的成年人很多，打算想法——安上凳子，又有很多看得玩的小孩子鬧得兇，打算請特務隊每晚派人維持秩序，在醫院方面見着許多候診的病人坐起無聊，很想將來政治股有了得力的人，便去施以平民教育，在動物園方面豹窩傍邊，和拴猴子的樹底旁邊圍滿了人，我們順便與他們講許多愛護動物不折花木的話，他們很感興味。

第三報社　最近感于新聞缺乏，遇着人便問事對於峽局各機關人員各隊官長都問得到不少的消息，今天漢藏教理院來人借用電話，順便訪得該院一切情形，因此覺得作新聞記者

的人不祗是要有一雙手，還要有一張嘴不祗是……，還要有一副腦經。……我更盼在座文武同志，青年朋友都有一雙手，都有一張嘴，都有一副腦經，都願意作一個新聞記者向嘉陵江日報投稿。

圖書館報告

唐明鏡

這週來圖書館的工作照常的而外有兩點報告一，蒐求墾場的參攷書籍，此地的科學院在西山坪佃了一幅荒土快要墾殖的時候先就成立了一個墾殖學會爲了這個原故我們替他蒐集一些書籍但這些都是農墾的書，林業方面的還不會蒐到，農墾的巳有四十餘種了，待整好以後，在下週就陳列出來二，本館在外借上有一點改進的工作，就是我們的借書證上每張右角都加了一個印塡明好久的有效期間因爲借書的人，一天一天的復雜，有的長時住在此地的也有稍住卽去的，假如都用一律的辦法，暫住的去了，借書證遺失到別個手裏再來借閱那豈不成了問題，又借閱一期卽變更的也會有同樣的問題發生，所加上這個印以后，我們就酌量的給他塡時間上去，外借的就按照有效時間外借這樣一來借書證不會散失檢查外借上有了許多便利。

地方醫院報告

楊孟平

峽區地方醫院三月份診斷人數統計三千三百二十六人內病占三分之一外病占三分之二診斷普通病人占全數五分之三本局各機關病人占五分之二較二月份增加二百六十二人本月住

院病人共廿七人內病十二人外病十五人現住院十一人內病五人外病六人本月在本院種痘人數共計一千另六十二人普通人占十分之七本局各機關占十分之三至於收入本月收藥費二元七角二仙接生費六元零二角掛號費四元九角三仙共計收費十三元六角七仙開支本月份共用洋三百五十三元三角七仙八星較二月份減少二百四十一元二角二仙四星因二月曾買大批藥品之故新近添修病室共用去洋一百九十七元現已告完成，

特務第一隊報告

秦沛南

特務第一隊本週工作分兩方面向大家報告

第一、關於隊內的

（一）處理案件共四件

（二）戶籍遷移共八家

（三）死亡登記有三個，男二女一，，附帶要說的是準備在下週調查北碚戶口

第二、關於市面的

在上前一週曾舉行市民大會，商議搭過街棚及街道清潔兩個問題得着民衆同意。但因街道情形，及人民貧富種種原因，訂出兩種棚式，先由文華及金佛兩路推出代表自認搭布棚，並由代表負責進行，此兩路尚不成問題了，至於其他街道我與吳隊長每天召集一街市民開搭棚會議，並幫助收錢和計劃街棚形式，在這幾天當中整整忙碌了一星期多。但還沒有

完竣在下週尙要繼續進行。至於清潔方面由市民大會提出討論之後，實行每天清潔檢查一次。在本隊檢查分兩種方式，逢場由官長輪流率兵檢查平時由中士班長輪流率兵檢查再進一步要實行，屋子裏的檢查。（下略）完了

第二特務隊報告

劉騏良

（一）關於建議的

1.修鑑球場　文星場唱戲以後辦團人說我們把戲場的秩序，街上的治安維持得很好，比較土沱靜觀等場演戲時大不相同，決定要在戲完的一天，請我們全隊官兵吃飯，表示謝意。我們認爲維持治安秩序是我們的分內的職責，同胡鎭長商量，把這筆無意識的席桌費，改用在場側學校當門，修鑑球場，不惟可供學生運動並且能使市民有正當娛樂，胡鎭長當時很表贊同，決定在收麥後動工。

（二）關於案件的

1.靜觀場人楊某，在街上做假洋錢生意，裝着換洋錢專用假洋去掉別人的眞洋，被密查緝獲到隊，遂將假洋叁塊釘於公共處示衆，並將其人驅逐出境。

2.查獲販假骰子的張某，在他身上收得七十多顆假骰子，除將假骰燒掉外並處軍棍後驅逐文星場境外，

3.場上劉某，聚衆暗賭，我們先寫信去令他停止，說是再賭要抓後來清查，果然沒再賭

了，

第三特務隊工作報告

劉學理

A處理案件，共有四件，賭博一，漏號二，妨害安寧一，其中關於漏號裏面，有一件最有趣，因爲各炭廠裏人，常常請我們查拿漏號，自然有時也還被我們查着的，可是脚夫担運漏號，依然時有所聞，幸遇着兩位收炭的爲相互收炭而起爭執，連人和炭一併報到隊上來經我們調查確實，此次四个脚夫所運之炭，不是漏號，勸雙方和解，但是從此案中已知道了，脚夫運漏號之去路，實由收販花炭之家而繁殖，要是沒有人亂收炭，縱有漏號亦少，所以决心取締收花炭的，當時邀請收花炭的兩位，和現在爲了爭端還未走的兩位，規定今後辦法，不再收買花炭，四人亦欣然共願遵守此約，並且我們不時派兵前去檢查，比派在他處查漏號還有效，這事我們己辦到的，

B工作，在上週星期日的早上，搜集了很多關於衛生的材料，和方法向士兵講授，飯後分頭便到澄江鎮，各家舖戶去向人民宣傳，我們準備明日爲大家作清潔運動，但是宣傳要看人民智識思想程度說話，引起其信心和同情，在第二天早上，（卽本週星期一）遇大風雨，同時又想到昨天已向人民宣傳過，難道今天不幹嗎，不，忙着吃飯，接着準備，跟着出發，分工合作，純依街道淸濁長短分配，工作時，又感覺着雨之好處了，好在天空下雨，又少一重障礙—街中行走的人沒有了，我們趁此把街道打掃淸靜得天然雨洗的幫助，及雨停後，便幹宣傳，以我們勇往邁進的精神，觸動了一般民衆的同情，於是爭先恐後，或

在井運，或在河挑，不斷的供給我們的水洗，統計人民所担的水，約在三百餘挑，還算是民衆方面一點好的表現，當天工作由午前六點四十分起，至午後二點卅分止，乃完結吃午餐，

C維持秩序，最紊亂苦於無辦法之銀錢市，我們知道了，便直接派兵去維持，一時銀錢市的秩序，煥然一變而爲不擁不擠之銀錢市每逢場期，照樣辦去，又可以爲人民，防範扒手，

除了以上報告事項外，還有兩點意思，一，貢獻1苦與樂是連帶的，例如我們初到夏溪口，見着清潔，不知要費若干工夫及時日，始能達到目的，認爲很苦嗎，由我不斷的幹，直到現在，士兵也還發生興趣2難與成功是連帶的，好比我們剛到夏溪口，駐的地址難，維持夏溪口進而至於欲維持澄江口尤難，現在居然也辦到了，所以苦與樂，難與成功，是連帶的，不知大家認爲怎樣，二盼望，盼望今天來參與週會的本隊的官兵今後應維持繼續，產生新經驗，推進未來的工作，2盼望大家今後專作我們缺點上的指導和監督，3，盼望與我們同一工作之一二兩特務隊隨時貢獻好的辦法和新的經驗於我們，完了，

週會批評

盧作孚

這次週會整整開了三點一刻鐘，各機關報告的內容很豐富。祇盼望此後報告減少議論，集中工作—集中於工作的方法，給予我們參考；集中於工作的結果，給予我們安慰。

化驗所黃治平的報告說：化驗煤的藥品有幾種缺乏了，煤有三種化驗不能舉行。但絕不願這三種化驗停頓，現在就其他的藥品另謀調製。這是我們工作成功必要的精神。工作的歷程當中所必須經過的是困難。遇困難而停頓是一切事業失敗的原因。

動物園郭倬甫的報告當中給予我們以兩个機會：第一是參觀人不認識動物，第二是參觀人不愛護動物。這正是我們實施民衆教育的機會，而且天天給予我們以機會。

農場滕聯金報告花卉園藝一科的活動曾經幫助地方醫院布置花壇。我們認爲這一類的工作十分要緊。花卉園藝不僅可以幫助地方醫院。農場可以幫助人的事業不僅花卉園藝。我們可以幫助人的機關不僅農場。凡我們所有的一切活動，最後意義都是集中於幫助人一點的。又爲繁殖，而定計畫，爲定計畫而與化驗取聯絡，亦是最有意義的活動。每件工作我們都應得與我們有關的機關切取聯絡。第一可少許多隔膜，第二可以得許多帮助。

三峽工廠繆主任成之的報告値得我們注意的是工人教育。教育比工作還要緊，因爲工作的效率是要教育去推進的。其次是休假日工人旅行團的組織。處理空閒的時間，而去領導他們，使之發生意義，這亦是於工作有幫助的。不然，工人由空閒時期所得不良的影響，是要影響及於工作時間的。

農村銀行伍經理玉璋曾經報告了銀行很有價値的統計，今天以後還盼望農行給予我們報告一些很有價値的活動。

兼善學校王定一先生報告中學教育，課內加入應用文，珠算，簿記，習寫，以備學生畢業後之應用；課外舉行社會考察，促成學生多與社會接觸。小學教育作農場的經營，校景的布置，都是極有意義的活動。在他的報告當中最有統系的是今天所作實源煤廠的調查。盼望今天以後學生在每次調查之後都有這樣可寶貴的報告。

盧督練長子英的報告有意義的是三點，第一是注意於各隊的教育。但不應祇限於六星期，而祇應以六星期爲無限教育長途中之一小小段落。第二是種痘整理。我們平常最大的缺點，就是忙於工作忽於整理。所以我們工作無由進步，我們今天的工作有了整理，便可據此整理確定明天工作的計劃，增進明天工作的效率。第三是明定各中分隊長的職責，而讓各中分隊長自行尋求，自行認識，時時刻刻都能記憶，然後時時刻刻都能執行。

黃主任子裳報告從醫院中發現了候診室一羣病人，發現了民衆教育最好機會。就其發現問題一點說是頗有價值的。但因爲無人担任，而須等待；「等待」則絕不是解決問題的方法。應急切從醫院中或醫院以外尋求擔任教育的人。

圖書館唐明鏡報告爲了懇殖計劃供給若干圖書。這是圖書館必須有的活動。圖書館應時時刻刻尋求各種事業的問題，而供給以參考必需的圖書。

特務第一隊秦沛南報告的有價值的工作是在下週。第一是調查戶口。北碚已經有了兩次戶口調查，而且有了兩次統計的比較。很盼望三次調查以後，有更精細的統計比較供我們參考。第二是檢查市民屋內清潔。這是最有價值的運動，却亦是最須審愼的事情。不是考慮做與不做，是要考慮方法，考慮宣傳和檢查的方法，辦到市民樂於接受。

特務第二隊的報告當中有一樁事最有價值。爲了維特文星鎭的戲場，文星鎭的鎭長準備招待酒食，劉隊長却婉謝；婉謝不了，則請其化無用爲有用，改捐一个藍球場。這藍球場不僅幫助了特務隊，亦幫助了文星鎭的人們。

特務第三隊的報告當中，最有價值的活動是在大雨中爲澄江鎭洗街。最可玩味的是他從經驗中得着了幾句精粹的話：「苦與樂是聯着的。」「難與成功是聯着的」「我們要維持繼續，增加新的經驗，推進未來內工作。」

中華民國廿二年四月廿七日（星期四）出版

工作周刊

第六期

編輯者　中國西部科學院
江巴璧合特組峽防團務局

發行者　嘉陵江日報社

出版期　每星期四出版一次

價値　每期四仙訂閱嘉陵江日報者隨報贈閱

四月二十三日聯合週會中之工作報告科學院植物部

工作報告

俞季川

近三月來，我是第一次出席聯合週會，在前第一月底，曾經離四川回北平，前一週纔自京滬回到本院。今天藉着四月份中的聯合週會，特將這兩月餘來的工作，向諸位朋友報告。簡括說來，約有四項；

一，關於研究工作，自己大部份的時間，住在北平靜生生物調查所和南京科學社生物研究所，借助他們的參考設備，來整理鑑定我們去年各組在野外所採得的材料。所惜爲了時間之短促，結果所得，不過將及全數的三分之一。因此採集報告全文的發表，還需要相當時間的研究與討論。

二，關於經費的活動。我們時常，感覺到，爲了經費的缺乏與不穩定，有限制或停頓工作的苦痛。這次北返曾向中華教育文化基金會請求補助經常費用。因爲該他的經濟力量，在這幾年來很補助成功了，不少像我們這樣的文化機關。所惜結果爲了條例和事實上的限制，基金會僅僅批准了對於採集經費一部份的補助。我們計劃着在這五年中川康植物分區精密調查採集的辦法，前三年在川省，每年約費三千元；後二年在西康，每年約費四千元。他已經應許自今年起開始補助。這點物質上的接濟，雖然爲數很少，可是足見國內各地已經對於我們這方與的事業，有了相當的注意與同情，頗可引爲欣幸。這次請求得到任叔永和胡步曾兩先生幫助不少，至當感謝。此後我們應自益加努力。充實內容，希望得到各方面便多的同情與幫助。

三，國內各學術機關之聯絡，我們常常把在西方所得的材料分布到國內各地，先與國內專家以研究鑑定的機會。這次歸來科學社把他們去年在浙江所採標本和前數年在四川所採標本之一部，另外有他們發表的全部論文叢刊，贈送給我們。靜生生物調查所贈送了他們鑑定過的河北和吉林省木材的標本，和許多森解剖的照片。中央研究院自然歷史博物贈送全部叢刊，並約定以貴州江西標本交換。化學研究所囑託我們代採藥用植物標本。金陵大學植物系約定以貴州山東標本相交換。總理陵園紀念植物園約定以苗木子種交換，並贈各種果苗。

四，購買本部和在採集期間所應用的儀器圖書藥品紙張等等。

至於這一月來標本室中的工作，幾個同學每天在忙着繼續粘製臘葉標本，一部分的時間是在遷移和佈置新搬到的房址。

科學院地質研究所工作報告

常非寧

四月份的工作，大部份是在編印去年赴南川調查的報告，現在已經編製完畢，約有三萬餘字。已經在用油印印刷，不久即可出版。

此外的工作，是到吊耳岩攷查一次。吊耳岩在北川鐵路的計劃路綫附近，北川鐵路以運煤爲主，所以吊耳岩一帶的煤鑛情形，與鐵路很有關係。據這一次考查的結果，知道吊耳岩一帶，有一個大斷層。把煤層的西邊一部份，完全割斷。陷下約三百公尺之深。只有東側部份，尚保存完好。因此關係，吊耳岩一帶的確切煤量，雖然還未曾精密算出，然而已經知道至少應該比現在水嵐埡一帶單位面積內所含的煤量減少一半。再者，現在水嵐埡一帶，從山的西側打一煤洞往東穿出，可以遇見相同的煤層兩次。在吊耳岩一帶，則因爲有斷層發生，所以打一煤洞，只能遇見一次。絕對不能用在水嵐埡採煤的經驗，想得兩次煤層。這是用科學方法指導鑛業，希望實業家加以採納，不去上無謂的當。

農林研究所工作報告

劉禹若

(一)氣象變化

氣溫　最高F81。　最低F56。

雨量　四月十六日計下雨五時量5、6 mm、
四月廿二日計下雨四時量4、1 mm、

天候　本週晴陰二日，雨二日。

(二)育蠶工作　重慶絲業公會請託科學院爲之試驗意大利蠶種現已催吉本日可望鄉

出桑葉已預定二千餘斤在火焰山備好臨時蠶室一間

(三)新種果木　生物研究所植物部由南京總理陵園交換得來大蟠桃二株西洋梨二株石榴二株小粒葡萄黑罕葡萄及玫瑰香葡萄各二株均已栽於農場又爬牆虎四株已栽於公園內

(四)預備種棉　植物部去年由雲南會理帶回多年生草棉及西昌草棉現於農場試種

(五)孚出意雞　最近用母雞孵出意大利小雞七隻

博物館動物園報告

郭作甫

我的報告是工作當中的兩個困難：

(一)動物園幾間屋子幾個洞子，容納了一百四十餘隻動物，已經不容易，還在上海購來五十件，當然更擠。這還不算。又買來孔雀三隻；還在趕速繁殖。例如孵化(天然的)中火鷄孵一抱，出雛十隻，絨毛鷄孵一抱，出雛十四隻，矮鷄孵一抱，出雛八隻，計雛三十二隻，總計動物園中大小鳥獸已達二百三十餘隻。這就是困難來了，究竟把這些動物安放何處？唯一的解决方法，只有建築：㈡建築鷄場鴿舍，鴛鴦池等建築的計劃，預算，都作好了正要開工，又來一個困難，買材料與工人伙食在那裏去拿『款』呢？後來經多少交涉暫時賒起。現在鷄場已完功四個，鴿舍完功一個，鴛鴦籠尙在建築，這樣窮，事是辦了，還未付款給他們，然而也覺得困難，是人能戰勝的，只要勇敢的解决牠。

督練部報告

1，前星期日的午後，學生隊與工人義勇隊的學生　爲要增進生活的意義，特別舉行了一個同樂大會。內容有音樂，跳舞等種種游藝。趣味到是根濃厚的。祇是時間有限，倉倉猝猝的，預備不及。所以總嫌缺少教育民衆，指導社會的意義。今後每個星期日，如其有空，都要作這種游藝的運動。今天他們本來也預備了一些小玩意，打算表演表演以示歡迎歡迎，惜夫時間不夠因此作罷。這或許是大家都不覺有感歉然吧！

2，種痘報告書，已由高孟先總編，和徐里仁先生幫助審訂完善原可以本週就出版的。祇是爲想增補些內容，因此或須遲至更下一週方可印刷發行。有好些朋友懸望着這個刊物的，祇好說一聲「太對不起」。

3，三峽廠職工體育會附帶軍事訓練，最近期間或僅止有軍事訓練而無軍事的組織。因爲眞正的軍事組織，那又是一回事。同時爲了他們一切境遇的不同，所以以後就在各種訓練辦法也是大異的。 在三峽廠運動的朋友一天多似一天了，公共體育場運動時間地方每有問題了，因此打算在本星期五日特別舉行一個運動編制會議。這是科學院峽防局工廠共同決定怎樣改進，在運動方面怎樣合作的會議。

4，體育場的設置備在下週就要增補，或改造一些。例如籃球場的鐵圈子打算在本週星期一日派員到重慶之便，就代買兩付新式的回來，以一付在各籃球場輪番換用，舊的鐵圈帶到民生修理廠去改造，另一付暫時放在修理廠作爲樣子。不過新添的雖然有兩付，但現在的夏溪口，以後的西山坪，農場，却恰好利用。這種圈子第一是沒有兩支拄，很美觀。第二是用螺絲釘裝胱非常便利。第三尺寸非常規短，投籃容易，平時投是十有三個命中的人，在這種場合，或者竟有十之七八穩當。

5，公共體育場的各項運動成績標準表；例如世界運動會和遠東運動會的運動項目成績，那個團體或國家某個人物的最高紀錄是什麼？與夫全國運動會各項成績的最高紀錄，又是些什麼紀錄？舊有的表上已非常的模糊，同時世界運動會去年在羅杉磯舉行成績，非常的進步，紀錄已有改變。

6，因此打算在今天就將各表改造過，因工人來不及，同時又因全國運動全部紀錄，還不會找着，祇有順延在下星期三四兩日工作去。

7，工人義勇隊本週發了六十一枝鎗，不足的要待李管理明天在航務處弄回來乃能補充。

8，現在醫院與囤船兩處，今後的西山坪農場都十分需要電話機了，因此特別聯合北川公司合民生公司在上海西門子買辦大批備用祇北川公司就預定了二十門總機一部，分機半打，峽防局分機四部，又輕便的軍用機一部，藉作修線使用以後交通方面當然更多便利了。

電話方面大修理了三峽廠兼善校分機兩次換去北碚與合川倒榻的電桿一根。

9，派人幫助引導來賓參觀峽區各方事業計有四次。

總務股報告

童象元

推廣民衆學校一所

個人在黃桷樹，經收旱道挑捐，少有出席週會報告的機會，因爲近來同黃桷的朋友，商辦了一個民衆學校。趙主任囑我在週會上來作一個報告，所以趁着這機會，來說幾句話，茲把牠分作四點來說

第一動機　我們常常看見黃桷樹的人，挑炭下力的居多，而且有許多都是小孩子，白天過那挑炭的牛馬生活，夜間住着臭不可聞的屋子，有了空閒時候，不是賭錢吃鴉片，就是吵嘴打架，而孔漆黑，衣服襤褸，恰是一羣活鬼，調查起來，都是不識字毫

未受過教育的人，因有這些情節，常常在腦筋中盤旋，所以才想法去打救他們，才有辦民衆夜校的動機。

第二籌備的經過　自從有了這個問題，又遇着了一位私塾的陳先生，談起這事，他很表同情，他曾到北碚來參觀過幾次，他非常的羨慕我們的事業，就商量辦法，說幹就幹，決定由我們兩人担任教授，第二天早飯後，我就寫信報告局上，得到許可的回信。馬上就出廣告招生，以王爺廟爲校址，決定十九的夜晚開學。

第三學生的訓練和活動

學生的學科，照民衆教育辦事處規定，有千字課，常識，珠算，習字，音樂，之外，還要注重衛生學運動，愛淸潔，對人有禮貌，說話要誠實，現在總共有學生五十人，中間程度稍高一點的，還要每天記日記，若有記得好的，將來準備要拿來登嘉陵江日報，他們聽着非常高興。

第四地方人的認識及影響，自從開課以後，個個學生，每晚都知道忙，來得很早，都知道愛清潔，守秩序，不進茶館酒館煙館，每晚來校參觀的人，都圍着很多，他們稱羡之外，還要回去勸那些不識字的人來，廟內的和尚，僧羣耀見我們辦得有勁，他捐了兩塊多錢，買一盞荷葉燈，來給我們上課用，黃樹鎮鎮公所的勤務兵，也辭了職入校來讀書，現在每晚都有新生來參加。

上面這些情形，不過報告一個大概，總之經我們這樣一幹，覺得小孩子都轉變了許多，地方上一般人都知道讀書識字，是一件緊要事了，我們的智識有限得很，還望教育辦事處和同人們，常常來指導我們這件事　起初還以爲艱難，後來努力前進，也就不難了，才知道能夠戰勝困難也是成功之道路。

政治股報告

黃琨

民衆教育辦事處本週的工作

前一週我們所計劃的一切事項，本週已着手了，在本週所要報告的有四點：①建築民衆會場，木工八人，泥工六人，因須用在急，木泥工人連夜趕造，還有特務隊士兵幫助工作·經了這整整的七日·雖未完竣，但總算實現了。②繪製露天教育掛圖一套·關於衛生的·還繪有新式幻燈的彩色畫片一套·是關於我國地圖形勢及入口出品數量的。③繪畫地方醫院，醫院楊院長，商請繪製理想中的醫院圖一張。以便照圖募捐·再繪有醫院規則表一張。④計劃製檔·將材料預算妥定，已報請審計股轉陳局長核准後便着手進行。（畢）

審計股工作報告

孫羨洵

甲·審查

1. 查出王金全棉紗一百四十二包少報二十二包照規定以多報少二倍處罰
2. 審核修建民衆會場預算

材料　一百廿元

工資　二十五元

3. 派員監發各隊一月份存餉及三月份欠餉單

乙，略

圖書館報告

袁白堅

第一，本館前設立之邊疆問題研究室將要撤銷，準備於撤銷之際，編一件名目錄，備以後之參攷。第二，利用本市各茶館，與之交涉將舊有紅對子取下，另貼有教育意義之圖表及宣傳品。現已完成并準備以後隨時更換此事盼望凡與民衆生關係之機關均來參加，並各自繪製圖說兼備之宣傳品，使民衆深切了解我們的事業，第三，接盧局長通知民生公司各輪將設巡迴圖書館，囑我與在北碚受訓練之茶房，略講簡單的圖書館管理法，準備在下週開始。

特務第一隊報告

吳定域

本隊的工作可分爲四椿報告

第一是組織全市的篷，除一二條街用篾篷外，其餘皆用布篷，現製成者有十分之七八了。

第二是取締廁所，在市面大街，彷彿清潔，背角之處，不規則之毛房糞缸到處皆是，網球場後面之露天糞缸數口，近已取締，打網球的朋友們，恐不至於再聞臭氣吧！報社後面空地之糞缸及露天毛房，亦取締盡淨，並幫助佈置花木，至於河邊的露天毛房，計七十餘處，歷來已久，俟洪水漲時，從新規定。

第三是陽溝陰溝，組織有關係之人民，共同疏通者數處，實在無力量者，本隊派人幫助。

第四是渣滓，市外之渣滓堆到處皆是，有不合式者，本隊派人與之除盡。再有我覺得本市工作，進行遲緩，隨時皆須以好的言語，好的態度，相商於人，不能以命令式進行，所以些小之事，皆費時不少。

特務學生隊報告

黃尙榮

凡辦一樁事情，第一要有目的，第二要有具體的計劃。在特務學生隊，當然是有目的的，也當然是有計劃的。

本隊辦理的目的是：㈠執行團練任務，㈡執行警察任務，㈢辦理民衆教育。計劃是六個月的軍事訓練，三個月的警察實習，六個月軍事訓練當中，分兩期教育，在前三個月以術科爲主，後三個月以學科爲主，現在已有兩月多，前期教育將要完成了。

有學生易祥林、羅玉暉，楊俊章，陽建勛四名，原係自費，查該生等成績頗優，教育長擬改補公費名額，以資鼓勵。

再有學生漆鵬舉，身染腦膜炎，不堪造就，教育長已准長假出隊。

學生家庭調查，本週重新舉行一次，問明每個學生家庭有些甚麼人？有無產業？本身過去履歷，將來志願，保證人，通信處等等。

至於本隊訓練情節，由學生來報告。

（完了）

中華民國廿二年五月四日（星期四）出版

工作周刊

第七期

編輯者　江巴璧合特組峽防團務局

發行者　嘉陵江日報社

出版期　每星期四出版一次

價值　每期四仙訂閱嘉陵江日報者隨報贈閱

四月卅日聯合週會中之工作報告

主席致開會詞

盧子英

聯合週會的主席，通常是科學院峽防局農村銀行三峽工廠，四機關的負責人番輪充任，此次論理是應由農村銀行主席，惜伍經理（玉璋）不在故由峽防局出而代行，這是先要聲明的。

我們每次週會的意義，不過是爲互相明瞭事業與朋友們的進步概況藉資慰安鼓勵，並且比賽而已。祇是這次的週會更有一種非常的意義就是歡迎新來的遠客，北平地質調查所派來四川的考察團李宇潔先生張昌華工程師和民生公司的朋友們指導此間的一切事業，故此次週會又是兼有歡迎會的兩種意義的集會。

理化研究所工作報告

徐崇林

本所目前主要的工作，是分析煤。現在已至百五十一種。這一月中共分析了二十八種。以宜昌協成廠的煤爲最不好。灰分竟有百分之八一・二五，致發熱量僅得二千〇八十四B.T.U，周家溝全記廠及雲陽固陵沱金竹園王元復的煤均不錯。牠們的發熱量在一萬四千B.T.U，以上。其次本所準備將已到渝之藥品議器，如白金坩鍋等七大箱運回後，即開始作其他礦產分析。現在已將植物部在川邊及西康等地採集之礦產，作詳盡登記。共有六十五種。又新從德國歸來之傅德輝先生在本所化驗室共同分析北川鐵路附近，加文星場等地之石灰石及泥土，以作開辦新式大規模洋灰廠之準備。現已略有相當結果。本所爲明白全國理化方面的雜誌及專書概況，曾向各機關學校及工廠，徵求書報目錄。近得回信七件，雜誌及專書十八册。又最近地質研究所及生物研究所，均將赴川西東北及康藏各地調查採集。本所印有礦石及工業原料樣品採集紀錄千餘份，分發各採集組。請其代爲採集，以貫澈各研究所聯絡工作，(完)

地質所報告

常兆寧

本週的工作，値得報告的，是地質研究所編製的重慶南川間地質誌，已經出版。這是本所的第一種出版物，也算是科學院地質報告的第一種。

附帶的事，值得一提的：是四川地質調查團來四川調查，我們已歡迎到北碚來了。四川地質調查團，是由實業部地質調查所、全國經濟委員會及南京中央大學三機關合組的。他們在四川大致有兩个月的工作。目的在研究四川地層和鑛產。我們此間的地質事業，正在萌芽時代，總希望遠來的地質學者，予以批評指導，所以歡迎他們諸位來此。同時我們也願稍盡鄉導之責，所以他們在重慶附近工作。我們準備至少有一個人參加。

科學院農林研究所報告

劉雨若

農場工作

農場最近工作可分以下數項

①現正買杪條鉛絲預備在農場果樹區內搭籬坦式之葡萄架。

②苗圃周圍夾竹欄以免鷄啄幼苗。

③花卉園藝部整理公園工廠及兼善校之花壇最近種下黃豆並栽黃瓜秧。

㈩星期四曾往西山坪攷查（甲）汽候（乙）土壤（丙）原生植物决定計劃分三期開墾㈠砍柴燒瓦㈡掘大竹林之荒地㈢種玉蜀黍並辦畜牧。

博物館報告

高孟先

本館因爲經濟困難的關係，所以好多陳列品，不能盡量的設備，許多珍奇的動物，不能盡量的添養，而且在已有的東西，都無法把牠展開。例如陳列室的多少陳列品，苦於無陳列的地方。只好收藏起來，又如動物園的許多動物，沒有建築物來容納，只好讓牠擠住一堆。這些都是困於經濟的問題，所以經濟是我們當前亟應解決的一個大問題。不過在這經濟十分窘迫狀況之下，我們才想出了兩個暫時救濟的方法；

一，在陳列室——最近一週圖書館，陳列各種圖畫到北碚各個茶酒館去，我們也整理了十幾幅照片，加具說明陳列到各個茶館去，已經陳列了三個較熱鬧的茶館。同時又與圖書館聯絡，今後陳列的辦法，至於我們對陳列地點及陳列品的保護，定下幾個條件①陳列在公共地方（人多集聚處）②陳列地要負責保管，清潔，損失的責任，③如有損失照價賠償，㊃幫助介紹指導責任，（不過，此點當然要我們先施以相當訓練），所以此來，不但擴充了我們的陳列室，而且也增加了本館的工作同志。更希望只要能合以上的條件的，都是我們的陳列室，都可以拿陳列品去陳列。今後參觀的來賓，不一定要到火焰山，就北碚的茶館酒館，也就會看見我們的陳列室，也會看見我們的陳列品了，這是我們的一個計劃，也就是救濟的第一個方法，更就是我們的第一件工作。

二，在動物園——最近添了一批動物，就需用容納的地方，地方就須建築，建築就要錢，錢就成問題，因此就想了兩個救濟方法：

①在平民公園內找了幾處隙地，就用水竹作了幾個竹籬，將可以野飼的動物放了進去，一方面適應動物生活的環境，一方面也就擴充動物園的地盤。

②交涉利用地方醫院的一個水池、遂就簡單的工作了一個鉛絲籠子，將水鳥就飼養在裏面，此來不但減少了動物園動物的擁擠，而且也增加了醫院的一個觀賞的東西，我們想今後凡北碚的各個事業機關，只要有能夠適宜飼養動物的地方　動物園都可以供給

飼養的動物。以後凡參觀動物的人，就不一定要到火焰山就在各個機關，就是我們的動物園，也會看見動物。欣賞動物了。這是我們第二個救濟方法的計劃，也就是第二件工作。

三，本週動物園內有幾株梧桐，發見被瓢虫把葉子吃了很多，當時就用了三個方法除牠：

A用竹水槍將洋油打在葉上。

B用炭灰泡水後，將水用水槍打在葉上。（因灰含有鹹性）

C晚上用一竹竿綁着稻草，點燃，立於梧桐樹側。使瓢虫自己飛來燒死，此法效驗很大，不僅除了害虫，那些害虫尸落滿地，而且使得動物園的鷄第二天大大打了一個牙祭。（畢）

三峽染織工廠報告

繆成之

今天工廠要報告的，有三件事情：第一就是工廠以前是閉戶造車，是以各地售貨處來將就工廠，因此當中有很多問題，現在是要以營業爲中心，爲營業而製造，以工廠製造去將就售貨處。第二件事，就是因第一項的目標決定後，便要照此做，我个人決定渝合兩地售貨處每月要去一次，廣安售貨處兩月或最多三月要去一次，今次到廣安去了來，簡單的把廣合兩處報告一下，廣安的營業情形還好，在這運動會當中，每天要賣二三百元，主要銷得之貨，還是以三峽布爲第一，該處的內部情形亦還好，比較有組織有聯絡，還有方法，用人也少，而且還能應付極盛的營業，對於接洽都還妥當，在售處當中，看見兩點現象，是他處不可得的：第一沒有看見他人還價，我們的定價已經深得人相信了。第二遵照規定，到時關了舖門，有人來買物，說請明天來，到了明天他們來了。這種的聲譽，不是一時得來的，也非偶然的，還是經過相當努力的。在廣處的銷貨對象，盡是軍界，學界，政界，幾乎在廣安二十軍中的辦事人員們，个个身上都有三峽廠的貨。何由致此呢？這有幾個原因：第一是楊軍長的積極提倡介紹。第二是當地禁止船來品入口。第三被當地人們的需要。第四是三峽廠貨品之適合。恰恰在這個需要之中，恰好過着這個機會，所以造成這種情形，不過我們還是認爲不滿足，還要求深入擴大銷場。第一是將門市生意站穩，還要普遍到軍政學界中去。第二在二十軍區域內，每縣要有代銷，現在我們是照此努力。再說合川售處，這就比廣處差了，一界都沒有深入，以前對軍學界銷場，現在都快要弄掉了，在這一種銷場都未抓着的時候，確實有點着急。合處不比廣安除了軍學政界銷場外，還有普通銷場，我們現在的辦法：第一步還是恢復軍學政界的銷場。第二步是打開普通銷場。看了這兩個售處，與工廠有關係的有幾件事情：第一要貨能接應，你要他發展營業，你便要有貨去。第二要貨適時季，到了那個時季，要有那個時季的貨去賣。第三只有貨好，貨合格，完全不成問題。我們在廠中現在就注意着這幾點。第三的一件事情，就是從明天起，職工伙食一律，職員吃工人伙食，將職員伙食降低一點，工人伙食提高一點，因我們要同吃一種伙食才知道當中的問題，能改良的，我們盡量改良，這件事局長告訴我們幾次，遲遲不實行的原因，還是職員當中的鬪題，至今各位職員同意，所以從明日起才實行。我報告的三項事情現在完了。

農村銀行報告

何仲霽

本週因經理下渝辦理比期由個人代表出席茲僅就會計部份略分三項報告如下：

1，（負債）（至本底止）股本三萬一千四百餘元定存活存特存三共一萬三千餘元，本票二萬四千元除定活存由北碚及附近各場鎮各界存入外特存一項純係峽區各事業機關人員之存儲並且是準備投資性質●

2，（資產）定放押放特放三共八萬八千餘元往來欠款五千五百餘元現元四千餘金除定押放大半為補助峽區事業及河對門炭業等等特放一項純係扶助四鄉農民及做小生意者。

3，（損益）二十一年七月起至本底止十個月中利息匯水貨幣損益共獲利八千五百餘元貿易部洋紗洋油花鹽等共獲利方千元有奇除開支三千餘盈餘萬元多點。

總括來說負責資產比較供不應求相差二萬幾千元雖貿易部經營足資補助然亦有限以故尚盼在座諸公因明瞭而廣為宣傳影響必大若蒙踴躍參加尤屬歡迎。

斂此外行現在由馮子久主任就蓉接洽代辦聚益字號重慶收交計四半五萬餘元本底八萬左

右有此一來一方面可以說本我的服務社會之宗旨一方面亦可爲敝行異日發展到蓉市成立分行之基礎因此事務特別增加所以敝經理下渝去了。

督練部報告

劉紹伯

本週的工作，大概有七項，㈠本週星期四日收回了航務處三四年前在峽防局借去的漢陽步槍二十枝。㈡華峽特務隊兩週前便巳移駐華瑩山大庵開墾，近幾天得着該隊的報告，現在正下各項糧食的種子至於調回時間目前還不能一定，㈢本週預定的工作，如像體育部的一切整理種種事項，多未及按照實行，因臨時，工作很多破壞了預定的秩序，㈣在圖書審訂了內容較好的學生雜誌教育雜誌和種種刊物一百〇三冊，將他標識出來，分發到工人義勇隊閱覽，㈤青年會總幹事黃次咸昨天送了一瓶瘋狗藥來，據說這藥物不論男女老幼或孕婦遇瘋病都可以服，不過分量有別。，成年的人每服五錢，小孩減半，病重的多服幾次，就可痊癒。現在這藥物巳送到醫院去了，希望在座朋友遇有此種瘋病之人，請介紹他到醫院去取用，㈥近來合川的一般扒手惡賊在合川出了事情城防搜捕害利，因此不能在城裏安生，聽說有一百多人，還有兩枝手槍，來到峽區各場做他們那種生意。因此昨天沙溪廟發生一場事情，當即拿獲三人，今天正在審訊，今後本部決定加派牒查出去專緝此種盜賊，或者不久可望肅清。

總務股報告

林芳

這一週可以報告的有三點：

一，二，略

㈢夏溪口紳衿易雍南等二十餘人在該處募捐成立義渡渡船一隻，昨具呈峽局請予備案並出示保護，已批准照辦。

政治股報告

黃子裳

一，二，三，（略）四，引導西南影片公司攝取峽區事業風景各種影片，每天一遇太陽即有工作，工作當中常有交涉。例如照風景必須用人物點綴方顯出活動，否則成了死的照片。計先後攝成了關於鐵路火車氷廠煤球廠的外景。夏溪口的運河，高坑岩的瀑布溫泉洗澡工廠作工等等，共攝片一千五百尺，其餘未完之片，須待下次工作（下略）

審計股

彭貴琪

審計股這一週有三件工作向大家報告

第一件關於會議方面的　在本週開了一次財務會議議決發各職員三月份存薪，現在審計股已經將發薪表造好，轉交農村銀行，如果大家有不知道的，請拿摺子向銀行取用

第二件關於查船方面的　本週共計查上下水貨船二百五十二隻，收入稅捐洋一千四百八十四元二角，平均每隻船收洋五元八角八仙八星。

第三件關於查賬方面的　在查賬方面，最近感覺各隊各機關日報表支出數與粘件不相符，查他不符合的緣因，係因爲怕麻煩的關係，常常把幾張粘件數合併記入日報表，並且粘件不依記日報表秩序張貼，在這一點希望各隊和各機關會計人留意！

圖書館工作報告

袁伯堅

圖書館除了經常及前週未完工作而外有三點可以報告，第一點收峽局盧督辦長子英，捐贈之書一千三百〇八册，這中間多是很有價値的書，若是新買恐怕也要將近一千元才行，本館準備將把這批書辦個統計，下週來報告。第二報社黃主任（子裳）因要同着西南影片公司到峽區攝製影片，不得了要找我代理編報的事，但是我本身的工作，已經忙得不了，結果我的不得了還可延兩天，他馬上就不得了，所以便幫他代理幾天再說，因此我很覺北碚事業，無論人力財力常常在不得了中間掙扎。第三就是本館撥併科學院管理，從明日起就改名中國西部科學院圖書館。這週也就是在辦移交的工作，還未完成要在下週才能把移交的手續辦完。

三特務隊報告

代大春

我們的生活很緊張，晨早起床，技術操，午前午後場操各兩次，此外繼續坪我們的球場，至於維持礦場秩序料理市面清潔，每日巡邏六次，都是經常的工作，現在有案件，文件兩方面的事，向大家報告。

案件方面　在這個月算算賬，計有盜竊嫌疑案三件，口角案三件，漏號嫌疑案三件，又漏號案一件賭博案三件，妨害風俗二件共計十五件。

文件方面　呈文四件公緘三件，這在三件公緘是寫給燧川公司和澄夏兩鎮公所叫他們的弁兵和護廠兵揹槍出外的時候，須有武器通過證並要整齊服裝，以重秩序，否則拿獲予以懲處。

手槍隊工作報告　唐鱗

1，本隊的人數除送渝合間汽船外現有人數二十二名。

2，3，（略）

4，本週的農場下的種子包谷八合，白菜五百窩，黃瓜與南瓜約有二百餘秧。又施肥料二次，捉滅害虫三次。

特務學生隊學生報告　黃立勛

（一）（二）（略）

（三）工作的進展——本週的場操是單人教練，由官長指定臨時軍士分班教練，在當軍士的態度及教練法，較前週都有進步，在一般的操作，比較前週嫻熟的多。

（四）洗冷水澡——我們自開學以來，官長規定每週洗澡一次，時間星期六，地點溫泉公園，近來各同學都感覺洗冷水澡比洗熱水澡還要舒服，所以從本週起，我們就開始洗冷水澡了。

畢

歡迎來賓說演

各機關的報告都完了，我們都明瞭這一週間各事業與朋友們生活的概況了，大家都已得相當的安慰與鼓勵，現在可以將週會完結了，我們歡迎開始歡迎李宇潔先生指教：

李宇潔先生演說（詞略）

鄭璧成先生演說（詞略）

主席致詞

盧子英

剛才承李先生鄭先生給予我們很多的教言，大家非常之感謝，不過我們還有兩點聲明，尤其是峽局一點必要的聲明。

在很多的朋友甚至親切如民生公司的朋友，每每誤會北碚一切事業都是峽局的事業，更誤會北碚似決祇有峽局其實峽局不過是峽裏事業之一而且僅是消極性的治安事業而已，關係其他的事業，雖如手之與足，但其意義比較猶屬老成居下。

在北碚之事業係以文化之經營爲主，經濟之經營爲輔，爲了經濟事業之較有保障，一般社會之更得安全，故始有治安事業之經營，其輕重情節，試舉一例就更明白。

文化事業如科學院等近於東家。

經濟事業如三峽廠等似乎佃戶。

治安事業如峽防局等於奴僕。

一時苦於難得相當的舉例，但就一比喻也就可以瞭解，峽防局與各事業間之相互的是如何關係。

今天的時間有限，不及一一領受來賓教言，現在我們所盼望是懇請各位先生在明天參觀時不客氣的指教（完）

中華民國廿二年五月十一日（星期四）出版

工作周刊

第八期

編輯者　江巴璧合特組峽防團務局

發行者　嘉陵江日報社

出版期　每星期四出版一次

價值　每期四仙訂閱嘉陵江日報者隨報贈閱

五月七日週會工作報告

峽防局督練部宋督練員在田演說詞

（上略）在我們人生，有四個要項，就是智育，德育，體育，羣育，四育中間，尤其是以體育，爲一切的基本，而拳技一道，又爲體育之基本，因普通體育，所謂柔軟體操，球類運動，田徑賽等等，充其量祇能稍事強身，在拳技之練習，對於人，不儘能健康身心，延年益壽，而且又能防禦許多的危害，這種學術，在古代中國，非常擅長，非常講究的，惜乎近幾十年來，物質文明進步，於是這項拳技，就無聲無氣了，最近一般的人，很多都已覺悟，拳技於體育上之重要，故又特別提倡，峽裏面朋友，也很多熱心這一道，因此我們大家，很想約幾位專門大家，來此地領導領導，現在已函約了幾位先進，如其能來，我們打算，還要組織一個團體，定名爲武士體育會，或爲國術會，目的，第一，是在便於訓練我們自己，第二，便於聯絡外間的拳術專門家，會內的辦法，暫定組織，訓練，總務三部，組織中又分交際，招待等等，訓練中分教務，宣傳，調查，總務中就分文書，會計，庶務。

有了這個會，哪嗎，我們北碚各事業的朋友同市民，練習拳技，就很容易成功了，拳技一道，也就容易發展了。

我們所歡迎的這幾位拳術專家，如其能來，快呢，就在陰歷五月初間，這個會，便可望，開成立大會，同時幷可藉此開國術比賽大會，比賽意義，俗說就是打擂，可以隨便募點捐來，製備各式各級的奬章，五月初間，正是工人義勇隊，教育，告結束的時期，又是各隊檢閱的日子，藉此也可湊湊趣，助助興。（下略）

督練部報告

李華

督練部本週工作値得對大家報告的有八椿：

1. 工人義勇隊的教育，民生公司來信商榷打算延期半月，現在督練長已决計延期三週、從前預定是六週速成的，現在改定爲九週期間第十週舉行退伍式。

2.各特務隊之整頓的教育，預定六週在下週卽完成了照例教育告一段落，卽應有一次之檢閱，但是爲了內容充實規模燦爛計，現在也展期在三週以後去與義勇隊同時舉行更盛大一些。

3.爲了充實週會的內容，發揚週會報告的意義，今後第二第三特務隊在平時的週會，也舉派代表出席報告該隊的生活和工作情形。

4.本星期二日盧督練長與宋督練員率兵四名前往沙溪廟查辦刼案，獲匪犯二名，嫌疑一名，帶囘交請盧指導員審訊兩次，正在搜查贓證。

5.重慶北碚開汽船帶信或其他公文，每易遺誤，所以特別做了四個公文袋，以後來往一切文書，直接就由送船隊員負責帶遞。

6.總合間電話綫年久失修，多已壞了，春天風力較大急須材料修理，昨天添置了鉛絲兩圈（二百七十斤），又磁珠百顆，以備應用。

7.華峽隊中士王紹全，因在華鎣山上與同事不和，私逃回峽自首，查其平時成績甚好，又是自首，故治罪較輕，調在華峽隊，駐北川鐵路三分隊服務。

8.現在的諜查除專任的幾名而外，更常派士兵作普通的諜查工作，其中有一名最有的功祇因軍事秘密的關係，並爲以後工作便利計，所以他的名字，暫不宜布。

總務股報告

趙仲舒

這一週所辦的經常事件甚多，單提幾件報告

一，峽局從前投入農村銀行的股本二千五百元，撥入三峽工廠的基金六千元，一共八千五百元，前經呈報　二十一軍司令部撥爲中國西部科學院基金，本週已奉令照准，連同　二十一軍司令部補助峽局幫助航務處訓練護航隊每月二千元之款，自十九年三月起，二十一年春間止，共洋四萬七千元，總共五萬五千五百元，完全致函撥交科學院接收以公濟公，科學院財產現又增加很大的數目了。

二，略。

三，在扒手界中很著名的首領王百川，這週被沙溪廟鎮長拿獲了送局訊明，打算把他送到巴縣縣府去監禁三年，他自己知罪願意轉告他們的同黨，包管峽中不出事，覓保保釋，他有黨羽百多人，每年都要拿錢奉敬他，少者十餘元，多者四五十元，這是從歷年所獲的扒手口中供出來的。

四，本週新委了宋在田先生爲督練部督練員，宋良田爲手槍隊隊長。

政治股報告

周仁貴

政治股本週的工作，可以分爲三方面來報告：

第一方面，政治股本身的工作　大概有幾點：

第一，引導參觀，本週引導學校五個，有璧山縣縣立國民初級小學第三校，依鳳場高級小學校，澄江鎮初級小學校，又逐甯四川省立第三師範學校，及重慶陶業專門學校，引導團體三個：有重慶市市民銀行參觀團，民生公司職員參觀團，及商人參觀團。

第二監督士兵塡畫北碚市街道指引牌。

第三寫地方自治概要講義。

第四清收本局各機關三月份工作月報。

第五排印第三期工作週刊，催收二，四，五、六，七期工作報告材料。爲什麽第三期工作週刊已在排印，而第二期反在催收勒？這當中的原因，就是在早打算將種痘報告的材料，作爲第二期工作週刊，事後見着種痘的內容太多，才又把第三期的工作報告，收集起來付印，所以第三期已在排印，而第二期尙在催收當中。

第二方面報社的工作：

第一改編峽區事業節略，披露報上，以便一般留心峽區事業的人們參考、同時便利一些在遠地方無機會來峽參觀，而又急於要想知道峽區事業的朋友們，使他們見了這個事業節略以後，也當如來峽參觀一樣的明白，確實詳細。

第二繕寫新聞簡報，送往各機關及北碚市各茶館，從前送到各機關的簡報，是用複寫紙寫的，現在感覺用複寫紙寫，於時間上，人力上，用費上都有不經濟，所以才改爲油印。

第三方面，民衆教育辦事處的工作：

第一發給民衆各夜課學校峽區事業常識教材。

第二舉行婦女班千字課，民衆常識考試，考試結果，成績尙還不錯。這是足以安慰我們自己的！

第三召開北碚劇社社務會議。討論今後一切進行事宜。並準備下星期一，表演「不抵抗」與「不愛江山愛美人」二幕。歡迎參觀。更歡迎指導。

（完了）

審計股工作報告

魏策方

本股本週是在結算四月份賬項，祇有一件事可以提出來報告。就是近來河下的漏捐船隻很多，何以見得呢，因爲我們查獲漏捐所收的罰金數目較前增加，所以知道的爲什麽會較前多呢？推其原因，不外有二：即一是近來經過河下的船商不明本局收捐情況，而照例行其欺詐手段，以圖漏捐。二是在過去的查驗員和監查員未盡責任所致，但這二種因究以何者爲是，在未明瞭眞相以前，是不敢斷然判定的，本週又查獲上水棉紗雜貨船，藏匿護商票一半，企圖啱捐。因爲我們抽上水貨捐，是照重慶護商收十分之三。照此計算，所查出的匿票應納本報稅捐洋八十餘元。依據本局規定，凡查獲漏捐是全部偸漏者，除照徵應納稅捐外，另罰捐款數的五倍，若是一部份則罰二倍，因此該貨船係屬一部分漏捐，所以照罰二倍，計洋一百六十餘元。

科學院理化研究所一週來的工作

黄治平

（本所工作，分五點報告如左：）

1、分析煤樣——共十九種，均產自湖北秭歸縣香溪地方，由民生公司送來，請化驗的，現已化驗得着結果

2、分析石灰石，粘土——石灰石已分析結果四種，粘土正在化驗當中，均採自文星

場鐵路附近。

3、蒸溜酒精——近來分析工作很忙，需用酒精頗多，購買酒精，實不經濟，乃在北碚買乾酒自烤，比較合算，本週曾買乾酒一挑，現已烤完，以後仍購酒自烤。

4、赴渝清點儀器藥品——星期四本所代理主任李樂元先生，下渝檢查民生公司由滬運渝之儀器藥品共七箱，清點後將急需之白金鍋及少量藥品，於星期六帶院備用，餘待免稅證辦妥後，再行運院。

5、查勘地基——理化所現住火焰山之房屋，建築不適，工作起來，殊感不便，現已擬定在東陽鎮農場附近，另築一幢化驗所，預算二萬元，俟募得款項，即着手建築，本週已後查勘地基在太平土下面青岡堡為適宜。

科學院植物部報告

蔣卓然

一、結束室內工作

1. 粘製建南臘葉標本計二百七十二份
2. 將建南標本分科分屬裝櫃保存
3. 提選東川建南標本郵寄國內各學術機關交換
4. 抄繕東川蕨類記錄準備寄郵
5. 檢查已提出之臘葉標本並加名籤
6. 整理月報送呈總務處

二．準備野外採集

1. 討論二十二年度採集計劃並付印成册
2. 清理並修整一切採集用具
3. 寫製野外木號牌計五百份

地方醫院報告

雙璧光

本週治療計

普通人　內病　78、

　　　　外病　136、

各機關　內病　147、

　　　　外病　391、

收掛號費洋十一元四角錢九十五千六

藥費七十八千五

住院病人內病四名　外病七名

特務第一隊有三件工作向大家報告

第一，（略）。第二，本週從星期一起，取締市面各種吃食攤子，在初時一二三次取締當中，麻煩及各種困難不能盡述，恐怕峽局好多同志，都看到的，更還有一點就是北碚的市民，為了我們取締攤子，總想我們沒有結果，又看我們對人那樣和藹，更沒有成功的希望。一直進行攤子取銷完了，但我們態度仍然一樣，今後街道，多了兩倍的人行道了，這是本週完成一件有意義的工作。第三，本週討論旅店的清潔，及治安方面種種的規定，要在下週理好。

手槍隊報告

鄧伯初

本週所作的幾件很細的事務，報告如下：

①派士兵傳案二次．㊀悅來場桃子埡．㊀黃桷樹東陽鎮。

②清潔局側馬路及禁閉室。

③除農場草二次施肥一次。

特務學生隊報告

羅代榮

特務學生隊的進程，術科操到一伍散兵教練，野外演到尖兵遇敵動作，近兩週的場操概由學生，互相練習指揮。現在因操練比前熟習。但疲玩心同時增加，要減輕他們的疲玩，不得不想法多給他們刺激。冷水浴。是刺激人的一種方法，所以本週起每日有一次冷水浴。

工人義勇隊報告

陳榮

本週工作分教育清潔兩項：

甲　教育

1，學科　共授十五鐘。

2，術科　共操二十五鐘。

3，技術　從星期四起晨早一點半鐘、午後游戲時間改爲技術。

4，野外　星期六晨早演習排哨配備，地點在高坎嵐埡午前演習尖兵動作，在龍鳳橋歸途演習旅次行軍，午後演習緊急集合。

乙　清潔　除照例每日清潔洗擦樓板一次外，更大清潔一次。

又洗被蓋一次　洗軍服二次，冷水沐浴一次。

主席批評

盧子英

體育關係人生很大，俗云有一分精神，乃有一分事業，又云，有健全的身體，而後有健全的事業，有健康的身，而後有健康的心，力強則心強，則氣壯，故世之偉大事業家，未有身體不健康者剛才宋督練員所講的體育爲德智羣三育之基本，善哉言乎。

頃宋督練員所謂拳術，又爲體育之基本也是真理，因拳術之於人，不僅健身心而且有時可以衞生命，可以多幫助人，凡學過拳術的人總是比較的更勇敢，更有決斷豪爽忍耐服從合羣規矩等精神，所以這種學術，實有提倡之必要。

體育之訓練在一般家庭學校軍隊工廠四者中間辦法各有不同，我國北方對於家庭體育，率以拳術爲主，學校與軍隊都有相當的訓練，惟普通工廠之於體育，幾乎素不講求其實這類學術，對於工作效能關係非常之大，不僅是關係人道，影響延年益壽，論理是工廠較之一般軍隊學校家庭尤其應當提倡，所以很望宋督練員馬上擬具一個體育的訓練辦法從事教育，這樣祇爲三峽工廠，就已造福不少。

嘉陵江日報社對於工作週刊感着兩個難題，一搜集報告，二編輯成册，最難尤以前者爲甚，黃主任編輯每叫苦不已，在督練部，因各隊關係，比較直接，而人員又多，易於料理，故特幫助其搜集一切，這種幫助等於幫助大家，很望以後我們都共同來作這種活動，發揚互助的精神，在學生隊羅中隊長的報告中，有謂學生隊操場，都就強烈的日光之下實施，所以學生常搆急病，其實在原因則是由於學生們第一體力薄弱，第二沒有習慣，一經日晒，遂病腦充血，這病雖然急而少危險，痊癒很容易，相信再過幾日，便不會有此現象發生的，我可以舉兩個例子來證明：

第一個例是廣東的氣候，春季較四川夏季爲熱，尤其地處熱帶，多雨，有時每次操場要受幾次雨淋，風雨之來幾夫是人不及預防的，俗說百里不同天，該地可以說是百米（米達）不同天，最初客籍學生固不堪其苦，但久而久之，習慣成了自然，就絲毫不以爲慮了。

第二個例是民國十九年，航務處在峽裏所辦的護航學生隊，不是六月一日才開學嗎？正是夏季暑天，熱比現在還更厲害，然而未聞病者有如特務學生隊之多呢？這也是他們身體多數較健康，與有了習慣的影響。

現在季節不同，每日作息時間，從下週起便改訂過，還有要幫助解釋的一點，就是羅中隊長說話的中間，有謂術科教練的各班長之揀選，最初係指派學生中之資質較優者充任，才劣者最後輪值之，當時聽者中之一部份的學生不免稍有誤會，故隊伍中間亦有小小動搖，所以須要馬上加以說明解釋，大凡一個人之成功，第一要靠其品性，如對人誠懇，做事忠實等，第二要靠志趣，還要靠精神，一切不苟的精神，條件是很多的，須要聰明，不過望其一小者而已。（略）更例如軍人中岳關兩公之所以受人敬禮，紀念不忘者，不過有品格精神兩端，爲人忠義而已，（自然也或許別有意義在）。

再更例如曾國藩資質何等低能，他曾自稱在讀書時人每能誦其十者，而已僅成誦其一，似夫愚鈍之至，然而他的事功，結果如何，不但當時左右政局，就其遺風影響現在民性，尤其湖南的民性，也非常的偉大。這些人物的成功，何嘗是聰明一端所造就，故學生們應反覆的三思不可太狹陋致於大誤解而特誤解。

工人義勇隊陳隊附的報告中，對於演習野外，每說打野外不免太俗，軍人不是普通人，軍事學是一種科學，自有科學的術語，自有專門的名詞，以期簡明一致，各方便利。至於軍語，尤其嚴格，不得偶一馬虎，例如部屬，對於官長每每應對「就是」二字的批准語氣，或者甚至於「就是吧」的隨便答話，更或者有時該對曰是，而答曰，「哦」都太失軍人的程度，太無禮節的教育。此類應對，在軍語概謂之曰「知道」兩字，這都是應具的常識我們不可不知道的。

第一特務隊的報告，本週側重公共衛生公共清潔的料理，這也是大家都宜幫助的運動，因爲這也算是一種救人的工作，等於種痘，等於剿匪清鄉，一般的重要。清潔都爲消滅微菌，或預防微生物繁滋，在微生物之爲禍人生，簡直甚於匪盜，故清潔運動，是非常有社會價值的工作。

（完）

中華民國二十二年八月三十一日（星期四）出版

工作週刊

第九期

編輯者　中國西部科學院　江巴璧合特組峽防團務局

發行者　嘉陵江日報社

出版期　每星期四出版一次

價值　每期四仙訂閱嘉陵江日報者隨報贈閱

本刊啓事

逕啓者，本刊自第一期發行以來，原在重慶鉛印，定每週發行一次，中因四五兩期稿件，傳帶遺失，致未印行。及至第八期以後，印刷公司，更感忙碌，不能承印；現本刊與合川民福鉛印公司商定長期代印，從本期起以後即按期陸續出版此啓。

科學院峽防局農村銀行三峽工廠聯合週會中之工作報告

◎理化研究所工作報告

黃治平

本所工作，可分五點報告

1，分析　a，分析結果的有煤炭六十餘種，總報告單已印至第八號。

h，藥品已到，現時李，徐二先生又在開始分析溫泉泉水。

c，鹽井溪石灰石及粘土，由傅德輝先生着手化驗，已得出一部份結果。

2、採集　甲，煤炭陳列標本——由龔熙和先生和治平負責，採集北川路厚峯岩，縉雲山燧川廠．東山龍王洞，二岩甲子洞四處煤層，作製煤層模型，其工作已完成。

乙，煤炭分析標本——由治平負責採集東山，西山，華鎣山，縉雲山，三匯場，各大山脈，及北川鉄路沿綫，嘉陵江上下游等處炭洞煤樣，于本月止，採集完竣巳告一結束當東山採集時，李樂元先生亦曾親自加入採集一次。

3，設置——科學院煤礦陳列，原由龔熙和先生負責設計，後因龔先生到北川鉄路，由本所負責繼續完成龍王洞，甲子洞兩處煤礦陳列。

4，徵求——本所前次呈文四川各軍，請其通令所屬各縣，將所產各種礦石及工業原料樣品，檢送本所代爲化驗，現已有涪陵縣建設局寄來礦石五種。

◉生物研究所動物部工作報告

施懷仁

(一)懷仁初到此地在未報告工作前，先有幾句話聲明

第一仁此次由平來此，友人曾以水土不服採集困難，研究工具缺乏，實在不若在平妥適相勸的。自己覺得『科學的探討，是要有勇敢和冒險精神的。個人安舒的研究工作，在我們科學幼稚的中國尙非必要』

第二，仁到了貴省以後，覺得川省的物產豐富，山川壯麗，在全國中除廣東雲南福建幾省而外未有能與媲美的？第一，北碚新事業的建設，在川省固然首屈一指，即現今之模範縣若中山，南通，定州，據我所曉得的，在經濟，文化，交通，遊覽各點，亦未有如北碚占有諸多方面之優良形勢。且其進展迅速，各處主幹人之精神毅力，更爲少見。

(二)工作報告—近幾天的工作：

1，擬定本部組織大綱—除照章設有主任，研究員，助理員外，有剝製員一人即屬博物館的剝製部，本部改爲剝製室，仍由康成德先生担任，將來並擬添繪圖員一人，練習生二人，本部工作時間除上午下午照規定工作外並於晚七點半—八點半授助理員等以普通生物學，教工友以平民千字課。

2，函商採集計畫—科學社秉農山博士允與本部合組川省動物採集團，關於採集計劃，路線及時間等問題，已發快信商詢對用費一層、科學社願擔負大部，大約本年十月間可

以出發，

3，本部設備用品：已開具清單繪制圖樣，分別在上海重慶購置。其能在本院製作者，已關照總務處覓工人自做。

4，清查舊存標本：動物標本原存博物館前樓上、現已搬運到科學院大樓本部儲藏室，一部設於陳列室內，待登記簿製妥，即按採集地，採集人年月日分別登記。

5，剝製標本：已製成百四十件皆巴縣北碚採得者，一部設置於陳列室，一部送至合川博物館。

北碚農村銀行工作報告： 伍玉璋

第三屆七月份損益比較

北碚農村銀行，成立迄今，已有兩年歷程，現刻有資本三萬三千九百四十元，比前年增加一萬七千六百七十五元，比去年增加一萬另五百另四元，至定期放款，有七萬二千九百二十七元，比前年增加六萬一千六百二十二元比去年增加一萬五千二百二十六元九角，茲特將其三個月份之損益比較表列如下：

	科目	廿年七月份	廿一年七月份	廿二年七月份	比較前年		比較去年	
銀行	利息損	七。三三	一·〇〇〇·九七	九七九·四三	增	九八六·七五	減	二一·五五
	匯水	三五·九五	一·〇〇	八〇·七一	增	四四·七六	增	七九·七一
	貨幣損益		三·一三	八·九三	增	八·九三	減	一三·二〇

損益	雜損益		損 三	三•三七	增	三•三七	增	三•四九
	台計	二六•六三	一•〇二三九八	一•〇七二•四三	增	一•〇四三•八一	增	四八•四五
貿部損益	白米	六一五•〇〇			減	六一五•〇〇		
	花鹽	五四•七九		五七•九七	增	三•一八	增	五七•九七
	煤油	二•一〇		九•三〇	增	七•二〇	增	九•三〇
	棉紗		一九七•七九	一四•七一	增	一四•七一	減	一八三•〇八
	合計	六七一•八九	一九七•七九	八一•九八	減	五八九•九一	減	一一五•八一
總損益	銀貿總益	七〇〇•五一	一•三三一•七七	一•一五四•四一	增	四五三•九〇	減	一七七•三六
	開支	二八四•六四	二四四•七〇	二三九•三三	減	四五•四三	減	五•四八
	獲益	四一五•八七	九七•〇七	九一五•一九	增	四九九•三三	減	六一•八八

三峽染織工廠工作報告

三陝廠，最近一月來的新工作，分着六項，報告如下：

一 在上海新購電力織機廿四部，六十錠搖紗機二部，六十錠拚紗機一部，摺布量碼機一部，鎖邊機一部，自來水廠所用一切機械及水管，均已裝箱，由直航輪運回北碚。

二 計劃已久之第二廠，現在實現了，限三月內建築完畢，將新購及舊有之電力織機，一律裝安在新修第二廠，以便管理。

三、重慶方面，最近因三峽廠的生意頗好，於是有不肖商人，以劣貨冒充本廠出品，工務處爲杜防起見，特設化驗部，專門考驗重慶各廠出品，及冒充三峽廠的織物，告知購貨客人，認明眞貨，庶不致誤。

四、本廠最近新出一種布，名曰番司布，係用四十二支紗所織，顏色新奇，售價又廉，可作婦女旗袍料及童裝之用。

五、本廠因出貨甚忙，漂染頗感缺乏水之供給。又在溫泉公園內，特設一臨時洗漂處。

六、本廠事務主任兼工務主任繆成之先生，已於昨日乘輪赴廣安，整理售貨處及接洽秋季製服……，諸問題。

總務股工作報告

楊紹賢

本股今天以兩項事報告：

一、關於文件的

1、再編違警罰法　在本局各特務隊所轄區域中，一般人民，知道違警罰法而又能遵守的，十難獲一，所以特務隊執行警察任務起來，頗覺困難，因此才把違警罰法就適合地方情形的條文，編成白話，並又加上新的規定，把牠刊布出來，每一人戶，都在他的當眼處，貼上一張，使他們隨時看着警省，且由巡邏隨時提起他的注意，使家家戶戶都知道守秩序，重衛生，藉能顯出特務隊的效用，其實也是增加民衆的常識。

2、禁止放火燒山　月來天氣酷暑雨澤愆期，附峽各山草木都枯死了，因此到處發生野火，延燒甚寬，山房民房亦間有殃及的，已通知各特務隊注意嚴防，幷出示佈告嚴厲禁止，以免隨時發生燎原之禍。

二、關於收入的

1、捐款統計　本週收入較上週增多一倍以上總收洋一千五百餘元其中以棉紗占第一位，收洋四百八十餘元雜藥占第二位收洋三百五十一元雜貨占第三位收洋二百四十餘元其餘零星雜件約收洋四百餘元。

2、八月份登記之絲捐數　奉令停收絲捐，從前曾經詳細報告，計八月份截至本週（二十七）日止，登記經過之絲，計有揚返絲一百四十六箱半，細絲三百四十八箱半，又六十三斤，粗絲一百九十九箱，共計應收洋一千三百元零五角三仙、這一個小統計，對於我們的經費很有關係，所以不厭煩瑣，特地報告出來，請大家留心，想救濟的辦法。

政治股工作報告

黃子裳

政治股最近工作。可分五點報告：

一，領導特務學生分組實習民衆教育及嘉陵江濱夏令讀書會攷查峽區各種建設事業

二，編印峽區事業紀要及嘉陵江三峽遊覽指南又重印嘉陵江三峽遊覽區域路圖

三，繪製北碚大地圖牌安置嘉陵碼頭

四，結束露天會場建築賬項，計全數開支九十五元四角六仙七星
五，辦理科學社年會交際招待事務

地方醫院工作報告

楊正萱

地方醫院七八兩月份報告共分四方面來說：

1 工作方面；人少事多；如醫生，從前是三人，現今只有一人，如服務員，從前是五人，現在只有二人，其餘兩三人，出外宣傳做特別工作去了。除經常治療外，在七月中曾檢查溫泉公園茶房的體格，及夏令讀書會會員的體格，曾往各場治療普通病人，在八月中曾往溫泉治療夏令讀書會，及中國科學社年會會員，又曾調查本場患痢疾者達六十餘人之多。

2 治療方面；在七月份，打破以前的記錄：普通內病占九百七十八人，外病九百二十四人，本局內病八百八十六人，外病一千三百零二人，注射一百一十五人，產科一人，在八月份，治療人數，一千八百一十四人：普通內病占四百三十八人，外病五百十一人，本局內病六百六十七人，外病九百七十四人，注射七十二人，

3 收入方面；七月份，收入三十一元六角八仙三星正，八月份收入二十八元八角二仙四星正，

4 往院人數；七月份三十三人：即內病十六人，外病十七人，普通人占五分之二，八月份二十九人：即內病十八人，外病十一人，普通人佔三分之一，由上面看來，七月份

與八月份本局的病人相比較，八月份要減少些，

第二特務隊工作報告

王紹全

有四點：

1 幫助人民撻穀　每日派兵八名，分兩組下鄉幫助人民撻谷，不取他們的工資，不吃他們的早晚餐，鄉民非常歡迎，但是我們少有用撻穀機，因為文星場一帶的田，每塊面積很小撻斗很狹，安不下撻穀機，所以我們就少有用他。

2 捕匪　派兵隨吳（定域）劉（學禮）兩中隊長赴清平場靜觀場各捕匪一次並在文星場附近捕獲形同匪人之張厚情劉海山二名，已送局究辦，

3 清潔鐵路　北川鐵路白廟子一段，由本隊派兵督飭各住戶大舉清潔，並取締不衛生的毛房五所，另由北川公園改建較衛生的毛房代替。

4 派兵到溫泉幫助佈置會場歡迎中國科學社年會

特務學生隊民眾教育組工作報告

特務隊學生楊駿如

本組交換後實習只有四天，報告如下：

第一，我們原來定的是十處實習，因為化驗室同露天娛樂場，沒有工作，所以實習的地方，就只有八處，有四天中，除了一組團體參觀的是五位女士外，其餘就是個別的，統計起來，共有三百九十二人，以性別分，男的有二百九十八人，女的有九十四人，以職業分，農人佔十分之六，商人佔十分之二，工人佔十分之一、學界佔十分之一，以區域分，本鄉

最多。以年齡分，二十幾的最多，

第二，本週派同學二人，隨同黎隊長到土主場去捕匪，費了兩天半的時間，這也可以使我們同學增加一些經驗，

第三，本部每天到八處去實習外；在營內的生活，也是非常緊張的，除了記日記，運動開會：：外，還組織了一個自治會，使同學互相監視個別和團體的一切活動，又組織一個音樂會，在我們每天午前十一點鐘回隊後，都很感覺無聊，就把這一點鐘，拿來練習音樂，安慰我們半天的勞作，解除半天的煩悶，吃過午飯後，接着去睡覺，又怕生病，所以把午眠前的一點鐘，作自由談話，和討論問題，在我們有了一點空閒的時間，决不輕易使牠放鬆過去，尤其不容有五分鐘的無聊。

特務學生隊警察組工作報告

特務隊學生李爵如

甲，臨時的

a 關於衛生方面的

(一)取締不合格的廁所

1，河邊的—據我們的調查，計有四十餘個，結果有三分之一是天然消滅的，三分之二是人工取締的。

2，市內的—取締方法勸導和鼓勵兩方面，結果取締的占修改的三分之一。

(二)組織滅蠅隊

全隊分爲兩組用的方法有二，一種是蠅拍，一種是松香，以兩個方法比較，第二個方法，比較妥善得多半個月的工夫，蒼蠅幾乎滅跡

b關於清潔方面的

（一）飲食店的清潔：每天檢查一次，清潔的有獎賞，否則懲罰，賞的是清潔牌，罰的是不清潔牌，因此全市的小食店完全都競爭起來

（二）市內和市外的清潔

市街的清潔，每天有巡邏不斷的糾正，祇是場期的次日有一次大檢查，再有場以外的，作了六次埋渣運動

c關於治安方面的

月的念日，本隊的隊附、率領了學生二十名前往土主場提匪

乙，尋常的

a收死鼠—本月共收鼠一百八十四個，他的代價三十一吊五百文，與上月比較少收三分之一。

d收蒼蠅—本月共收蠅一百九十兩，他的代價。六元〇七仙七星，與上月比較加收三分之一。

c處理案件—總計處理的有九十四件，文件占口訴三分之一，官長處理的占學生處理的三分之一。

分之二，工人佔十分

嘉陵江日報社出售圖書

東北遊記 每本二角

鄉村建設 每本一角

銀行報告書 每冊一角

三峽廠說明書 每冊二仙

峽防局概況 每冊五仙

東三省地圖甲乙種 每張三二千

北碚農村銀行

五角可存

五元可借

十元可匯

五元一股

歡迎加入

三峽廠特等出品

蜂窩布 自由布

中山呢 內衣布

冲毛呢 十字布

穿得過 請照顧

中華民國二十二年九月七日（星期四）出版

工作周刊

趙仲舒題

第十期

編輯者　中國西部科學院
　　　　江巴璧合特組峽防團務局

發行者　嘉陵江日報社

出版期　每星期四出版一次

價值　每期四仙訂閱嘉陵江日報者隨報贈閱

印刷者　民團鉛印公司代印地址：合川塔耳門內

主席報告

盧作孚

昨天在重慶遇着黃子裳主任，問他：『你到重慶來做什麼』？他說「一則因爲私人有點事情要辦，二則因爲這一向來過于勞累了藉此前來休息休息」。人在勞累了之後是不是就應該把事情擱下來等休息了之後再做，這是很成問題的。所以我就藉此和黃主任作了如下的一段談話。我認爲這一段談話很值得介紹，因此打算在此提出來同大家談談。

自家這一次從上海回來，在路途中就頭痛作嘔，十分難過，船抵重慶河岸時；曾一度想回家去休息一兩個鐘頭，及到轎子抬到民生公司的時候，心裏突然轉了念頭，想；慢着，且走進公司去看看有無問題」。一跨進公司，啊呀！求籤問卦，前來環着解決問題的人多得很，也很奇怪，雖然工作到晚間十點鐘以後方回家，但是難過却通通都忘却了。第二天一早到公司開朝會的時候，宋師度經理玩了一套把戲，叫我出去作報告，會散後仍繼續工作，雖然感覺得有些不好受，但是在一瞬間這一點不好受也就被一種緊張，和興奮的情緒戰勝了。

十二鐘到了，趕着又要坐車到成都去，這時疲倦又襲來了，但是仍然要繼續。而且還要澈夜的繼續，行至途中，腸胃病發了，而且嘔吐得十分厲害，雖則如此，但是亦不願停頓，最兇時下車休息片刻而已，到了成都之後，一位名叫何成俊的朋友勸我進醫院，至少也要就醫療治，我感謝他道：「是的，但是那裏能有這樣的空時間呢？」因此亦只隨便找了一個醫生看看，吃了一次藥便算了事，這樣抱病工作到次一天，便又搭車離開省垣，中間在燒酒房休息了三个半鐘頭，但是不是我們要休息，是因爲雨下得太大了，扎雨班。第二天九鐘許到重慶，仍然不休息的繼續工作，結果痔瘡又發了，要走路的工作雖然做不得，但是不動步的工作仍然要做。

總之，**精神越用越有，越不用越沒有，**好比如像前幾天自已的肚子痾，我不理睬牠，痾了又辦公，而且約定次日一早到民生廠去解決問題，第二天按時前往：咳，怪！連痾也不痾了，這就足以證明精神上的鼓舞，能使你忘了累，甚至把病也嚇開！近來民生公司的朝會，設在午前七點半鐘舉行，自已從早跨進公司，一直要做到晚上十一或十二點鐘才能回家睡覺，計算起來，一天整整要工作十四个鐘頭以上，大家要知道，世界上打起精神，熬更受夜，爲人類工作的老頭子多得很，何況我們還是青年，我雖然不要求大家和我一樣每天做十二或十四點鐘以上的工作，但是規定時間內的辦公，和晚上担任的那一點民衆教育的事情總要請大家努力維持，不要使他有一分鐘的鬆懈。

團務指導員工作報告

盧爾勤

今天工作報告，分兩方面說，屬於治安方面的第一件，就是日前合川與江北交界老岩頭地方發生攔刧挑子的事。據被匪搶夫頭報告，搶去的貨物，約值二三千元，來搶的匪，約一二十人，因該地距峽局過遠，被刧之後　夫頭探得匪的線索，恐遠難應急、故未投請峽局派兵緝捕、特就附近土主場，用錢請該場鎮公所，遣派團丁偕往緝捕。當即拿獲嫌疑及通匪人犯，共十餘名。捕獲之後，即請其轉送峽局究辦。而鎮公所不允其請。該夫頭乃投請本局，派兵往提本局爲追究餘匪以靖地方起見，當卽派秦隊附持公文率兵前往。不料部隊到達遞交提文之後。該鎭公所拒絕不交人犯。且謂已報江北縣府縣長令其送縣訊究。我接秦隊附此種報告後、深覺此事處置困難。要執行本局職權，强迫其交出人犯，有恐與江北縣府發生職權上的誤會。反有礙於今後作事，如置而不理，則合川江北間之老岩頭匪人，失此線索，機會必難一時肅清，而本局保護行商幫助民衆之意義全失。余爲顧全雙方，乃多方想出辦法，直接電商江北縣長，說明我們須要此次人犯，實爲謀消滅合川與江北間的匪患，藉此機會求得線索，以便肅清的意思。並解釋確非計較職權的一切疑誤。請其轉知土場移交，犯人，經此商榷深得蘇縣長的諒解。當允轉飭土場卽將人犯交給本局研訊，結果已將老岩頭搶劫正匪多數姓名查明。雖彼等業已逃颺一時不能全捕。但旣得端倪，終有肅清之望。而此後該地或不至再有劫案發生也。**以此一端，足見執行職務須要留意方法。更須要採擇和平方法。纔能達到，我們的任務與目的。纔能深得別人的扶助與諒解。**

第二，是在這回，查辦老岩頭刧案情形中，得着治安上一個新問題，就是太和場犯案的匪人，有逃藏於文星場附近開設煙館的，足見各地外來開設煙館及小貿當中，必有不少的匪犯。若是我們負有治安責任的機關，不認眞稽查，此輩藏匪，久必爲害。此事日前特別通知各特務隊，在衛戍區域內，留心派人清理客居小商，並須暗以函文查詢其原籍有無犯案

情事，以便爲相當處理

第三，就是我們的特務隊，除臨時特別野外擊匪外平時多在街市維護治安，那嗎我們特務隊不眞是應訓練野外、作戰的能力，還須要練習巷戰及市街的抵抗法。所以日前特通知一特務隊就北碚市在深夜人靜的時候，訓練學生街市作戰方法。今後更盼望各隊亦隨時練習此種能力以求實地的運用。

又還有關於訓練的第一，是訓練溫泉茶房。擬有茶房服務具體的綱要十九條，留意的是在本身職務訓練，因爲溫泉茶房今天以前的訓練，是講求書面的學問，以致學非所用，所以不知職務上應做的事，弄得客人大不滿意，此次在茶房軍事訓練當中，除再施予關於思想認識的教育外，特別加上本身職務的訓練，以圖補救，至其他學問可於空餘自修要使不防害本身應做的工作。

第二，我覺得幫助人是不辜負自己的，在前次就有一個好例，如像夏溪口內管源遂川兩煤礦公司因爲治安要請我們維持，我們隨即派隊前往保護，並於兩公司糾紛之點，爲顧全雙方利益起見，竭力從中調解，故得雙方的好感、故願每月補助我們士兵薪餉，雖每月兩處有數僅三百餘元，然對峽局不無小補，以此足以證明做幫助人羣的事，是能得人羣幫助的，故日昨電知各特務隊，除治安方面，今後更須留意幫助外，在普通事務上，亦應其特別助人，并盼望峽局職員，更宜有此精神

再有昨前天我察閱學生隊實習警察組的整理會議記事錄中，發覺三個缺點，第一是記

載不詳明，無有條理，第二是不留心遵守所講授應付事情的辦法，第三是執行任務態度不好，盼望以後特別改善，整理會議的事項務要記載詳明寫出一定方式，以前所講授的一切須知亦要平時熟記，臨時以免應付失當，至於執行任務時，對人民決不可以命令的口氣行之，只能和顏解勸，使其諒解、更須全人體面，以細語說明、這是我們值得留意的事，今天的報告就是這幾點，供獻大家 （完）

督練部工作報告

劉少白

報告四項工作

一，關于調遣的兩件

1，星期日在二三特務隊挑選了十二名富有茶房經驗的兵，到溫泉公園去代替茶房任務該原有茶房卽來北碚訓練。

2，洪光昭服務員現調任第一特務隊附，原任體育部職務，暫交劉少白代管。

二，關于電務的兩件

1，做電機箱——本局電話總機自來是懸在壁上的，電池是擱在棹上的，這樣不但危險，就是一切附件（如接綫塞子電池……等）也沒收拾，用時還不美觀，這回我們為求電機種種安全和便利收拾與美觀計，特地砌了幾塊錢，雇木工做了一個木箱，把他裝置起來了。

2，電話管理李華星期一到合川幫助民生公司安無線電收音機的天地線，他原于電務是個門外漢，距今幾個月的光景，也俱然能安電綫了，同時還能治理電機的小小毛病幾乎成了電界的內行了，聽說在不久的將來，還要取他到重慶青年會去學映電影學後爲北碚地方服務。

三，關于培修的一件本部辦公室的天花板經了多少年代的腐壞，又每逢整屋瓦時掉了的瓦片亦堆積在上面，幾乎把外面的一角，要壓下來了，今年四月份、本部成立之時，因急切須用地方，也便沒有深加注意，祇將舊天花板敷上了一層道林紙、到也美觀、可是在剛不久天氣頂熱幾天、木板一乾縮，以致拱了破了，因此把所敷的道林紙，碰過些濫這次我們爲求長久計，把牠重新改修過，先裝木條、木條上面拴蔴，再敷上了石灰，這樣一來預算的足需洋三十六元，人工肆拾個、前天已開始工作了。約在下週星期三四可告完成。

（完結）

總務股工作報告

王世品

昨天趙主任命我準備出席週會報告，我說我不會說話，趙主任說：週會的性質，一半是訓練職員說話的，因此才大胆地出席，作這個報告：

個人自有生以來，尙未在大庭廣衆中，發表言論，今天算是破題，兒第一遭了，決定有些不妥當的地方，要請同仁原諒和指教。

今天報告的，共分三點，前兩點是關於個人方面的，第三點是關於全局的。

一，個人參加峽局工作的原因——這次我因局長的介紹，來到此地，早知這裏環境優良，是青年為社會服務唯一找出路的地方，所以特來受點訓練，學一點作事和為人作事的方法。另一點是个人離開學校羣的生活以後，到了此地，算是進了新的環境。在這環境中是要來習慣另外一種羣的生活，就是知道以前在學校裏那種散漫，而沒有健全秩序的生活，到此來是學習一種有秩序和有紀律的生活：

二，本週學作的事情——我來被派在總務股辦事，趙主任命寫卷目。寫卷目的手續是怎樣呢，就是將過去及已辦完繕好的案件，作一種整理，整理的方法，就是將每一個案所有的文件或筆錄擇其主要語作有秩序的記錄，在另一張紙上，貼於卷之首頁。這樣做了有什麼好處呢？是在便於將來此案有考查的必要時。一閱便可知其內容。對經濟於時間也很經濟。所以必須這樣辦。

三，本週本股的工作——本股經常的事，是常常在文件和整理收入支出的事務上，用不着報告，祗把本局人員的新加和調動，值得大家知道的分項報告如下：

1，派陳利生在審計股試用。

2，羅克禮請長假准其離職。

3，調洪光昭任第一特隊隊附，曾術華任第三特隊隊附，

4，增加了一位電話技師唐士瀛，唐君不常住局，祗隨時來局修理電機。

審計股工作報告二二，九，三，

孫善陶

1，查六月份收入洋——————————四一四二元六二六

2，查六月份支出洋——————————七，四一七六元三四三

3，查六月份收支迭欠洋 二四元七一七

連前累欠洋 一四，二七二元七七八

截至本月底止共欠洋 一四，二九七元四九四一

乙會議

1，（略）

2，各處公費查照預算補支，

3，發各職員七月份存薪及各隊士兵七月份存餉下欠四一六 八月份未支

手槍隊報告（略）

第一特務隊工作報告 黎傑

本週整理新營房翻蓋房子分兩組工作、一組到天星橋担谷草，每天担三次、每次每人担二十個。計算每兵担壹千貳叁百谷草、第二組在隊內任衛兵、預備班及休息班輪流運草幫助蓋匠、再有預算材料數目：是谷草壹萬個價洋壹百三十元、工資飯圈洋二十元零五角〇竹担二元、竹子壹千斤價八元、統計壹百六十元零五角。決算開支下週再來報告。（完結）

民衆教育辦事處工作報告 周蘭若

民敎辦事處的工作分兩項報告：

（一）接收　自從本處公物保管員請假以後，即將職務移交民衆會場管理員現負責，因爲他的事情也很忙，遂將一部份公物及民衆學校書籍用品，移交自已管理，計接收有：

a　民衆學校書籍共九四二冊

b　民衆學校用品八九七件

c　文件卷宗十個

d　公物共五十件

e，簿據二本

（二）整理：

a　民衆學校　從前連街鄉各地共辦民衆夜校十餘所，景象固然很好，不過鄉間各保教職員很多各有事情，以致教學上發生不少問題，現在市鄉已告結束的學校停辦了，抱着甯缺勿濫重質不重量的主意，未結束市者，繼續開辦。現已擬定民衆學校工作計劃，俟修改完竣後即可施行。

b　民衆會場　民衆會場是本市民民高尚的娛樂場所，也是推行民衆教育極端良好的地方，所以辦民衆教育的人，均集中精力苦心孤詣來經營她，我們的民衆會場，雖然說不上有怎樣的成績，但至少是有最低限度的收獲的，我們還不滿意、在不滿意的結果中，整經主任聯席會議決，每週定二四七三十日午後七點半至九點爲開放時間，常識及雜技由各機關輪流担任，演劇由北碚劇社與川劇社輪流公演，時事報告由報社負責，幻燈演放及說明，由周仁貴高孟先輪流担任，至於收音機，每日在辦事處開放，由黃琨管理，在時間分配未印表發布前準備本星期日開放新劇，劇名：「和好夫妻」，爲社會諷刺劇，說明書歡迎劵業己印好散發。

嘉陵江日報社報告

董遠昌

有兩樁事，向大家報告的：

報社的立案問題：已經發刊了一千多號的嘉陵江日報，還沒有得到登記證。在本星期我們見着四川省黨務特派員辦事處的通告，才去將新聞紙聲請登記書和新聞紙登記表領了下來，現在已經塡好，明天便可以付郵。大概在兩三個月以後，便可以得中央的登記了。這是一點。

其次的是報紙發行問題：，過去的發行是由特務學生陳習民教部每人負担幾天，因了不熟習和常掉換的原故，以致弄的很亂：而原任發行的羅克程，又已請長假離職，交代給本人和陳德合辦。但是我同陳德又忙于編輯和採訪的事務，恐怕不能辦得盡善，在前天主任聯席會議，席上已經決定派人接辦，以後專人負責便好從事整理。

嘉陵江日報社出售圖書

東北遊記 每本二角
鄉村建設 每本一角
銀行報告書 每册一角

三峽廠說明書 每册二仙
峽防局概況 每册五仙
東三省地圖甲乙種 每張三千二千

北碚農村銀行

五角可存
五元可借
十元可匯
五元一股
歡迎加入

三峽廠特等出品

蜂窩布 自由布
中山呢 內衣布
冲毛呢 十字布
穿得過 請照顧

本刊啓事

逕啓者，本刊自第一期發行以來，原在重慶鉛印，定每週發行一次，中因四五兩期稿件，傳帶遺失，致未印行。及至第八以期後，印刷公司，更感忙碌，不能承印，現本刊與合川民福鉛印公司商定長期代印，從本期起以後卽按期陸續出版此啓。

中華民國二十二年九月十四日（星期四）出版

工作週刊

作孚

第十一期

編輯者　江巴璧合特組峽防團務局

發行者　嘉陵江日報社

出版期　每星期四出版一次

價値　每期四仙訂閱嘉陵江日報者隨報贈閱

印刷者　民福鉛印公司代印住址：合川塔耳門內

峽局週會工作報告

主席報告

盧子英

1 峽區的治安方面、在今年竟造成了一個新記錄，可以說是自民國元年以來的一個新記錄，因爲以去年十一月份起，至今年八月中旬止，十閱月中，在此縱兩百里橫百二十里之峽區，竟無一樁刼案之發生，異常平靜，迄於最近，不個一月之間，距此五十里遠之老岩頭，出了刼貨殺人的大事件。雖然現在緝捕成功了十分之七。不過總算是社會上一樁很不幸的，地方上很可恥的事情，尋可怪的，昨夜歇馬場又出事了。聽說中間的情節，非常離奇。我想該地方對於治安是素有預備，奈何被刼。這樣容易，個中究竟，是很值得嚴格偵察的。相信不久期間，總可以得出端倪。今年大旱，農村經濟眞的大半破產。一般挺而走險的人，當更比較的多。冬防問題較之以前自然是更困難了。望大家都注意這個問題的嚴重，預備着共同來收拾未來的難局啊。

2 爲了代民生公司預備護航指導人員，又爲了特務學生隊練習護航之技術，與夫其他事務方面之訓練故特酌派特務學生輪番作護航之見習，最初先往者，大概總是平時工作成績較好，而又有較好的品格精神志趣之人物。計現在之須護航者，有行駛長江之大輪[illegible]，每輪派見習員二，則共須十四名之多。輪番見習，不幾時便可普遍的實習完結。

3 現在冬防期近，水上問題也多，故民生公司擬新招之茶房百名，仍先受軍事教育，預備以其一部份作護航之補充，同時由現任之護航指導者，並因地制宜，逐漸普及船員以軍事警察的常識，俾行船的安全，更多一些保障，

4 船上新加見習之後，在指導員則專事船員之個別調查，見習則專事乘客之各種調查，並在船倡導船員之讀書體育運動等，乘機更代爲介紹推銷新世界嘉陵江各刊物。

5 代理護航之負責人秦隊附沛南最近在上海，本日黎繼光在宜昌，馮禹夫在夔府，今后督練部擬製一長江交通圖，凡護航人員及其船之所在，俱以竹牌標識，訂註之於圖上，使人一目了然。

6 現在也可以說正在預備中的一個事件祇是還不曾與局長商榷成功，故爾尙不過是一個理想的報告而已，就是爲要嚴格的鍛鍊體力與夫特別在精神氣慨志趣常識情感種種方面的修養，擬將學生隊第三期之教育時間緊縮由三閱月而減爲一月半祇要教學雙方都特別努力其結果絕對是一樣的成功的所經濟出的時間一月有半我們可以利用他而且和一些科學的專家深入大涼山走遍川省西南半壁觀察一切，這樣對私對公相信都能發生多大的意義。

7 督練部所代收集之週會報告詞在擬具其詞者，每每託故推諉苟安一時，故爾今後祇好援用局長從前所規定之辦法即凡在報告之翌日猶未交稿者，則於第三日請其到局來作。以這樣勉强過一二入後，相信苟安之風，可以免掉了。

科學院生物研究所植物部少年義勇隊員工作報告　楊宏清

一，關於工作的：

1，粘製標本——每日照常粘製外省交換所得的標本。如：北平靜生生物調查所，歷年在山西，吉林，河北三省，所採的植物標本，現在已將吉林，山西兩省的標本粘製完了。河北的正在粘製中，待粘完後，再繼續粘製歷年在川東所採集的。

2，抄寫記錄——抄寫歷年在建南及川東採集記錄，寄往北平靜生生物調查所南京中國科學社廣東中山大學農林植物研究所——等地。

3，整理儲藏室——過去的儲藏室感覺很零亂的。本週已將有的標本箱搬在外面曬了三天，才把牠曬完，並將儲藏室打掃潔淨，仍將標本箱一一搬回儲藏室，一一安置妥善於是就可觀了。

二，關於消息的：

甲，將辦植物園——科學院生物研究所植物部，將在縉雲山與紹隆寺一帶開辦植物園，現已聘定園藝專家一名，在科學社開會的時候已來到此地。待會畢後彼一人前往峨眉山採集去了，不久就可歸來組織一切。

乙，聘定生物學專家——科學院生物研究所，已在北平聘定了一位生物學專家，其人留學德國多年對於生物學頗有研究，大概在明春即可前來，進行工作。

丙，科學院組織體育部——本院人員，每感工作疲勞，最近才組識一個樂羣體育部。已將各部人員編為三隊：一，籃球隊二，足球隊三，排球隊。現已致函重慶黃健請代購足球籃球排球各一個，一俟寄到即可開始運動。

督練部報告　　李華

1 電務，上週本人率領電話兵四人，清理碚渝間電線、路長一百一十里，原定十餘日修竣，現因各電話員晝夜工作，僅七日已將是項工作完成。又開支、照正規計算，十四元幾，而實支八元幾，這是由士兵勤苦耐勞，總得省費而又減短時間。

2 北碚囤船年程過久不堪再用，由本部督練長商得民生公司同意，重建，新囤船，經費民生公司任二分之一，新船樣子，現正在設計中，約半月後，即可購料興工。

3 乾洞子冰廠工徒盜取二百元案，業已破獲，現追轉現款一百一十餘元，並以通知冰廠來局領款。

4 拳術教練：工廠及學校皆定本週實行，但是工廠因編制問題，改在下週起。

手槍隊報告　　宋良田

手槍隊本週工作有經常任務和公差，與管理人犯，每日並照常清潔局內寢室辦公室和廁所，局外馬路，淺草坪，還有整理農場花木和菜蔬，這些工作做完了，就幫做運木料，此外出了一次公差，到土主場提取人犯。　(完)

政治股工作報告　　子裳

政治股最近唱的獨腳戲，自己每天辦理經常工作外於此可爲報告的有三點：

第一　收編的，七八兩月各機關工作月報和第十期工作週刊已寄合川付印。

第二　發布的，第一特務隊附黃澤更名爲黃子明經　局長核准卽由本股登記並又通報週知，又北碚各事業機關主幹人員節省舊曆應酬用費捐款集存農村銀行約計數二百二十二元六角三仙經聯合主任會議議決撥助北碚平民公園作還修築火焰山石梯大路借款亦由本股分函銀行公園兩方查照辦理。

第三　修理的是會同三峽工廠綫毯工場主任孟孝山和電燈部技士蔣世合幇助民敎辦事處修理新式幻燈兩次其毛病是開電燈則電扇不動開電扇則電燈不燃第一回發覺毛病在接綫的接頭第二回發覺毛病在開關的連不緊，後來修理好了。已經映放幻燈再無問題。再有無線電收音機，最近一兩晚發生點問題，就是在a組電池極，或天綫接頭，接觸一個指頭，聲音頓時增大，甚麼原因，尚待請敎高明。

審計股　　彭貴珙

本週的工作報告，除了查賬記賬的經常事務以外，有兩樁事可以報告。

第一報告八月份收支情況；分做兩點來說；

1，在本月份碚鹽乾三卡，收入洋七○七五元九七二又滬稅罰金收洋三元四二○兩共收洋七○七九元三九二。

2、本月份經常費支洋七一六一元七○○，臨時費支洋一二○四元四五七，共計支洋八三六六元一五七，除本月份收入外，相抵計欠洋一二八六元七六五，連前共欠總計洋一，五九○五元三八○，這就是峽局八月底止負債情形。

第二報告關於整理賬項方面的：：在二十二年一月五日財務會議第十一條議決，「凡屬本月份應報賬項，遲至下月始報者，審計股概不核轉」此後，一直執行至今均無問題。最近因爲第三特務隊有他種關係，就把六七兩月份士兵攷核，成績獎金，遲到九月十五才拿條子來請審計股核轉：當時本股因恐犯着『議而不行，行而不久』的弊病起見，又因恐怕將六七月份粘件，報入九月份賬內，要受上級官廳批駁關係，所以才多方向第三特務隊負責人員解釋。自然第三特務隊有他的特殊情形，但是本股亦有本股的苦衷。結果還是不支的好。在這一件事情，是要切盼三特務隊能夠原諒的：更盼望各隊各機關會計人員留意的。

（完結）

峽區地方醫院

楊芳聯

本週醫院對於本場及附近各場病人人數統計結果知道其中最多是患外病的。至於內病當中又以患痢疾居多數可分下列數端報告。

（一）本院治療人數：

1、普通病人　外　一五四，　內　一〇二，

2、本局病人　外　二七六，　內　一七〇，

3、注射人數　一九，

（二）往土沱治療人數：

1、普通病人　外　一七，

2、本局病人　外　四三，

(三) 收入

1、掛號費　四・九一四・

2、藥　費　，四五〇，

以上人數共計七百九十餘人，收入洋共五元三角六仙四，較之以往普通病人略有增加，惟收入如故，因送診比從前多的原故，今後恐來院治療的病人，將日見其多，如能加增特效藥，對於各種病，均得以相當之藥醫治牠。那嗎醫院的發展及效果更易見到(畢)

民教辦事處工作報告

黃琨

今天報告大家的便是已經照着原定計劃在本週實行了的事體：

1，成立民衆書報閱覽室

民衆書報閱覽室在星期五開幕，除了最近在重慶買有十幾本書報以外，圖書館贈了數十冊常識小叢書，私人借來一些，在報社又借了十幾份報，五湊六合的辦起來了，其所以急切要開放，是爲應了民衆需要，同時多少書籍，是他們更需要，譬如民衆俱樂部，換了一套新的掛圖，每天計算來看的人，市民有百餘人之多，這不是民衆對書圖的智識要求很迫切的嗎！因此閱覽室不能不因陋就簡地開放了，同時市民苦於科學院圖書館隔太遠了，而又沒有多少書籍是他們喜歡與發生興趣的，因爲他們都是勞苦的工人農人，勞動者，沒有多進學校的機會，沒有能力看比較高深的書籍，所以民衆書報閱覽室，是偏重通俗化的，畫報雜字報紙能夠使他們發生興趣而含有敎育意義的，我們已盡量收集給他們觀覽了。

2，民衆會場演劇

前星期日北碚劇社演「夫妻之祕密」三峽職工體育會戲劇組公演「法律家」起先市民頗感興趣，繼因時間不殆，而夫妻祕密一劇竟失敗了這次給我們一個敎訓，就是公演時間不可過久，否則觀衆精神疲憊，必然宣告失敗的，本週星期二四兩日成績頗佳，觀衆每晚約四五百人，但男子比女子多三分之二，男女小孩佔全數十分之一，於此可知女子對民衆會場是不發生很多興味，以後非設法補救不可。

3，製介紹牌

介紹牌的用意是使初來北碚的人勿論會友參觀遊覽一看牌便知道到民衆問事處接洽這件工作不兩日的工夫完成了。

4，其他

a，整理佈景擋子清理服裝道具，

b，與報社掉換辦公室

c，漿刷民衆俱樂部及閱覽室，

d，擬問事處服務概要，

e，函請各地報館贈送報紙，

第一特務隊報告

楊飛鵬

1，最近因土沱的市民遭了祝融之禍，把一塊繁華的市場，竟弄成了一片目不忍睹的焦土？本隊接着督練部電話後，即選了精幹士兵兩班，由陳隊附率領前去幫助市民挑運渣滓，業已工畢，回隊。

2，（略）

3，現在計劃建築火燄山由豹窟子熊洞一段馬路，爲的便利來往參觀。現有材料尚未齊備，所以先把炭灰運好，規定每天每人午前以十六挑爲限，午後以十挑爲限。由河邊運至火燄山距離甚遠，本隊士兵氣息喘喘，汗水淋漓的工作，都沒表現一點抱怨的態度。

4，我們人數雖然很少，但是工作還是一樣的緊張，除了挑運炭灰，還有一部份人挖這一段路綫。天氣亢陽了。幾個月沒下雨泥土乾燥，又沒水來潤濕牠。做起來是萬分的困難。但是，我們要從困難中去，促進這椿事業成功。（完）

第二特務隊報告

羅光祥

1，工作——修水缸與毛房，前週我們把灶，和地面的工作完成。但是我們的飲水解便兩大問題尚沒有澈底的解決，於是我們又用灰石磊了一口能容十餘挑水的缸子。來盛。水，以便取飲之用，並在離廚房五六丈遠的地方，修了一個簡單的毛房，以重公共衞生。

2，捕匪　得人密報，在文星場捕獲匪犯楊迷林一名，聞他在合川保合場一帶很出名，並且是華防局久捕未獲的要犯。我們已於當天押送峽局究辦。

3，判案　在隊處理的有拐逃案兩件，家庭糾紛案一件。

第三特務隊報告

張柏松

本隊本週報告分爲四項

1購谷草五百，已由本隊兵士由湯包石挑回，準備壁側所蓋營棚，廚房並打草簾子用。

2現駐碉樓後門新闢一條大道，上達後面山頂，本週已派本隊士兵建築完成。

3在昨天（卽十六日）中隊部招集燧川寶源兩公司及西山與二岩一帶各炭廠廠主，到會者計三十八人，討論事項，工人長支問題暨規定事項？預防問題，畢會後由本隊招待便飯，報局支賬。

4調查涼水埡沿路一帶煙舖及寶源炭廠新門洞沿下官豆石一帶煙舖，又夏溪口澄江口兩個場內的煙舖調查以內分爲七項（甲）地點及姓名（乙）年歲及籍貫（丙）原業及通信處（丁）營業狀況及日期（戊）介紹人及招主人之姓名（巳）人口男女分別有無同居及丁口（庚）有無其他別業及堂官槍手統計煙館人戶一百三十七家堂官十九人，槍手四人，同居七十二人，共二百三十二人本隊的工作報告完結。

主席講評：　盧子英

總務股已商請蘇州）水烈體專校校長陸佩萱代聘體育教師但望以後每兩週都寫信一件，催促之如是可望更快成功來到。

又峽局每月之工作報告書取材最好除各機關之所具月報外更參考生活日報，此在政治股應特別的幫忙，至於嘉陵江報，工作週刊，都可以取得相當的材料，應該是總務股主任處，各特別置備一份乃最便利。

生活日報應有統計列表公佈，誰記的最好，誰缺的最多等等，除附評判外，更發表於嘉陵江報或揭示處。

無線電收音機收音的時候，倘在附機不遠之電線上貼以拇指，則播音特別的大，令人莫明所以，似乎成了一個謎，不過這問題不出三十分鐘，我們就可以用電話向重慶的電氣工程專家破這個謎而明其原理的。

特務隊篩炭灰，在工作的人最好是背着風向，而且將篩的柄做長一些，這樣來比較的合於衛生。

三特務隊報告，湯包石運谷草，應該說明其距離之數目，乃更有意義。

今後凡值淸晨的週會，在二三特務隊出席之人員，總先一天到來者，如係官長，則須就本局宿，士兵則須就手槍隊借住，并於其離開該隊之時機卽須由該主管官或值星官電請督練部之值日人員查照。

溫泉公園工人義勇隊之週會報告，過去迭由官長出席，今後最好是由學生負責，乃更有訓練之意義。

醫院應注意這反比例的問題，卽是北碚的民衆數目本多過於峽局官兵二十倍以上，然而就醫院診療的人數計之，則僅及峽局者四分之一，窮究是什麽道理呢，在我們想，峽局的人們，飲食起居，比較有秩序，住地生活等等也比較清潔的多，應該是就醫院診療者，充其量也不會到二十分之一，何得如此其倍數之多呢？這是民衆不知道西醫呢，抑是不信任西醫呢？醫院應特別注意反省，我們大家也應該特別的研究其對策。

嘉陵江日報採訪新聞最好是從各個生活日報或工作週刊的事情上追源溯流也可以找得事業方面的一些新聞。

還有一事應規定明白的，卽每開週會在普通職員之遲到者，罰金一角五分，在帶隊官長平時帶隊之遲到者，猶從未議處過，其實帶隊官更應如何神速，遲到情節理應更形嚴重的多，故今後凡部隊之有遲到者，則其帶隊官照通常三倍的受處分。

中華民國二十二年九月廿一日（星期四）出版

工作週刊

子書

第十二期

編輯者　江巴璧合特組峽防團務局
發行者　嘉陵江日報社
出版期　每星期四出版一次
價　值　每期四仙訂閱嘉陵江日報者隨報贈閱
印刷者　民福鉛印公司代印住址：合川塔耳門內

峽防局週會工作報告

督練部工作報告

鄧伯初

本週的工作分四點報告

(1) 實彈打靶　本週指導特務學生隊實彈打靶，共打了三班其餘未打的準備下週繼續進行。

(2) 整理電機　今天以前往往發生病象，如甲地接乙地或丙地，就要發生音小聽不清白之弊，現在加以整理併添安發電機一部比較往日談話聽起來很清處了。

(3) 保管西藥　地方醫院由上海購回大批藥品，計一百七十六件，由本部派員保管，藥的名稱通記英文，本週由李華管理與楊護士長芳聯完全翻成中文名辭，以便取用。

(4) (略)

附帶報告消息兩則

(一) 護航的　前派黎隊長繼光送民貴輪現到漢口，特務隊隊附秦沛南，現在上海，馮隊長禹夫派送民康輪，現到宜昌。

(二) 演劇的　民衆會場表演舊劇，市民觀衆異常之多，借此機會，講演常識，宣傳衛生，所收效果成績頗佳，前因借用合川雙市遏雲社玩友會衣物還去了，現頂灘子坎李俊明的科班器物，全堂，去洋二百元，定於慶賍秋節公演，含有社會教育的佳劇。

總務股工作報告

林芳

1，（略）

2，在文件方面上最重要的是三特務隊，召集各炭廠開會，議決，廠與廠間的聯絡辦法及工友長支的取締與救濟的規約，送來修改，都經了趙主任在病中，把他增删完好，其餘的呈訴，呈報等件也都交去批閱一過。

3，在水土沱幫助辦理火災善後事宜的特別隊，這週擋獲了四挑私磺，當時挑磺的力夫，說去趕販磺的人就走了，其實販磺的人那還敢來呢？最後送了一封不成形式的公函來，是巴縣西里官磺店的經理何敦倫署名，不知磺要有護照及一種三聯單據曾經奉有　軍部命令的，這送文的人見勢不對一時說磺是他的，一時見要送人，又說不是他的，可見他的心虛了，現在已經把文辦好，准備送到重慶磺務處處理。

4，總務股所辦民衆夜學校，繼續開課二週，當開課時，只有原先學生二十人，這兩週繼續來報名插班的很多，但照成績錄取祇有十名，日前校中共有男女學生三十多人，原定二月畢業，因課本關係，現決定延長一月。

政治股工作報告

周仁貴

本週的工作，有兩點報告：

第一職員罰金　本週發出的罰金通知單，計共六張，然而被罰的人，都不接受，他們的理由，是未得通報，開會地點不知，時間不曉，所以開會缺席，罰金不接受，這種情形，應望督練部負責，因爲通報是督練部出的，通報的時候，或者通報簿上出席的人員未寫完全，或者送通報的人，竟未送到，所以督練部當負責清理，並注意寫完凡出席的人員，這樣，以後，有無故缺席而不接受罰的，專照我們另有辦法處置了。

第二讀書筆記　職員的讀書筆記，本週開始訂載，現在還未完工，待下週載好之後，我們依一定的方法、編定號數，然後發給各個職員，此次載的讀書筆記，格式，裝璜很漂亮，寫作筆記，記的時候要如何用心才不致辜負于他」

特務學生隊警務部工作報告

特務學生隊警務部本週所要報告的有三點，第一點，經常的，埋了幾處渣滓堆是維持全市清潔。所以我們每到有了渣滓堆時便把他埋掉。每週都有這項工作，所以算是經常的。第二點，特別的組織消防方面的檢查隊。每隊分三組，每組官長一員，學生二名，至電燈來時，卽行出發，到各家住戶檢查水缸是否充滿，一人檢查柴薪草類是否容易引火，第三點救火的，本週救了三次火幸喜本隊同學常注意起火地方，預防起火原料更因施救得力之結果，到還沒釀巨災，第四點，打水的。昨日召集市民開了一度會議議決成立消防隊購置水龍及其他消防器具以便保護全市人民生命財產，免致發生巨大火災。經費預定六百元，四百元由市民担負，其餘二百元請求峽防局科學院或工廠幫助。市民担負的款是分三等攤派。一等在一元，二等六角，三等三角。一元以上爲特等隨意樂捐。都由市民推舉街正代表收集。一俟收足卽行購買水龍一條，作爲以後救火打水之用。

第一特務隊工作報告

第一特務隊下士鄭炳雲

本隊的工作分兩方面向大衆報告。(一)九月五號奉命出發到土沱會合第二第三特務隊在禹廟集中共有六十人。由劉(騏良)中隊長命令，分爲六組。一組人任巡邏，照着北碚一樣，不分晝夜巡查。當中發見了三件事。一件是魁星台下扒手偷燒臘。巡邏追至河邊，已撲水飄流去，不知性命如何？二件鎮公所發錢拯濟災民、進出的人水洩不通。巡邏前去維持秩序。三件，是發現不扯稅的私礦二十幾挑。擋獲四挑。已送回峽局處理。其餘五組的工作，每天運渣滓，劃作五段各組先做完，先休息。計算挑了半個月。不知挑了若多挑數。土沱的下面，原來是很深的一個溝渠，現在被我們填成一個高原了。這是下面的第一項工作。

(二)我們於二十號由土沱回隊其有隊內原來留守的人。他們由中隊長率領到火燄山測量一豹窟至熊洞段路綫，着手要修馬路。於是我們又與工起來，每天除了衛兵公差歸休雜務一切等項外，只有十八名人來分配工作。我們的人雖少。然而工作還是不少的。至於運水，挑煤炭灰運石灰，築路基，刊花紋幫助泥水匠。這一切的工作，都是我們去負責担任。說到運水，我們半天要担五挑，工人祇能担三挑呢報告完畢。

第三特務隊工作報告

劉學理

本隊本週做了的工作，分別起來報告：

甲，屬於隊內的有幾樣，(一)檢蓋房子，(二)粉刷灰漿，(三)弄炭灰坪，室內室外的三合土，(四)整修哨所，在十里外購運杉條二十餘根。

乙，屬於隊外的，是淋花剷草，本隊第二派出所駐燧川之兵，本週每天幫助裕後炭廠運樹料二次每天晨早派員維持力夫秩序。其餘之兵，挑水淋該廠花木或築路鏟草。

(二)是上山打火：星期三午後八鐘時忽然燧川炭廠附近山上燃起來了，本隊駐該所之兵展即全部出發上山打火，適有一家王大嫂的房子，快要燃着了她見我們，正在那裏打火，說道，這總難為了你們先生呢，我們當家人，也沒有在屋裏，你們幫我打息了火，我壹會還請你們吃盃酒麽？不久之間，我們將她的房子週圍大的火都打息了。集合返隊時間已是十一點多鐘了。她的誠意是很感謝我們幫他打火的但是我們却謝了吃她的酒。

(三)是查路巡山前幾天寶源公司陽驪溝的煤廠王月書炭號工人曹銀山挖炭出窯，上樓取衣將亮油壺掛在壁上未熄下面有人叫喊他忙着下樓，忘記取亮，那壁上本釘有篾席最易引火的。霎時火勢冲天風也大運水又不方便看着燒無法搶救本隊第一派出所因士兵除派公差外現於衛兵勤務僅五名，所以本隊除將武器運出外，損失公物不下三四十元之多。因此本隊近來對於陽泗溝士兵規定每天查路巡山，特別注意有無放火燒山之人。昨天張子揚隊長報告清出火首，因此事情節較重應請示峽局然後處理。

丙，屬於籌備的　本隊準備中秋節在澄江鎮表演新劇，藉此機會施行社會教育擬邀請峽局熱心劇務同志到期前來助演、現已派兵到草街子(距五里)及石板場(距八里)宣傳逆料一般鄉下人來的必很多的，因為從來沒得見過。

(報告完結)

民衆教育辦事處工作報告

周南若

民敎處經常工作頗多，且每週工作均有不同，茲擇其較為重大的向大家報告；

1，關於民衆會場的事項：

c，本週星期日，公演『俠娼義盜』，在未公演前，每天都在召集各處演員排練，對話，表情，因為此劇人數太多、用具及服裝準備，也太麻煩，尤其是舞台佈景。但在公演時的情形，須俟演後再報告大家。

d，星期二四兩日，映放幻燈講演常識，星期二觀衆約三百餘人、女佔五分之一，星期四觀衆約五百餘人，女佔四分之一，最後一天適逢趕場，故觀衆較多。

2，關於民衆學校的：

a，民衆夜校高級班開校，舉行同樂會一次

b，第二民衆夜校，召開校務會議議決，教授千字課切重寫信寫條子，珠算切重加減法，并各種字碼。

3，關於民衆書報閱覽室的：

a，本週閱覽人數共一百零一人，看報僅十一人、看畫報九十人，小孩有三十一人。

b，時間多促，設備不免簡陋，報紙完全沒有，所有的僅假諸報社，現已發信各地報社、請求贈閱。并商同林會計製木櫥一個，以作藏書之用。

4，關於區衆問事處的：

a，學生隊來此服務，每四日一換，故每次卽照問事處照務概要訓練一次。

d、來峽參觀接洽二十七人，幫助民衆寫信九封。（報告畢）

主席講評　黃子裳

今天週會出席報告的人很多，報告的內容也很豐富。就報告當中，得着兩个重大問題，第一是火災，近來因爲天久不雨，附近各地燒山，各場燒房子，就北碚亦發生火警三次，促起第一特務隊組織北碚市民消防隊，人民自願出錢購置水龍，盼望這項工作，在北碚工作的人都促其實現，尤其特務隊本身，促其早日完成。第二是匪患，峽區有一年的時間沒有出搶案了，最近老岩頭搶貨挑歇馬場趕場，沙溝出搶案，幾乎匪人又要幹的樣子，我們要知道峽區治安如果不安各種建設事業，受的影響很大，盼望督練部及各隊特別注意隨時派探偵緝，務使境內潛匿當引綫的匪人，無地立足，則外匪便不致乘機侵人再就各個報告來說：當中有意義的很多，間有未完全的地方現在依先後報告次序把他一一介紹出來。

督練部伯初的報告，舉行實彈打靶，應報告平均的成績，和誰人的成績最好。因爲這正是人急想知道的。

總務股林芳的報告，民衆學校有了學生卅多人。民衆學校一个，學生卅多人是多一个或多幾个，應有確數不應籠統，

政治股周仁貴報告執行開會缺席人的罰金通知單，被缺席人打轉以未接着通報爲理由，執罰的是政治股出通報的是督練部，以後兩方的聯絡固然必要，猶其對義勇隊在科學院服務

各員的通報應由督練部直接於其本人，將來便無此種問題發生。

特務學生隊警務部報告，爲了防止火災，深入市民人家檢查柴草，夜間水缸，是否貯滿了水的此項檢查盼望不止對於市民乃并及於各機關。

第一特務隊鄭炳寅報告，在士沱幫助市民挑運渣滓同時注意治安是很有意義的，但爲追一扒手，遠遠望着他下河沒有浮起亦未派人前往考查，究竟扒手是否已經起來抑或竟至淹斃？仍應續往調查，弄明眞象，至於在火焰山築路士兵運水，每半天運了五挑，比普通工人還多運兩挑，可見兵比工人有訓練。工作時便比工人來得厲害，大家以後更要注意兵的訓練，尤其注意在工作訓練。

第二特務隊　報告兩次緝匪情形，聽他報告隊長指揮部隊配備情形，乃至前後左右中如何警戒都很清楚。唯聲音微嫌稍小不無遺憾。

第三特務隊劉隊長學理報告，幫助旅廠運樹子，幫助救火這都是很有價値的工作，尤其在處理一綜案子與隊附商量覺情形較重更請示峽局而後辦是各方辦事必要的方法。

工人義勇隊楊述濟報告內容頗多，程次嫌長，個人感想尤可不要科學院動物部郭偉甫報告調查捕魚有幾十種方法以後須釋出方法中之特別有所報告。

地方醫院盤璧光的報告北碚孕婦調查完竣這是一件驚人的事情，在各地方都是未有的，不僅北碚以前沒有盼望今後有醫生隨時前往訪問教以有關於姙婦的方法。

民教辦事處周蘭若報告民衆書報社成立閱覽人逐漸增多，以後材料尤宜隨時增加，民衆閱事處尤應問問北川第三特務隊及夏溪口第三特務隊情形。
報社記者黃遠昌報告書記萬少椿領餉不着辭了職報紙要停版了，說這事與報社有關係。其
實應該是與衆人有關係。應多方設法使他能夠領餉安心工作。
最後有一件報告就是峽局在上海買的大批痘苗，作秋季點種用的，廿六要擺重慶廢着就要
運到北碚了。希望醫院及早預備衛生材料督練部預備工作人員政治股預備宣傳材料以便趁
天氣好的時候出發峽區各場，幫助民衆點種牛痘，（完了）

中華民國二十二年十月十二日（星期四）出版

工作週刊

羨閣

第十三
十四期合刊

編輯者　江巴璧合特組峽防團務局
發行者　嘉陵江日報社
出版期　每星期四出版一次
價值　每期四仙訂閱嘉陵江日報者隨報贈閱
印刷者　民福鉛印公司代印住址：合川塔耳門內

九月廿四日週會中之工作報告

主席（盧作孚）報告

朱樹屏筆記

今天有幾樁事情，是要介紹給大家知道的：中國科學社，今年到四川來開年會，這算是整個中華民國當中的學術團體到四川來的第一次，在這中間產有幾個新的意義：

變更省外人對於四川的觀念

在外間的人，因為少有到川來關係，所以向來就不明瞭四川的內部情形，常常是把四川當着野蠻的社會看待，而且是傳說得來非常之神秘於是乎惹得來一般想到四川來的人，都不敢到四川來了，認為現在的四川當中，找不出一個好人，找不出一塊好的地方，尤其是在駐有軍隊的地方，更是糟糕得厲害，總認為四川是一個莫有辦法的四川了。這一次中國科學社到四川來開年會、把四川各個地方如像嘉定，峨眉，成都：：：；等地看了一遍之後，所得的觀感和印象，才覺得竟有出人意料的事情，如像建設方面的成績，各軍都在提倡修建馬路，而修馬路的人都由士兵担任，現在許多城池市鎮和名勝地方都有馬路可以到達了，譬如由重慶到成都，現在只需一天的工夫，由成都去峨眉還需不到一天了。總計現在的四川已有四千多公里的馬路，這是一樁事情，第二在各軍戍區裏的城市，都把舊的街道改修過了，比較從前來得寬大整齊，而且清潔，不單是大的城市如此，乃至于一個小的鄉場也莫不然，除了改修街道以外，都修公園開闢運動場和設立圖書館，這是就建設的方面說，又如教育方面的發達，各軍都在提倡興辦學校，一方面扶持和獎進地方上原有的學校，同時也辦軍事學校或其他的專門學校，以及一切平民教育，義務教育，無不努力提倡進行。以上兩點，都是這一次中國科學社到四川來開年會，把四川的各個地方看了一遍之後，所得的觀感和對於四川的認識。足證明他們是很同情於我們的，而且極願意幫助我們宣傳，今天以後，我們有了這樣大的一羣，在今天，中國學術上，教育上，有地位有聲譽的人來替我們把四川近年的眞象介紹出去，使外間的人了解我們四川內部的眞情實況，不像今天以前外間的人都懷疑四川，提起四川的問題都漠不相關、今天以後，不單是要使外間的人都明瞭四川的眞象，而且是要使外間的人都以技術的力量或經濟的力量來幫助四川，以促成四川各實種業的經營，這是今天以後要把外間的人向來對於四川的觀念根本轉變過來的。

促起川人對於科學事業興趣

這一次中國科學社到四川來開年會，很得着四川各方面的同情，因為向來還沒有這樣的科學團體到過四川來，尤其是中國科學社，這有一樁事實可以來證明，中國科學社生物研究所需要基金，打算借這一次到四川來開年會的機會，募得一點捐款，在期望當中，至少可以募得五〇〇元或至一〇〇〇元，但是這個念頭都是後來才產生的，在最初還不敢有這個希望，後來中國科學社的社員到了四川，再後來有一部份人到了成都，與各軍首長，幾度接洽，幾度談話之後，劉甫澄軍長及楊子惠軍長，各慨然允指中國科學社生物研究所一〇〇〇〇元，其他各軍將領，均已決定捐款，不過數目尚未有十分確定，但是至少也是幾千，廿一軍甘典夔處長私人亦捐了兩千塊錢，已由重慶川康，中國，美豐，聚興誠四銀行各免費匯去五百元到申分行，由上海民生分公司代爲彙齊，於九月半交與中國科學社、同時楊軍長捐款一〇〇〇〇元亦已撥由民生總公司匯往申分公司，於九月底轉付與中國科學社，從以上幾點看來，足以證明四川人將於科學事業的興趣和對於學術團體的同情了，只要是他們能夠幫助的事情，他們都樂於盡量地幫助，何以今天四川人對於科學團體有這樣熱忱，這又不可不歸功於這一次中國科學社到四川來開年會以後所發生的影響和意義了。

組織委員會以幫助中華民國

中國科學社的社員覺得這一次到四川來開年會，得着各方面很周到的招待和很熱烈的歡迎，如果要是僅僅止於開年會而已，便不單是覺得對四川人有點抱歉，而且是長此下去的開年會，恐怕於整個的中華民國，實際上毫無一點幫助，因此各路回到重慶來，召開一度會議，大家一致主張回到上海以後，組織一個委員會，決對中華民國做幾樁幫助的事情，並盼望我（盧自稱以下同）於九月底到上海去一趟，設法把這樁事情共同幫助促成，他們計劃要做的幫助事情，有下列幾項：（一）幫助調查：幫助派人調查地上及地下的各種物產，（二）幫助計劃：經過調查之後，如果是要去經營他，他們可以幫助計劃一切，(三)幫助介紹人才，事業上需要何種專門人才，他們可以幫助介紹何種專門人才，(四)幫助對外接頭，如果有須得要向外接頭的事情、他們可以幫助接頭。他們這個委員會是要要求到予中華民國各方面以幫助，如像政治的經濟的教育的各方面，都予以深切的幫助，這是我們同科學社的朋友在渝一度談話後所產生的新計劃，我們深感覺到於一般不明瞭意義的人，常常在閒說這一次科學社來重慶招待費用了一萬多元，民生公司又用了數千，峽防局及中國兩部科學院又用去了幾千，總在說錢，然而並沒有一個人看到因這一次科學社來而予四川以各方面的幫助和很好的影響，即如上面所說的幾點來估價，相信決不是以錢計算得了的，這是大家要明瞭的一樁事情。　：：未完：：

工程學會組織攷察團來四川

工程學會原來決定明年年會在四川來舉行，後來他們因為感覺得只是到川來開一次年會而已還不夠，因為鑒於已往開年會的經驗，都在應酬去了，沒有做到實際的工作，所以今年八月底工程學會在漢口開年會的時候，惲蔭棠先生力爭明年年會如果拿在四川去舉行決不妥當，第一應酬太多，不能作實際工作，第二全體會員當中能力不齊，設若全體都去，未必個個都能工作，所以才另外決定了一個辦法、就是改組為四川攷察團，來川作實際的攷察工作，期於各方面有實際的裨賜，約集三十個以上的頭等專家和第一流工程師參加。

幫助四川研究

決定研究煤，桐油，煤油，鐵，鹽，糖，紙等，水泥，水利各種重要

二十四個問題

的礦業和工業，還有許多交通方面的事業，如像鐵路汽車路等，都列爲研究問題，昨天接到惲蔭棠先生的來信，謂到南京後決定進行辦理這樁事情，并望四川供給研究各項問題之材料，把供給材料之機關及人員早日確定通知，以便從容着手準備。

來川攷察至快明年春天至遲秋天

到明年春三四月間即可來川，如萬一來不及，至遲秋季九十月間，絕對可以到四川來，關於川西灌縣水利的問題，他們尤爲重視，惲蔭棠先生曾經函託一位成都華西大學的教授李明良去把一位西人滿里所有關於灌縣水利的記載，設法抄寄給他，這一次來信說是應該是有回信時候了，爲什麼至今尚還沒有消息，請我代他催問，是證明惲先生他們之直接對於這樁事情間接對於四川的熱忱了。更足以證明這一次這個團體到四川來的影響，定會比中國科學社更來得大而且深，前一會我還在對科學社的一些朋友說笑說，今年歡迎科學家來四川探查地上和地下的出產，明年就歡迎工程家來四川幫助確定開發的計劃，在這一樁事情因爲他們是已經確定了的，同時我們也在準備着供給他們的材料，所以說頗有希望，只要於事前把研究的材料收齊，加以相當研究和討論之後，明年就可來川開始計劃。……未完……

歡迎經濟學會後年來川開會

後年就可以歡迎經濟學會到四川來開年會，幫助我們解決「錢」的問題，這個團體是許多金融機關當中的朋友或學者組織起來的，其中也有是大學的教授，不過他們底背景都是銀行，只要他們一來，就可以把錢帶到四川來，促成四川各種生產事業的開發。在這當中，有一個步驟，第一步調查，第二步依據調查所得擬定開發計劃，第三步籌錢，開始經營。明年這個計劃——工程學會來川考察——可以確定其實現，後年那個計劃——經濟學會來川開會——可以希望其實現，或許後年那個計劃也許可提前一年實現，最近重慶美豐銀行經理康心如，乘永豐輪出川，就是爲這樁事情，因爲在他未起程以前，聽說上海中國銀行的總理張公權，於今年九月底要到四川來一次，不知究能成行否，所以得到這個消息之後，才決定了不如跑去請上海認行界的朋友聯合組織一個考察團，不約而同的與工程會明年一道入川來，這豈不是一樁很有意義的事情嗎？這個計劃假使不能於今年裏實現，到明年上半年一定可以實現，至低也要提前一年，那末，後年經濟學會再到不到，四川來開年會、那可不必去管了。

用力運動外省人都到四川來

現在我們正在用力做這幾個運動就是用力運動省外的人以及國外的人都到四川來，把科學家運動到四川來幫助我們探查地上和地下的出產，把工程師運動到四川來，利用四川所有的出產幫助我們確定生產的計劃，把金融界有力量的人運動到四川來，幫助我們的錢去經營或開發各種事業，如像這種種的運動，有沒有成功的希望？都有！只要我們肯去做，努力去做，不放鬆手地澈底去做，那末，不管你是做的那一種運動，絕對都有成功的希望，我認爲北碚的地方醫院，民衆學校，和特務隊，這時正好共同努力去作一個很有意義的運動，就是用力運動周圍的民衆都來接受我們的幫助。這個運動是可以有把握使牠成功的。因爲我們今天把中華民國都可以造得動，何況一個小小北碚的民衆造不動呢？例如中國科學社之到四川開年會，僅僅幾度談話後，採用雙管齊下的方法，一方面通知北平，一方面通知南京，就把中國科學社運動到四川來了，這次運動工程學會也是一樣，一方面通知上海，一方面通知南京，以至於運動上海金融界的朋友組織攷察團來川攷察，亦莫不是採用一樣的方法，我們要人幫助我們，都可以運動起來，我們要人接受我們的幇助，豈不可以運動起來嗎？所以希望北碚，今天以後，凡與民衆身上有關係的事業，都要把民衆運動起來接受我們的幇助。

：：未完：：

以成羣的集團力量幫助四川

上面所說的各個運動，都是以成羣的集團力量來幇助四川的各方面，要知道以集團的力量來幇助的意義和所發生的影響，是格外來得偉大而深切，如像已經過去了的中國科學社，和已經確定了明年來川的工程學會，以及尙在希望中的經濟學會等等，凡這些運動都是永無止境和廣無邊際的，須得我們繼續努力去做，和聯絡各方面繼續努力去做的。現在中國銀行和馬壽徵先生在外面找了一些研究蠶桑的專家，約共有六位，幇助到四川來考察，其中有一位還是意國人，是被國聯派到中國來專門考察絲業的改良問題的，要是我們像這樣繼續不斷地努力做下去，恐怕四川今天以後，年年都會有成羣的學術團體；或個人到川來考察，而且使四川的各方面都得他們深切的幇助。進一步更要辦到每一個月都有每一個星期都有，甚至每一天都有省外的學團體或個人繼續不斷地到四川來作考察的工作。但是這還不夠，我們除運動外省人到四川來以後，更還要促起世界上的人都到四川來，或來攷察，或來遊歷使世界上的科學家都到四川來，世界上的工程師都到四川來，世界上的金融界或實業界有力量的人都一齊歡迎到四川來，什麼時候可以來呢？這就看我們去做這個運動的力量如何，如果是我們下大決心去做，那末，我們要想他們那一年來，就可以使他們那一年來，這純全視我們用力的程度，以為轉移了。

拼命運動白日不夠繼之以夜

前一次八月九號由漢口坐飛機回重慶，在飛機上幾次欲嘔，下了機場，愈覺得厲害，進城經過自家裏的門口，很想趁此回去休養一會，再到公司，但是忽然一下想起了，走了一個多月之後，公司還有很多堆起待解決的問題，於是乎並不停留地一直跑到公司，走進了辦公室，求神問卦的就開始繼續不斷地來了，一直坐到晚上十二點多鐘以後才回到家裏去。第二天又包車跑上成都，白日趕不隨，繼之以通夜，中間發嘔數次。嘔時叫車稍停，嘔畢仍叫開車，並不因此而稍有所停留，為什麼要這樣拚命的忙，為的是向成都各軍當局作了一個運動，第一是盼望四川今天以後永不打仗，多用新的方法整理四川，第二是盼望趕快出兵剿赤，澈底肅清匪患，把四川整個的永遠的安定下來，從事于生產的開發；政治的建設和教育的普及與提高以把四川變成一個租界。

四川造成租界吸收世界上的人和錢

只要把四川一經變為租界之後，世界上的錢和世界上的人，都可以吸收到四川來。上海租界裏面有一個見方不過十里的地方，曾經集中過三百萬以上的人，和十萬萬以上的現金，所以只要四川一經安定之後，就會馬上有辦法的。要知道現在世界上有許多的錢都找不到安穩的地方存放，世界上有許多人尤其是中國人都找不到一塊樂土來住家，假使四川永遠安定後，各方面都集中精力來創造來建設，把四川的各個地方佈滿鐵路之網，佈滿電線之網，一切大規模的工業都次第舉辦起來，集中生產大批出口，使原來貧窮的人都會變爲有錢的富家翁了。這樣一來，不單是可以把「貧窟轉變爲「桃源」，而且是也要把『天府」造成一個「天國」。

各方澈底覺悟 川局前途樂觀

現在岷江軍事結束，川北赤匪鴟張，在這個情形之下，可以說是最有希望的時候，也可以說是有最大危機的時候，因爲往往在每次戰爭結束之後，隨着又在作第二次戰爭的醞釀了，假使我們這時再不用旁的方法去促起他們的覺悟，那末，第二次戰爭，又將沒法避免了，所以說這時也是危機最大的時候，又假使說，我們在這時從各方面去包圍努力吹噓，促醒他們今天以後不要再用戰爭去解決一切，而另以新的方法來整理四川，那末，又可以說這時候算是最有希望的時候了。在成都以兩天半的工夫與各方面接洽下來所得的感想，覺得是川局的前途很有希望，因爲各軍的將領都已澈底覺悟了，願意互相開誠佈公，一致聯合起來，爲四川確定一個整理的辦法，如果是都存在於這個整個辦法之下，都去作一樁事情，則自然可以消滅敵對的形式，用不着各擁重兵以際衛或圖人，劉甫公曾經說過，今天以後決不再用武力來經營，而決用力量去幫助各方面整理內部的問題，以幫助二十八軍整理財政的精神去幫助于各方面。

不帶兵來做事　改分區爲分工

並且今天以後，各軍將領，都要去担任一種專門事業的經營，或一種專門事業的經營監督責任，或是修鐵路，或是修汽車路，或是經營灌縣的水力，或是到邊地去墾荒，分工進行，讓他們把兵帶起去工作，恐怕他們也不願再帶兵了，前次促何北衡處長到省，也就是爲的去設法促成這個運動，近來接到何處長的回電謂各方已經告起奮勇，最近可以出動剿赤，并于肅淸赤匪之餘，卽行緊縮軍隊，縮減到軍隊開支在現有人民負担總額以內，從上面的種種情形看起來，川局的情況也一天比一天好起來了，我們利用這個最有希望的時期，用全力去幫助他們，相信絕對可以使四川永遠安定下去，並且在這安定之基礎上可以逐漸產生出許多的事業來，這一次由上海跑到南京，又跑到漢口，又跑到廬山，都是爲的是這一個運動。

埋頭努力工作　同時顧到周圍

我們一方面埋頭努力工作，同時亦須顧到周圍，換言之，卽是也要把周圍的環境變好起來，除了努力我們的事業本身以外，更盼望我們的周圍——川省局面今天以後有一個比較好的情況，這幾天，我們又要邀約幾個朋友跑到成都去一趟，希望把這個運動，在短期內促其實現，我們都曉得大的運動卽是範圍比較廣大的運動，做起來不易收效，但是我們決不因此爲難而遂灰心，反爲加力去做，至今不特證明並未絕望，而且已收到相當的成效了。足證明只要我們肯努力去做，肯想方法去做，是總久有成功希望的，尤其是北碚要是作起一個運動來，更有把握的成功，第一北碚有這樣大的一羣人，可以担任這個運動，第二範圍並不廣，僅僅止于峽區，而且目前止于北碚、但是中國人向來都沒有公共的要求，尤其沒有強烈的公共要求，卽是有一點要求，都止於個人，更缺乏一種強烈的行動，跟隨着每個公共要求之後，所以是常常不會做成功一樁事情，我們之所以能夠把中國科學社運動到四川來，把工程學會確定明年到四川來，和倘在希望中的經濟學會歡迎到四川來，完全是憑自己的力量用方法去促成的，所以我是很盼望今天北碚的朋友，萬不要入于安眠的狀態中，反之是要常常不安于現狀，隨時想出新的標準，以強烈的行動隨其後，一致要求達到而後已，這樣一來，北碚未來成功的希望，絕對是很偉大的，而且是很有把握的。（完）

督練部報告

劉少白

這一週，本部除了經常工作以外，可以報告的，有兩個消息：（一）前天派李華管理到重慶青年會學習放電影去了，雙十節的晚上，在民衆會場就可以看見他所學的成績。（二）民生公司各船上幫助客人的工作太多了，每感茶房不夠應用，現正籌備招考茶房一百名，招齊了後，仍舊要到峽裏來受相當軍事的訓練。（完結）

總務股報告

林芳

本股要報告的有三點，第一派員到香國寺及合川稅捐分局查驗貨捐一事，文件已經準備完好，香國寺派的是林由義，合川派的是雷子狀，只待兩人交代清楚，就要前往，以後本局在收入上或可望有起色。　第二江北文星場甘東山被刼一案，昨已由第二特務隊抄出贓物多件呈送到局，此案當有綫索審理。　第三在水土沱查獲之私礦四挑，該販礦人田述清，假造巴西官礦店公函來局認領，太屬不合，業已備函將人犯移送重慶礦務管理處辦理。

政治股工作報告

十月八日　黃子裳

政治股在本週內，有兩件工作報告，

一，是爲動物園募捐。動物園買了四隻孔雀，科學院沒有錢，別的地方又借不倒，借來也沒有還的，要修的孔雀房未曾修，我們打主意募捐四百元來修，經過了兩個多月了，祇募得七十多元。這週自己因有點事下重慶，局長告訴一個消息，說孔雀又死了一隻。我聽着發急了。星期二上午回峽，下午便到温泉去看一位朋友。爲甚麼？向他募捐。果然他捐了十元，現在捐款總數有了九十二元叁角了，決定本月動工修孔雀房。錢夠不夠，不管，做起來再想法。這是一件。

二，(略)

第三特務隊工作報告

劉學理

1　工作

a　第一分駐所，駐寶源士兵十五名，除經常勤務外，本週並且幫助寶源改良建築道路一段，又自築營門外道路一段。

d 第二分駐所，駐燧川士兵十二名，除維持岸場秩序及巡路外，並幫助燧川每天運杉樹條，每名三次，由五里許以外運到廠上。

c 中隊部士兵三十四名，除派到土沱幫助搬運瓦礫外，(因被火災)又派兵十四名到溫泉去代作茶房勤務，又四名到嘉陵江報及民衆俱樂部任保管，更派便衣牒查多名到各重要場鎭查拿老岩頭搶刧洋靛之匪犯。因此，本隊勤務及巡路，勤務兵及內勤官長一並加入充任，工作極爲緊張。

2 秩序

有市明旅行電影院到夏溪口，本隊與之接頭，商定票價一千二百文一張的一種，六百錢張的一種，優待苦力。本隊除維持秩序外，並藉此機會宣傳會場的秩序，街道的清潔，各家的小心火燭，歡迎人衆參加運動，及民衆教育常識。

民教辦事處工作報告

周蘭若

本週民教辦事處工作分兩項報告

第一市明遊行電影院來碚映放，向民教處接洽，暫借民衆會場地址，由特務隊幫助佈置會場，維持秩序，該院每日先送辦事處歡迎票八十張，以作識字運動歡迎識字市民入場之民，下分兩項說明：

宣傳方法，用油印小傳單分散各茶園酒肆，寫大廣告十張，貼於各處，及各茶社揭示牌，並由特務隊學生挨戶催請，小甲沿街鳴鑼，使市民知道，拿耗子兩隻，蒼蠅一錢，向特務隊領取收據，向民衆問事處換歡迎票。又農，工，勞動者小販來民衆問事處考驗識字及常識，合格者給票入場，來者甚多，可惜後來的票子嫌少了。

b 考驗的結果，計來考驗者，共有一百七十九人，四天共來歡迎票二百一十八張，下餘七十九張，特務隊作清潔運動共去四十張，其餘三十九張，爲民衆學校學生領去。

第二，草擬各部規章，分三項說明：

a 民衆學校工作計劃，關于學校組織簡單，招生，留生方法及各科單班教學法，學校管理法等，通盤擬就，以便按章施行。

b 辦事處員工服務概要，辦事處分主任助理，管理及工友，將每人每日經常的及臨時的事項擬好，職務有別，工作便有頭緒。

c 俱樂部開放條例及管理概要，俱樂部是局上新派來的朋友，還不熟習做這件事，如果有管理概要，能將每日經常的臨時的保管，借出，收入，統計，各項工做得有頭緒，不致紊亂，那嗎，就稍有出入，或沒有留意的地方，何時發覺，何時均可寫上，以後變更新職員，便易着手了。

特務學生隊警察部報告

王冠羣

(一)對於清潔方面，北碚場各食店的清潔檢查，現在比較從前好了，清潔的食店也漸次增多了，他們都好像在開比賽會，在作清潔競爭，全市最清潔的食店，要算周元亭客棧，他們每早上都要清潔一次，樓梯用水歸帕來洗過，房間及床都拭擦，不出一點塵埃，他們每天都有這樣精神來幹，這是值得我們欽佩的，在那家客棧，曾經在嘉陵日報爲他介紹與全市民衆。

(二)逐狗問題，從前北碚特務隊做這件工作，費了些精神纔把全市的狗消滅完了，誰知近來稍一疏忽，又有狗了。我們現在又繼續從前的工作，實行逐狗運動。再是近來街市上的鷄太多，我們每天特派一位同學專作叱鷄的工作，叫他們關在家內，不要放出來，初初我們以爲這項工作是非常不容易的，但以好言勸告市民，市上鷄也就漸次減少了。

(三)每天清早河下的船夫子登岸喊顧客，河邊的幾家棧房，令其么師出門呼客，均是高聲喧嚷，很妨害秩序的，現在我們商量棧房主人，再勿出門呼喚客人，河下船戶，再勿上岸高聲喊客，近來情形已經很好了。

(四)自九月一號起至本週止，共收買了蒼蠅一百二十七兩，共去洋二元九角一仙八厘，我們平均每日收買得最多的天數有十兩，最少的天數有四兩，又收買了鼠一百四十八個，去錢二十七千二百文。

地方醫院的週會報告有五件

1，治療——普通人內病，一百一十三名，外病二百三十六名，本局各機關及各隊，內病一百六十五名，外病二百三十九名，注射各種針藥人數四十六名，總計數六百九十九名。

2，收入——掛號費洋五元六角九仙九厘，藥費洋一元九角一仙，合計數七元六角零七仙正。

3，住院——現有人數十餘名。

4，調查——患痢疾統計，本週舉行第二次調查。

十月一日週會工作報告

特務學生隊警務組報告

陳世亭

在我們的工作，是經常的，是不眠不休的，簡括攏來，有幾點可以報告。

1，收買蠅鼠——九月份內共收買蒼蠅二百一十三兩，去洋五元一角六仙，鼠二百六十八個，去錢五十一千三百文。

2，案件處理——本月內共處理了一百三十五件糾紛案，其中口訴的占一百另三件，文卷三十二件。

3，其他活動。

(一)逐　狗——每日輪流派人驅狗出境。

(二)逐　鷄——因定一人每日專司其責。

(三)掩埋埃圾——每兩週派人掩埋全市埃圾。

第一特務隊工作報告

劉克勤

第一特務隊這一兩週來，都在忙着建築火燄山由豹窟到熊洞那一段馬路，不過這一週稍有一點變更情形，因為天候的關係，星期一午前除公共體育場的草，午後放慰勞假半天，星期二派了富有經驗的士兵十名，由貢書記(尙榮)率領到土沱幫助市民整理市場，維持秩序，其餘留隊的人，仍然繼續的工作，星期三，星期四，星期五，星期六，這幾天都是乍晴乍雨的。對於築馬路的工作，未免有些妨害，所以我們把工作辦法變更，如果雨停止了，我們便去磨路，刊花，砌坎子，調石灰，做這一切的工作。如果下雨了，我們便去剪了一些蘇瑞香的秧子在圖書館外面馬路兩旁栽培起來，以供遊覽人賞玩。特務學生隊的官長，見着我們人少不夠分配工作，又整大都是冒雨的工作，不覺把他的幫助人的興致，勃然大發，就派了幾位學生，白天幫助我們任衞兵，這是我們値得敬佩感謝的。假設下週的天候，一天一天的晴爽起來，那嗎火燄山的馬路，不幾天就可望把他建築成功了。

第二特務隊工作報告

二等兵陳炳文

(一)捕　匪　這一週我們捕匪兩次，第一次是星期一的晚上四點鐘，我正在守衛，忽有電話會劉中隊長，當時報告隊長接電話後，才知道是麻柳灣甘東山家被刼，隊長命令全體動員，分三路出發，一路到天台寺截堵，一路到牛栒廟埡口防禦，其餘由中隊長率領，沿鐵路直到麻柳灣一帶清查，準天亮後在被刼之家齊集，計查出嫌疑匪犯六名，已送峽局究辦去了。

第二次是星期五的晚上兩點鐘，正睡得舒服，忽聽着緊急集合的哨音，大家很迅速的起來整裝出發，一直到麻柳灣半山，才聽中隊長宣布，說是去捕要匪肖瞎子，他住的房屋因為稍大，所以我們去也先守緊他的左右後三方面，由前面才進房清查。等把他捕回隊時，已是大天亮了。

(二)撲滅野火　是星期六的一天，乾洞子背後飛蛾山起火，因河風很大，頃刻間就成了可怕的勢子，我們得訊後，即由楊司務長率隊迅速前往撲滅，事後捕獲放火鄉民一人，查詢他確係上坟誤觸草林着火起勢，並非故意縱火，又沒有損害民房，所以只嚴重的申斥了他。後來又去警告沿山一帶的居民，嚴加預防，以免後患。

特務隊在水土沱的工作

黃尚榮

【人員組織】是日到水土沱，官長有劉騏良，耿少成，黃遠昌，和我共四位，繼續工作，祇我和耿二人、黃在暗中幫助，士兵在第一二特務隊各抽調十名，另選二名夫子，在督練部調一名號兵，學生隊調一名勤務兵，合組成一個臨時特務隊。

【工作時間】本星期一（九，二五，）至今天（十，一，）整整已有六日。

【工作步驟】第一調查，第二接洽，第三宣傳，第四進行。

【採取方法】（一）實施事項，由淺入深，（二）工作與宣傳，同時幷進。

【工作標準】以本局三個特務隊已辦好的，及商同地方上要辦的作爲工作標準。

【工作成績】（一）治安方面，所謂聚賭抽頭之洋行，結夥行竊之小偷，逗留旅店之野妓流娼，皆以銷聲匿跡。

（二）清潔方面，人都見着穢物滿街，飛蠅如麻，尿缸廁所林立，尿糞糊塗，臭氣薰人欲嘔，現在都覺得沒有此種現象了。

(三)秩序方面，沿街晾衣，渣滓亂倒，攤子隨便擺，又沒有一定的菜市，現在都一一取締規劃好了。

土沱概況

土沱爲峽區大鎮，人口有一萬四千之多，單以街市而論，亦有八百餘家，市中廟宇有六座，碼頭有三個，一條正街，足有北碚市之一半大並還有些事業：如惠利火柴公司，利華玻璃廠，泰和渝北酒廠，全興公醬園的甜鹹菜，霉豆腐枕江餅子土沱芝麻梗，均遠近聞名。

地方醫院報告分三莊　　龔暨光

1、治療方面，普通人內病一四五名，外病一四六名，本局各隊內病一九三名，外病二六五名，注射病人五六名，共計八百零五名。

2、收入藥費七角五仙八星，掛號費十元零三角一仙四星。

3，住院病人本週出入計十九名。

民教處工作報告　　黃琨

本週最值得向大家報告有幾件事；

1，民衆會場自開放以來，沒有如這次觀衆的擁躍，和情緒的緊張，當然是演劇得到人們的同情和愛戴，所必然的結果，他們在細雨霏霏中，願意站起看，同時更微妙是看入了神，不知道天在下雨，可知該劇是有了相當收獲的成績了，但是此劇之感人最深，除各演員表演深刻外，又不能不歸功於劇本之穿插有趣，分幕巧妙，情節緊湊，如「俠娼義盜」這一劇，是近兩月來最精彩的一幕。

2，第三特務隊想借中秋節來使夏溪口和澄江口以及附近各場愉樂一陣子，有形無形的給予一般苦力民衆的教育，民教處便派人從旁襄助，關於遊藝和常識講演的事項，新劇於本週內排定也有練習，常識材料。亦已擬就，現分配學生隊服務民教處的學生數人，在各茶館，運動場等處，用留聲機誘導聽衆，從事宣傳。

3，辦事處從前有留聲機一架，因爲保管之人，以致留聲機壞了，沒有人照顧，現在黃主任到三峽廠同蔣技師襄助，已修理完整，可以照常使用。

4，書報閱覽處本週閱覽者，有八十三人，小孩子十四名。

嘉陵江日報社出售圖書

東北遊記　每本二角

鄉村建設　每本一角

銀行報告書　每册一角

三峽廠說明書　每册一仙

峽防局概況　每册五仙

東三省地圖甲乙種　每張三二千

北碚農村銀行

五角可存

五元可借

十元可匯

五元一股

歡迎加入

三峽廠特等出品

蜂窩布　自由布

中山呢　內衣布

冲毛呢　十字布

穿得過　請照顧

中華民國二十二年十月十二日（星期四）出版

工作週刊

第十五期

羡澜

編輯者　中國西部科學院　江巴壁合特組峽防團務局

發行者　嘉陵江日報社

出版期　每星期四出版一次

價值　每期四仙訂閱嘉陵江日報者隨報贈閱

印刷者　民福鉛印公司代印住址：合川塔耳門內

我們應該負起責任幫助剿匪工作

盧局長在聯合週會中講演

高孟先筆記

今天有一樁事情，要報告給大家；就是這一次到成都去的意義：我們因爲眼睜睜的看着共匪一天比一天猖獗，全川將不免蒙難；所以才奔到成都，商同各個軍事當軸，幾位老先生，和許多朋友，促成各將領，共用全力來剿赤；同時，我深感覺在剿赤期中，有幾樁工作，是應該担負起來的。

一，調查工作　就是調查接近匪區、和由匪區逃出來的難民，以及災區和附近災區的一切情況，都應一一的調查清楚，以使謀補救的辦法；至於這調查的工作，在今天任何地方，都應需要的；不只匪區，在今天任何人，都應具有調查的能力；不僅我們。

二，宣傳工作　這種工作，一方面可以供人一切正確的新聞材料因爲今天社會上，每對於一事的宣傳，總是離開着事實很遠；並且人都愛聽謠言，即如一件極平凡的事體，他總傳說得異常的利害，而其一切實際的情形，究竟一點也不明瞭，現在如果你每天有時在周圍去聽，便會使你充滿兩耳的傳說，不可靠的傳說；例如有人說：合川李育才談：「廣安有共匪，合川許多人都要準備着當難民了」：：：：其實這何嘗是李育才所說，却被人拱染得這樣駭人了，謠言不單只影響了人民，尤其搖亂了軍心；如果有我們去作宣傳的工作，於匪區的各種消息，都有正確的供給，都有事實的介紹，那就容易使社會安定，一般人心不搖動了，另一方面，對難民可以供給他們應該知道的材料，告訴他們應該去尋的途徑，對前線或後方的軍隊，供給他們應該知道的材料；和急切需要的辦法；使他們深切的明瞭共黨意義，自然就會促成他們努力拚命了。

三　慰勞官兵　因爲官兵作戰的得失，即看有無人在後面鼓起他們的勇氣，這有很顯明的例證，如十九路軍在上海與日本人作戰、以他們(十九路軍)那樣窳劣的武器，那樣少數的戰士、……還能與敵周旋月餘，獲了不少的勝利，全靠後方鼓着他們的勇氣的一般人民，因爲一般人民，都有事實上的盼望，盼望着打勝仗，這種意義，都使每一個官兵明瞭，爲他們送東西，—吃的，穿的，用的，因此他們就可以拚命；又如民國九年的川滇黔戰爭，川軍由龍泉驛失利，退至牛市口城內之後，如果市街上面有一個士兵，總有一羣人民鬧着他們詢問，如果聽說前綫勝利了，大家都眉飛色舞的；如果聽說失敗了，大家都垂頭皺眉的，當時我們看見這種情形，就料到勝利必歸於川軍，如果有二次打仗，絕對能得着勝利；不要增加援兵，也不要其他的接濟，因爲已經有了城內的幾十萬促人死的力量在後面；所以結果，果然以同樣的兵，槍，子彈，……而獲得了最後勝利；這裏就深切的證明，要使民衆盼望你要打勝仗，你就會打勝仗，在今天處處就應該有促起盼望的意義，使其受傷的得安慰，前綫的得着鼓勵，所以現在成都或重慶，正準備着毛巾和草鞋等，作爲贈送他們的東西。

四，救濟難民自通，南，巴以至廣元，昭化，蒼溪，閬中，儀隴，南部，營山，蓬安，西充，南充，廣安等地，至少也有幾百萬逃出來的難民，自然這當中有錢的人很多，而無錢的却也不少，他們或者因交通的不便，或者因沿途保護不周，必定要發生許許多多的困難與危險，如有錢的，也還有不知往何處逃跑的，這我們就應予以引導和幫助，也有要到親戚朋友處而找不着去路的，這我們就應遣送他們到他親戚朋友處去：：：沒有錢的，如其年壯，還可以幫助運輸，或介紹職業，都應統統編配起來，分工做事去，老弱者，也還要我們幫助謀適當的安頓。

剛才所說這四種工作，是許多朋友來担任，不只此間的工作人員，更不只此間的那一部份，是任何部份都有的，或者特務學生隊的學生比較佔多數，不過這裏有幾點，大家更應明瞭的！

第一 作事要有担當的精神 這是任何時間，任何地方，都要具備這種精神的，如遇着社會國家到眼前有急難的時候，我們就應担當起來，決不要推諉，決不要退縮，決不怕艱險，這次工作，連我也去，恐怕還要比大家先去，或者是站在大家前面!!

第二 幫助人卽是幫助了自己 我們對這種工作，并不是專門爲人，同時也是爲自己，要知道在共匪沒有到四川以前，四川人都認爲是江西或中原的事，及到四川以後，初在通，南，巴時，昭、廣，蒼，閬，營山、儀隴的人都不管，及到營山，儀隴了，渠縣，廣安的人不管，今天廣安的人又跑完了，如廣安一失，這就是合川，隣水，江北的事了，就是我們的事了，自然亦匪來了，也還可以跑，然而你跑到什麽地方？在營山的時候，跑到廣安，在廣安來了，可以跑到合川，如果合川來了，你又跑到甚麽地方？重慶：：：一樣沒有辦法，一樣沒有跑的地方、跑，就根本不是辦法，這是我們應該明瞭。

還有，我們的事業，不僅只靠我們這點人力造成功的，因爲凡我們這個地方的一切事業，人力，財力，：：本身一點沒有，一切都靠外間幫助，一切都是周圍的人和事業機關幫助，如果我們的事業還要得周圍的幫助，還要繼續前進，比今天以前進步更快的話，則我們設法都要幫助周圍幫助我們的人，何況今天周圍有大難來了；我們更應如何地幫助人：而趁着這個給與我們幫助人的機會去幫助人？（中略）

我們這個地方的人，尤其是：：：特務學生隊絕對要鼓着勇氣，只有向前的！例如張表方先生，他爲剿共這個工作，還自願到前線去，她已經是六十幾歲的老先生了，尚且如此，（中略）

同時在後方減少了工作人員，而對於一切工作，還要特別緊張，治安尤其應當留意維持。

出發的要從這個問題發生起準備工作開始，不要認爲這個問題不能解決，沒辦法，：：

：：由重慶起，一直到北碚止，都只聽得人說沒辦法：其實這問題並不十分嚴重，我們知道共匪竄入川的，不到一萬，所增加的、亦就只目前附和的人而已，那有無法解決的！不過剿匪的，都當着兒戲罷了，如果這個問題不解決，我們的事業，今天就沒有辦法，因爲赤匪的擾擾，首先在交通上就要發生影響，交通上發生了影響之後，我們的經濟來源，就在在可慮，就是原來周圍幫助我們事業的，他們就會沒有辦法再幫助，今天最要的是全體下大決心、一部份出發幫助剿赤，一部份留守後方，出去的要獲得結果，留守後方的工作更須緊張、不但人減少工作不減少，反而比平常的更多、這樣才能予社會以更大的影響，予社會以更大的幫助，我們第二步的工作，才有希望。

（完）

理化研究所報告

李樂元

理化研究所九月份的工作，可以分兩方面，報告：

第一是化驗工作：這一個月共總化驗了十幾種煤；（萬縣的煤，是民生公司委托化驗的）和溫泉的泉水。溫泉水本來早就打算化驗，以前因爲藥品不齊，所以等到上月所需要的藥品到了才開始工作，現在已經有了小部份的結果。不過化驗水比較費時費事，全部結果，還要過些日子才能報告。關於化驗工作，還有一點要附帶說說：我們以前曾請四川各將領通令所屬各縣建設局，將各該縣礦產及其他工業原料，每種均檢樣寄交本所化驗，現在有幾縣已經將樣品寄來，不過因爲本所化驗室太狹小，不能同時進行——這只有希望新建築趕快完工，以便做得更快。

第二是其他的工作；本所新建築已經開工很久，關於新建築內房屋的分配和每間房間之佈置，以及自來水管煤气管及電綫之安裝，以前雖是計劃過，但比較草率一點，在上一個月內，我們已經將這些應該預先計劃好的都從新詳細計劃好了！

動物部報告

施白南

本月的工作分三大項目報告

1：採集的工作：

2：整理的工作：

3：訓練的工作：

（一）採集工作：

a魚類，兩栖，爬虫標本的採集：自九月一號將內部組織告一段落後本人即同郭綽甫助理員在北碚附近採集：怕的是收集不過，又曾於嘉陵江報上登一收集動物標本啓事，十二號赴重慶工作，二十三號轉合川，十月一號歸來，共計此次採集費時四週，所到地點有重慶，蔡元壩，磁器口，北碚，毛背沱，東洋鎮，溫泉澄江鎮，夏溪口，合川，渠江嘴，白沙鎮，得標本三百三十件，用費六十元。

b鳥類獸類標本的採集：因槍枝的攜帶不便，故此類標本採集只限於北碚附近山中各，計採得三十六件。

總計本月採集標本三百六十六件

附帶的調查：有下列兩項

1，此區漁業的概況：如漁夫之人數，及其生活，魚的產量，及漁具的種類樣式製造，用法等，共得有十二種不同的漁具，將來在專刊中，擬繪妥圖樣並加說明，確是一件有味的工作。

2，此區動物的生態及其在經濟上的價值，關於此一點我們注意到重慶台川的氣壓平均數，雨量的平均數，氣溫的平均數，及水的深度與其含有的雜質量。

⊙注意何種動物在何時最多用途最大，其有害於經濟條件，例如：烏魚以其他魚卵爲食，是最有害於漁業的等等。

(二)整理的工作：此次所採的鳥類，獸類，已由康成德先生剝皮裝製完竣，因此次採得魚類標本最多，現正編緝嘉陵江下游的魚類，將來擬成中文，西文兩種報告。

(三)訓練的工作：本部有助理員一人，練習生二人，因其所長，施以訓練，本月的成績：

a普遍的：每日上午八點讀英語，下午兩點前讀中文雜誌，或習字，晚讀生物學，

b特殊的：助理員偏於野外的採集及標本的保存，現彼已可獨立採集及剝製鳥類標本。

練習生二人，一注意於室外工作：學打鳥，及剝製，一注意於室內工作學標本登記及打字。現都已有相當成績；

農林研究所

劉雨若

(I)气象報告

九月份統計晴十七天，雨八天，陰五天。

氣溫最高華氏九八度，最低六四度。

雨量全月共下雨五天，零六小時深度為七〇，五耗m,m,據此可知九月份仍繼續天乾，下雨稀少，九月份在夏秋之際，溫度變化甚大，

(2)屯墾計劃

在前九月廿六日曾召開墾殖學會第三次會議，歡迎新到科學院之森林學專家孟舍予先生講演，并作墾殖學之讀書報告，且指定下次作讀書報告之題目及担任人員，現墾荒農具已製齊，一俟峽局士兵能抽身時，即開往西山坪實施屯墾計劃。

(3)林業工作

現農林研究所林業部聘來林學家孟舍予先生，曾在法國林水專門學校畢業：富有林學

智識，來此主持西山坪華鎣山及縉雲山各處之造林事業，曾於十月二日往縉雲山踏看一週，十月三日至五日，到重慶參觀中心農場巴縣建設科渝簡馬路局及重慶市政府等所設之苗圃，以資參攷。

圖書館報告

袁伯堅

△兩個統計

今次單報告兩個統計，第一是九月份閱覽統計：九月份開館三十日比上月少一日，全月到館來看書的人，有三一三七人。比八月份多四〇八人，比七月份少一四三四人，因為七月份增加一批夏令讀書會會員，又值兼善校學生放假而未離去的原故，所以特別人多，九月份除了上述在館閱書數目之外尚有館外借閱，共計借書還書一四二六次，平均每天有四八次的借書還書。

九月份到館看書的人——不算借出的，峽局各部職員士兵八三一人，平均每天有二七七人到館閱覽兼善校學生八〇一人平均每天有二六人到館閱覽，市民一一四四人平均每天有四八人到館閱覽。

其次是兼善校學生從本年一月至六月在本館借書的統計(館內閱覽的除外)共計五九一冊，什文學類一六六冊算最多，普通類七冊，小說七〇冊，美術類五四冊，雜誌五四冊、其次應用科學四九冊，史地三九冊，社會科學三三冊，哲理科學一八冊，教育類一三冊，自然科學一二冊。

學生中看書看得最多的第一是楊家祿，本學期共借閱四八冊，第二杜大祥四七冊，第三陳治讀四三冊、此外三十幾冊，二十幾冊，十幾冊，幾冊都有，也有一本都未來借的，本館另有個詳細統計，現已貼在館內。請大家去看，因爲這個統計可以看得出每個學生的興趣，與趨勢本館，決另抄一份與衆善校的先生。

三峽染織工廠報告　繆成之

今天報告分作三方面來說第一是職工生活方面第二是營業方面第三是擴張方面

在職工生活方面，又可分爲兩點，第一是工餘學校準備開課、第二是這次旅行合川。

「工餘學校開學」工餘學校，是以前卽辦的，因暑天關係暫爲停止，當時決定在十月間來再爲開學，現在十月到工，故準備過雙十節後卽行開學。

記得以前盧局長曾說「現在工廠最重要的就是教育問題」不錯，一切生產效率，要提高，消耗要減少成本要減低，都非嚴格的訓練工人不可。訓練的方法，盧局長又說，「就是要隨時隨地接近工人，要在工人的生活上，工作上，娛樂上，去該他們一種相當的教育」其目的是在使工人認識工廠，愛護工廠，把工廠當作他的家。當作他終身的好宿地，這樣工人當中許多要發生的問題，都可減少，或沒有了，同時因工人智識程度增高，工作技能進步，對於出品，亦可改良，工廠當然得益不少，由以前的情形中卽可看出，現在仍照前分作三班，高級一班，初級二班（男一女一）高級班課程分爲常識（包括峽區事業常識，機械，織造，染化，史地各常識）精神講話（包括工作上生活上娛樂上的行爲訓練，及致以對廠的正確態度）與音樂時間在晚上，工人是强迫加入。

（職工旅行合川）旅行也是以前老早即舉行的，原是利用例假引導職工，把一天中無意思的虛度，變爲有意義的生活，藉以明瞭峽區各事業之關係與現狀，及鍛鍊身體，也因爲暑天關係暫爲停止，現在天氣漸爲秋涼了，故旅行團又恢復組織，不過以前旅行都是在峽區以內附近各處，至若長途旅行要算今次旅行合川爲第一次了，參加職工共約八十餘人，頭天上去，第二天回來參觀了民生公司電水廠，瑞山學校，民生工廠，華豐布廠，賢良公園等，借宿於民生公司，今次工人的情形還很好，個個都歡樂不過以大體來說，還是有些失敗，因缺乏組織，少專人負責，在參觀住宿飯食上，不免欠缺秩序，失敗是成功之母，有今次之失敗，就是告訴我們以後不要這樣了。

在營業方面，又可分爲兩點，第一是廣安售貨處撤回，第二是最近營業情況。

廣處撤回的原因，是因共匪一天一天的迫近，廣處各機關的人員、都在逃了旁的生意，也都在關門了，故我們廣售處，不得不撤回來，貨是通通運回人是通通轉來，亦有動用器具留着，把門鎖了！

當共匪初竄入川時，估去通南巴以後，我們已感覺廣安這個地方的營業要受影響我曾有一回在週會上報告過我們工廠有三怕第一怕船來品傾銷，第二恐怕戰事發生，第三怕匪患尤其怕共匪，因匪區擴大，即是我們的銷場縮小以購買人減少，營業受限制，三種盼望對付三怕，故我們盼望的國貨起來，推翻帝國主義的經濟壓迫，和平之神起來推翻戰神，人民起來打倒共匪，肅清共黨。

營業的情形近來有三樁報告，(一)敍府瀘縣資源通的經銷條約、已成功了，不久即可簽字，跟即取貨，(二)江津瀘南近有八接洽經銷，尚在進行中，(三)這季制服，買了四個學校(重慶遼育，合川合中，合師，武勝武中)，這季與以往接洽的學校比較，那差遠了。

在擴充方面，又分兩點，第一是接收渠江工業社器具，第二是上海所購機器已抵渝，渠江工業社，本是這邊原前的兩位職員經管的、現在因為局長要這兩位回峽工作的關係，於是要他們作收，器具一齊打與我廠，照他們價八折，局上承認三折，工廠亦出對折，這批器具來了，打算由工廠職工來(組織生產合作社)組織一個生產合作社單獨立經營，與工廠做棹布，其意義有幾點，(一)受工廠的指揮，做計劃中的布、(一定質量一定樣子一定頭份)，(二)與工廠有聯絡，可以隨需要而趕工，(三)集中便於指導，大致不久即可成立。

新廠的機器到了，上海買的機器，前前後後一共百零幾箱，有一大半已經到重慶了，還有一部分未到，現在在進行免稅，一俟免稅事辦妥，即可運回，新廠房亦在籌備進行建築中，將來開工時再來詳細報告。

（完了）

督練部報告

宋在由

1，渠江工業社，歸併三峽廠，其原因是爲峽局需人，該社主幹人梁嵛陳德和幾位職員，爲峽局舊日學生，亦自願回峽務服，在前週就會同各方面『商議』籌劃了半天，已完全成功了，星期四，伍廠長又往小沔溪，作實地視察去了。

2，璧山縣教育局建設局，會同地方人士籌商，請求峽局幫助指導，在青木關建設一個新公園。

3，土沱市政整理第一步就是測量街道碼頭，其次就從事人民戶口之調查下週星期四，準備商量北川公司調派周繼萬前去辦理。

4，派黃何雲到青木關，何文軒到靜觀場，各帶兵兩名調查草鞋手工業，詳細情形，俟下週再行報告。

5，派李華到重慶，租回電影機器一部，影片六捲，有三捲是三峽事業風景片，兩捲是外國片，一捲是中國新影片，租借三天，價洋十元，聽說他因爲我們的機關不同，所以特別讓價，而且李華同兵一名在青年學放電影兩人的食宿，完全由該會招待，概不收費，這種情誼，也值得我們大家感謝的。

6，民生公司送贈北碚一個大囤船，我們派人接收，已經運至距悅來場僅十里路了因阻於水，故停泊未行。不然今天早已到達北碚了。

7，茶房義勇隊，準於十五號調回溫泉。原派代理茶房工作之二三特務隊士兵俟交換後，仍歸還各隊服務。

8，還有關於訓練兼善學生的拳術，在三週以前，在田奉命幫助兼善中學訓練全體，學生的拳術。開始的時候，一般學生，連立正稍息的要領，都不大懂得。對於操場紀律，更不知道是一回甚麽事。在立正或動作時間，不是搔癢，便是吐痰。而且在這三周當中，除了下雨，和例假日子外，訓練的時間，不過兩星期。可是，很進步了。據我昨天攷查結果，操場內的靜肅和秩序，已確能保持，動作亦較正確，在我訓練的方法，是用半學半軍隊的方法，來勸誡他，勉勵他，裁制他，據我個人的眼光，預料將來的學校，有酌加相當軍事訓練之必要。還要進化到以管理士兵的方法來管理學生，才會把學校價值提高。才算是眞正的紀律化。這就是我們一般人平常所說的文人武化。但是我們武人，急切需要的，還是要文化。

政治股工作報告

子裳

▲三椿快活事情　▲一段救人談話

政治股裁至本週星期五爲止，仍然是唱獨腳戲，星期六有軍部派來一位服務員黃鴻森，經局長指定撥在本股服務，以後政治股總算可以演得成雙簧了，在本週所辦的工作，個人感覺快活的有三樣：

一，是指導實習民衆教育的特務學生介紹圖書照片，偶然一天俱樂部懸的幾張抗日照片之下，有鄉下人擠着在看，我問問他們懂不懂，一個擺腦殼（頭），二個還是擺腦殼，第三個說『不知道是剎子』，使我驚異了，我爲他指點解說一陣，接着我找那實習民衆教育的學生來，告訴他的情形，指示他的方法，並又看倒他去對看照片的民衆指說了幾處、看的人感覺趣味，我自己心裏、也感覺非常快活，這是一樣。

二，中秋節那天晚上民衆會場演川劇、我上了一堂課，就是教民衆鼓掌，因爲我們這個地方，凡有開會講演，祇是靜悄悄的場子實在太冷了。局長會說要教民衆練習鼓掌，所以我趁那晚觀衆甚多的時候，給觀衆說，遇有名人講演或特別會集，乃至散會都可鼓掌，說着我便自己先鼓掌，衆人也就接二迎三的鼓掌，衆人歡喜了，我也很快活的這是第二樣。

三，修理無線電收音機，自從有了收音機，我便很少離開牠，偶然一夜兩夜離開了，往往就收不倒，本週有一晚上，我沒有離開牠，但也是收不倒，我檢查過線路，試驗過燈泡，都沒有毛病，然而總收不倒音，後來與民衆會場黃琨把機器折卸大半從新裝上，拿新電池一試，收着音了，我不明其妙，也許是接綫之處未緊，也許是電力不夠，不管牠，現在又能收音了，我感覺工作是很快活的，這是第三樣！

還有附帶要說的幾句話

剛才聽了局長報告共匪蔓延，人民不想抵禦辦法，祇是各打各人的主意這一點，我自己有些感想，感想到中華民國的問題太嚴重了，一般人也沒得認識了，共匪都能夠在中國成大器麼？他的焚燒政策姦淫主義都能合得大衆心理麼？我看出的我們中華民族有偉大的精神，就是父慈子孝兄友弟恭朋友有信鄰里鄉黨，守望相助，疾病相扶持純然的偉大的互助精神，根本就不能消滅的，共匪來了，父可殺其子，弟可殺其兄，無夫婦無朋友，這一條道路都走得通嗎。

我們的祖先為我們遺留下很大的國土，很多的民衆，今天不過遇了幾個不成器的小子，把許多地方喪失了，要知道收回也是不難，祇要有人立志收回試問東北四省失了，有幾人曾打收回的主意呢？共匪初到四川，人槍很少，誰注意他呢，而今通南巴之外蒼溪儀隴渠營蓬都說陷落了，大家祇是逃，試問共匪佔了通南巴，你可以逃往渠廣岳，試問渠廣岳佔了，你又逃往那裏，再說再說，你最後逃到那裏，東有東洋大海，西有喜馬那雅高山，你逃起去吧，這種根本不是辦法，應該共同出來抵抗，據綏定逃來的符靜生先生說，巴州裏面至今還有三千人的一隊團練同共匪抵抗起，可見得事在人為，大家要知道土爾基一國當日被歐洲列強瓜分了的，後來凱末爾出來一吼，拚命哪，祇有三五萬國民軍，居然打敗希臘，打退鄰國現在在世界稱第一等國了，土耳基地方不過四川省一半大，人不過四川一半多，都能拼命地强起來，今天四川共匪就打不平中國就拔不出來麽？事在人爲，絕對能夠成功的，我感覺共匪在四川必然消滅，在其本身之互相猜忌，殘殺，可以知之不成甚麽問題，今天的問題乃多災多難的中國有幾人想把牠弄好，中國一大羣無飯吃衣穿的，有甚麽人在想法担起責任要去救他們，有幾人說我願犧牲我自己，去救他們，大家更要知道復興的意大利，歐戰時一位新聞記者的墨索里尼，極力復活意大利的精神，主張對德宣戰，他上了前綫當過兵挨過炸彈後來國內的共產黨起事了，他集合一羣人拿起手槍，遂着就整，把共產黨消滅了，把意大利扯起了，這是不是事在人爲嗎？

回過來說，大家成日受訓練，我們整個的目的是幇做人，今天共匪鬧得烏煙瘴氣了，我們不出來領起幹，等甚麽人去領起幹，我們不拚命等甚麽人拚命去，大家應該鼓起一種精神，覲末爾復興土耳基的精神，墨索里尼復活意大利的精神，要上前不退後，要殺共匪不怕共匪殺，要挨過機槍，遭過幾刀，要自己犧牲救衆人，救社會，救四川，救中國，救中華民族，我要講的話畢了。

第三特務隊　戴大春

今天的報告可以分爲幾個派駐所的工作報告

新門洞第一派駐所近來的工作，幇助燧川公司建築了一個公共厠所，可容三十人，另外取締了一些路傍的毛房，此刻又在坪運動場，除經常工作時間外，幷幇助燧川公司抬木料二次作修廠房之用。

陽泗溝第二派駐所因爲人數不敷分配，每天除巡路外，只有很少的人幫助寶源公司担渣滓這是我們抱歉的事。

中隊部的工作爲提倡民衆正當娛樂並藉此施以平民教育起見，特借中秋節的機會，在澄江口表演新劇，會場中以標語爲主，每幕中都有刺激的常識講演，每劇中都有教育的意義。

總務股報告

趙仲舒

個人在本週以前，因爲患腹瀉重症，就擱了好幾天，雖然在病中也把很緊要的事，送到家內辦了一些，畢竟堆積的還是不少，恐怕越堆越多，又因爲想起了局長從前所講他生病時的一段故事，他說有一次約了要到修理廠去查看，而腹瀉得很厲害，終究忍耐着去，病反恍然若失了，所以鼓起了我的勇气，在精神未復，足款難行的時候，趕來辦公，健康也就因此漸漸恢復了，但是這一週辦的事，瑣碎得很，值得報告，兩事如下：

一，各隊文件應該注意研究　這一週看到各隊報來的文件，有一兩件太隨便了，把從前所有的那些毛病，如像錯字，落字，忘記簽卽簽私章，有附件而文上不寫附件，挖補而留洞不補，這些事，這回雖不全有，却錯落得很多而措詞欠斟酌，那更是常有的事，以後希望各隊負責辦文的人，隨時細心研究，求進步，第一要校對沒有錯落，第二要講究格式，敍事要清楚，措詞要合分際，倘能當着一個問題去研究牠，自然會有結果的，今天報告這件事，不是說人的不對，是要希望人走到極對的路上去。

二，添設查驗員的經過　重慶香國寺台川東津沱兩處添設查驗員的問題，說得很久了，因爲人員不敷分配，本週星期二，才把甯子壯派到合川去，昨天打電話查問，說是還沒有到卡，但是　局長已接到程局長的復信，歡迎到東津沱卡上去執行查驗職務了，在重慶香國寺方面，文和信都早已辦就，只要林由義的職務，有人接替，日內就要去，這件事關係我們收入的整理，我想是大家急切想知道的，我們並且還要把這回增加查驗員的原因，報到軍部去呈請備案。

審計股工作報告

孫羨陶

在審計股的工作，都是經常的事務多，臨時的事務少，因爲這種關係，每週報告的材料也就少，在上一週的工作當中，比較可以報告的。

甲，節縮開支　本局近來的收入，逐漸減少，爲了經費不敷分配的關係，在上一週主任聯合會議議決，凡一切小建築及不急需的購置費或臨時費，均暫行停止，以資補救道是我們大家都應當知道，而且要留意的。

乙，添製公物 在本局各隊士兵的裝具，因時過久、大多損壞，必須添製，在九月五號財務會議議決案，先由各隊司務長按照所差數目，列表送交本股查核，統由本股派員監製，以歸劃一，上週已着手進行，一俟工作完結，再行核交各隊 （完）

醫院報告

馮子賢

醫院：今天有兩件事報告

1，過去已作的事，就是九月份掃滅的病魔，總計起來，有一個大的數目，並將各數目分析爲幾端。1，普通人內病四百八十一人，本局內病七百九十二人，內病總數一千二百七十三人，當中以痢疾感冒等症最多，約全數三分之二。其餘系各種雜症，如肺病，瘧疾等。2，普通人外病六百三十人本局外病一千二百三十八人，外病總數一千九百六十八人當中以跌傷，打傷，創傷等最多，約爲全數二分之一，雖其他雜症爲皮膚病梅毒等，3，注射總人數一百二十二人當中以痢疾針最多，餘則爲救急針等。4，接生人數共一人總計全數爲三千三百六十四人。

2，未來準備的事，就是最近局令又要出發討伐天花魔王了。對于討伐一切利器，由本局分別準備，本院得令後全體動員加緊準備一切。昨日在局領取一部份原料（紗布洋棉各五十磅）還不夠，又領一部份款在街上購買大批用品，（白布四十疋乾酒二十斤土棉十斤洋碱二十塊剪刀十把洋油一桶）各項手續正在加緊製作當中，不日就要交出全部討伐利器以便肅清天花魔王，以救一般小百姓于水深火熱，當中逃出危險，減輕痛苦，共同生存。

民衆教育辦事處

周蘭若

民衆教育辦事處的工作，分兩方面報告，第一是特別的工作，第二是經常的工作：

【一】特別的工作　澄江口第三特務隊為聯絡當地民衆感情與平普及民衆教育，在上星期邀集辦事處籌備中秋節遊藝會辦法，在事前一切整頓妥當，先由黃管理現赴澄江口佈置，星期二日即同黃書記尙雲率領北碚劇社學生隊及工人義勇隊一部到金崗背搭乘巡船兩隻到澄江口，是日適逢場期，午飯後即由學生隊民教組分隊到各茶館酒店向民衆講演常識，時間最多爲五分鐘，每處二人說話。到午後兩鐘遊藝會開幕，觀衆多至九百餘人，第二天是中秋節，落雨天：午場未開放，延至六鐘雨止了，剛開幕天空又下起雨來，但民衆湧躍立觀。雖是黃葛樹下雨珠點滴，始終未爲所動人數與頭一晚差不多，兩日節目計有雙簧新劇拳術跳舞常識講演。

【二】經常的工作：又要分數項說明如下：

I，民衆會場在前星期日晚間開放，成績稍遜於上集「俠娼義盜」因爲時間倉卒與排練時間太短的關係因觀衆人數在七百人左右。星期三日爲中秋節，由孫主任領導川劇社表演上天梯及鬧宮兩劇，成績頗不惡，唯二等脚色稍差勁耳！當晚天雨初霽，觀衆由燥烈光銳的音樂召來不少，約計有八百餘人，比『俠娼義盜』上下集觀衆都多，可知燥烈的音樂足以吸引觀衆，星期日天雨不止，停止開放，除佈置各茶館掛圖外，並召集演員準備雙十節公演的『先烈血』。

2，中秋節天雨陰晦，民衆學校前幾天預定在中秋活動的一切計劃，一場風雨，頓形消散，不過在午後稍晴，由民校高級班及第二校教職員帶領學生到東陽鎮農場雞場樹人學校參觀。在澄江口之民衆學校前次因教員太少，精力不夠，暑假停辦後，尚未繼續，此項藉赴該地演劇之便與劉隊長商量繼續辦法，星期六與工廠談主任商量恢復工人夜校，一切辦法，大體擬於十一日開學。

3，民衆書報閱覽室　本週閱覽人數共計七十四人，以職業分，小商人爲三十四人，學界十五人，工界二十五人，以閱覽種類分，看畫者五十人，看報者十八人，看書者六人。

4，本週民衆問事處計寫信十五封，到峽參觀來問事者計廿四人。

第一特務隊報告

特務學生李鳳岐

今天有幾樁工作報告

I　消防方面　北碚場前一個月發生了三四次火警，幸得很快的把牠撲滅了，未能成災，我們感覺了火警的危險，所以特地乘此機會召集市民開了一次會議，組織消防隊，預定以六百元錢購置消防器具，市民中間募四百元，峽防局方面幫助募兩百元，現據募捐册上看來，市民方面大概可望有三百元之多，待市民募足後我們便開始向科學院和峽防局募款。

2 補足門牌 北碚市的門牌原本齊全的，中間因有房屋的修建和遷徙所以號數的錯落很多，因此本週製了大批門牌，整整費了兩天的工夫、就把全市整理完善了。

3 調查戶口 本週從新調查了北碚市的戶口，因爲本市各路住戶，在先雖有數次調查登記存在特務隊，但那個登記太簡單，僅僅每戶只登記了一個家長，其他人口也很籠統了不甚明白，尤其是職業一項，更不詳細，總之調查一人，隨意製定格式，沒有一定規矩，所以這次的調查，便較前不同了，册子是由石印印製，比較規矩得多，某路是誰人負責調查，事前予以多方的訓練，事後又有精密的整理，在不久之間，就會有無很精確的數目統計出來。

第二特務隊報告

劉騏良

本隊工作分兩方面報告

(一)士兵訓練

1，職務的訓練 每天晚上召集全隊士兵開一談話會，各個士兵報告自已在當天所做的工作，及取的方法態度，然後由官長加以批評，做得對的用言語誇獎他並叫大家效法他，做得不對的，用言語懲戒他，並叫大家以他爲戒，這星斯照這樣實行起來，各士兵的職務，是比較從前要進步些。

2，體魄的訓練　晴天的早晨率全隊士兵作爬山運動，一面活動肢體，練習足力，一面走熟沿鉄路一帶的小山路以備匪警，時便於追擊和截堵，如遇雨天就在隊中練習柔輭體操。

（三）案件處理　本周處理的案子有十件（下略）

嘉陵江日報社出售圖書

東北遊記　每本二角

鄉村建設　每本一角

銀行報告書　每冊一角

三峽廠說明書　每冊二仙

峽防局概況　每冊五仙

東三省地圖甲乙種　每張三二千

北碚農村銀行

五角可存

五元可借

十元可匯

五元一股

歡迎加入

三峽廠特等出品

蜂窩布　自由布

中山呢　內衣布

冲毛呢　十字布

穿得過　請照顧

中華民國二十二年十一月十六日（星期四）出版

工作週刊

羨陶

第十六期

編輯者　中國西部科學院
江巴璧合特組峽防團務局

發行者　嘉陵江日報社

價值　每期四仙訂閱嘉陵江日報者隨報贈閱

印刷者　民福鉛印公司代印住址：合川塔耳門內

中國西部科學院

理化研究所十月份工作報告

黃治平

一，化驗萬縣及華鎣山兩處的煤共二十餘種。

二，化驗溫泉泉水已經得出一部份結果在下月當有詳細報告。

三，正開始化驗嘉陵江河水，因爲三峽廠用水，和北碚用自來水的原故。

四，赴渝運回儀器及建築材料，共四大箱，這些是今年正月間向德國訂購的，兩個月以前就到了重慶。因爲免稅問題，耽誤很久。現在我們總算運回開箱了：有一部份儀器已經拿來使用，還有一部份，因爲自來水和電的供給現在不方便，要等新屋完成後才能應用。

五，計劃本所新房子內部的設備和佈置，我們想把理化研究所的新房子，佈置成爲最合用最新式的實驗室。

中國西部科學院生物研究所動物部十月份工作報告

施白南

本月的工作，與前月不同，前月是室外的工作多，本月是室內的工作，茲報告於後：

a 室外工作：在本月中旬郭倬甫同楊紫綬二人到縉雲山採集四天得標本廿三件其餘在北

碚附近鳥類十六件，一共有三十九件。

b 室內工作：

一，嘉陵江下游魚類調查報告英文稿完成

二，寄贈北平靜生生物調查所魚類標本百二十件

三，發出徵求國外生物學雜誌信七通，（英一，法二，美二，日本一，香港一）

四，登記標本，鳥，獸，五百號魚，兩栖，爬虫五百卅六號，其他無脊椎廿二號，（昆虫在外）共一千〇四十八號

五，清查公物

六，裝裂鳥獸標本廿二件。

七，收到，靜生生物調查所贈與彙報廿冊，科學社五十七冊，共八十五冊

八，新添旅行地圖五幅

c 總結：本部成立來兩月計

一，標本增加四百八十四件

二，圖書由零增到八十九件。

三，新添儀器約值六百元

（完）

兼善學校報告

張博和

1，惡勞好逸，是一般人的性情，因此本校在農場工作的學生不免有些抱怨，爲鼓勵勞動的精神，增進工作的興趣起見，自然科的教員同領導農作的先生切實合作，一方面勞作，一方面求知，學生得了實地的經驗，於科學有更深的了解，於是一變其抱怨的心情而爲興趣的工作，所以近來農作時學生很少缺席了。

2，小學部早就有設立圖書館的計劃，限於地址狹隘，停頓未及進行，近來房舍修葺油飾好了，館內各種器具也作成了，所以定於最近開館，這個圖書館和別的小圖書館有點不同，1，是完全公開的，凡是小朋友——其實大朋友也都可以進去閱覽。

2，負管理責任的，不是圖書館館員，不是教師，而是兒童自己，這一點很重要，我們要訓練兒童有公德的修養，有整潔的習慣，有負責的精神，有作事的練習，所以明知這是一件困難事，也下決心去辦，辦法是擇兒童中年紀較大，智識較高的十多人來先施行訓練，再一步一步的影響旁的兒童，訓練較小的兒童，這件事得了圖書館很大的幫助，我們是應該感謝的，現在正是訓練期中，下週內就可以開館了。

3，中學部第二三兩班於本週期六赴渝競考去了。

峽防局督練報告

劉少白

第一，關于擊匪的，：：：在前天晚上八點鐘的時候。接着璧山八塘場來電。說本場被劫了。在一點鐘前。來了大約五六十名匪。所持的武器。以手槍為多。其餘全是步槍搶去了價值千餘元的雜貨和布疋。與八百餘元的現金。向九塘場方向逃去的。請峽局派兵援救。當時督練長接得這個電話。后即派劉駢良中隊長。率領了二中隊全隊和手槍隊一部。於當晚九鐘出發。向八塘九塘方面追剿。昨天接着劉中隊長的電話。說昨晚匪在九塘附近晚膳。該地團練還同牠打了一陣。因為力量不足。牠也沒法取勝。竟至讓牠逃跑了。又聽說九塘場所屬本佛寺附近。有個著名匪首。叫茶房老飄的。在那裏住家。他于這回事。也有謙疑。昨晚圍拿他不得。現在隊伍已追到銅梁舊縣場了，準在今天要在那地大串搜查一回。因為那裏正是銅合交界之地。匪夥一定不得再遠逃了。有無着落。皆準于明日由合川鹽井溪取道回局。

第二，關于開會的，；：：(略)

第三，關于訓練的，：：：本週舉行了一帶兵官長讀書報告競賽。原因有二。1，是為要考察官長訓練士兵讀書與報告的方法是否正確。需要試驗官長一回。2，要提起士兵讀書與報告的興趣。需要先由官長舉行一回。所以每天舉行的時候。也曾集合了各隊士兵在傍參觀。再說要訓練士兵讀書報告的意義亦有二。1，是有半數的士兵還不認識字。雖然現在竭力設法教他認識字。但一刻還不能懂得書裏內容的意思。藉此「以耳代目」聽聽別人的報告也等於讀了書一樣。2，是訓練士兵的口才，將來過事宣傳。或作其他報告等等。才能應付。

第四，關于幫助人的有三椿，：：(一)買草鞋，本局曾經受了安撫委員會的請託，代買八萬雙草鞋，當時派了何文軒黃尙云兩員。分頭到靜觀場青木關兩處收買。同時預訂。因爲該地人工有限。所以直到現在。才買齊一萬〇七十八雙。本週已派人爲安委會送去了。現在還在盡量地收買。(二)派員教民生公司各輪船人員用槍。：：因爲1，是各輪上的茶房。雖然曾來北碚受過軍事訓練然而在尙未完畢的時候，船上需人在急。就調回去了，因此於射擊方面。還沒有相當的成效。這次就走去補教他們2，是爲要養成任何部份船員都能抵禦外侮需要熟習用槍。爲了這兩個原因。所以派了手槍隊附楊海泉去教他們。(三)種牛痘。：：：合川九塘。本不屬峽區。所以本局每季種痘。都沒有顧及。因此該場的天花流行。無人施救。前次處指導員到合川縣屬各鄉鎮點編民團的時候。才知道該地人民有這樣的痛苦。因此指導員那天回局。通知本部派了馮子賢服務員帶了材料前往施種牛痘。(完)

峽防局總務股工作報告

本股每週的工作。不是持籌握算。就是伏案執筆。常常三四人手不停揮的寫。都有難得做完的時候。若要在這伏案執筆當中。揀出很有意義而對大家有關係的材料來報告。現在我尋出三件：

第一是爲了今天開峽區團務會議的關係。分別函請江巴璧合四縣團委會及四縣峽區各場鎮鄉長及民丁隊長屆期赴會列席與議。

第二爲了現在匪燄日高。冬防吃緊的緣故。峽局特別派了梁崙爲合川巡視員。秦沛南爲江北巡視員張子揚爲璧山巡視員林由義爲巴縣巡視員。分別巡視峽區各場團務。藉資督促聯絡。宣傳解釋。使一般民衆知道辦團之重要。急圖整頓。

第三目前第二特務隊擋獲硫磺一千六百斤送局核辦。因二十一軍司令部及礦務管理處均曾有文函爲查驗。并說明辦法。凡運硫磺過境。須持有三種票據及護照。始可放行。不然。就是私磺。這回運過的硫磺。雖有護照。蓋有過期作廢的圖記。而且過期很久。所以令人懷疑。才函達礦務處查訊覓究。昨日得覆。說確係官磺。就完全發還運磺的人去了。這一件恐怕以後還有誤會。希望各特務隊查驗人員遇有硫磺過境。就在他所執的護照上。蓋一個查驗戳記。以後就絕對不能混淆了。

峽防局審計股工作報告　孫羨陶

本週工作

甲關於查船方面。　本局各卡稅收。自從合川東津沱。重慶香國寺。設立查驗處以來。關於上水貨件。由重慶開報單。北碚查驗。合川裁票，關於下水貨件。由合川開報單。北碚查驗。重慶裁票。有時并由本股派員到碚卡抽查一次。這樣一來。手續較前愼重。商人偷漏不易。查碚卡本週收入洋一二一七元三一〇。較上週增加二七八元八一〇。

乙關於整理方面

1，本局十月份收支報賬條據。於上週星期五整理完結。並彙交總務股彙報計算。

2，本局代安撫委員會墊支各款。所有條據。另立賬戶及卷宗保管。以免混淆。而便查考。

第一特務隊報告

學生陽建勳

在特務隊要報告的。大概可分作兩點。

第一關於隊內。

在隊內的工作。本週處理了呈文案件廿件。債賬佔三分之二。口訴案十七件。仍是債賬最多。買了蒼蠅二十五兩。去了十八千四百錢。每兩平均去錢七百五十文。每天平均買了三兩五錢。近來的數量較少。因天氣暖和。沒有什麽蒼蠅。買了死鼠二十六個。大的二十五個。小的一個。

第二關於隊外的又分治安與清潔兩項

（一）我們現在對治安方面。是特別注意的。要使市面安靖。而首先就注重登記。注重檢查。凡棧房旅店夜夜經我們官佐學生細細緻緻的檢查清號。行跡可疑者。則反復盤詢。同時我們又向主人警告。凡情形可疑之人不使夜宿樓內。尤其是煙社。遊客。複雜將煙社我們組織起來。為特別的登記。晚間經我們點名秘查。並通知社主人。凡宿於煙社的。則來本隊報告主人要負完全責任。若有不登記者。經本隊查出。或罰或禁閉。如此則煙社不能容納閑人。也就不能妨害治安了。這項工作。每週至少一次時或三次兩次。

（二）近來我們全部的精神。集中於清潔。挖清坑。埋渣滓。經常不斷的工作。而天天都有全市的檢查。或三組。或兩組。竭力分工合作。不但市街清潔。市外都要清潔。例如偏街小巷。宅舍左右河壩等地。一一檢查。在陰溝則挑水洗滌。無垢無瑕。而全市的清潔較前。更見進步一些。

第二特務隊工作報告

（一）訓練方面

1，學術　本週因為雨多。兼之整頓裝具。共上術科六鐘。（停行間裝退子彈。及預備放）。學科八鐘。（音樂二鐘。步兵操典四鐘。野外勤務二鐘）。

2，跑山　每天早晨。不論晴雨，都全體出發跑山。作急遠行程。以好醫治各士兵不能走長路的毛病。現在走路。大家都不大感覺苦痛。可算有了些進步。

3，出差　我們常時出差的數。白天居多。前星期日。因為要赴縉雲寺去開會大家晚上走路。早上是三鐘出發的。沒有燈亮。還下着雨。因之在路上很有些可笑的趣事。有經驗的老兵。每人不做聲往前去了。無經驗的。雙眼望着路。越是覺得不見路。只聽得有跌地的和很小呻吟的聲音。不時在寂靜的行程中演奏着。從黃崗坡下黃桷樹。跌地的不下半數。直到大沱口。天亮了。這問題才解決。不會夜行是軍人的大缺點。如果不熟習。晚上發生匪警。應付必多困難。所以我們很注重摩夜路。

(二)治安方面

1，捕匪　廿東山家被刧的正犯。叫蕭瞎子。曾數次往捕。都未拿獲。這次(廿七)得密報。才把他捉往送局來了。我們為了他。隨時都在探查。未嘗去懷。因為一次匪案發生。如果不辦清。二次定會賡續重演的。峽區各場少有發生匪案的原因。我們覺得就是這種關係。所以我們捕蕭瞎子。也就是取這種「跟追不捨非獲不已」的辦法。

2，案件　口角鬥毆案三件跑灘案件二件

第三特務隊工作報告

本週的報告分三項。

1，訓練　照峽局規定。每晨五鐘半起床。跑山一次。接着技術科。至七點。開早飯。午前學科一小時。午後學科一小時。其餘的。都是工作時間。

(1)隊內的

2，工作　實行建築廁所。營內的場子。打三合土。體育場週圍與營內，栽蘇瑞香及柳樹。

（2）隊外的

從發各炭廠條規。及工人履歷冊。正逢他們的節期。人數很齊。登記的情況很好。

3，案件　債賬一件。　跑炭案一件。　二換二件。　打架一件。　口角三件。

峽區地方醫院工作報告

醫院的工作，就是診斷病人這一週診斷的人數有普通人內病六十二名，外病一百一十一名，本局的內病有七十九名，外病二百一十六名，接生兩處所收入的掛號費，二元一角一仙九星，藥費三角四仙三星，總共收入二元四角六仙九星，這就是地方醫院一週來的工作。

民教處工作報告

周蘭若

本週民教處工作分兩方面來說。

1，經常的事務

a，民衆會場開放電影三次。公演新劇二次。一次爲北碚劇社演『失算』。一次爲重慶蠶專校演『紅酒』『父歸』。

b，星期一，二，三，五，四日授各級民衆校課外。每逢晚間空時。必巡視一次。藉以知道學生上課情形。及教師教授方法。本來決定每周於星六開聯合校務會議一次。

星期日上午開師生聯歡會。本周因爲佈置峽區團務會議會場。沒有時間召集開會。故暫時停止。

c,民衆書報社本周閱覽人數爲一百一十四人。而繼續到的報紙僅有兩種。但公費已停止。沒有辦法購書。只有與圖書館聯絡。每周掉換五冊畫報。以增閱覽人興趣。

d.民衆問事處除每日寫新聞簡報及傳送新聞簡報外。就是爲民衆寫信。但辦事處自學生隊民教部及黃管理調赴前方後。所剩的只有我。而局上公差兵又未派下來。日來佈置會場太忙。故每日都有『有人來寫信。沒有人代筆』的現象。這點以後應該設法補救。就在萬分忙亂之間。也要設法。不能躭誤經常工作才好。

2,臨時的事務。

星期日開團務會議。星五日就忙於籌備一切佈置一切。一直到星期日上午。方佈置就緒。午後又忙於佈置民衆會場。公演戲劇了。

北碚農村銀行第三屆九月份損益比較表（一）

科目		廿年九月份	廿一年九月份	廿二年九月份	廿二年八月份	比較前年	比較去年	比較上月
銀行損益	利息	三九二六八	九四六二三	一，三四七八五	一，二六八一〇	增 九五五一七	增 四〇一六二	增 七九七五
	匯水	一六七二〇	二〇〇	八〇〇		減 一五九二〇	增 六〇〇	增 八〇〇
	貨幣損益	八一八〇	一二〇六二	三〇一	九四八	減 七八七九	減 一一七六一	減 六四七
	雜損益	一三〇七	一三一	五二五	損 三〇五三	減 七八二	增 三九四	增 三五七八
	合計	六五四七五	一，〇七〇一六	一，三六四一一	一，二四七〇五	增 七〇九三六	增 二九三九五	增 一一七〇六
貿易部損益	洋紗	三三九五三	一四五一三	損 五五三三六	損 六四〇八	減 八九二八九	減 六九八四九	減 四八九二八
	花鹽		八七〇四		八〇七六	平	減 八七〇四	減 八〇七六
	洋油				三二四〇	平	平	減 六〇二四四
	合計	三三九五三	二三二一七	損 五五三三六	四九〇八	減 八九二八九	減 七八五五三	減 三二四〇
總損益	銀貿損益	九九四二八	一，三〇二三三	八一〇七五	一，二九六一三	減 一八三五三	減 四九一五八	減 四八五三八
	各項開支	二三八〇一	二八〇六五	三八〇五九	三四八〇七	增 一四二五八	增 九九九四	增 三二五二
	毛損益	七五六二七	一，〇二一六八	四三〇一六	九四八〇六	減 三二六一一	減 五九一五二	減 五一七九〇

北碚農村銀行第三屆九月份損益比較表（二）

科目		二十年七八九月份	二十一年七八九月份	二十二年七八九月份	比較前年	比較去年
銀行損益	利息	五一六 四一	一，八九〇 五三	四，五九五 三七	增 四，〇七八 九六	增 二，七〇四 八四
	匯水	二六九 六五	一一 〇〇	八八 七一	減 一八〇 九四	增 七七 七一
	貨幣損益	六七 七六	一五七 八九	二一 四二	減 四六 三四	減 一三六 四七
	雜損益	一六 六五	一 三二	損 二一 九一	減 三八 五六	減 二三 二三
	合計	八七〇 四七	二，〇六〇 七四	四，六八三 五九	增 三，八一三 一二	增 二，六二二 八五
	佔百分數	一一 四三	二七 六〇	六〇 九七	增 四九 五四	增 三三 三七
貿易部損益	洋紗	三四二 〇五	五二一 〇二	損 六〇二 七三	減 九四四 七八	減 一，一二三 七五
	洋油	三 八〇	五一七 二八	四一 七〇	增 三七 九〇	減 四七五 五八
	花鹽	五四 七九	三八 三九	一三八 七三	增 八三 九四	增 一〇〇 三四
	白米	三三一 三〇	損 一六 六一		減 三三一 三〇	增 一六 六一
	合計	七三一 九四	一，〇六〇 〇八	損 四二二 三〇	減 一，一五四 二四	減 一，四八二 三八
	佔百分數	三三 〇五	四七 八七	一九 〇八	減 五二 一三	減 七六 九五
總損益	銀貿損益	一，六〇二 四一	三，一二〇 八二	四，二六一 二九	增 二，六五八 八八	增 一，一四〇 四七
	每月平均	五三四 一四	一，〇四〇 二七	一，四二〇 四三	增 八八六 二九	增 三八〇 一六
	佔百分數	一七 八三	三四 七四	四七 四三	增 二九 六〇	增 一二 六九
	各項開支	七六四 二四	八〇七 七三	九六七 八八	增 二〇三 六四	增 一六〇 一五
	每月平均	二五四 七五	二六九 二五	三二二 六三	增 六七 八八	增 五三 三八
	佔百分數	三〇 〇九	三一 八〇	三八 一一	增 八 〇二	增 六 三一
	毛損益	八三八 一七	二，三一三 〇九	三，二九三 四一	增 二，四五五 二四	增 九八〇 三二
	每月平均	二七九 三九	七七一 〇三	一，〇九七 八〇	增 八一八 四一	增 三二六 七七
	佔百分數	一三 〇〇	三六 〇〇	五一 〇〇	增 三八 〇〇	增 一五 〇〇

中華民國二十二年十一月十六日（星期四）出版

工作週刊

盧子英

第十七八期合刊

編輯者　中國西部科學院
發行者　江巴璧合特組峽防團務局
印刷者　嘉陵江日報社
民福鉛印公司代印住址：合川塔耳門內

北碚聯合週會中之工作報告

科學院理化研究所工作報告

黃治平

本所十一月分的工作可分兩方面來報告：

（一）關于化驗方面：

1，溫泉泉水，現已化驗有結果，不久卽有詳細報告出來。

2，嘉陵江水，于本月上半月已化驗完畢，其結果已載嘉陵江日報及重慶各報。

3，化驗華鎣山及鹽井溪的煤共十六種。

4，開始化驗，西山坪及華鎣山的土壤。

5，烤酒精蒸溜水十二天。

（二）關於收發方面：

甲，收到的：

1，西文書籍共九十一册，價値千餘元。此類書籍。多半是英國燃料研究所出版，討論關於燃料問題的，如像煤炭低溫蒸溜是。

2，西文雜誌六種十二册。中文雜誌十九種四十册。

3，收到礦石四種。是滎縣建設局寄來請本所代爲化驗的。

乙，發出的：

1，寄送溫泉泉水四瓶到成都華西大學校。請幫助化驗。

科學院生物研究所動物部報告 郭緯甫

本週工作分兩點報告(甲)室外本部派三人赴華鎣山採集。剝製室有兩人在附近用捕鼠機捕山鼠。下午五鐘三十分安放。次晨收回。共獲七隻。至于捕鼠方法有三。(一)在捕機上置香食誘之。(二)繫一小繩。長約二尺。以免打着鼠尾時。拚命脫逃。或他獸食其肉時。將鼠機拖走他方。(三)放機須作記號。否則不易尋找。蓋放捕機之所。亂草密林及荆棘中。下露或下雨時。植物被雨露淋漓。須撥開草樹。始能見小鼠來往路徑。安放得法。方能就捕。捕鼠方法固多。莫如捕機之靈便。又用關籠捕得偸薾小鳥五隻。至關各種小鳥方法。約十餘種。

(乙)室內：.剝製鳥鼠。須量身，尾，足之長短。並寫標簽註明所產地點日期眼色雄雌等項。其中裝製姿勢。鳥鼠各兩隻。其餘五鼠三鳥。剝製完畢。以供研究。或與他處交換。互得成績。(完)

科學院圖書館工作報告

何一平

圖書館報告的分三點：

一，幫助人的：

1，兼善中學托本館幫助整理及佈置兒童圖書館。原有書籍八百餘册。於本週整理完竣外。並從新計劃了一批適合於兒童生理的心理的用具圖式和館內外引導兒童富於常識和科學化的圖案。一俟該舍油漆完好。立即開幕。

2，省立遂甯高中校圖書館。函詢館內的用具及用品圖樣和尺寸。本館好細答覆。彼方繼續來函。要求隨時幫助。本館極表同情。

二，整理書的，日前運到的二十四史一部五百六十册。於本週整理完結。

三，教學生的，本館的民衆夜課學校。教職由同人等担任課程方面。除珠算開始教授除法外。其他各科。亦將授畢。擬於下週結束。昨有學生全體要求。延長時間。本館准如所請。於兩週後始得宣告結束。

峽防局督練部工作報告

李　華

今天報告的事有三點：

1，治安上派隊到合川龍多山剿匪。又到合川城重慶捕匪。

2，電話上。碚渝間線，修理了三次，修理電話機，有戴家溝碉樓，三峽工廠，兼善學校，新營房各一次。

3，武器，發出手槍四十四隻，漢陽步槍三十五隻，關於修理的手槍隊三隻，二特務隊二隻，北川鐵路公司三隻，溫泉公園一隻，燧川煤礦公司一隻，本週星期六，職員舉行打靶，計八人，每人打五發，中靶的多。

峽防局政治股報告

黃鴻昇

介紹蘇俄全國之軍備力量

最近讀重慶（廿六號新蜀報載第三版），載蘇俄的軍備，其特殊的精神和獎進事業的方法，都值得我們注意：

一，兩點特殊精神

（1）能在艱難困苦中繼續發展其計劃

例：最近正當飢饉消息甚囂塵上之時：

△兩大工廠適告竣工

△北俄運河亦報開通

（2）傾全國之力而迅速發展其商工業

例：如對全國煤鉄及煤油之開發經營

二，獎進事業方法

（1）政府佈告揭載三日前或四日前之全國煤鐵總產量，以使國民注想；

（2）產量未達預算分量時，國民應對政府鞭策，

（3）成績超過預算分量時，國民予以熱烈稱揚。

三，煤鐵油的產量

（1）最近每日全國產量

△煤：二十三四萬噸

△鐵鑄鋼：各產二一萬二三千噸

（2）五年間增加之產額（年產）

△鑄鐵：由三五〇萬噸增至三九〇〇萬噸

△煤：由三五〇〇萬噸增至八五〇〇〇萬噸

△煤油：由一二〇〇萬噸增至二四〇〇〇萬噸

—完—

峽防局總務股報告

楊紹賢

峽局這幾天爲了治安問題，全體人員工作非常緊張的因此本股的工作也更比平常加上幾倍。忙不了。今天且把最切要的事，揀來報告

一，佈告盤查往來　在這時局不安匪風四起的情況當中，溫泉和縉雲山的執事，都覺得他們所處的地方，非常僻靜，又在山中，盜賊易於潛藏，對於往來形跡可疑之人，非從事盤查，不足以防患未然，所以商請本局佈告當地方居民，由該兩處練隊代任盤查如有形跡可疑之人，即送局訊辦。

二，訂定防匪辦法共十條分別令知峽區各場遵照辦理。

(一)各場須派丁駐守場屬要隘，設盤查哨，(二)逢場期于場外要道上盤查形跡可疑之人。(三)每場須設諜查二名，(四)各級隊長須在隊住

宿，(五)不得無故鳴槍，(六)遇有匪警立往援救，(七)槍械須常常擦拭潔淨以便使用。(八)藉巡邏四鄉機會作野外演習。

特務學生隊警務部工作報告

向　明

1，關於隊內的工作，本週處理了案件三十六其中關於債賬方面的案件處理得最多，收了蒼蠅十二兩，大小死鼠四十三個。

2，關於隊外的工作，除每天的勤務外由官長率領檢查室內外清潔，打掃市面街道，及北碚全市的水溝滓渣污水完全打掃潔淨。同時檢查各個食店，所賣食品是否衛生。再每天午前有一組人在市面作滅蠅運動。

3，關於讀書的，每天全體學生還有兩小時的讀書在讀書之後，每星期六作讀書報告一次，報告的成績好壞，由各位官長改正，所得益處是一方面練習我們的口才，二方面幫助我們的學業。

第一特務隊報告

秦沛南

（一）訓練方面

1，學科　本週學科計上十一點鐘

2，術科　本隊因爲時間促迫術科趕得很急本週從操槍法已操至散兵及臥倒動作共計操十八點鐘有十四個科目。

3，野外　每週有兩天的野外，星期二演習的旅次行軍，傳達勤務，利用地物，及散兵教練，是在長灘用午飯，這天雖是雨綿綿，但各兵的成績還好，星期六演的是利用地物散兵教練及偵探勤務，在水土沱用午飯，再演習返隊到北碚時已六鐘了。

（二）治安方面

1八塘擊匪　本隊前週星期五的晚上，開赴八塘擊匪，到時已是三點鐘。土匪已經四散，無法追擊，第二天據市民稱，有流民張貞元，當兵多年，平素行爲不正，並在出事的天，指匪搶舖，(說這舖有錢那舖好)及拿物等情我們詢問多人均異口同聲，後來我們把他捉來查問三次，供詞前後不符，並所供的人當面亦不能認識，我們就認定他對這次刼案有很大的嫌疑。就在星期的天，押解回局詢辦。

2，白廟子放砲　白廟子商務漸繁，居民日雜，每夜通宵不絕，各煙館亦鬧嚷不休，從前雖規定十一點鐘一律滅燈就寢，然無一定記號告知，各居民常常故意違犯，最近又因爲共匪猖獗，若再任其通夜行走，恐對治安發生問題，所以才規定每夜在十點鐘時，由本隊放砲後，各舖棧一律息燈，各商民一律禁止通行．這事自實行以來，晚上秩序，比較從前好的多。

峽區地方醫院工作報告　蒙炳光

1，治療——普通人病內七十一名病外一百一十八名

本局病內一百〇一名病外一百八十七名

接生三二名—總數四百七十九名

2，收入——掛號費洋一元七一七—藥費洋一元二角五

總收洋二元九角六仙七

（完）

民敎處工作報告

周蘭若

本周除了經常工作外，最能使人感到興味和値得報告大家的有兩點；

（1）本處勤務兵訓練，現在已經編定訓練方案，第一步，使他能夠介紹收音機給聽衆，第二步，懂得本處工作人員組織，及最近工作情況並能向參觀者作詳細的說明，第三步，關於峽區各事業常識的訓練，使他能自由找機會對民衆解說。

（2）與民衆接近，向他們談話，是一件頂有興味的事，在這個場合是宣傳最好的機會，直接訓練人，有時會令人起反感，間接的宣傳，含有最大的訓練的功能，當我本周在民衆俱樂部同大足來的十多個船夫子談話，便應證着這種宣傳的頂可靠的效能，比我們在民衆會場的常識溝演要收效得多，如果辦事處的職員上至主任下迄勤務，能每日找民衆作具體的宣傳，每人每日五人，每月可宣傳一百五十人，則一年可有一千八百的被宣傳者。

峽防局週會中之工作報告

李華

督練部今天出席報告，本來昨天決定的是何文軒。預備報告的材料有廿餘項。但是他昨晚被派特別公差去了，今天改由我報告，祇說六項。

1，本週招集各隊官長開臨時軍事會議三次。

2，派一部職員及士兵到峽區各場及合川重慶城內捕匪先後共九次。

3，禁閉人犯除昨已槍斃之八個人外。尚有七十餘人，其中有廿餘人是犯重案的。

4，何文軒代安撫委員會購草鞋九千餘雙。

5，6（略）

總務股報告

趙仲舒

本週案件特別的多。加以清鄉捕匪諸事。在文件上更麻繫得厲害了，若是把辦的稿寫的文。一件一件的來報告。恐怕半天都說不完。現在擇幾件值得大家知道的報告——如次：

一，公佈峽區範圍　江巴璧合四縣峽區的範圍究有好寬。四方界限。究迄何處。自來沒有公佈過。恐怕這個問題。許多人還不知道。所以這回特別把峽區的範圍列表附圖。公佈各場。一面呈報軍部備查。我們的用意。是在使峽區各場團務人員。相互知道峽區形勢。一旦有警。指揮聯絡。才有依據。免得盲人瞎馬。失誤事機。且把四縣各場，說出來讓大家知道。

1，屬於江北峽區的　計十二場　黃桷鎮　二岩鎮　文星鎮　土主鎮　清平鎮　偏岩鎮　水土鎮　復興鎮　灘口鎮　靜觀鎮　悅來鎮　鴛鴦鎮

2，屬於巴縣峽區的　計九場　北碚鄉　歇馬鄉　興隆鄉　鳳凰鄉　青木鄉　蔡家鄉　同興鄉　井口鄉　新發鄉

3，屬於璧山峽區的　計七場　澄江鎮　六塘鎮　七塘場　臨江鎮　轉龍鎮　八塘鎮　依鳳鎮

4，屬於合川峽區的　計十二場

鹽井溪　沙溪廟　九塘鄉　十塘鄉　南津鎮　草街鎮　麻柳坪
雙鳳鎮　太和鎮　獅灘鎮　灘子坎　龍洞沱

以上共計四十場。從前規定凡在嘉陵江兩岸距河六十里以內者。皆屬峽區。就現在情形。爲治安便利計。須得加入者均應加入。故巴縣之興發鄉。係尤其請求加入。以便聯防。

(附注)巴縣鳳凰鄉(即楊家廟)同興鄉(即童家溪)新發鄉(即高店子)璧山轉龍場(即石板場)合川麻柳坪　現附草街子連同龍潭礄三處爲一場

二，設立修槍地點　四縣峽區設立修槍工人一案。現已呈准軍部照辦。由本局指定設立地點。並隨時派員稽查。計合川設在雙鳳鎮。由李區團長君博負責辦理。巴縣設在蔡家鄉。由陳廣虞區長負責辦理。並須將修槍人姓名槍枝數目種類報局備查。此外江北璧山已致函該縣團委會。尚在商辦中。江北擬設在水土沱。璧山擬設在澄江口。得復即便進行。

三，移送僞幣案　江北灘口鎮。査獲製造僞幣案。因重要犯人杜元勛潛匿在渝。已將全案人犯移送重慶警備部辦理。此案據供已造各種僞幣一千餘元。賣得眞大洋三百餘元。係每百元賣洋卅元。多係廣岳小販來買。帶回使用。以欺鄉愚。依法應科五年以下徒刑。或三千元以下罰金。

政治股報告　黃子裳

峽防局政治股，主要的工作，是訓練。今天報告的，就是我們的訓練。大綱經局長會同商定。現在報告如下。

我們的訓練

甲，認識與興趣

1，個人的職務：：注重對事業的幫助。對社會的幫助。

1，最後的目標

2，三年的計劃

3，目前的工作

2，事業的希望：：對社會的幫助

1，最後的目標

2，三年的計劃

3，目前的組織和經營

3，美滿的三峽

1，最後的理想

一，社會方面

甲，治安的

乙，文化的

丙，自治的

丁，游覽的

二，個人方面

- 智識
- 職業
- 社會的活動
- 暇餘時間的處理

2，三年的計劃大綱

3，目前的事業及活動

a，峽區進展的事業

b，峽區事業聯合前進的事業

1，民生實業公司

2，重慶四家銀行

3，華防局及合川團委會

4，川江航務管理處

5，成都華西協和學校

6，中國西部科學院

4，有希望的四川

1，最後的理想：經濟，文化，政治，社會

2，假設的幾年計劃大綱

3，目前的狀況

一，漸入佳境的局面：例如

a，航業的統一

b，公路的統一

c，絲業的統一

d，煤油的探查

e，鉄路的測勘
f，航空綫的延長
g，廣播機的設置
h，成都重慶電廠的擴大
i，汽車燃料的新試驗

5，大有希望的中國

I，最後的理想
2，假設的幾年計劃大綱
3，急待解決的問題
a，邊疆問題（東北）（蒙古）（康藏）
b，赤匪問題（騷亂）（戰爭）（殘殺）（列强的壓迫）（引出

的世界戰爭）

c，經濟問題：例如

每年入超五萬萬幾千萬兩糧食燃料鋼鐵均取給於外國出口貨年年減少人民生活逐年陷於窮蹙消費提高富力降低

p 水災問題　黃河，長江，淮河

e 內爭問題：：民國以來戰爭

北洋與西南，直皖，直奉孫，張，吳與國民革命軍。

四川二軍系，速成系，保定系

4，歷史上的偉大事業
- 長城的建築
- 運河的開鑿
- 元清的統一

5，現在建設

一，中國新興事業有組織的經營

一，中國經濟委員會的經濟統制

6，未來建設

一，心理建設

一，秩序建設

一，經濟建設

一，文化建設

一，國防建設

陸軍，海軍，空軍，化學戰爭

6，値得注意的世界

I，新的傾向 例如：

蘇俄的五年計劃

德意的經濟統制

2，新的形勢

歐洲的四强協定

美俄復交

日本對東亞的經營

3 新的記錄

a，交通上的　喜馬拉雅山的飛越環遊世界的第一次飛行

水上飛機的最高速率　意國飛行隊的芝加哥遊覽

b，產業上的

世界最大的工廠

大量的出產（又如美國人平均有的機器及馬力）

4，新的發明

a，科學上的

p，製造上的

5，重大的事業

a，巴拿馬運河的開鑿

b，西伯利亞鐵路的建築及複綫的完成。

c，吉會鐵路的完成

6，新的武器

a，歐戰中德國重炮

b，現時的德國袖珍艦

乙，活動與比賽

1，工作

1，依据

a，計劃表

b，職務表

2，進程

a，每日整理

b，每週整理

c 每月整理

8，報告：：擇尤在刋物上發表

a，注意每日生活報告

b，注意週會報告

c，注意工作月報

二，讀書

1，圖書

甲，選擇

乙，分配

丙，進程

2，報告與講演：：：擇尤在刋物上發表

甲，峽局各機關聯合舉行

乙，峽區各事業聯合舉行

丙，川省有關各事業聯合舉行

三，運動

1，運動項目

甲，確定

乙，練習

丙，紀錄

2，比賽：：：擇尤在刊物上發表

甲，同類運動比賽

乙，同機關或事業比賽

丙，各機關或事業聯合比賽

丙，訓練與宣傳

一，集中於社會活動

1、會議

2，共同工作：：：着眼於對社會的幫助
3，共同讀書：：：常作公開的報告
4，共同運動：：：常作公開的比賽
5，共同游戲：：：常作公開的表演
6，結隊旅行：：：常作社會的調查和運動

四，時刻提起意義

1，事業上之參觀及訪問
2，有意義的週會報告之復述
3，有意義之生活日報工作月報及書藉雜誌報紙上之文章。介紹閱讀。並要求口述。或指定在週會讀書會中報告。
4，必須熟記一切計劃重要小册子及標語。隨時要求口述並在週會或讀書會中報告。：：擇要印刷公布。
5，利用暇餘時間。三五聚讀。提起辦法。並提起意義。：

：由政治訓練員担任。

五，時刻對外宣傳

甲，委婉詳盡對人接談

1，對於所幫助之人——醫院對於病人。特務隊對於民衆。三峽廠對於買主。

2，對於所引導之人：：參觀來賓

3，對於同行之人：：在舟車及道路上

4，對於同住之人：：同旅店或鄰居

5，對於往來之親友

6，對於往來之信函

7，對於所接洽之機關或個人——如種痘時到各鎮鄉接洽鎮鄉公所或學校

六，散布印刷物

1，標語或傳單
2，報告或計劃
3，介紹工作週刊，及嘉陵江日報

七，公開講演
1，會議之機會
2，演戲之機會
3，團隊學生集中之機會
4，其他機會

八，訓練訓練員
1選擇
2分項研究訓練問題
3集中討論訓練方法
4隨時視察各個活動

……完……

特務學生隊警務部報告

戴世成

學生隊警務部本週新辦了幾件事情。

一，清對戶口：因爲近來遷移的很多。或有生死未來隊報告登記的緣故，

二，清查煙館：冬防期間恐有匪人潛藏其間。

三，清查旅舍：由我們巡邏所清查完結之後。官長見有形跡可疑者。便去查問。

四，處理案件：本週處理了二十一件案子。因爲年節將近。債賬最多。離婚案最少。

五，生活情形：本週生活非常緊張。因爲我們只有二十三人。還要除內勤病假。能任勤務者只有十餘人。每夜派八名到馬安石。市上還要巡邏。幸而沒有發生傍的事情。但是我們不以人數少工作多爲苦。還是不斷的任勤務。

：：完結：：

峽區地方醫院工作報告

楊孟平

甲，經常的工作

1，治療—本週診斷普通內病二十名。外病壹百二十名。本局各機關內病七十八名。外病壹百六十八名。住院內病四名。外病六名。產婦三名、共計五百名。本週人數較前增加。全保銀醫官來院復職。信仰復興所致。

2，收費—本週收掛號費二元四角八仙。藥費七角八仙。接生費壹元。共二元四角六仙。

乙，特殊的工作

1招收女護士生—由政治股黃主任及孫代理院長來院出題攷試。現已錄取杜述蓉明蜀二名。

2，調查孕婦：向孕婦解釋育兒方法。囑其來院臨產。初多懷疑。後經多方解釋。並每人給以紮臍帶之消毒紗布藥棉藥綫壹小包。以便自已處理而無遺害。

3，難產施行手術：一般民衆不明眞象。常以施行難產手術爲是破腹取胎。故有許多產婦不敢來院請救。釀成生命危險。希各機關入員代向民衆解釋。

4，本院人員組織一健身球隊。準備明年春季運動會比賽。並推舉羅乾昌爲隊長。

5，本院全體護士生在過去未參加團體活動及塡生活日報。此後一律參加。

6，護女生從下星期一起。開始上課。其課程由孟平與楊芳聯護士長負責分授。

民衆教育辦事處工作報告

周蘭若

本週除各部經常工作外報告兩椿事：

(一)工人夜課校的學生除女工外。並不能一律按着時間上課。形成了一種自由式的學習。雖也有事實上不可能的問題。在沒有人員專責去幹。也是一種最大原因。所以男子班授課景象，沒有女子班那樣齊整那樣緊張。

工人夜校的學生。年齡大的有厭惡讀書的心理。這種心理是基於兩種原因的發動：一是年齡與智力適成反比。二是教授方法不適合。年齡愈大。智力愈衰減。所以讀書很吃力。又看着別的同學進步那樣迅速。自己感到消極。因此便覺得讀書對他沒有意思了。於是從而厭惡。教師無特別教授法。也會使厭惡讀書的心理滋長。要留意年齡大的學生的生活情況。使他對讀書一事發生生活趣味和關聯。在任何時間中。要指示他實際生活的事物與所教過的課起一種聯想。循循善誘。繼以時日。使他們在無意中感到讀書識字的趣味。自然會沒有厭惡讀書的心理了。工人較學生厭惡讀書是屬於第一原因。工人夜校加添習字。但不與以一般用紙筆墨硯。因爲旣不方便。又不經濟。更不需要。所以便採用鉛筆習字的方法。以上各種問題已與該校負責人作了一次初步的商榷。接着召開會議解決。

（二）北碚劇社在前每次公演。各部事務，沒有人負責。自經召開社務會議力圖整頓後。各部專司其事。沒有如從前事務蝟集一人身上的毛病了。……完……

嘉陵江日報社出售圖書

東北遊記 每本二角

鄉村建設 每本一角

銀行報告書 每册一角

三峽廠說明書 每册二仙

峽防局概況 每册五仙

東三省地圖甲乙種 每張三千

北碚農村銀行

五角可存

五元可借

十元可匯

五元一股

歡迎加入

三峽廠特等出品

蜂窩布 自由布

中山呢 內衣布

冲毛呢 十字布

穿得過 請照顧

中華民國二十三年一月十日出版

工作週刊

盧子英

第十九期

編輯者 中國西部科學院
江巴璧合特組峽防團務局
發行者 嘉陵江日報社
印刷者 民福鉛印公司代印住址：合川塔耳門內

科學院峽防局三峽廠農村銀行聯合週會報告

盧局長作孚報告

朱樹屏記

在最近比較有幾樁大事：

I，是捕匪，爲了兩個案子，用很大的力量，督練部及各隊不分晝夜拚命鼓勁，總算把全案的匪犯捕獲了半數以上，祗要在眼前可能範圍以內，捕得了的匪多捕得了，使草街子歇馬場劫場的案子告了一個小小的段落。但是附近峽區的匪，我們不曉得的還多得很；決不能以這就爲可以鬆懈下去，還要用力量絕對的想法肅清周圍的匪。如較遠的合川東里灘子坎，變鳳場，渭子溪，石龍場，西里的太和場，蕭家場，各處的匪非辦到肅清不止，一直要捕拿完了，然後才算清楚。可是，縱然把已經知道的匪捕完了還不夠，我們還要任何時間防範週密，決定了的防匪辦法，隨時都要執行，決不要像今天以前中國政治情況一樣，官廳的命令一經發出去萬事就不管了。反過來，我們硬要一點一滴辦到試驗成功，綿密地澈底地辦完成一樁事情。然後再作第二次試驗，如像要想把各場警察都辦起來，須要調查戶口，維持秩序，很細密的做完做好，繼續不斷。又如要想把各場的學校辦好，市場辦得整齊，都是一樣，無論那一樁事情須得辦起來的，祗要經我們決定辦法，即要執行，精神一直貫澈到底，決不可馬虎一點。

2，是訓練，峽局現有這點人的力量是不夠的，如像原來有的兩中隊和手槍隊學生隊，成平時還可以應付，一旦遇有事變，便不夠分配。目前來說學生隊大半都在前方救濟難民去了，我們一方面要維持地方秩序，一方面又要隨時開發出去捕匪，如前次爲要協勦龍多山的股匪，充其量抽去了的才百多人，所以我們決定要求增加力量，準備是在好久以前的，一直延到而今才實現了，自然今天以前有很多恨事，今天以後還補救得及。今天以後在北碚夏溪口寶源煤廠北川鐵路水土沱各處維持秩序，整整要一百餘人，此外還要三中隊能夠隨時出發。但是還不夠，例如龍多山之匪，絕不是我們這點力量——三中隊——所能解決的，因此打算加入兩種特殊性質的義勇隊。一種是加入的人，自己有錢，有槍，吃自己穿自己，從合川東西兩里試驗辦起，相信他們的成績，比我們還要好。因爲他們不是爲了生活而來，他們的要求就在他們的生活上。他們都不要餉，而且精神出於自動。相信將來絕對比我們好。但是我們也絕不要落後，假如他們今天的成績賽過了我們，那麼，我們明天絕對要把他趕過或趕上。還有一種是有人有槍，而沒有錢的，這就集中在峽局，祇供伙食。峽局收入不得了，是要想法子的。他們加入來受我們訓練，回去還是要保護本地方的，有了集中的力量，如合川龍多山股匪，我們出去担當打了就是，此外不管是峽區以內或以外，任何地方有了土匪警報，我他都去打，打平爲止。將來辦到澈底肅清華瑩山龍多山的匪，保護地方安甯，因此辦這兩種義勇隊，一方面應付目前緊急需要，一方面也提起一種新的精神。向來中國人一遇有公衆的大難子，就決不管了。如像通南巴之匪出來一大羣的人祇顧跑，不過我們今天就要出來担起担子絕不跑，而且吃自己穿自己，出來保護地方安寧，從這種精神，相信今後中國人還有辦法。不會像今天這樣，大難來祇有一跑了事，自然，有人有錢[illegible]槍支持地方目前的困難。但是沒有子彈？怎麼辦呢？這也不慮的，祇要我們肯做，甚麼人都會同情我們，(中略)不但這樣，祇要我們努力做，週圍都會幫助我們的，因爲前一會不分界限的很努力，才會有今天的幫助，在這幫助之下，尤其應該拚命努力，因爲這種關係，航務處也把槍領來還我們，他們領下來修理完了以後，峽局就可派人去領，這一來槍已夠了。總之人幫助我們，是幫助我們努力，決不是幫助我們懶。決不是幫助我們取功。決不是幫助我們今天祇爲自己。是幫助我們去幫助人，」增加我們的力量。數量上還是小事，有了這個力量還要訓練得好。要能担當大的担子•在學生不要以爲課太厲害了•在兵不要以爲野外太苦了。訓練就是訓練我們任何時都要吃苦。吃苦要下決心，抱定我不落人後的宗旨。平常吃苦，習慣成爲了家常便飯。一旦遇有大的難子，才担當得住。否則遇倒苦點的工作。在別人才稍感困苦。即我們便感覺加倍的苦了。如送船兵向來不出差，一經出差走不得了，在平常走路走慣了的人，一意也不覺得苦痛，所以平素的訓練很要緊，又如最近開到銅梁捕匪，日夜奔跑這一回便不感覺苦了。所以我們有了保護之力量以後，還要把這個力量訓練得好。訓練就是吃苦，吃苦才能擔當得了大難，學生，士兵，新來的義勇隊比我們還要苦，才可以使這地方上的一般人的精神，才知道要想使地方安當，也要像我們這樣吃苦才可求得。

3，是支持眼前艱難困苦，再大家每一樁事都感覺得錢不夠，差得太厲害，都負了債，今天或許債還要增加，以往年論峽防局還有款一萬多元預爲在明年二三四五月用的，但是現在已經變爲一個負債的時候了，這樣的不得了，我們尤其更要努力，祇要我們努力，就會有辦法，就會更有力量去幫助人，一方節省開支，一方開闢事業生路，才可以解決眼前困難，例如醫院從他幫助人的工作上，可以取得社會的幫助，重慶成都合川都會取得幫助，假使醫院能幫助峽區的人，峽區的人絕對是要幫助醫院的。結果醫院也好了。又如報紙可以辦到完全自立，因爲他本身經費不多，祇要辦得來情況比較好，能夠想法絕對辦到經費獨立。此外許多事業皆有辦法，不過可惜都做得不澈底，大家更要節省開支闢出生路啊。科學院負債到八萬以上怎麽了，本來科學院前初辦起是美豐銀行康心如先生捐五百塊錢起起頭，那裏想到有今天如此的規模，今天每年開支八九萬了。以前無事辦成有事，今天有事便更要澈底努力，到有更好的成績，便會得社會更大的幫助，三峽染織工廠本身資本六萬，負債到十幾萬了，而且內部還要扯筋。假使大家都努力，認爲那幾樁是應該做的事，和和氣氣的唯恐其做不好，那裏還有做不好的事呢？大家要知道錢都在困苦中，今天要全體用力量解決，不許一人落後，尤其領導人要抓住全體促起努力，互相幫助，在四川勦平赤匪，三個月以後，一切困難就都會沒有了的，祇怕支持不了艱難困苦。大家應該預備今後的工作，解決困難的問題，不問事業困難如何，祇問大家有無勇氣，不要以爲這事業與我沒有關係，要誠意做事，不是對事，盼望繼續支持下去，大家要相信做，絕對可以成功的，不要懷疑。要知道成功是基於努力來的。現在歸納我的話有三點，一，治匪，二，訓練人，三，支持眼前艱難困苦。問題從我們手上去解決，不是最後不得了，不要以工作爲游戲，全部都用力量都加力量。（完了）

科學院理化研究所報告十二月份工作

黃治平

可分四點來說

1，化驗江北，合川，雲陽，漢口等地新產的煤共七種。另外單是測熱及含硫量有十四種。以上所化驗的煤有是自採。有的是民生公司送來。還有些是各縣送來請代爲化驗的。

2，蒸溜酒精，北碚酢房所釀造之高粱酒。一百斤蒸溜結果得百分之五十的酒精七十七磅

3，收到四川各縣寄來礦石十種。中文西文雜誌共一百一十八冊。

4，新理化所水管電綫之安裝。台櫃之位置及天平之安放：：：：：：等，已于本月內大致計劃就緒。

科學院圖書館的工作報告

何一平

一，二十二年十二月份的工作

1，成立兼善兒童圖書館。

2，將二十二年六月份至年底經常到館的報紙十九種裝訂完結。

3，整理本館搜集之縣志計二十一部。

二，二十二年七月至十二月止半年的閱覽統計

事項		數目
開館日數		一八四
天	晴	一〇五
	雨	三一

		館內閱覽人數	館外借出次數
氣	陰		四八
溫	最高		九六
度	最低		四九
館	內閱覽或外借	館內閱覽人數	館外借出次數
館	內閱覽與外借總數	二〇〇五一	三四八三
平	均數	一〇九	一九
最	多日人數與次數	二五〇	五一
最	少日人數與次數	五一	五
	普通圖書類	六三	三三〇
	哲學類	一四	六五
以	教育類	一〇	七九

閱書性質分		
社會科學類	二九	二五五
自然科學類	一八	一四五
應用科學類	七一	三〇一
美術類	二六	一七二
言語類	五	四七
文學類	三〇九	一一三六
史地類	四五	一七〇
小說類	二二〇	七八三
閱覽室陳列書報	一九二四一	
以		
農人	一三	六〇
工人	一九〇	三七五

閱覽人職業分		以
商人	一四九	二六八
醫生	一七	一七九
小販		
公務人員	八九	四四○
教育	六八	二四○
軍政軍	七○	三五二
學生	一三七	一二一六
婦女	二二	四八
士紳	一	四
其他	五四	三○一
十歲以上	三六五	一七一五

人閱覽年齡分		
廿歲以上	三五八	一五二九
卅歲以上	六九	二〇七
四十歲以上	一八	二九
五十歲以上		一
六十歲以上		二

峽防局督練部報告

劉少白

近來本部的工作雖不及前幾週那樣繁複。然而除開經常事務。到有幾樁比較特殊的事

1，治安的：

派了張可揚林由義兩員率兵三名。押同人犯赴渝。捕獲了封八塘場草街子兩處的匪犯曾三合周同宣兩名。同時抄獲一個姓張的肥兒(俗謂肥豬)是合川東渡口張和平的兒子。當天派人通知他的母親來峽把人領回去了。

又派楊海泉隊附率兵六名押同人犯到合川捕獲匪犯張壽泉唐成武等兩名。這幾個

匪是安居上面巨匪黃樹臣的兄弟夥。還是匪首蔡良的遼棚。他們雖然沒有直接在峽裏來多事。然而常常同於峽裏這一起匪連絡「人」和「槍」。

星期四的晚上。派耿特務長少臣率兵兩班星夜到土主場獲送貨抹過老岩頭。昨天午夜回局據報一路到沒有什麽異狀。

2、武器的：（中略）

溫泉公園爲自衛計。雖然有了幾枝槍。然而苦於沒有子彈。因此才託本局爲他代購七九彈五百夾。現在已爲他買好。

修械兵的薪水。原是月支。從二十三年度起。一律依件給資。

3、調遣的：

本部服務員鄧伯初原是兼任手槍隊司務長。因爲現在手槍隊的人員增加。事務比前稍繁。因此調任手槍隊專任司務長。

指介耿特務長少臣和郭正輝潘純武姚鈞儒三服務員。除公差外。每日須參加新兵敎練。

再有一點。本局爲了適應峽中新興事業服務人才的需要。定在本年二月間。招收一隊少年義勇隊。本週把招生簡章印製好了。準在今天午後就發佈到全川各個中學校去。還希望在場的朋友們有親戚朋友的。不妨代爲介紹簡章。

完了

峽防局總務股報告

二三年一月七日週會

趙仲舒

治安方面

在二十一年的隊伍。祇三個常備隊。一個手槍隊。就這些部隊的力量。担任了峽區防匪防盜之外。還担任了北碚的警察。和北川公司的路警。但本年度的情形。就有點不同了。增加華峽聯防隊一隊。除担任上述各事之外。還新成立第三特務隊一隊。維持夏溪口鑛場治安。又由第二特務隊。派人分駐水土沱。照樣的整理市場。防範盜匪。若論士兵總額。與上年相差不多。但我們在整理市場方面。見到夏溪口澄江口土沱各處的——清潔秩序。都同北碚一樣的在競賽。可算我們努力的一個小小結果。

事業方面

峽局附屬事業。在二十一年以前。都在積極增加。本年的情形。比較有一點小的變動。因為把三峽工廠，峽局圖書館，完全撥歸中國西部科學院管理。峽局所投農村銀行股本。也撥作科學院基金。從前歸峽區圖書館節制的水土沱分館。也劃歸江北縣政府直接管理。這些事情。都值得記載。以備將來編集事業史的參考。

經濟方面

峽局的經費收入。一年比一年減少。負的責務。則一天比一天加多。本年收入中。受最大的影響。要算停收絲捐。總計起來。一年要損失一萬多元。雖然川絲整理委員會。每月也補助了三百元。總屬杯水車薪。無濟於事。所以才想了一個整理的辦法。在香國寺東津沱兩處。設了兩個查驗員。收入情形。算好一點。這是本年經費方面。一個大變動。但絲捐問題。經過了很多的交涉。總算絲商方面答應記帳。除月助三百元外。餘數年終結算。多退少補。現查尚欠四千二百九十八元四角八仙。正檢齊單據。持向該會收取中。

案件方面

本年與上年的案件。比較算是減少了一些。雖然減少的程度不大。總算是向減少的途徑上走。茲把牠對照寫在下面。

一，普通案件

1，二一年　六六件

2，二二年　三二件

二，盜匪案件

案別	廿一年	廿二年
搶船	四	一
刦舍	五	四
攔路刦搶	一	一

搶大幫	一一	一
封場	一一	一一
綁票	○	一一
共計	一四	一一

就上表看來。搶船的案子。減少到祇一起。其實這一起。是當地的小匪。驟因飢寒迫成的。并非往常在小河一帶。以搶船爲常業的那些慣匪。往常搶船那些慣匪。除辦了一部份外。其餘早己在峽內立不住脚。遠方發財去了。其他各案。亦都有減無增。雖綁票案有兩起。但都發生在峽外。一在重慶一在合川。而破獲則因查緝峽區匪徒而得。兩年辦獲處決匪徒。二十一年有二十二人。本年有四十二人。因爲本年冬月。把匪的社會完全明瞭。東捉西捕。差不多在峽內和合川附近行劫的匪。已將肅清了。

訓練方面

本年訓練

1，特務學生隊一隊，一百二十八人。以備執行警察任務。執行民衆教育任務。執行民丁訓練任務。

2，地方醫院，看護班男女生七人。實習治療。

3，代民生公司訓練工人義勇隊一班七十人。中有見習生茶房。一律加以軍事訓練，爲期兩月。

4，三峽縣科學院工人。一律在處早予以軍事訓練。爲期兩月。

建設方面

本年建設

5，建築民衆大會場一所。爲春秋各季施行民衆敎育之用。

2，建築露天會場一所。爲夏季晚間施行民衆敎育之用。

3，購設無綫電收音機一具。意義同上。

右列各方面。不過舉其犖犖大者。其餘須待全年報告書之編述。

峽防局政治股報告

——大批新式賀年片——

黃子裳

今年元旦日，峽局收到各處許多有意義的賀年片，片子上除了一般恭賀年禧之外，隱含着一種希望，在他的祝話當中，這些賀年片子，有的人見到了；還有許多沒有見到，我在這裏特地報告出來，

一，民生公司的：

恭賀年禧

中華民國二十三年元旦日

國家萬分危迫矣！
人民萬分窮困矣！
願舉國人相攜：
以整個力量對外！
以整個力量生產！
毋再消極！
毋再紛爭！

民生實業公司同人鞠躬

二，北川鉄路公司的：

願全國人努力
建築川粵鉄路　同成鉄路
完成粵漢鉄路　隴海鉄路
願全川人努力
建築成渝鉄路
願本公司同人努力
完成北川鉄路

由嘉陵江北岸，直達渠江南岸

恭賀

年禧

北川民業鉄路公司同人鞠躬

三，中國西部科學院的：

恭賀

年禧　並願

國人都以科學的方法講學

以科學的方法作事

以科學的方法應付自然

以科學的方法組織社會

以科學的方法建設國家

中國西部科學院同人鞠躬

四，理化研究所的：

恭賀

年禧　並望

國人調查生產的原料

研究生產的方法
追逐現代的物質文明
超越現代的物質文明

中國西部科學院理化研究所同人鞠躬

五，生物研究所的：

恭賀
年禧　並與同人相攜
致力于生物的探討
尤其是中國的西部
有繁複的特異的品種
盼望於科學上有新的發現
於生產上有大的幫助

中國西部科學院生物研究所鞠躬

六，地質研究所的：

恭賀
年禧　並願

國人從地質的攷察上
搜求地下的寶藏
開發無限的富源
征服天然的環境
完成物質的建設

中國西部科學院地質研究所同人鞠躬

七，農林研究所的：

恭賀
年禧　並勗
國人提倡培植森林
提倡培植果木
改良農產品
增加農產品
製造農產品
大量生產　大宗輸出
降低入超　抵制外貨

中國西部科學院農林研究所同人鞠躬

八，博物館的：

恭賀

年禧　並祝

一切地方皆設博物館

保存古代物品

搜集現代物品

供民衆參觀

供科學研究

中國西部科學院博物館鞠躬

九，圖書館的：

恭賀

年禧　並願

一切地方皆有圖書館

一切人皆讀書

皆為社會問題而讀書

皆爲國家問題而讀書
皆爲世界問題而讀書

中國西部科學院圖書館同人鞠躬

十，北碚兼善學校的：

恭祝
新年百厘　並願
國人注意培育青年
體力與腦力並用
行爲與智識並進
社會與個人並重

北碚兼善學校同人鞠躬

十一，北碚農村銀行的：

恭賀
年禧　並祝
國人崇尚節儉
努力儲蓄

工作週刊

不分多少
但求繼續——
「一日一錢
千日千錢
繩鋸木斷
水滴石穿」

北碚農村銀行同人鞠躬

十二，三峽染織工廠的：

恭賀
年禧　並願
國人一致抵制外貨
提倡服用國貨
歡迎買三峽布

三峽染織工廠同人鞠躬

十三，北碚平民公園的：

恭賀

年禧　並祝
一切城市皆有宏大優美的公園
一切村鎮皆有嬌小玲瓏的公園
人都利用暇餘的時間遊覽公園
人都節約耗費的金錢捐助公園

北碚平民公園同人鞠躬

十四，嘉陵江溫泉公園的：

恭賀
年禧　並祝
人人都快樂
事事都和諧
處處都美麗
有如公園一樣

嘉陵江溫泉公園同人鞠躬

十五，北碚公共體育場的：

恭賀

年禧 並願

國人都把身體鍛煉成鋼一樣

安在社會事業建設的鋒刃上

在運動上

在事業上

打破從前的紀錄

打破本國的紀錄

打破世界的紀錄

北碚公共體育場同人鞠躬

十六，峽區地方醫院的：

恭賀

年禧 並祝

注意個人衛生

家庭衛生

團體衛生

強健身體

強健社會

強健國家

支危難之局

雪病夫之恥

峽區地方醫院同人鞠躬

十七，峽區民衆教育辦事處的：

恭賀

年禧　共祝

各位幫助一般民衆

都有職業

都有現代的智識

都有人羣的快樂

都能幫助人羣

幫助公衆事業

——地方的經營——國家的建設

峽區民衆教育辦事處同人鞠躬

工作週刊　　　　　　　　　　　　二六

十八，嘉陵江日報社的：

恭賀

年禧　並祝

國人從新聞紙上

檢討過去

推測將來

把握現在

如何訓練個人

如何創造社會

如何建設國家

如何調整世界

嘉陵江日報社同人鞠躬

十九，峽局第一，二，三，特務隊的：

恭賀

年禧

當此强鄰凌壓　匪共披猖的時候

願國人　都武裝起來　受軍事的訓練
都自治起來　受警察的訓練
保障地方安甯　建設地方秩序
協助政府　消滅匪共
抵禦外侮

江巴璧合特組
峽防團務局　第一二三特務隊同人鞠躬

二十，峽局手槍隊的：

恭賀
年禧　並祝
一切地方皆無土匪
一切地方皆有保障
一切地方皆有秩序
一切地方皆是桃源

峽防局手槍隊同人鞠躬

廿一，峽局少年義勇隊的：

恭賀

年禧 並願

舉全國人之力

集中經營邊疆

科學家攷察蘊藏的富源

工程師決定開發的計劃

金融家投下大量的資本

充實國家富力

完成物質建設

峽局少年義勇隊鞠躬

峽局還收到幾個私人的賀年片也有些意義。

(一)符靜生先生的；

朋友：我們當紳民的正好趁新年這種好日子爲難民做幾件好事。

一，同情難民，

二，安慰難民，

三，出力幫助救濟難民，
四，將住不完的餘屋讓給難民住，
五，將喫不完的餘飯捐給難民喫，
六，將穿不完的餘衣送給難民穿，
都足以加惠難民，都足以大造功德。

四川剿匪安撫委員會救濟組第一隊隊長符靜生

(二)浙江王以章(士仁)先生的(王先生前曾在北碚科學院工作)：

春風陶醉了人間
好景爛漫了大千
祝
你凌雲得意
今年勝似去年

王士仁鞠躬

峽局於收到各方賀年詞片之後。亦有回片發出她的是：

恭賀
年禧 並勗
工作週刊

國人萬衆一心
迅速撲滅共匪
停止內爭
建設整個的國家
鞏固國防　抵禦外侮
注意現代世界的變化
應付未來的世界戰爭

江巴璧合特組峽防團務局同人鞠躬

峽局地方醫院報告

——馮子賢——

今天聽了各處都在算二十二年的總賬。醫院亦應將二十二年的總賬算一算。所算一切很簡單。分着下面四點向大家報告。

I，統計方面：

1，工作人員進退的統計：本年共進十三人。當中因事退去四人。實進九人。

2，治療病人的統計：本年全年共診內外病人三萬五四六五當中內病爲全數三分之一。外病爲全數三分之二。普通病人爲全數五分之二。本局各機關各隊學校工廠等處爲全數五分之三。以平均計。每月平均診病人數。二千九五五每日平均診病人致九十八人半。比較二十一年全年治癒人數爲五分之四。其減少原因。可分下面三點。

1，一般病者心理。尚未脫中醫觀念喜吃中藥而不喜吃西藥。

2，本院工作人員。無法改換病此心理。今後總要補救這個缺點。

3，本院設備不全。有許多病無法治療。有許多願住院者。無好房間。因此病不願求治。經費不敷。極難完備。

以上三條係減少病人之原因。要補救須從三條設法改進。自然病人願意來診了。

3，經費支收的統計：

1，開支統計：全年開支八千五百八十一元七角三仙五星。當中購藥爲全數。三千四百四十七元二角六星。薪水爲全數三千〇〇四〇二。餘爲公費及衛生材料費等。比較爲二十一年開支之二倍。因上年購藥僅爲本年三分之一。而薪俸開支亦然。每月平均七百一十五元一角五仙二星。每日平均二三，八三八元。

2，收入統計：全年收入。三百八十一元六角六仙一星。當中接生費爲全數四分之一。掛號費爲全數四分之二。共餘爲藥費住院費針費等。比較上年多一涪。以多少計。當中以五月份最多。一月份最少。每月平均收三十八元〇五每日平均收一元〇六。

一，添設方面：本年添製病人床被等物十套。

二，修造方面：因二十一年住醫病人感覺地方困難。當時本院同人商定在農村銀行借款。將上殿夾成簡單病室五間。後來以收入塡補，本年完成可容病者三十人。

三，附設方面：

1，院內的附設：因二十一年感覺病人無人看護。請求峽局招收護士生。故在本年七月份招收一次。十二月份招收一次，前後二次。共收男女護生九人。當中因事去職三人。

2，院外的附設：北川公司與鐵路第二特務隊常時病人很多無法來院。特請求峽局救濟。其時局令調本院職員一人擕代小部份藥品與器械材料。到北川公司設簡單診所除診公司職工外並爲該處一股病人。免費送診。

以上四點。就是醫院二十二年的一個簡單結束。

民生義勇隊第四週工作報告

學生劉宗向

在這二十三年開始到今天已整整的七天了。在這七天當中。我們操作了五天。在這五天裏面。很簡單的分着兩方面來向大家報告。

一，關於教育方面。（就是學科和術科）。

1，學科教授了十二句鐘。

2，術科操作了十六點鐘。

二，關於生活方面。（就是內務整理及服裝漿洗）。

1，內務整理。每日由清潔值日總其成。一禮拜告竣。舉行大掃除一次。

2，服裝漿洗。在前幾週。都由每人自行攜去漿洗。現規定在指定的地方。一係攜去漿洗。并編定身幹次序。又在服裝上面將身幹次序翻號書上以行登記。且在每週星期四和星期日。定爲漿洗日期。因星期三，六爲野外演習的關係。所以規定此二日漿洗（完結）。

特務學生隊警務部報告

華曉之

這週要報告的。是關于結算二十二年度的賬。因爲一年的經過很多。如果要挨次去算牠。那嗎？不但時間成問題。就是報告起來也是零亂無緒的。現在只把已經整理好了的作三個統計報告。

甲，關於案件方面

一，違警的——五四四件

1，妨害安甯 五件
2，妨害秩序 一一八三件
3，妨害公務 四一件
4，妨害交通 六件
5，妨害衛生 一二五件
6，妨害風俗 七四件
7，妨害他人身體財產 二六件
8，經告僞證及湮沒證據 一一件

二，民事的——五七〇件

1，以借貸會項爲最多

三，刑事的——六五件

1，以扒手小偷爲最多

四，其他的——六件四

乙，關於違警罰金人員及金額收支方面

一，人員的

1，人數 一〇二人

2，年齡　十歲以上二十歲以下四二人

二十歲以上四十歲以下四五人

四十歲以上六十歲以下一五人

3，街市　比較占全數的十分之四

4，鄉間　比較占全數的十分之六

二，金額的

(一)收入類

1，全數　一六六九二三星正

2，違警　一三四八九九星

3，廿一年存移　二二一三四星

4，峽局補助　九八〇〇

(二)開支類

1，全數　一六六二二二星

2，收蠅　二二三二

3，買鼠　一〇四五

4，濟難民及埋死屍等　一三三四五二

5，迭存 七〇一

丙，關於收買蒼蠅死鼠數量方面

一，蒼蠅的——

1，時間 自六月一日起十二月底止

2，數量 五七一一一觔

3，平均 每觔需洋三角八仙五星

4，比較 七月最多十二月最少

二，死鼠的——

1，時間 自六月一日起十二月底止

2，數量 一六〇四個

3，平均 每個需洋六星五毫

4，比較 七月裏最多十二月裏最少

其他常年沒有而本年新具創造的。例如囤船的秩字建設。公共處所安置痰盂盒。釘製菓屑的衛生提倡。設法集中市場的渣滓清潔運動。改良經營是建築的市場整理。和北碚市全年度的戶籍登記方面的人口出生死之率。婚姻男女的增減入藉出藉的比較。——這些都正在統計中。待整理完善的時候。另用北碚特務隊工作報告書報告。完結。

第二特務隊工作報告

胡時中

(一)訓練　新營房新兵訓練是本隊負責，也把他并入本隊報告。

1，學科　步兵操典二鐘。野外勤務七鐘。陸軍禮節一鐘。刑事條例二鐘。軍語一鐘。夜間動作士兵守規及步哨守則各二鐘。以上共計十九點鐘。

2，術科　從單人教練起至散兵。

3，野外　從地形識別各種測量起至排對抗排之攻防。中間演過旅次行軍傳達勤務利用地物散兵前進停止偵探及步哨動作排哨配備等科目。

(二)工作

1，運草鞋　本月份助安撫會到靜現場運草鞋一萬二千八百三十四雙到北碚。

2，捕匪　水嵐埡中隊部會捕匪兩次。均未獲得。頭一次的匪名張瑞五。因他到白廟子閒遊。中隊部得着白廟子居民報告後。集隊馳往。已無縱跡。二次的匪名彭述安白卡劉洪順。見他在烟館。遂到分所報告。因為沒有人暗視着他。他見事不對。也就早跑了。仍是未能捕獲。

3，案件　水嵐埡共有案八件。關債賬的有六件。爭鬥的二件。

嘉陵江日報社出售圖書

東北遊記 每本二角

鄉村建設 每本一角

銀行報告書 每册一角

三峽廠說明書 每册二仙

峽防局概況 每册五仙

東三省地圖甲乙種 每張三千

北碚農村銀行

五角可存

五元可借

十元可匯

五元一股

歡迎加入

三峽廠特等出品

蜂窩布 自由布

中山呢 內衣布

冲毛呢 十字布

穿得過 請照顧

中華民國二十三年三月三日出版

工作週刊

盧子英

第二十期

編輯者　江巴璧合特組峽防團務局

發行者　嘉陵江日報社

印刷者　民福鉛印公司代印住址：合川塔耳門內

峽防局週會中之工作報告

◉政治股報告救濟難民捐款統計(一月十一日)

張義德

自從川北赤禍發生，北碚各事業機關人員，及市民共同組織四川剿匪民衆後援會，北碚分會勸募捐款，救濟難民。除有少數認捐未繳之人外，前後已收集二百九十四元零九仙，付出二百二十七元六角一仙，結存農村銀行六十六元四角八仙。列表如次：

收	入	支	出
存入銀行	二九二，○九	匯往順慶總隊轉發難民	二○○，○○
未入銀行	，五○	匯水及信貲	九，二九
金字大洋	一，○○	難民先後來碚發路費	一三，五○
合記	二九四，○九	洗漿費募給難民的	，七七
		小洋補水	三，九五

捆送難民衣索子報	，一〇
結存	六六，四八
合記	二二七，六一

（說明）本會所募峽局及科學院各機關人員捐款完全大洋惟市民亦有捐小洋者

學生沈仲純呈

◉特務第一隊報告（一月十一日）

本隊的工作可分爲兩樁報告：

1，水龍捐款共二百一十八元五角七仙，除現收一百九十三元四角七仙外，尚欠捐款二十五元一角。

2，二十三年一月份所處案件共一百六十四件，內中以會項案，債務案，買賣案，銀錢案佔十分之八，其餘如鬥毆盜竊婚姻嫌疑秩序等案佔十分之二。

周蘭若

◉民衆教育辦事處報告（一月十一日）

本處有數點工作報告：

1，民衆夜校第三期修業期滿，本週星期一日在民衆俱樂部舉行畢業式。計畢業學生三十人，發給證書及紀念物品。成績優良者，酌發獎金。共洋二十元。

2，北碚劇社赴朝陽小學懇親會助演「慳吝人的結果」一幕。

3，工人夜校自孟孝山去後，管理事務遂形廢弛。現推蘇承木君負全校管理之責。

◉總務股工作報告（一月十一日）

楊紹賢

今天報告關於治安問題的兩件事；

1，補充子彈辦法，峽局根據去年峽區團務會議議決案，報請 軍部核示峽區團隊擊匪消耗子彈補充辦法。旋奉令由局擬具辦法呈核。除將批准辦法轉知峽區各場遵照外，合將原文介紹如下：

一，在本場範圍內發生匪警，有相互救援之義務，所消耗子彈，應自行補充。

二，被劫之家確係殷實富戶，由本場民丁當場擊潰匪徒，奪回一部份劫去物品者，應由被劫人購還消耗子彈之半數。

三，如本場富戶被劫，本場民丁將匪徒完全擊潰，絲毫未受損失者，由被劫人購還所消耗子彈之半數。

四，救援本縣鄉場，或鄰縣鄉場，均由被刦之場，在該場公款項下酌量情形購還一部份，或全部份。

五，無論本縣或鄰縣鄉場被刦之家，如係殷實富戶，亦可援照上列二三兩條辦理。

六，奪獲匪徒槍彈，照値給獎。奪回人，以半數槍彈歸獎，亦由公家支給，但奪獲人隸屬何場，即歸何場收槍給獎。

七，奪回被刦人槍彈，仍歸還被刦人，但亦須酌量給獎，以資鼓勵。

八，購還消耗子彈，及奪獲槍彈給獎，應由地方團務人員會議公決。

九，消耗子彈，應在擊匪後當場憑衆清點消耗數目，如有虛報，查出加倍處罰。但民丁子彈之多少及增減，平時應予調查登記。

十，本辦法自呈准之日發生效力。如有未盡或窒礙難行之處，隨時報請修正。

2，清除共黨辦法，本週奉　軍部訓令，頒發戍區各市縣民團清除共黨辦法計十八條。擇要報告如下：

一，屬於市團務局，縣團委會，職員及中分隊長中有發見共黨者，應由市團務局局長及縣正副委員長負直接責任。

二，各級隊丁中有發現共黨者，應由中分隊長負直接責任。

三，市之區坊長，縣之鄉鎮長，有發現共黨者，應由推舉人負直接責任。市團局長，縣正副委員長負連帶責任。

四，鄉閭長中有發現共黨者，由推舉人負直接責任。市區坊長縣鄉鎮長，負連帶責任。

五，各閭鄉住民中有發見共黨、由閭鄉長負直接責任。市之區坊長縣之鄉鎮長負連帶責任。

六，各市縣團務人員及各級隊長，如有捕獲通緝式懸賞之共匪，或查獲共黨機關，及宣傳文件，或因捕共而致傷亡者，由團局或團委會報請本部恤獎。

◉民衆教育辦事處工作報告（一月廿一日）

周爾若

(一)召集各民校學生成立民校校外同學會。到會四十餘人。議決事項有四：

1，第二次會員大會時，每一會員，應介紹一校外同學入會。

2，開會時無故不到會者，罰錢四百。

3，每人按期向兒童圖書館，科學院圖書館，民衆書報閱覽室，借書閱覽，並於開大會時報告心得。

4，開大會時每人應報告幫助人的事：及其經過。報告中有値得登載者，整理發表。

(二)民衆校校外同學會，服務股參加實際活動，幫助民衆會場公演新劇時佈景，司幕，管理，道具，及賣票收票等事，並於本週召開職員聯席會議。

（三）民衆會場頗呈活躍氣象。兩週內公演之劇，計愛的破碎上下集，血淚碑上中集，眞假姑母，家庭禍水，民生義勇隊第二齣電影計，塞北之雄，和外國滑稽片，觀衆共約五千餘人。

（四）代人寫信十三封，寫呈文一件。

（五）修理辦事處風琴一架。

●督練部報告（二月十一日）

劉少白

在這歲尾年頭的期間，大家都在很快樂的度着這個良時。惟我們還在辛辛苦苦。朝夕奔馳，時而合川重慶，時而峽區各場去捕匪，都是爲謀大家永遠都有如過年一樣的快樂。要不然，恐怕在這過年應該快樂的時間，也得不着快樂呢？

雖然，在去年十二月份經一度大掃除過後，峽區的匪可算大體肅清。然而一般爲生計所迫挺而走險的還是有。這事須待感化院成功以後，或不致再有問題。

在本週主要的工作就是捕匪：

（一）派黎中隊長率手槍兵兩班，諜查三名，赴重慶江北一帶獲得正匪陳德三等七名，嫌疑四名。

(二)派粟隊附週安率兵兩班，到合川雙鳳場，太和場一帶獲得正匪王燕章等二名，繳槍二枝。

(三)派周隊附維清率兵兩班，赴合川城內外及三廟場等地，迄今尚未返局。

其次就是淘灘。這是在每年冬季水枯的時候，照例要淘的。在本週派朱學成率兵兩班，已將虬門灘淘出來了，費了七天的工夫，紮了兩根七八丈長的龍幹。水比以前更深了八九寸，現在最淺的地方都有三尺一二的水。就是最重的載最大的船，或汽船都不致再有阻礙了。這次的用費連材料伙食在內用了一百〇幾元。在下週又要着手淘黑羊石，紅沙磧兩個灘。預算再要一個月，才淘得好。

再有兩個規定：

(一)今後各隊及各隊派駐所每晚的隊務會議，須召集軍士參加，以資見習事務的能力。

(二)今後醫院考驗新兵，須確實負責檢查。如有傳染病新兵入隊而經本隊查覺者，則該兵開除之旅費，由醫院負責檢驗者負担。再各隊呈報補入，須將請考新兵單，附件備查。

此外附帶報告兩件未來的事：

(一)現在各隊都感到軍士人材缺乏，爲謀救濟這個缺憾，決在兩週內在每隊中挑選十五名，富於忠勇熱誠的士兵，在夏溪口成立一個軍士預備班，由劉中隊長學理施以一月專門訓練。但是畢業以後仍復舊職，作軍士的後備。

(二)要求拳術普及於各隊。每個士兵也決定在軍士預備班同一時期在各隊抽調精強熱心的士兵五名，就手槍隊專受拳術。學後回隊助教其餘。

再有一點要請求在場朋友的：　就是現在峽江兩岸石頭上各色的廣告四顧皆然。三峽號稱美麗，這樣未免大煞風景。我們跟着要派人剷除。希望在場朋友，今後遇有畫素廣告在石頭上的，勞神告止！(完了)

◉審計股報告(二十三年二月十一日)

彭貴琪

本股可以提出三件比較有關係的工作，向大衆報告。

1，清理代安撫委員會墊支各項款子的條據十九張，計支洋一五四元三〇二，送交鄧少琴先生，託代報賬，幷索還墊款以濟本局需用。

2，本局截至上年十二月底止欠職員兵夫薪餉洋一二，五二七元七〇九。(計有四個月未發餉)欠重慶民生公司三峽染織工廠等往來存款洋一三，八〇〇元〇〇〇。共計欠洋二六，三二七元七〇九。即是峽局的總負債數目。

3，一月份本局收支情況，計各卡總收入船捐補助費洋七，三七五元五五五。又各家炭商補助治安費洋四四八元五〇〇。共計收入洋八二四元〇五五。支出各隊薪餉及公費洋四五四二元六七一；各機關經費洋四四六元七一二，局上職員兵夫薪餉洋一，七一二元八〇〇，補助科學院洋七二一六元〇〇〇，辦公費等各項開支洋一，六二八元〇一一。共計支出洋九，〇五六元一九四。收支相抵實不敷洋一，二三二元一三九。

◉醫院工作報告(二月十一日)

——調查孕婦有四百四十五人——

龔碧光

a，關于醫務的：一月份在醫務方面分着對內對外：

1，對內的：一月份門診治療人數共二千五百一十人。本局占全數三分之二，內病占全數五分之一，餘爲外病。較二十二年一月人數多十二人。

2，對外的：一月份出診人數共二十五人。當中以普通人較多。次則就是產婦調查。在一月份共調查五個場。(金剛碑，二岩，土沱，草街子，東陽鎭)共有人數四百四十五人。當中最多算是土沱占二百八十一．金剛碑最少十八個。

b，關於事務的：在一月份對於事務方面亦可分着兩點報告：

。

1，整理方面：在一月份清查二十二年添製一切公物，藥品及材料，統計造表報局

2、經費方面：在一月份全月共支三百四十九元〇四仙九星。較二十二年一月份多三

分之一。原因係本院工作人員增加。在收入方面一月份共收十五元八角四仙四४
。當中以掛號費最多，住院費最少。然亦較二十二年一月份多八分之一。

◉民衆教育辦事處工作報告（二月十一日）

周蘭若

經常的工作分五條來說：

1，寫新聞簡報四十二條，重要者有

a閩府瓦解，南疆于闐回族組府獨立。

b閩變結束，西北戰爭又起，孫馬衝突激烈。

2，民衆會場開放五次，公演新劇三次，映放電影兩次。

3，代人寫信二十四封，贈送信封信箋二十四套。

4，民衆書報閱覽室開放十二次，閱覽人數計二百九十五人，中有小孩二十五人，

5，收到所訂圖書計八冊。

特別的工作分八條來說：

1，登記船夫學校學生，巡船夫計十一人、順江船計二十四隻，每船三五人不等，平均每隻計三人，共七十二人，總共計八十餘人。

2，北碚劇社與三峽廠職工體育會戲劇組合組聯合劇社，通過簡章釐定職員，決定

公演時期。

3，召開船夫力夫學校教材編輯委員會，決定常識及語文教材，並通知各普通編輯委員就各職務內編輯若干課教授。（主任聯席會議決案）

4，每日傳送新聞簡報於第三特務隊。

5，造船夫學校預算表。

6，製圖光門佈景一堂。

7，幫助平民公園繪製愛湖建築圖一張。

8，開民衆校校外同學會，職員聯席會議決，正月初三日召開校外同學會全體大會。

◉督練部本週工作報告（二月十七日）

稅篤如

1，清查白雲寺二崗白廟子各旅辮子一次，並派黎隊長率手槍全隊出發安居清匪。

2，過去電話常發生不靈。查其原因可分：

a線路過多，應接不暇。

b電話接綫生不留意。

c各分機談話後不留意回鈴。

3，決定兩週內修理各分機一次，視查總機一次。並準在二月中旬整理合渝專綫，三月初整理江壁專綫。

◉總務股週會報告(二月十七日)

趙仲舒

本週正値慶歷元旦，雖在照常工作，但好像沒有什麽工作可以報告似的；且把較有關係的，報告兩事：

一，代開校外同學會：本週是星期六，正是廢歷的正月初三，那天民衆敎育辦事處，召集了一個民衆學生校外同學會的常會，因爲民衆處周助理蘭若，赴台公幹，託我代爲主持開會，開會的成績，還算不錯，那天到會的民衆學生，男子有二十七人，女子有十五人，總共是四十二人，首先報告各人自成立同學會後兩月來幫助社會的情形，和對民敎處的工作，對民敎處的幫助工作，大都是每夜在娛樂場售票收票；和在劇台佈景那一類的事，値不得詳細說，單把對社會的幫助，多說幾句，有個姓楊的小學生，報告他同一個商人收錢的經過，頗有趣味，他說：有一個商人，是不識字的，欠他家的貨帳洋五元，那天拿了一張十元的紙劵付他，他自己馬上就退還那商人五元，并且就跟那商人說：你這是不識字的害處，所以多付了五元，還敎了他一些認識五元十元紙劵的方法，那商人就很感動，說是他也要立志學識字了，大家想想，這個學生是何等的抓得着機會，和利用機會而作識字運動啊！此外有一個姓馮的小學生，他報告賑濟了一個流落無依的逃難婦人，湊了些錢，使他母子還鄉，又有一個女生他也報告說：去年臘底曾幫人算了許多帳，唸了很多信，而且算帳還查出了一起錯誤，因爲那請算帳的人，也是不識字的，欠錢的人，就給他少算三元多，結果查出來就沒有吃虧了，另外有一些學生，不是報告幫助人，却是報告自己在民衆校得了幫助，都說出校後，會寫信！會算帳！會寫字據！感覺不像以前那樣常常求人的困難，因此也就常常勸人到民衆校求讀書，有很多人都在問民衆校，什麼時候開學等語，大約出席報告的，有十七八個人，可見民教處與民衆現在生出了一點關係，稍稍得到了一點成績。

最後就勸他們組織讀書會，推選職員，結果男女學生中各選了五個人出來，負督促讀書的責任，我與他們訂了幾個原則，(一)被選出的人，首先要以身作則，自巳讀書。(二)會着同學，要相互查問讀書的進度。(三)讀書要懸出標準，如像每天每月要規定讀一本或兩本。(四)讀書要比賽，假定人每月能讀兩本，我就要讀三本四本。(五)讀書要有報告，要在開會時相互作報告，要比賽那個人報告得好和報告得多。他們聽了這些方法，都非常歡喜，非常願意，但將來成績如何，就要與民教處的先生努力了。

二，各特務隊傳案應備的手續(略)

峽區地方醫院工作報告(二月十七日)

廖鼎初

今天向大家報告的就是本週的工作分五項：

甲，門診的治療人數

1，外科，普通病人一四五名，本局病人，三二八名。

2，內科，普通病人二七名，本局病人，九一名。

乙，住院的治療人數

1，外科，普通病人五名，本局病人，二名。

2，內科，普通病人二名，本局病人，一名。

丙，產科方面

出外接生二次。

丁，動刀人數與試驗次數

1，刀工室于星期五動刀二次，一爲漏症，一爲下疳包皮。因手續甚爲麻繁，不便詳述。結果施全身麻醉藥，廢去一個半鐘頭的時候，始告完竣。

2，試驗房攷查病菌三次。

戊，收入

1，掛號費五十七千六百，
2，藥費十九十。
3，刀工費五元五角未繳。
本週治療人數比較上週增加五分之二，大半因爲廢歷年關已過。所有各種病人都來院治療。還要告訴大家的，每一個人都是有病的，但未發現，不知病原在何處。若能夠大家都來院考査，如有病即早爲醫治成爲一健全的身體，那便成功完全的人了。

特務學生隊警察部報告（三月二日）

林高翔

1，維持風俗，北碚這個地方，因爲年來各種事業的進步不但要使盜賊無法潛跡此間，就是有害善風俗的娼妓，也是決對禁止的。但是禁止雖嚴密，規避的方法也來得愈巧妙。於是娼妓見着北碚不能立足，就寄居對岸的黃桷樹。白天過河來尋花問柳，夜晚怕特務隊査號的干涉，就到河那邊去了。像這種情形，特務隊要想根本的解決，不得不把黃桷樹的流娼驅逐出境。所以我們在星期三那天，陳隊附率領一班學生到黃桷樹，曉諭所有流寓的娼妓，立刻離開。他們也就包船下重慶去了。

2，實施民教，北碚民衆會場，在這個新年當中，每夜都在放電影或演新劇。市民來看的不下千人。我們就藉這個時間，向民衆講演市面上的清潔和秩序，人人應該如何保持，以重衞生。

3，注意治安，(一)因元霄在邇，遊行參觀的人很多。(二)投攷少年義勇隊的學生也是很多的，北碚各棧房這幾夜都住滿了。在這個當中，恐有不良份子摻入其間。我們每夜查號，都用許多的方法去淸查。幸未發生其他的事。

特載

攷試場上(一)

繆成之

北碚峽防局招考少年義勇隊，考試場在共體育場並見有西南茶社新營房，及科學院之一部，兼善學校之全部，試場之大，與試人之多，監試人之多，與攷試之愼重，確實太有趣，繆成之先生就所見聞寫下兩篇文章來，也太有趣，亦如當日考試場上之情形一樣，我們特地把牠印在工作週刊裏以示不朽——編者

(北碚峽局招少年義勇隊學生第一日所見因有感而寫)

雨後初晴的太陽，和暖而慈祥，高懸在空間，照曜臨人，環圍的遠山，異常清朗，微風拂面吹來，十足表示這是新春的景象。

運動場周圍重疊站着很多人，有如像端陽節河下看划龍舟，又有如像開運動會，又好似看耍把戲，或看玩魔術，受試者卽是表演的人，被暗示之人，受催眠之人。

網球場上安得有一排一排的坐位，這是受試者之休息所，其中有圖書館之臨時閱覽設備，頗覺方便。

體育場周圍有工人義勇隊、及特務學生隊，荷槍維持秩序，故井井秩然。

東北角上，樹有一首金黃色旗幟，隨風飄蕩，與場中的活動相映着，更顯出另一新氣象。

場中分有若干部分，分門別類在那裏表演，有驗體格的，（身高，體重，體態；）有驗體力的（引體向上，雙臂屈伸，雙腿前舉，單足起立，）有驗技能的，（百米鉄球，跳高，跳遠，）在籃球場側樓上樓下更有驗視力，聽力，肺量，及皮膚花柳的，這些受試者，大都由學校出身，起碼中學肄業或畢業，然而他們在學校生活中、因地區不同交通僻塞的關係，恐未見得都經過這些訓練，玩過這些把戲，這或許也是他們第一次覺得這些把戲還有這樣的重要性。

各處呼號之聲，不絕於耳、二〇二號，三〇六號，連呼直呼，與圍着的人複雜聲兩兩相應，形成熱鬧氣象，不讓人們離開，更有各種賣零食的人及担担在那裏擠來擠去。

圍着的人，一部分是受試的，一部分是在新年中無事來看熱鬧的，見那壁上貼的報名人與及號數，己有一一五六號，且還有百餘人、因到得遲編號來不及還未在上面，由此可知圍繞着的人之多了。

北碚這兩三年中，也經過幾次攷試，（航務處招學生隊，洪濟泳廠寶源煤廠招練習生與藝徒，三峽廠招職員與練習生，峽局招特務學生隊，）雖然每次報名人多，至少要比取額多幾倍，然而從沒有像今次，這樣的多，多到比取額十幾倍以上，卽十幾人當中取一人，這是幾次考試中的第一次，其熱鬧景象，可說是攷試中的第一次新紀元。

由此，我們感想到，這是社會問題，社會上的失業者太多，尤其是讀了書的人，他們不比貧苦人可以去做粗笨的事，他們眞是無出路，閒坐在家裏又因家庭經濟破產沒有辦法，故只要那裏有去的機會，便都要設法前去，然而社會確沒有指引的人。

他們來攷這少年義勇隊，也有幾種關係，一方而自然是失業的人太多，同時他方面也還是因爲北碚的事業，是使中國有出路的縮影，是該中國人一個範疇的印象，他們也覺這少年義勇隊還有相當意義，故一年中只有津貼十二元，他們還是要來幹。

我們看這考的景象眞生動，眞驚人，我們盼望常有這樣的攷試，什麼攷試，都在這來舉行，把這地作爲一切攷試的中心。

我們也覺得這是在正確的實施訓練，是有組織的在實施訓練、也可說是實施政治的訓練品格的，羣的組織的訓練，中國人最缺之的，就是這種訓練，所以在現在什麼事即辦不好，什麼都成問題，中國若望各種事業發達，若想立足於現時代、那非要有如此嚴密組織的訓練不可。

我們在這考試中，才看出組織之重要，我們聯想到現在的中國四分五裂，政府破碎不全，又想到這攷試場才是一個完整的中國，今天才是個政府。

我們又覺得只要有組織，有辦法，要怎樣來訓練人，人是一定願受訓練的，絕不反對的，又覺得只要該人一個願望，要他來隨便做什麽均可。

在這考試中，也該現在的工人義勇隊，及特務學生隊的指示不少，你們住着的還有走去，你看他們來的還更多。

這些受試者，果而考上了，當然是幸運，不幸而失敗了，那他們還是有所得，即是在北碚來受了特殊的訓練，爲人所應有的訓練，處世也應有的訓練。

考試場上(二)

繆成之

來北碚考少年義勇隊的人眞多呀！把北碚棧房都住滿了，而且住不倒、還有到黃桷樹去住的，有到東陽鎭，金剛碑，溫泉公園各地去住的，自然來攷的人，與這邊事業中的施業人員有關係。那就有住在各個機關裏，或他家裏，有些很有趣的事棧房裏，擠不倒了，覺有四五人擠一舖，且同蓋一床被蓋的，其擠的情形，可以想見。

經過身體檢查，便淘汰了很多人，今天又只有六九九人攷了。考場分爲五地，每個考場前面標識有場名，並在題目的地方，釘了一張『座位一覽表』使人一看，便知自己的位置，入場的時間到了，便有人用傳聲筒在那裏呼號數，受試者依次魚貫而入，依次靜靜的坐在自己的坐位上毫無複雜聲，及板凳聲。

試卷及受試者的照片，都是在每張坐位上先擺好了的，受試者到齊後，監試委員命作題，大家才動筆，同時另有人去對像片，對後便又收了。

每個攷場都是滿滿一堂，清思雅靜的、毫無一點聲息，悶頭的在那裏作題，有的撑頭而思索，有的木呆而悶想，有的頭部亂望，眼亂眇，有的連寫直寫，有的提筆而不能下，種種情形，難以形容、像這樣的整齊嚴肅，像這樣的用功，彷彿在任何學校，還沒有看見過。

有些交卷出來後，彷彿像成功了一件很偉大的事情，也好像做了比什麽那樣還美滿，還舒服還高興的事，有些則懸掛着某點是有問題，他那不很自然的表情，馬上形於面部，有些互相問詢，談論各種，你做的如何，我答的如何，有些喪氣，無目標的在運動場上亂走，感覺到命運之註定，還不知下落，又有些一見運動器械，便又活躍起來，把那考場中的印象忘了，高興的人，未見得是答得很好的人，垂頭喪氣及表情不自然之人，又未見得是未做對的人。

時間到了，考試委員快要收卷了，示以還有一刻鐘，還有五分鐘，久不能交卷的人，心慌了，血脈緊張了，心的跳動加涨了，想這樣交卷，又功虧一簣，速著得來又無辦，法眞苦煞人也。

這是很有組織的考試，差不多在十幾人當中，卽有一監試人，一點不敢作假偷竊抄襲，苦煞許多做不起的人，他似所作的學校，所經過的考試，恐都未有這樣嚴密，由此我似得一認識，凡任何事有組織而監視嚴密，却沒有敢去作僞，卽或想作，而勢所不能，社會組織，亦應如此。

運動場沿河一邊佈置了一綫長幾十張棹子，考了出來的人，均齊向這裏來。各面趨赴情形，如像趕集一樣，馬上成立一市場起來。且比那許多鄉間趕集，都還要鬧熱。峽局的午時炮放了，洪大的號音在吹了，這是表示吃午飯的時晨到來。所有起得的人，都來這裏吃東西，他們來嘗嘗軍人生活，聽號音吃飯，恐怕他們一生中，有多數是沒有這樣玩過。

這個臨時試場，很有秩序，很有組織的準備食物，很短的時間內，便把千多人吃的東西，預備來了，所有北碚館子集中來的東西不夠，還把黃桷樹的都集中來。這負責人眞是一個很能幹的市長，這又好像是一個很完善而有力的市政府組織。

好了北碚做生意的人，憑空降下數千元，送到北碚來，他們雖忙碌幾天，確實錢賺到手了。北碚市場就是這樣的慢慢繁榮起來的，一般人民他們還不知道，他們竟有還不原諒峽局的，假若峽局不在這裏，那北碚焉能繁榮，峽區那能清靜，苦了一部分人，而享福利的是多數人，但享福者，尙還不知創造者。

一般煞費苦心的卷子，看來好的絕少。有些不解題意，胡亂答覆，答得來竟自把人肚子笑痛，人都幾乎笑死。有些不求正確，只要答來大概是那樣，尤其是對數且字，那更惡人，沒有一個對的，常識太差，然而他腦中，又亂裝了一些，只是老在那裏牛嘴不對馬嘴，好的也並不是沒有——還是有的，不過佔少數罷了。

峽局怪會訓練人，把來此地投考的人，也要編制得很好的，來過集團生活，這些就未考起，只要來過北碚，親自過過這種羣的生活，也使他一生不忘，永留紀念。

嘉陵江日報社出售圖書

東北遊記　每本二角

鄉村建設　每本一角

銀行報告書　每册一角

北碚農村銀行

五角可存

五元可借

十元可匯

五元一股

歡迎加入

三峽廠說明書　每册二仙

峽防局概況　每册五仙

東三省地圖甲乙種　每張三二千

三峽廠特等出品

蜂窩布　自由布

中山呢　內衣布

冲毛呢　十字布

穿得過　請照顧

工作月刊

第一卷　第一期

二十五年八月

中國西部科學院出版品目錄

中國西部科學院廿年度報告書

中國西部科學院概況

地質研究所叢刊第一號　重慶南川縣地質誌　常隆慶　羅正遠

地質研究所叢刊第二號　四川嘉陵江三峽地質誌　常隆慶

生物研究所叢刊第一號　四川嘉陵江下游魚類之調查　張春林　施懷仁

生物研究所叢刊第二號　四川嘉定峨眉魚類之調查　張春林　施懷仁

生物研究所叢刊第三號　四川鳴禽之研究　王希成

理化研究所叢刊第一號　四川煤炭化驗第一次報告　李樂元　徐棠林

理化研究所煤炭分析總報告第一號至第十二號　王以辛，李樂元，徐棠林

理化研究所煤炭分析總報告第十三至第十五號　李樂元，黃海平

理化研究所概況　理化研究所

廿一年度農場報告　農林研究所

廿二年度農場報告　農林研究所

廿三年度農場報告　農林研究所

裁兵與屯墾　劉雨若

造林特刊　周斐等

整理川東北農田水利之商榷　嚴育得

工業陳列品說明書　博物館

博物館概況　博物館

博物館專刊　博物館

四川產業記載索引　圖書館

發行處：四川巴縣北碚中國西部科學院

嘉陵江三峽鄉村建設實驗區出版目錄

書名	著者
怎麼樣做事為社會做事	盧作孚
兩年來的峽防局	江巴璧合特組峽防團務局
峽防局概況	(同右)
未來的四川	盧作孚
我們的要求和訓練	盧作孚
希望中的新合川	盧子裳
撲滅共匪	盧爲裳
四川人的大夢其醒	盧作孚
鄉村建設	盧作孚
東北遊記	盧作孚
三峽遊覽指南	鄧少琴
峽區事業進度一覽	江巴璧合特組峽防團務局
峽區事業記要	江巴璧合特組峽防團務局
工作月刊(共廿期)	江巴璧合特組峽防團務局 中國西部科學院
中國的建設問題與人的訓練	盧作孚
嘉陵江三峽鄉村實驗區工作報告	
嘉陵江三峽鄉村建實驗	
戶口統計表	
保甲編製表	
教育計劃書	

發行處　四川巴縣北碚嘉陵江三峽鄉村建設實驗區

民國廿五年創始

工作月刊

第一卷 第一期 目錄

民國廿五年九月一日出版

封面……努力……程椿蔚繪

插圖

嘉陵江三峽鄉村建設實驗區成立紀念

嘉陵江三峽鄉村建設實驗區北碚民衆體育場三年制銀盃比賽開幕紀念

北碚一瞥：

(1)嘉陵江三峽鄉村建設實驗區署
(2)中國西部科學院
(3)北碚私立兼善中學校
(4)北碚女子職業學校
(5)北碚嘉陵江日報社
(6)北碚民衆圖書館
(7)北碚民衆教育委員會
(8)北碚市全景
(9)北碚火焰山之一角
(10)北碚平民公園大門
(11)平民公園慈壽閣
(12)平民公園博物館動物園
(13)峽區地方醫院
(14)北碚農村銀行
(15)三峽染織工廠全景

刊前

刊行要旨

論

著

調查

計劃

報告

科學

隨筆

北碚農村銀行叢刊目錄

中華民國廿五年四月一日嘉陵江三峡鄉村建設實驗區署成立紀念

嘉陵江三峽鄉村建設實驗區區立北碚民眾體育場
舉行三年制銀盃比賽開賽紀念一九三六、六、二四日
民眾體育場

北碚一瞥

嘉陵江三峽鄉村建設實驗區區署

北碚私立兼善中學校

北碚民衆教育委員會

北碚民衆圖書館

北碚中國西部科學院

北碚全景

北碚女子職業學校

北碚平民公園慈壽閣

北碚平民公園大門

北碚火焰山之一角

北碚博物館動物園全景

北碚三峽染織工廠全景

刊行要旨

本刊爲四川嘉陵江三峽鄉村建設實驗區主辦之刊物，每月刊行一次，其要旨如左：

一，介紹各地農村實况。

二，傳達各地鄉建之進行辦法，及其精神與成績。

三，研究農村服務之方法，及農村改良之技術。

四，聯絡鄉建事業，並相互討論策進鄉村工作。

五，表達鄉村運動者，對于國家民族前途的意見和批評。

六，報告本區實驗工作之方法及記錄。

總上各點，皆爲本刊最低限度之任務，他如新文化之建設，復興民族運動之推進……等皆爲吾人努力之標的。

在此更希望社會人士，予同人以熱烈的贊助，批評和指導。

嘉陵江日報四大特色

一，每天必有國防交通產業文化的各種消息

二，每天必有峽區事業的進展消息

三，常有中國西部科學院在邊地的採集通信

四，常有國內外重要都會的特約航空通信

社址・四川巴縣北碚鄉

民生實業公司航業部五大消息

(一)確定渝申班期　渝申直航，復極舒適；預定日期，旅行諸君；概省時間，歡迎嘗試。

(二)確定渝漢班期　定期開航，遠近週知；決不誤期，招待週到；事前公佈，來去按時。

(三)確定渝敘班期　每隔一日，均可停輪；有船開行，起下貨件；沿途城鎮，上下客人。

(四)整個航線聯運　聯運皆通，由渝渝嘉；乃至渝蓉，概買一票；旁及渝合，票價至公。

(五)成渝公路聯運　為求客人，水陸接續；來去迅速，千里定座；聯絡公路，不致貽誤。

本公司的

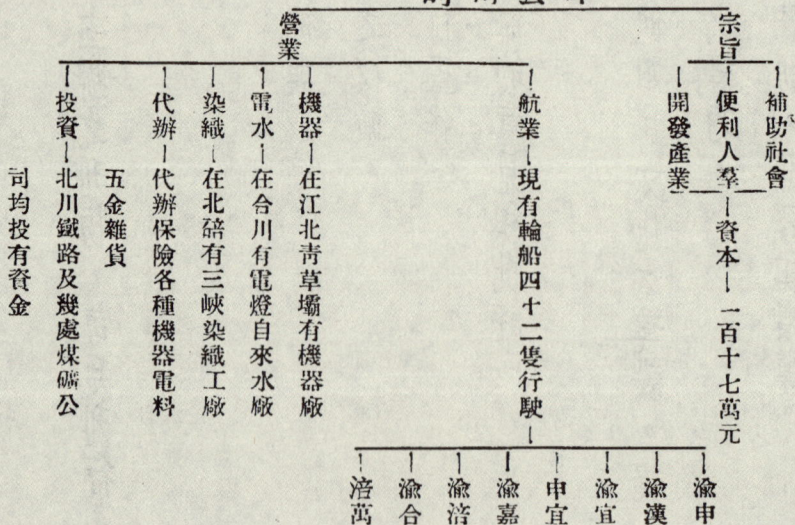

- 宗旨
  - 補助社會
  - 便利人羣
  - 開發產業
- 資本　一百十七萬元
- 營業
  - 航業　現有輪船四十二隻行駛
    - 渝申
    - 渝漢
    - 渝宜
    - 申宜
    - 渝嘉
    - 渝涪
    - 渝合
    - 涪萬
  - 機器　在江北青草壩有機器廠
  - 電水　在合川有電燈自來水廠
  - 染織　在北碚有三峽染織工廠
  - 代辦　代辦保險各種機器電料
  - 五金雜貨
  - 投資　北川鐵路及幾處煤礦公司均投有資金

論著

「四川嘉陵江三峽的鄉村運動」

盧作孚

四川嘉陵江三峽是任嘉陵江流域重慶與合川一段間，跨在江北，，巴縣，璧山，合川四縣的境界。我們憑藉了一個團務機關——江，巴，璧，合，四縣特組峽防團務局，憑藉局裏訓練了幾隊士兵，先後訓練了幾隊學生，在那裏選擇了幾點——北碚，夏溪口以至於礦山北川鉄路沿線——試作一種鄉村運動。目的不祇是鄉村教育方面，如何去改善或推進這鄉村裏教育事業；也不祇是在救濟方面，如何去救濟這鄉村裏的窮困或災變。中華民國根本的要求是要趕快將這一個國家現代化起來。所以我們的要求是要趕快將這一個鄉村現代化起來。

現代是由現代的物質建設和社會組織形成的，而現代的物質建設和社會組織又都是由人們協力經營起來的，人都是訓練起來的。人的訓練有三個要點：第一是他們的頭腦有現代整個世界那樣大，能夠在非常明瞭的整個世界的狀態之下決定他們自已的辦法；第二要他們的問題至少有中華民國那樣大，在非常明瞭狀態之下，決定他們自巳的任務；第三是要他們在可能的範圍內創造一個現代的物質建設和社會組織起來。

無論在交通方面，產業方面，文化方面或其他公共生活方面，而這一種創造的工作，是要在安定的秩序下面才能前進起來；

所以首先要創造的尤其是安定的秩序。我們依着這樣的程序在這一個鄉村裏爲中華民國作小小的試驗，供中華民國裏小至於鄉村大至於國家的經營的參考，其經營至於一點，其幫助則願意到各方面。雖然困難比成功爲多，然而常常得周圍社會上的幫助，尤其是政治上的幫助，尤其是政治上最高領袖的幫助，度過了許多的困難。誰說中華民國不能往好的方面做？誰說環境是前進的障礙？由我們的試驗證明我們所得周圍的同情和幫助，遠比我們所做的多。祇有我們十分慚愧沒有能力運用周圍幫助的力量去盡量做好一樁事情，去酬答包圍我們的同情，却沒有周圍對不住我們的問題。

我們初到這裏辦理團務是在民十六年，責任祇是在維持地方的安甯，而又常那地方還偶然有匪在周圍爲患的時候。於是我們決定以地方安寧爲第一步。爲使地方安寧，乃必須使匪不安寧；乃決定我們是動的，匪是被動的；乃決定以攻爲守，幫助到我們的周圍。不但不讓匪活動，亦不讓匪藏匿；不但不讓匪在地方，亦不讓匪在鄰近。那時各地方都講究辦團，軍隊都講究清匪；我們則祇須聯絡他們，協助他們。很短時間之後，周圍也就都清靜了，於是我們積極的鄉村運動開始了：

第一是吸引新的經濟事業。這裏富有煤礦，產煤都在山間，運輸不便，促煤業有關的人們組織北川鐵路公司，建築一條輕便鐵路在江北，西山的山間。不久又有寶源煤礦公司築堤以成運河在璧山縣屬東山之下，而且改用機器採煤了。我們又進一步聯絡北川鐵路沿線的五個煤廠組織一個天府煤礦公司，準備改用機器採煤，促成友人組織洪濟造冰廠利用水力，組織嘉陵煤球廠利用煤粉。歡迎義瑞桐油公司購地大種桐林，重慶友人集資培植果園。除開我們直接經營的三峽染織廠，集資經營的北碚農村銀行而外，凡這許多事業需要幫助的時候都盡量予以幫助。一方面盼望這許多事業成功；一方面盼望鄉村裏的人們對這許多事業有一種認識，認識生產是應這樣變成現代的。可以說他們是幾個現代的模型，是想將這一大幅地方變成一個現代的生產陳列館，以上一些事業便首先陳列在中間。而將來的如水泥廠，發電廠，煉焦廠：是正在預備着要經營的，都將他們裝置在鄉村人們的理想裏。

第二是創造文化事業和社會公共事業。先以北碚鄉而且北碚鄉的市場爲中心。這市場是在五年間由四百九十幾家人增加到八百五十幾家人，由一千九百幾十個人增加到三千五百幾十個人。我們用文化事業和社會公共事業將這市場整個包圍了。另外造成動一種社會的環境，以促使人們的行動發生變化。在今天以前鄉村的人們，除了每年偶然唱幾天戲外，沒有人羣集會的機會；除了賭博外，沒有暇餘時間活動的機會；除了鄉村的人們相互往還外，沒有與都市或省外國外的人們接觸的機會；因此他們沒有一切知識和一切興趣。這樣死的鄉村如何可以運動到活起來呢？這是我們感覺得非常困難的問題。於是姑且以北碚作第一個試驗，以其比較集中，容易辦，而且可以造起周圍的影響來。

我們訓練我們的士兵一隊，其後更訓練學生一隊，擔任北碚的警察任務。維持公共秩序，管理公共衛生，預防水火災患，訓練人們在一切公共地方或公共問題發生的時候有秩序的行動，取締人們妨害公衆的行動。創辦一個地方醫院，為遠近的人民治療疾病，尤其是普遍送種牛痘到縱橫百里間的區域每季到幾萬的數人。創辦一個圖書館，供給近的人們到館裏讀書，遠的人們到館裏借書。創辦一個公共運動場，集中了青年，尤其是小孩在那裏活動；集中了無數中年以上的人們在那圍着欣賞那許多青年和小孩活動。創辦一個平民公園，在公園裏有一個博物館，一個動物園。每天下午集中了無數本地和嘉陵江上下過此停宿的人們在那裏遊玩。有一小小的嘉陵江日報館，每天出版一張日報，載着現代的國防，交通，產業，文化各種消息，在一切公共的地方陳列着，在一切公共經過的地方貼着，讓人閱讀。峽防團務局所經營的鄉村電話總機關，訓練的學生和士兵，和新創辦的中國西部科學院，其中生物地質兩個研究所，附設的一個三峽染織廠，一個兼善中學校並附設一個小學校，都在這市場的旁邊。每年總有幾個時期讓人盡量進去參觀，由辦公，上課，研究的地方以至於寢室，廚房，廁所，都讓他們參觀完。

我們更認為中心運動的是民衆教育，由峽防局設了一個民衆教育辦事處。聯絡各機關服務的幾十個青年，白天各擔任機關的工作，夜晚便共同担任民衆教育。他們曾經辦了十個民衆學校，現在更進化而為挨戶教育，派教師到人家去，周圍幾家或十幾家都集中在一家裏授課，今夜晚在這家裏，明夜晚在那家裏，他們在這個機會當中除受教育外，還大大地增進了人羣會集的快樂。在船夫休息的囤船上辦了一個船夫學校，在力夫休息的茶社裏辦了一個力夫學校，為訓練婦女的職業技能辦了一個婦女學校。設置了三個書報閱覽處。在各茶社，酒店裏都張貼着一切國防的，產業的，交通的，文化的和生活常識的照片，圖畫，都懸着新聞簡報的掛牌，在市集正繁盛的時候，都有人去作簡單的報告。設設了一民衆問事處，幫助人決疑寫信和寫契約；一個職業介紹所，一方面幫助需要人工作的事業和人家，一方面更幫助了需要工作的人。他們與運動場，圖書館，博物館，動物園以至於地方醫院聯絡，和用每個地方有人進出的時候，即是實施民衆教育的時候。尤其總動員的是民衆會場的活動。因爲這裏不僅集中市場上的人，亦並集中了四鄉的人。其中有電影，有幻燈，電影裏邊有三峽的事業或人們活動的影片，有四川風景的影片；幻燈有實物，圖書，照片，畫報，顯微鏡下的玻片都可以映射出來的幻燈片。每星期有兩次演劇——新劇或川劇演員都是各機關服務的青年。在這民衆會場的機會當中尤其注重的是閉幕時間的報告，是要給予民衆以深刻的刺激和影響。

我們的各種報告材料，各種教育的材料，都集中在下列幾個運動裏面：

第一是現代生活的運動。有三種重要的材料：(一)是新知識的廣播，凡現代國防的，交通的，產業的，文化種種的活動當中有了新紀錄，機器或化學作用有了新發明，科學上有了新發現，必立刻廣播到各機關，到各市場和鄉間。(二)是新聞的廣播。今天世界的，中國的，四川的乃至於三峽的消息，舉凡大衆應得知道的事件，米價，銀價，今年的糧稅額，下一次民衆會場的節目，警察調查得的人口，醫院發現的流行傳染病，正待介紹職業的男女工人，到處的新聞簡報必寫出來，更必在人羣集中的時候扼要報告。(三)是生活常識。要如何講究衛生？要如何教子弟？要如何分工合作地做事？要如何處理銀錢收入和支出？要如何解決公衆的問題——何處應掘溝？何處應修路？一方面講，一方面做，是這樣促起現代生活的運動。

第二是識字的運動。輔助教育必先運用文字，文字本身並不是教育。我們在民衆學校和挨戶教育都從各種實際材料中去教人識字。凡一切事業，一切陳列品，一切動物，一切花木以至於一切道路的指引，都用文字說明。凡替不識字的人們解釋一切事物，都指着文字替他們解釋，爲他們歎息不識字是大憾事。常讓識字的人們將一切說明唸與不識字的人們聽。凡有一切參觀的機會，無論動物園和博物館，無論電影或劇，往往是識字的先進去，或需要收費的讓他們免費進去。佈置一種環境去包圍那不識字的人們，促成他們識字。

第三是職業的運動。民衆教育，主要的意義是在增進人們謀生的機會。我們覺得增加職業人數比增加識字人數更要緊。今天以前一家人祇倚賴一二人有職業，我們要促成除開衰老的，幼小的而外都有職業。今天以前許多人農隙便賦閒，我們要促他們增加副業，在商業上爲他們聯絡都市的關係，在鄉村裏增加工廠，在工廠裏增加工人，增加都市需要的或我們有關事業需要的手工製造品，以增加大衆尋求職業的機會。

第四是社會工作的運動。我們利用人們農隙的時間作副業的工作，更利人們工餘的時間作社會的工作。促起大衆起來解決碼頭的問題，道路的問題，橋梁的問題，公共會集或遊覽地方的問題，公共預防水災火災的問題，公共衞生的問題，不但是大衆出力，大衆出錢，而且是大衆主持。由這些具體的活動以引起大衆管理公共事務的興趣，以訓練大衆衆管理公共事務的方式，以完成地方自治的組織，尤其是進入現代的經營。舉一個例；北碚面臨嘉陵江，高出江面八丈以上，然而是要被洪水淹沒的。後面被一條溪流圍繞着，中央高而周圍低，每被洪水淹沒的時候，市場的人無法逃避。最好是將溪流填了起來與北碚一樣平，作人們逃避的道路，而且增加現在無法發展的市場到一倍以上的地面。分頭徵求市民的意見都很贊成，於是召集一次全體市民會議，決定全市總動員。除市集的日期外，八百五十餘家人，每家人皆擔任運石運泥，每天一由挑以至五挑。各種營業的人，不問賣米的，賣肉的，都出錢，都由他們決定。尤其是私人的廁所，由警察指定爲公用，一向糞是肥料，年有收益，仍然是私人的，召集這許多私人一度會議之後，這許多收益讓歸公有了。以這許多錢來雇用築堤的工人，每天加以數百市民在那裏工作，狂呼歌唱，非常熱烈，許多老年人亦常在那裏欣賞他們的工作，尤其是被選了二十位執行委員，必常常有人在那裏照料，指揮並處理各種問題。每夜必開會一次，都列席，列席的人都發言。對於一個問題必提意見，必考慮批評他人的意見，必得一個共同承認的方案。我們偶然去參加兩次會議，亦震驚他們勇往和緊張的精神。誰說中國人無辦法？最有辦法的乃是老百姓！誰說公衆的事情做不好？你看這一羣老百姓是何等做好他們公衆的事情！

我們對於北碚所作的運動，推廣到璧山縣屬的夏溪口，由夏溪口一直到寶源，遂川兩個礦場。推廣到北川鉄路沿線，跨有江北縣文星黃桷兩鎮的地面。由兩個特務隊在那裏擔任四種工作；第一是團務，担任防匪工作；第二是警察，管理公共秩序，一切衞生，救濟……等事務，並附設治療所；第三是民衆教育，一樣有民衆學校，有書報閱覽處，有民衆問事處，有職業介紹所；

一樣作新知識的廣播，作新聞的廣播，作生活常識的廣播；一樣作識字運動，作職業和社會的工作的運動；一樣得地方的同情和幫助，促起了地方各種組織和活動

他們要辦一個民衆學校，便有人捐助房屋；他們要建築書報閱覽處，要建築菜場，要建築公共運動場，便有人捐助木料，捐助石灰，捐助磚瓦，捐助工錢。他們召集會議，便訓練衆人會議的方式；選舉辦事的人員，便訓練衆人選舉的方式。都由具體的問題，由舉辦某種公衆的事業，而集合衆人討論辦法舉人担任。讓衆人眼見着提議，眼見着預備，眼見着開始工作，眼見着工作前進，眼見着完成。以此引起衆人做事的興趣。第二回乃比第一回更熱烈，這尤其是在那裏造起運動的人們更深切的感着興趣。

他們的要求是要深入到人們的生活內容裏去找着幫助的機會、由幫助他們做，促起他們自己做，造環境去包圍了他們以改變他們的行動，由一個一個問題的解決促起他們最後能夠管公衆全部的事務，完成鄉村自治的組織，担任鄉村一切公共的任務。尤其是使這鄉村現代化起來。

我們如何將這一個鄉村——嘉陵江三峽——現化代呢？請看；

將來的三峽：

1、經濟方面：

一，礦業　有煤廠，有鉄廠，有磺廠。

二，農場　有大的農場，有大的果園，大的森林大的牧場。

三，工業　有發電廠，有煉焦廠，有水門釘廠，有造紙廠，有製鹼廠，有製酸廠，有大規模的織造廠。

四，交通事業　由上山下都有輕便鉄道，汽車路，任何村落都可通電話，可通郵政，較重要的地方可通電報。

2、文化方面：

一，研究事業　注意應用的方面，有生物的研究，有地質的研究，有理化的研究，有農林的研究，有醫藥的研究，有社會科學的研究。

二，教育事業　學校有實驗的小學校，職業的中學校，完全的大學校；社會有偉大而且普及的圖書館，運動場和民衆教育的運動。

3、人民　皆有職業，皆受教育，皆能爲公衆服務。皆無嗜好，皆無不良習慣。

4、地方　皆清潔，皆美麗，皆有秩序，皆可什居遊覽。

嘉陵江三峽鄉村建設實驗區成立經過

黃子裳

嘉陵江三峽鄉村建設實驗區於本年四月奉四川省府令宣告成立，其經過情形，可得而言者，約有數端：

(一)過去狀況

此區在過去十年以前曾一度淪爲匪藪，行人裹足，交通阻滯，經先後辦團人員之努力，僅乃粗告肅清，至於從事鄉村建設工作，乃在民國十六年春盧作孚氏接長峽防團務局以後。

(二)近年情形

第一，三峽已造起可愛的環境

就文化方面說：(一)研究事業有中國西部科學院，以生產方而爲中心工作。曾爲生物的，地質的，社會經濟的專門調查；曾爲農事的，理化的科學試驗。(二)教育事業有兼善中學，小學；曾爲學校教育的革新運動。小學之訓練兒童的行爲；及未來職業上需要之技能。中學培育事業機關所需之青年；或專爲升入國內外有名大學校學生之預備。又有公共圖書館，博物館，體育場、民衆俱樂部，問事處，職業介紹所等處，都在爲民衆謀增加常識和生活需要之能力；以及養成衛生的習慣，參與地方事務之實任，遵守公共秩序之品行。

就經濟方面說：(一)生產事業：有民生三峽染織工廠，寶源新式煤廠，嘉陵煤球製造廠，義瑞桐林公司，輔助各方面爲金融活動的有北碚農村銀行。(二)交通事業：有北川鉄路，寶源運河，有通聯江巴璧合四縣之鄉村電話，有交汽船帶運信件之郵政。

就衛生方面說：有設於北碚之地方醫院，設於文星鎮，白廟子，黃桷樹，夏溪口，二岩鎮之診療所，有每年春秋兩季舉行普遍峽區之種痘運動，有各特務隊駐在地督飭進行之市街清潔工作。

就風景方面說：有溫泉公園，縉雲古刹，三峽峽景，夏溪口運河公園，北碚平民公園。

第二，三峽已形成可供開發的區域

煤礦——觀音峽劉家漕沿鉄路線埋藏量不下一萬萬噸；其埋藏量是在一千萬噸以外者，如溫泉峽縉雲山西麓；足以大量的採掘，上運渝川，下銷重慶。

石灰岩——觀音峽，瀝鼻峽，南北兩岸沿山縱走百餘里均是；用以燒製石灰。每年運銷上下游各地，收入不下數萬元之鉅。以此岩石設廠製造水泥，尤爲現代建築最好材料，有取用不竭之勢。

水力——高坑岩，高灘岩，高山洞，各有瀑布一道，各具三數百匹馬力，以之發生電力，足供全峽使用而有餘。

森林——峽中諸山脈，均可大量培植森林，供遠近鐵道枕木及建築居宅之用。

竹林——全區有廣大之竹林山，及沿溪河的水竹林，未來以供造紙原料極爲合用。

原料品——宜從上流運輸經過之貨物原料最多，可供就地製造變爲成品，輸出遠近市場。

第三，三峽已流便於遠近人士之遊覽

嘉陵江由合川下流，貫穿本區直達重慶汽船往來數小時可達。至青(青木關)北(北碚)馬路線，亦早已測量完成，最短時期可望興築。對於遠近人士旅行遊覽至爲便利。

(三)籌備工作

根據上述原因，在負有本區治安全責之前峽防團務局，乃於

本年一月擬定改組團務局爲實驗區署計劃，標明實驗的意義有三：

一，是試驗鄉村建設方法

二，是培養鄉村建設人才

三，是造起鄉村建設影響

暫定實驗的區域有五：

一，巴縣屬之北碚鄉

二，江北縣屬之文星鎮

三，江北縣屬之二岩鎮

四，江北縣屬之黃葛鎮

五，璧山縣屬之澄江鎮

隨即造定預算，及組織規程呈報省府核准施行。

(四)將來希望

担負實驗責任之人員士兵及地方人士，當竭其全力，以十分熱誠辦理全區鄉村建設事宜，期望達到：

甲，教的方面：

一，凡學齡兒童皆就學。

二，凡四十歲以上的男女皆識字。

三，每人皆知小至鄉村大至中國的問題。

四，人人皆樂於為公衆做事。

五，人人皆遵守公衆秩序。

乙，養的方面：

一，凡在成年以後，未老以前，健壯時的男女，皆有職業。

二，改良農業，改良牧畜，增加農民副業。

三，在礦業上改良工人待遇，改良開採方法。

四，改良手工業，並提倡機械工業。

五，促起生產合作，信用合作，消費合作等合作運動。

丙，衞生方面：

一，壯丁全體受總動員的訓練。

二，區內無土匪，無小偷，並且人民絕少犯罪的行為。

> 如果我們想增加我們工作的興趣，我們就應當把我們的工作娛樂化。所謂「娛樂化」者乃將工作的本身作為一種目的，換句話說，就是從工作的本身領略興趣。你可把你的工作看作賽棋一般，遇着困難時沈着應付，你又可把你的工作看着運動一般，時時努力創造新的成績，新的記錄。要時時使工作成績超過一般人所認為可能的，及超過自已所已能做到的。總之，你如果以全副精神和熱忱放入你的工作的本身裏，使他成為你的嗜好和你的娛樂，牠的枯燥性，自然逐漸減少，而牠的興趣也必逐漸加增。
>
> ——譜士

我們應該一齊努力鄉建

盧子英

凡百事業無論其爲政治經濟文化……等事無不利用科學方法實驗於先；推廣於後。例如機器類，引擎之由蒸汽機關，進化而爲石油引擎，汽油引擎，以今日仿造應用遍天下，然最初發明之者，莫不經過種種之實驗多次之改良。故今日一切工作，尤其新的建設工作，須先之以實驗，次之以推廣，以至於普及。就政治方面言：倘就勢理論，世界如組成一聯邦，則關於政治之經營等，應卽以一國家，作爲實驗，待有所成功後，再推行於全世界，倘就一國而論，應有一實驗之省，種種實驗之經營。此外普通之省，因地理人情之每有所異，應各設一實驗縣，更或就普通縣各設一實驗鄉，以相互聯絡，分工合作，各作一專門之實驗，例如此鄉偏於文化，彼所偏於經濟等類，總以要求最高效率，一切人力物力皆最經濟爲原則。

現在鄉村建設運動之於我國實屬五花八門，莫衷一是，一方面固足見一般志士仁人之注意根本問題，下層工作，令人不無可喜；但另一方面則頗近於無政府狀態，令人不無可慮！溯鄉建運動之興起，約二三十年於現在矣，試問過去究有何補於國家大事，不但他抵不住國際間的怒潮，也經不起地方局部的風浪，也救不了農村經濟的破產，不過在各鄉建運動，較有歷史的地方，對於當地民力的培養，民智的啓發，以及鄉建風氣之提倡，頗得幫助不少，假使能夠普遍全國，則對於復興工作，至少也可以建樹一些基礎了，由這樣方式去逐步改良，積久或者可以辦到澈底的社會改造，不過時間太成問題，在饑渴的人們等不了，尤其是要一旦普遍及於全國，在人力物力，兩者更成問題了。

鄉建工作之目的，有的毋乃言之過大，其實不爲建設新農村之一大主力，與復興民族之一大幫助而已，在辦法方面，全國各實驗所在，有文化方面入手者，有由經濟方面入手者，制度組織，亦每有特殊，不甚一致，如其集全國之同志，有統一組織，並明訂一共同之目標，與一進行計劃之原則，分工合作，或者對於新農村之創造進展上收效更大。

過去鄉建運動之問題，第一是政府從沒有訂一相當的政策，以資倡導。第二領導人太缺乏。第三差有效的運動計劃與技術。

第四，每每不能適應新時代的動向，或當前的需要，甚或以爲祗求解決其當地的局部之問題，故不甚求外援，一般人亦可以其關係祇於其局部，亦不予以怎樣援助，甚至於一點聯絡都成問題。第五差革命的意義，因其與人們的生活，不易起重大關係，所以等於無足重輕，不足以傾動人心，例如他解決不了生產技術與災害問題，解決不了土地問題，更解決不了苛捐雜稅問題，以及兵匪或戰禍問題，土豪劣紳的魚肉問題，帝國主義的侵略軍閥的榨取問題等……第六無國際間的關係與援助。第七不與工商業有所聯繫。第八，不與城市文明有所聯繫。

今後鄉建運動，如其要有最好的成績，除了須有以消滅上述八項主要原因外，第一須地方與政府上下一致，有相當之聯繫的雙管齊下，共同改良。第二須有調協人口開發邊地之政策。第三應實行優生，以限制生育，以激解決社會間之「不平」「不足」兩大問題，此不過犖犖幾點而已，總之這個運動，總是需要的，好的，做這運動的人，總是比較對的。

我們三峽鄉村建設實驗區的實驗，是作整個地方政治經營的實驗，是應該關於民財教建幾方面，都有所實驗的，我們這個實驗的人力財力及所處的境遇，一切一切，簡直是不可以與江甯定縣等，可以比論的，因爲是江甯在南京，得政所的幇助較多，得各界的後援容易，權力集中，人材充足，每年經費又有一二百萬，定縣聞過去也消費了一二百萬，但是定縣幫助造起鄉建運動的風氣，爲功甚大，並且出版了不少的平民讀物，實驗成功了不少的農業技術改良，雖消費了一二百萬，其貸價是儘足夠了的，倘與有的政府機關比成績，當然大不同了、我們的經費，每月省府補助費五千元，直接開支於治安者，約十分之六以上，誠能用於實驗者，不過十分之一二而已，所以我們的人力財力和境遇，一切都比較不上。大家非特別的以勤補拙，是必成問題的。

我們應該認清的要先有好的國家，而後乃有好的全世界；有好的各地方，而後乃有好的整個國家；吾人直接效忠於地方，即間接努力於國家，要國家好，同時必須地方好，才能收效更大，倘各地方人士除注意大局外，都能誠心於地方經營之努力，各個地方自成爲好的地方了，舉國如此，自然便成爲好的國家了。

我們現在努力於三峽，第一也是爲了這個意義，第二還頗願預備有以幫助其他地方，第三還頗願進而預備能夠共同負起更爲較大的責任底能力。

現在預備進行種種的實驗，很期望有所成功，無論是辦法或品種或工具或人物等，總期有以貢獻於全川。

因此我們需要地方人都成爲同志同心同學同事，不但地方有志之士，要聯合起來，就是全區的人們都應該分別的有所聯繫，使能同心協力向一個路綫前進。要求舉國一致，共赴國難。如果共同有了出路，那就個人也有了出路了。

鄉建是一種救民福人的工作，應該爲大家所歡迎，倘有反對的，那嗎，除了他因不明意義有待解說外；有的或者便是反社會的人們，根本利害衝突，兩不相容，乃至於此，現在鄉間還有不少的不懂或誤解鄉建的意義的人們，這還需要，較爲先進者，有以解釋的。

我們的社會是要求不斷的改良的，因此必要有不斷的有所實驗，所以實驗的工作，是長期的需要，猶如一個人生，邊學邊做邊教，學一輩子，做一輩子，教一輩子一樣。

我們鄉建，旣與農村全體攸關，因此我們從事於這個運動之前驅的機關，更應該歡迎各方面有所扶持，督策，指導，期有以不負人民的厚望，政府的期許，「我們的一百個義務教師，在鄉間要自處於領導的地位，要幫助農民，組織農民，訓練農民，與農民共同生活。」「我們大家，更應特別的羣策羣力，奮勉從事，尤其是要以教育的力量，來建設地方」，進以復興民族。

嘉陵江三峽鄉村建設實驗區全區（五場）人口面積統計

保甲——共一百保，一，〇五五甲，一二，四七七戶

人口——男三五，四六〇人，女二九，八二四人，共六五，二八四人。

學童——男六，七〇四人，女五，〇五五人，共一一，七五九人

壯丁——男一一，五五二人女一〇，四〇五人共二一，九五七人

學童——學童六歲至十二歲

壯丁——十六歲至四十歲

每戶平均人數爲五，二人，

面積——約一千八百方哩，每方哩人口密度爲六三人強

國內鄉建運動的現勢

羅中典

一　鄉建在今日重要性

鄉村建設，在今日已經成了一種舉國注目的事業，何以會得如此呢？這自然有他促成的原因，以我國過去的革命運動來說，常常是注重到上層的更革，而忽略了基礎的建築。因此，大多數的羣衆，是被遺忘；極偉大的力量，是被忽略。結果形成了政治的不健全，而使政府逐漸走入了孤立的途徑。我國社會，一直到今日，並不會跑出農業經濟的範圍。十分之八的農民，便是國家的命脈；農民所寄託的鄉村，便是國家的生命綫，鄉村的衰葉；農村經濟之日益破產，當然的，適足以加重政府孤立的程度，何況年來內憂外患，人禍天災，相乘俱來，而身當其衝者，幾乎全是農民。這種情形的嚴重，處處都使國家民族，受到極度的威脅，復興民族，是今日舉國一致的要求，復興民族，必從農村經濟着手，又幾乎是國內有識者一致的主張，因此鄉建運動之在今日，已經由言論而走入了實際，　我們為要明瞭這種實驗運動的大體起見，在這裏，且把國內的幾種鄉建主潮，分別加以檢討。我想，一種比較的觀察，是極有興趣。也是極有意義。

二　華北的鄉建運動

華北的鄉建運動，可分兩大勢力，一是定縣的平教運動，一是鄒平的鄉學村學，兩者現在都集中於縣政的實驗，實驗的範圍，又都着眼於教育，茲分別述其大略於次：

（一）定縣的實驗　定縣的平民教育，根據着四個原理來推行，即是以文藝教育救愚，以生計教育救窮，以衛生教育救弱，以公民教育救私，為要使這四種教育增加效率，便於推行起見，於是即利用三種方式，即所謂學校式，社會式，家庭式是也，他們利用三種方式，施行四大教育，其目的是在完成六大建設，所謂六大建設者，即政治建設，教育建設，經濟建設，自衛建設，衛生建設，禮俗建設是也。

在定縣實驗的機關，一共有兩個；一是中華平民教育促進會的各部處，一是河北省縣政建設研究院的實驗部，這兩個機關，性質雖然不同，但所要想達到的目的，可說大致是相同的，不過實驗部是由上及下，而平教會則是由下及上，實驗部的工作目標，是在培養民力，充實國力，平教會工作的目標是在借各種教育、完成鄉村建設，而結果做到縣政改革，他們相需相成的地方很多。只是實驗的範圍，各不相同吧了。

在平教會施行的四大教育，進步至於今日，對於施教的方法，極力注重制度化，及系統化，在制度化系統化具體的實施，便是組織教學及傳習用學制，組織教學，在教學的境地裏，可算別闢蹊徑，他利用大隊的組織，使學生自行研究，自己管理，以達到「分工學習」，「合作應用」的教育目的，傳習用學制，是最好的一個自動教學方法，他的組織，分為傳習處，傳習站，傳習總站，總站為分站的樞紐，傳習處更屬於分站之下，傳習處及傳習站負責指導傳習用的人，均為導生，導生所到之處，文盲即逐次減少，以至於肅清，這種方法的發明，正足表示定縣實驗的成功，在教育的領域中，可算是起了革命。

至於實驗部的工作，則注重於掃除文盲及表證示範村兩種，所用的方法，是與平教會取一致的，實驗的項目，則分教育，政治，經濟，衛生四項，

(二)鄒平的實驗　定縣的實驗，是新派的農村運動，鄒平的實驗，則是代表舊派的農村運動，鄒平實驗實施的情形，以政，教，富，衛，為原則：以村學鄉學為骨幹，村學鄉學，係仿照呂氏鄉約的古制，而實驗政教合一的原理，村鄉學各設學董會，由縣政府聘該村齒德俱尊者一人為學長，另委學董一人為理事，此外則委派輔導員一人，教師一二人，舉凡該村的行政，及教育一切進行，均由村鄉學負責，即以村鄉學代替過去之區鄉公所。

鄒平的實驗，是由山東鄉村建設研究院發其端，實驗的區。，除鄒平而外，另有荷澤一縣，實驗已有的成績，如禮俗之改良，自衛之組織，美棉之推廣，各項合作之進行在北方影響極大。

三鎮平與南陽　在北方的鄉建實驗，除定縣鄒平的兩大勢力而外，鎮平三縣，却有他特殊的成效，不能略為一談，鎮平的鄉建運動，最初全着眼於自衛，次則着眼於自給，組織緊嚴，訓練切實，用人民自己的力量，做到無盜無匪的地步，近又轉向於鄉村文化建設，如果繼續努力，將來在北方的鄉建運動中，常可與定縣鄒平鼎足而三。

三　華南的鄉建運動

華南的鄉建運動，只有廣西一省可說，廣西以一省為單位，用政治力量從事於普及教育運動，這在中國，是僅有的，玆摘錄其國民基礎教育六年計劃中之主旨及方法於後：

一，主旨：

(一)以政治的力量爲主，經濟的力量及社會量爲輔，限於六年之內，普及全省國民基礎教育。

(二)以國民基礎教育的力量，助成本省(廣西)下列各項建設：

1、政治建設，

2、經濟建設，

3、文化建設，

4、社會建設，

二，方法：

(一)指引全省有志青年，重回田園間去，商店中去，工廠中去——學問與勞動合作方法，

(二)指引全省兒童及成年民衆，協助政府，造成鄉村建設運動，及民族復興運動——學問勞動與政治合作辦法。

在計劃中，我們已可看出他們的偉大，這裏再看看他們實施的步驟及事業，廣西普及國民基礎教育的第一步，是從二十二年一月十五日起，先成立研究院，研究院的事業，其大略如下：

一，實驗中心區，在南甯城區，一共設有國民基礎學校十三所，托兒所兩處，實驗國民基礎學校一所，苦力兒童工學團一所，民衆診療所兩處。

二，實驗推廣部　推廣部包括調查統計，生產教育，愛國教育三系：

(1)調查統計系，着重於實驗中心區的社會經濟各項調査，備作實驗的根本。

(2)生產教育系，現有畜牧場一，林場一，植物園一，信用，販賣，消費，生產合作社各一。

(3)愛國教育系　愛國教育系，除民族精神講演而外，別的事業，還不見有大的成績。

他們第二步的普及教育工作，原定在二十四年二月全省成立八個指導區和八個基礎師範學校，後來把師範改做民團幹部學校，實行教育，軍事，政治合一的辦法，以貫徹「一人三長制」——基礎學校校長，兼任村長及民團後備隊隊長，這種辦法的改變，廣西當局，想在兩種設計之中，完成一切建設，一是產品運銷合作社網，由研究院產品運銷合作社聯絡各區民團幹部學校，產品運銷合作社，再推到各縣基礎師範合作社，再推到各校，這是一貫的經濟組織，一是基礎教育網，由研究院推及各區民團幹部學

校，再推及各縣，再推及各校，這是一貫的教育組織，這兩種設計的實行，雖然是有不少的問題，但在中國，不能不算是一件比較進步的文化運動。

在廣西的鄉建運動中，還有一件不甚爲外面人士所知道的事業，也值得略爲說說，那便是柳州的墾殖水利試辦區，該區成立於二十一年三月，地點在柳州，西北面積十萬畝，將來可增至二千方里，目前已舉辦的事業，有幾點在鄉建中頗有意義。

一是改造舊村，該區劈頭便抓住了經濟的核心，第一步是放款，放款手續極簡單，只要農民互相連保，經該區調查無惡劣嗜好，便可立劵借款，款由該區向廣西省銀行借來，年利一分，實際上便是信用合作社，不過該區避免這樣的名稱罷了，第二步是成立農民倉庫，農民於農產品登場時，便把農產品送到倉庫裏去存放，等到價值相當的高了，才賣出去，或者運銷到別地方去賣，這是倉庫合作與運銷合作合辦的事業，第三步，該區鑒於商人對於農民剝奪太甚，遂成立公店，（即購買合作社）專買肥料及各項日用品，這幾種經濟事業，該區對於農民立下了很深的信仰，並改善了不少的陋習。

二，是建造新村，該區建造新村，完全站在耕者有其田，出

資者有其田的觀點上進行一切，其辦法是荒田初墾的幾年，墾民係雇傭性質，到所開墾的地方，可以獨立經營時，出資者便把牲畜農具房屋等折合價額，加上利息，約定在十年之內分期攤還，等到還完之後，土地財產，便歸墾民所有，假如是荒山植林，由出資者做初步工作，由墾民負保管責任，等到林木成材，墾民便與出資者平分，這種辦法，與吳景超先生「耕者有其田」的主張完全一致，（吳先生在「耕者何時有其地」一文中曾詳論辦法，（文見獨立評論一六五號。）進一步便可實現沈昌曄先生所理想的集體農場。（國聞週報三月份農村建設運動之我見觀一文）這種從土地分配着眼的鄉建運動在現在，不能不說是一種極堪注意的事。

四　華中的鄉建運動

華中的鄉建運動，可說是盛極一時了，這裏只揀幾處較爲著名的來說：

（一）陶知行先生的工學團　陶先生的教育理論，是「生活即教育，社會即學校」所以陶先生主張的教育，是「生活教育」，陶先生的教育方法，是「教學做」合一，從學中教，從做中學；怎樣做就怎樣學，怎樣學就怎樣教，陶先生的教育主張，是即知即傳人。陶先生爲要實現他的理想起見，曾在曉莊創立過以學校爲社會

改造中心的曉莊師範，及附設的中心小學。又曾發表過以百萬教師改良百萬農村的宏願。曉莊夭亡後，陶先生即在上海附近創立山海工學團，揭櫫其六大訓練，八大目標：

六大訓練爲：

（一）軍事訓練

（二）生產訓練

（三）科學訓練

（四）識字訓練

（五）民校訓練

（六）生育限制訓練

八大標準爲；

（一）生產教育的普及標準

（二）科學教育的普及標準

（三）日衞教育的普及標準

（四）交通教育的普及標準

（五）藝術教育的普及標準

（六）健康教育的普及標準

（七）共濟教育的普及標準

（八）文學教育的普及標準

所謂工學團，其意義在「工以養生，學以明生，團以保生」，要使學校，工場，社會打成一片，工學團主動的人物，是小先生，每團有團長，及若干團員。團員的成績考核辦法，是每月教會一個人讀寫一冊書者給一分，教會兩個人者給兩分，教會一個人讀寫兩冊書者亦給兩分，餘則類推。每個團員，佩綠布團員證。小先生的團員證上，有一金星，如果小先生的學生又教了人，便加兩星。依此，有三代學生的加三星，四代學生的加四星。這個辦法推行起來，於普及教育，的確是一個極好的利器。

（二）滬西民生教育實驗區　滬西民生教育實驗區，其推動的單位團體，爲念二社，最著者有林家港念二社，滬西念二社，金家巷念二社，其主動的機關，爲大夏大學及念二運動促進會，社以下爲團；林家港念二社現有畜牧合作團，及第一第二種植合作團，滬西念二社，有種植合作團，及第一第二拉車合作團，金家巷念二社，有種植合作團，洗衣合作團，紡織合作團，區有主任，社有社長，團有團長，是其組織上的骨幹，以其事業來看，似乎全着眼於經濟，其實他們對於教育，公安，衛生，娛樂，亦同樣注重，而且利用機會，在經濟的活動中去施行教育，所以他們的教育是活動的，是實際的，如滬西念二社則施行流動教學，（流動教學以邰爽秋氏所發明之普及教育車爲工具，中包含圖書館，代筆處，問訊處，臨時醫院，巡迴展覽等教育活動），及家事指導，農村念二社，則施行混合教學。這都是他們別具苦心的鄉建運動。

（三）江蘇省立教育學院的實驗　江蘇省立教育學院的實驗事業，注重於民衆教育及民衆訓練，其實驗區域，在目前可以北夏實驗區及惠北實驗區爲代表，北夏實驗區，普及民衆教育辦法，在事業上可分政治經濟文化三類，關於政治，他們力使區內做爲自治自衛的地步，因此，做成立了鄉鎮改進會，及保衛團多處，關於經濟，分農事改良，金融流通，提倡合作，傳習農村工藝四項，關於文化，該區出版的民衆讀物很多，惠北實驗區，則努力於民衆自衛的訓練，近來畢業地方自衛訓練班兩班，其訓練內容，分精神講話，音樂，國語，早操，軍事訓練，國術，各種，訓練之後，以同學會爲各受訓青年間的連繫，同學會及同學分會，即從事於各種社會活動，如勞動服務，生產活動，擴大組織等，其目的是要加強農村青年的組織，以作建設農村復興民族的基礎。

（四）江寧蘭溪的縣政實驗　江寧與蘭溪，在華中的實驗事業，與其他地方，略有不同，其他的地方，着重於社會的實驗，江甯與蘭溪，則着重於政治的實驗。其進行步驟，是先公安財政，次及建設與教育。其實驗的成效，江甯則財政的整理，較公安爲優。蘭溪則公安的成績，在整理財政之上。關於縣政建設，兩縣均有其特點，即一切建設，與學術機關合作，如改良農業，江甯與中大合作，蘭溪與浙大合作，如救濟農村金融，江甯與上海交通銀行合作。惟教育僅具芻形，較之各地，不免稍遜一籌。

五　華西的鄉建運動

談到華西的鄉建運動，其發生較他處爲後，其力量較他處爲小，現在可說的，惟嘉陵江三峽的鄉建事業，還算方興未艾，餘如巴縣南泉之鄉建實驗區，已成曇花一現，江津白沙，雖頗努力，究因環境困難，成績不大顯著，至於嘉陵江三峽實驗區，承峽防團務局之後，一方面努力於自衛，一方而努力於經濟建設及文化建設，目前已劃江巴璧三縣之黃桷，文星，二岩，北碚，澄江，各鎮爲鄉建實驗區域，建設工作，將由市鎮而鄉村，將由民衆被動而輔導民衆自動，目前已着手準備者，爲普及教育運動在義務小學方面，各保設保學，各鎮設實驗小學，在民衆教育方面，將利用保甲組織，以作肅清文盲運動，其次保甲及壯丁之組織訓練，亦已積極進行，保甲初步編制，將告完結，訓練即將開始，其次爲合作運動，礦業如石灰業合作，煤業合作；經濟如消費合作，信用合作；生產如養雞，養鴨合作，均將次第舉行。

六　結論

綜觀全國的鄉建運動，其路徑雖各有不同，其目的則可說完全一致，鄙意則以爲如江甯蘭溪之完全注重於縣政改革，其動在政府，而不存人民，恐基礎不固，失敗堪虞，廣西以民團組織，實施軍政教合一，操之太切，基本幹員，力量容有未濟，但以廣大羣衆，一齊動員，其成效之速，當可意料，定縣鄒平，以文化及政治兩者並重，且歷史甚久，在方法上，確極多可資取法之處，陶知行先生之小先生制，在普及教育運動中，曾建樹偉大功績，影響所及，如定縣之傳習所，鄒平之學軍制，均名異實同，成效各著，玆更就其相同之點言之，全國鄉建事業，似均注意於組織及訓練，其目的似均趨重於民族自救，這是一種可喜的現象，我想在敵人的極端壓迫之下，步驟也許會日趨一致吧。

> 我們爲社會服務，無時無刻不遇見問題，我們的工作就是應付這些無數的大小問題。只要一個問題應付不了，我們工作就要受影響，甚至停頓起來，我們工作效率的高低，全以應付的快慢及方法的好壞爲標準，我們不是永遠被動的，一面應付不自我生的問題，一面亦生出問題來給別人去應付、還有很多的時候，生出問題來，給自巳應付。
>
> ——章元善

一年來的北碚民衆教育

舒傑 葛向榮

四川嘉陵江三峽的鄉村運動，雖然有政治，經濟，文化方面、而中心活動，却是訓練民衆，自從劃了一部份任務，給予北碚民衆教育辦事處以來，也有不少的活動，但是因為經常工作人員只有三個，經常開支每月不過八十元，所以總是感覺得很零碎，很幼稚，這是要深深盼望閱者予以批評和指正的。

一 民衆學校

我們為了普及識字教育，想一鼓而掃除北碚的文盲，最初曾分區先後設立了民衆學校十五所，幷以優厚的獎勵為號召，以期散容全市所有不識字民衆。但是求知的慾望，終敵不過生活的煎迫！所以結果，北碚場三千零九十三人中三分之一的文盲，只有六百多人入學。而畢業僅僅只有二百七十人，尚有一百三十三人未能及格。

於是我們又改變方式，就各職業的性質分別施行教育：在船夫休息的囤船上，辦了一個船夫學校，以峽局巡船船夫為固定學生。每晚授課二小時，教以生活上所需要之常識，如沿江險灘之所在，峽區特產之分佈，水上交通之進步，……等等并訓練他們作傳達先生，把每晚間所學的，在白天轉教給過往船夫，或向旅客介紹遊覽所知道的一些事情。在力夫休息的茶社裏，辦了一個力夫學校，藉吃茶的機會，教以接待客人親切的態度，及搬貨物應守之道德，并訓向客人作名勝古蹟的介紹，指導同業組織之健全。又為維持其長久向學計，予以種種優待，例如在地方醫院醫病，不取掛號費，在民衆會場看戲，免票歡迎；在三峽廠扯布，再打折扣；更介紹遊覽旅客，雇用力夫學生，獲得工作的機會，為訓練婦女職業，減輕家庭負担，增經濟收入，辦了一個婦女學校，購買了一些小工業的機械，教他們織襪子，織毛巾，打毛線。為改善三峽廠幾百工人的生活，辦了一個工人學校，分為高初級男女四班施行教育。利用星期日的旅行，講述各國工人成功故事，如蘇俄的織布英雄，耕田英雄，……等，以激發他們的工作的志趣。現在又聯絡廠方辦理壁報，報告作工的成績，討論工作的方法。又以東陽鎮及西山坪農場為中心，辦了兩個農民學校，附近農家，入學的稱為踴躍。將來更準備訓練學生，作農村改進的幹部人員。

這些活動，誠然都對於民衆有多少影響，但是還不能徹底肅清文盲，完成普及識字教育的基本工作。所以我又有第三步挨戶教育的實施，把教育送上門去！每天午後，派教師到人家裏去授課，由他們自已決定：看那個時間空，就在那個時間去施教，那個地方空，就在那個地方去施教，解除一切受教機會的束縛。有將集中週圍幾家或十幾家在一家裏授課，今晚在這家裏，明晚在那家裏，他們在這個機會當中，除了受課外，還大大的增進了人羣會集的快樂。

去年在東山路，學園路，公園路辦完第一期；又在西山路，歇馬路，清和路辦理第二期，到今年一月十七日才告結束。共授課一百八十五日，有十四位教師，都是峽防局和民教處服務的青年朋友，更由民教處每日派員視察各校。除平民千字課作爲固定的教材外；畫報照片，時事，新知識等，都是我們採用的教材。在結束的時候，舉行考試，四十五名男女生，大半數俱能及格。

在今年三月十二日，又開始辦理均和路第三期。教材則由我們依當時當地的需要而編選，計有應用文，珠算，常識三科，各科施教，不求速效，但求讀一課能徹底了解一課，運用一課。教師初由峽防局及本處職員共同担任，後來因峽局職員，各有專責，無暇分力兼任，遂全由本處職員自任，每日仍然派員視導各校，發現問題，每晚開會解決，并提各教師教學方法之優良者供全體採用，直至七月二十七日始告結束。嗣即辦理考試事宜，舉行畢業試男女生共五十一人，不及格者計有九人。並於三十一日舉行散學典禮，邀請來賓講演，指導今後繼續求學之重要與途徑，及外間普及教育之努力情形。

在辦理挨戶教育當中，起初，因爲我們的教師，都是武裝的青年，突然跑到人家房子裏去教書，尤其是教那些羞答答的，從不肯輕易見人，更不肯輕易見軍人的不識字婦女的書，招生確是非常困難的一椿事情！事後，慢慢的見慣了，引起興趣了，於是反感覺教師的不敷分配。同時因爲私塾放假，挨戶校畢業，我們就利用這機會，招收程度較高的學生，施以一月的訓練，來幫助担任普及教育的教師，以作小先生制的試驗，所以在七月二十六日，就發出招生廣告，招收了十二名男生，十四名女生，於八月一日決定課程及教案，由各科教師分別編擬教材，開會審定。

八月二日即開始上課，分男女兩班，每日午前九至十二鐘爲授課時間，午後閱讀指定書籍，舉行讀書報告，討論小先生教學問題及辦法。第一週星期日，學生各就自身家庭作撲蠅運動一次。第二星期，各作鄰近人家文盲的調查。第三週的星期日，在校試行組織教學。以能力較高者，教能力較低者，作小先生教人的練習。一直到暑假期滿，各校開學，暑訓學生回歸各校的時候。

二　改良私塾

北碚雖然有兩所公立小學，但私塾在鄉村社會中，却也佔着相當地位，對於兒童的影響很大。在我們的私塾調查中，就可看得出：僅僅一個北碚小小的市場，就有七所私塾，一百五六十個學生，全鄉三十三保，就有三十七所私塾，六百五十個學生，如果全數取締，又沒有許多經費另設學校來代替他，所以只有進行改良的一法。

我們先從北碚市場改良起，除供給塾師一些需要的教學供具外，每天並派員到各校去授課，教授常識，珠算，音樂，，在授課當中，並實地訓練他優良的習慣，如作揖磕頭，改行鞠躬禮，放學要整隊，唱歌，先生問話，必站立恭敬回着，坐立姿勢要端正。每週召集全市私塾師生，開聯歡會一次。爲提起集團生活的興趣，一律都舉行比賽方式：(一)講演比賽：訓練學生出席講演故事，以姿勢的活潑，內容的充實，聲音的清楚，爲比賽的標準。(二)清潔比賽：檢查各學生是否刷牙齒，剪指甲，是否常常洗澡，身上有無垢膩，衣服是否常常換洗。(三)唱歌比賽：以每個學校爲單位，依唱歌的整齊，聲音的和諧，節拍的正確爲標準，(四)秩序比賽：在會場中，是否保持肅靜，遵守紀律。(五)遊戲比賽：爲調劑會場的沉悶，活潑兒童的身心，舉行各種遊戲比賽，在這種種比賽的終結，有一度講評，成績優良者，予以名譽或物質的獎勵，成績落後者，予以安慰和鼓勵，不使其心灰，不使其氣餒，各學生爲了趨赴這種比賽，而預備，而訓練，而努力，其爲興趣之濃厚，其爲活動之緊張，實爲鄉村社會中所罕見。

三　民衆問事處

1.代寫信件：鄉間不識字的農民，要想找人寫封信，是非常的困難，常常跑了幾里路，還找不着人寫，有時找到人了，也非請他喝二兩燒酒，吃半斤油大，是不肯代筆的，而且寫起來，也常常不通，滿篇之乎也者，使人聽得莫名其妙。所以我們就設立了一個問事處，幫助他們寫信，唸信，及寫一切雜件，並贈送信封信簽，一般農民，都認爲是莫大的幫助，玆將本年度代寫信件統計表列於後；

函信分類	件數	雜件分類	件數
慰問	41	支條	186
通知	92	收條	52
謀事	23	借條	11
借錢	27	發條	27
索債	10	保狀	58
請託	32	借約	8
購物	20	佃約	11
兌銀	40	頂約	5
合計	285	合計	357

2.解着疑難：凡民衆有疑難問題，我們都可隨時隨地幇助解決，或當時口頭回覆。

3.接洽引導：因爲來這裏參觀或遊覽的旅客，對於各方情形，都不熟悉，深感不便，我們要幇助祛除這困難，更要使峽區事業的意義與方法。能獲得外間深刻的認識和親切的指導，特派員引導參觀，計本年度引導了五十個團體，一百三十一起旅客，還有許多團體和旅客，是由峽局政治股派員引導的。

四　民衆會場

民衆會場是本處施行社會教育的中心地點，寓教育於娛樂，以代替不良習慣，裏面有値洋一千四百元的新式幻燈機，可以映放實物圖畫，照片，畫片，及顯微鏡下的玻片；有値洋四百元的收音，可以收省內外的音樂，時事和講演，有時租放電影，有三峽事業人們活動的影片，有四川風景的影片，有含有充分教育意義的名貴影片，會場在今年開放了九十四次，表演了三十次新劇，一六十四次川劇，四次京劇，兩次電影，八次魔術，五次雙簧，一次口技，七次國術，十次跳舞，不僅由我們活動，還要求民衆自己也有活動，更還要求來參觀的學校團體，加入活動，今已實行的是教民衆唱歌，教了二十四次，唱會了黨歌，歡迎歌，九一八紀念歌，不買仇貨歌四首，在廣大的會場中，坐滿了男的，女的，老的，少的；各種不同的人羣，發出了宏亮的，清脆的，粗遒的，柔和的各種不同的歌振盪在靜肅的空氣中，頗能引起人羣會集的樂趣。

種種活動，雖然也含有民衆教育的意音，還不是我們主要的意義，這不過用以號召民衆的集中能了，我們主要的意義，是穿插在活動中的各種報告，和幾種訓練。

報告的材料，是以現代生活的運動爲中心。(一)是新知識的廣播：凡現代國防的，交通的，產業的，文化的種種活動當中，有了新的紀錄；機器或化學作用，有了新的發明；不僅在民衆會場報告，還要廣播到各機關，各市場，和鄉間。(二)是新聞的廣播：今天世界的，中國的，四川的，乃至於三峽的消息，舉凡大家應得知道的事件，米價，銀價，今年的糧稅額，下一次民衆會場的活動節目，警察調查得的人口，醫院發行的流行傳染病，正待介紹職業的男女工人，各處的新聞簡報牌必寫出來，更必在人羣集合的時候扼要報告。(三)是生活常識：要如何講衛生？要如何教育子弟？要如何分工合作的做事？要如何處理銀錢的收入和支出，要如何解決公衆的問題？何處應掘溝？何處應修路？一方面在會場講，一方面就實地做。

施行的訓練，是以新生活運動為中心，(一)守序秩：出入會場男女均須依一定進口出口，均須依先後秩序的坐次就坐，不得爭先恐後隨意擁擠，和自由選擇坐位。(二)守時間：規定開放時間，按時開放，早遲一分鐘均不得入會場，以養成按時集台的習慣。(三)守紀律：在會場裏面要遵守公共紀律，不得高聲暄譁破壞會場靜肅，不得吸煙，不得隨地吐痰，不得亂抛果屑。破壞會場清潔。(四)有禮貌？對於出席講演人須鼓掌表示歡迎，要立正

表示敬意，有時也舉行考字入場，在前一次就把要考的字在幻燈上映放出來，教讀幾遍，並在簡報上公佈，在會場進口處張貼，來的須認得才進去，認不得的人，要在我們設的臨時問字處去學會才能進去。

五　佈置識字環境

1、書報閱覽：在乘客等待上下汽船的囤船上，在遊人遊覽的平民公園裏，各設了一個書報室，書報多由各方捐贈，每週與科學院圖書館交換一次。

2、新聞廣播：凡農民應知事項，如新聞消息；上糧稅的金額，銀價的漲落，職業介紹的消息……等，皆用白話，每日寫在簡報牌上，公佈於各街要道，並以電話傳送平民公園，溫泉公園，北川鐵路沿線，及東鎮等處。

3、佈置掛圖：利用掛圖、照片，標語，說帖，佈置於茶坊酒店，場期向民衆解說，促起識字的需要，輔助識字教育之進行。

六　集團參觀

峽區各種新興事業，雖然是擺在峽區裏，却是外間來參觀的人多，而峽裏的民衆自己反不很留意，所以在各事業中新的東西，新的知識，多不了解，因此本處特提倡旅行參觀，每星期參觀

一椿事業或兩椿事業，以增進民衆知識，使了解峽區事業的意義同時借此機會，訓練民衆有組織有規律的集團生活。

在參觀之前，將要參觀的事業和內容，參觀的時間和集合的地點，作一度廣大的宣傳，並挨戶登記參觀的人數，在參觀的那一天，由特務隊鳴鑼通知參觀人到指定地點集合，我們將要參觀的民衆，依男，女，老，幼，分爲四隊，以十人爲一組，每隊分爲若干組，由他自己選舉隊長和組長，負統率照料的責任，如果中途需要過河，我們就幫助準備船隻；如果路途太遠，我們就在相當地點設休息處，準備茶水；到了參觀的地方，由他們派人接洽要參的機關，然後再分組進去，由引導人依着預定的路線引導參觀。

要參觀的每一椿事物，有解說的人員，參觀的時候，不但向人民解說這椿事物的名稱，構造，效能，來源……等；並指導他們自己實驗，例如三峽染織廠參觀電力織布機，就說明『這部機器，叫什麼名字？是由那幾部分機械構造成功的？他怎麼自己會動，怎樣御駕法，要如何開閉可以使他工作和停止，我們就可一點不費力，牠每天就可幫我們織成八丈長的兩匹布，並說明是用許多錢從外國買來的，我們自己還造不起，今後還望大家努力研究發明，才不致受人家的壓迫哩！』並指導他們親自去指揮機器工作，給他們一個深刻的印象，

今天參觀了三峽工廠，科學院的理化研家所，生物研究所，地質研究所，果園種植公司，澄江鎭的運河公園，北川鐵路沿，嘉陵煤球廠，明年還準備到重慶合川去旅行，參觀各種新興事業。

七　巡迴展覽

旅行參觀，只能使北碚的人了解峽區所有的事業，還不能使峽區各場的人了解峽區所有的事業，所以又由民教處聯絡峽區各事業機關，將所有意義的東西，如標本，模型，掛圖，照片，實物，巡迴搬運到各場去展覽，運用展覽方式，施行實物教育、使人民對於生活有關的事物，有深刻具體的了解，例如促起農民改良副業，就把最好的意大利來航雞，北京鴨，波支猪，復興兎，用作展覽的材料，對觀衆介紹飼養的方法，和改良後的效果，爲灌輸社會方面的常識，就陳列種種防空照片，說明現代戰爭的毀滅力量與防空的重要，使人民有所警惕；陳列愛國歷史掛圖。講解愛國英雄的故事，使民衆有所覺悟；又陳列世界風俗人種掛圖，說明世界各民族之風俗習慣，爲灌輸自然方面的常識，陳列

動植礦物的標本，說明自然與人們的關係；陳列顯微鏡，望遠鏡，說明牠的原理和效用，並給他們實地去看；陳列採集照片，說明各處豐富的特產，急待我們去經營開發，爲灌輸衛生常識，陳列衛生標本及病理模型，說明各種病症的來源，徵象，治療和預防的方法，爲戒除民衆惡習，陳列有害于人的嫖賭烟酒的掛圖，說明牠的害處及戒除的方法。

在展覽之前徵集各種展覽物品，編擬簡短適當的說明，在要到某處展覽的前一場，就由峽局派員去普徧的挨戶宣傳，在展覽的那一天，再由地方當局鳴鑼宣傳。

在文化蔽塞的鄉村，尤其是那些頭腦冷淡的鄉民，經這兩次宣傳以後，情感倒也興奮，剛剛看到我們拿去展覽的兇惡的豹子，美麗的孔雀，奇形怪狀的娃娃魚，運攏之後，還不等我們佈置完善，就有許多人要求馬上參觀，萬頭鑽動，情勢異常踴躍，經一番維持，秩序才逐漸安定下去，我們就總動員地趕快清潔地方，安設棹凳，劃一路線，陳列物品，預備開放。

展覽場只有一個進口和一個出口，進口的前面有一個廣大的壩子，依男女老幼分爲四隊，各佔一塊地方，每隊以二十人爲一組，各隊輪番依次魚貫入場，在進口處設有一個休息所，利用等候參觀的空餘時間，向他們宣傳參觀規則，等前一組將第一處陳列參觀完畢，始讓後一組依次進去，每組爲一集團，不得自由分離，這些展覽品都依着路線的程序，和解說的便利陳列着。每段陳列品都固定二人擔任解說，一人維持秩序，在相當時間後，工作互換，以均勞逸。

參觀的人依着路線將所陳列物品參觀完畢之後，在出口的地方，再有一段簡短的介紹，說明『今天陳列的物品，不過是北碚的一小部份，還有許多很好看的有趣的東裏，歡迎以後到北碚來慢慢的看』

每次展覽，觀衆總是如潮水一般地愈來愈衆，由午前九鐘起到午後四鐘止，至少在三千人以上，觀衆還不斷地源源而來，工作的人員沒有一分鐘的休息。終以天晚停止展覽了，但有許多未看到的民衆，還在翹首企望不已！

八　季節開放

旅行參觀，巡迴展覽，是我們造起機會來施行的民衆教育，還有許多不待造而已有的機會，如國慶，總理誕辰(植樹節)，春節，夏節，秋節，等季節中，常常有幾千的四鄉的民衆來街上遊玩，也常常有由二三十里路以外的場鎮的民衆，成羣結隊的來北踏遊玩，這些機會正是我們施行教育的好機會，我們絕對不能放鬆弛，我們也從來沒有放鬆一次。

在各種季節前，民教處就聯絡各機關準備開放，並商量開放時那一個機關陳列些甚麽東西？那些東西如何陳列？那些人擔任引導，那些人擔任解說？那些人維持秩序，那些地方設備茶水，那些地方安置痰盂，那些地方販賣食品，那些地方收藏菓屑……這些問題，事先都要一一佈置妥善，準備清楚，並預先印好遊覽須知，臨時散發，除開放外，還有各種活動，這些活動都有一定時間，屆時由工廠放汽，或特務隊鳴鑼，通知民衆，『現在是某時間，某種活動開始了，』在另一活動開始，前一活動即行停止，以免秩序紊亂，事後，又要開一度整理會議，檢討會中所發生的問題，作爲下次集會改進的據根。

每次開放時，都定在午前八至十二鐘，勤快的鄉民，他們來得眞早，時間未攏，已有不少的人上了街，三三兩兩帶着樸實的神氣，希冀的眼光，在各機關門前翹首探望，活潑的小朋友們，更不耐煩地要求提前開放，參觀時，他們都能遵守秩序，不亂吐口痰，不亂抛菓屑，因爲這些活動他們早經訓練過了，卽使不知道規矩的民衆，經曉得的輾轉相告，又看見大家都那樣做，也不

得不遵守着做去了，每個機關除了陳列許多與民衆生活有關的東西外，在要道的牆壁，又貼許多含些教育意義的掛圖，以及國防，產業，交通，文化四個運動的新知識圖表，這些新奇的事物，在他們的腦海裏一幕一幕地呈現着，驚奇，悲憤，歡欣的情緒，也不住地變幻，他們純潔的心靈，已被整個的環境溶化了。

不僅陳列出的東西讓他們參觀，一切不能陳列出的地方——寢室，廚房，廁所，陰溝……等，都讓他們看一個下細，例如到了寢室，就指着每個人床上摺疊得整齊一致的被條，和放在一根線上的用具給他們看，問他們的寢室是否也這樣簡單？被條用具是否比這樣放得更有秩序？到了廚房用手摸擦着乾淨的灶頭，菜板，指着加了罩蓋的碗櫃缸鉢給他們看，問他們的灶頭，是否也這樣乾淨？菜板是否找不出油垢？碗櫃缸鉢是否加以罩蓋來避免蒼蠅和灰塵？到了廁所，就指着乾淨的踏板和堆着的石灰炭灰給他們看，問他們的廁所是否比這樣更清潔，是否常常用石灰來消毒？用炭灰來吸收穢氣？是否也聞不到臭氣？這一點一滴的細微動作，不但足以資他們的觀摩和仿效，也最能吸引起他們的興趣。

參觀完畢，接着就是遊藝表演，有新劇，川劇，京劇，歌舞

，魔術，雙簧，國技……等節目，這不僅是北碚的朋友表演，還有重慶，合川，峽區各學校，和玩友前來參加，每次會場雖然都擁擠不堪，可是秩序却井井不紊，表演時全場肅靜，空氣異常緊張，看到滑稽處，全堂無不哄堂大笑，看到精彩處，全場無不鼓掌歡呼，在每段節目中，又穿插着各種報告，如慷慨激昂的時事講演，簡短明瞭的劇情介紹，新鮮適用的常識談話……等有趣的活動，常常要繼續到夜間十鐘，大家才盡歡而散。

九　春節活動

『過新年』在中國的社會中，是有牠特殊的風氣的，無論怎樣的人，都要暫時停止他的工作，來儘量歡樂一會，不過他們娛樂的方法，總是順着習俗做去，常沒有經過合理的研究組織，尤其是往往含有極豐富的迷信意味，在要現代化的鄉村，是絕對不容許它存在的，但是也不能斷然地一下改革過來，必有慢慢地改善，才不致激起民衆的反感。

一般鄉村的民衆，在過舊歷年節的時候，都喜歡寫貼春聯來新色門面，所以我們就選編了一本『新年聯語』，這本小冊子，可以說它是一冊有意義的標語，利用它來代替春聯，隨時隨地可以警惕民衆，影響他們的生活向美向善，聯話印成後，就散發峽區各場，各鄉公所，各特務隊，各學校，各私塾，各紙裱舖選寫，並宣傳各市民張貼，峽區民衆到本處來領取聯語的，非常踴躍，北碚市民寫貼『新年聯語』者，佔十分之八九。

元旦日，我們要在公共體育場舉行踢鍵子，象棋，打核桃，田徑賽，各項球類比賽，這些活動在峽裏已成了照例的文章，今年更由各特務隊，組織了三千多名的煤炭窰子裏的工人，結隊來北碚旅行，這些勞苦的人，終日在煤炭坑裏過着地獄似的生活，一旦到了清潔整齊的環境，情緒異常興奮，尤其是在峽局如貴客一般的招待他們吃了一頓饅頭，更使他們感激不已！及至他們看到踢鍵子，打核桃這些競賽時。便磨拳擦掌，躍躍欲試，於此更足以證實羣的活動，極容易提起羣的興趣，指示我們今後一切活動，都要像這樣大衆化，普偏化。

各項比賽，優勝者發給獎品，在簡報上公佈成績，在民衆會場向大衆介紹，藉以鼓勵羣衆勇於參加羣的活動的興趣，幷得藉此多認識民衆，組織民衆，訓練民衆。

新年娛樂中，一般鄉民最玩得起勁的要算玩龍燈，打蓮簫，玩車車燈這幾項，我們為要使這幾項主要的娛樂，含有充分的教育意義，所以又編了一些蓮簫詞來散發民衆，以戒煙，戒賭，戒纏脚，剪指甲，刷牙齒，滅蒼蠅爲唱詞的材料，並規定元宵節活動辦法，及應注意事項，在會場當着大衆宣佈，如蓮簫詞須由本處審定，否則一律取締，如乾柴及容易着火爆炸的物品，須妥爲藏閉，由特務隊執行檢察，今年我們發出的蓮簫詞，不僅有峽區市民唱，還有峽局各特務隊官兵也組織蓮簫隊，起來和市民比賽，明年我們更想利用比賽方式，將玩龍燈改爲防空演習，因爲改良舊有活動，來施行民教，是最好不過的機會啊！

十　夏節競賽

本來春節和夏節郡是季節之一，不過在這兩個季節中，還有更特殊的活動，也是極其有趣的，有意義的，元宵的活動以經說了，在夏節的就是盛大的龍舟比賽，游泳比賽，和其他運動比賽、要舉行這些比賽，也有幾點意義：

第一當此國難嚴重的時期，我們應盡量利用原有活動，施行體魂的鍛煉，以應付時艱。

弟二我國人，一向只有家庭和親戚鄰里間的門閥比賽，缺乏新集團生活比賽，尤其缺乏新集團生活的比賽標準，所以我們應提出新集團的比賽標準，去改變這種舊集團生活的比賽。

因爲牠們有這些特殊意義，所以我們定牠爲民教運動節，因爲牠是民教運動節。所以北碚各事業的朋友，都總動員努力於這個民教運動節的運動，於是我們就籌備，就組織，由峽局派員運動十九個碼頭的龍舟和游泳選手，由醫院組織救護隊担任救急治療，由義勇隊學生組織臨時招待處担任引導，由兼善校學生組織宣傳隊担任街頭講演，由特務隊組織巡察隊担任維持秩序，我們都通通分頭工作去！

夏節到了，午前是舉行龍舟比賽，十九個碼頭的三十隻龍舟，都按時齊集嘉陵江畔，兩岸人山人海迤延數里，江中遊船星羅棋佈，往來如梭，並在那天把河對岸東陽鎮和西山坪的農民，凡能唱歌的都組織起來，七八人一組，每組乘一小木船，或順流而下，或逆流而上，邊划邊唱，這滿江的歌聲水聲相和，使勤苦的農民，忘懷了他們終歲的勞頓，忻忻然的領略這人羣的樂趣。

在龍舟比賽中，每船有個有趣的龍頭老人，甚麼叫龍頭老人呢？就是划龍船素有經驗站在龍船最前面指揮一切的那個踩頭的人，有一位姓楊的今年六十八歲了，有一位姓陳的今年七十五歲了，兩位老將軍。眞是老當益壯！如此大的年紀，還要來合壯年人比賽比賽，在龍舟攏岸時，他們便做出種種如飛如舞的姿勢，使船前進迅速，因此益復博得岸上不少觀衆的熱烈的鼓掌聲和喝彩聲。

比賽完畢，依優勝的等級，發給毛巾，布匹，衣服，猪肉等獎品，只要有龍舟來的，不管多少，都有一點，所以那天來參比賽者，無一不乘興而來，盡興而返。

因龍舟比賽，除長距離三十隻是一齊舉行外，短距離一次只能容許兩隻兩隻比賽，把時間佔得很長，游泳比賽和運動比賽，都不得不改期舉行，百餘位的游泳健兒，本準備游泳而來，至此苦無用武之地，只好等待明天。

龍舟比賽完結，接着就是游藝表演，那天由鄉間趕來看熱鬧的人太多，北碚的每條街無一不是擁擠得水洩不通！聽說游藝開始，他們又攜兒帶女跑往民衆會場，可是民衆會場只有那樣大的地方，雖然樓上樓下兩邊廂房，都堆滿了觀衆，至少也有二千人以上，而門外的人羣還是如潮水一般的洶湧而來，這裏當然不能一齊容納，幸好體育場同時也在映放電影，於是他們又蜂踴地轉向體育場又，這裏地方很大，所以容納了兩萬以上的觀衆，還不覺擠，那天。游藝的節目，非常多的，不僅是富有教育意義，表演也特別精彩，猶其湊趣的，是那天晚上有一對青年男女請着幾千人擁擠一堂的機會，當着大會舉行結婚典禮，主婚人證婚人都是臨時請的，證婚人盧作孚先生在婚禮中，曾有一度精彩的講演，對此種結婚的意義，解釋得非常明白有趣，講演完畢全場充滿了笑聲和樂意，從前陶知行先生提倡『三塊大洋錢，結婚過新年，』今天他們的結婚，却不花一文錢，而且手續簡單，儀式却非常隆重，來賓尤其衆多，眞是開結婚的新紀念了。

興趣是人的行爲的一種有效的動力，人對於一樁事情發生了興趣，便願意接近他而不想避開他，願意讓它占據了自己的身心，願意爲它費精神，費氣力而不辭勞苦。如果興趣濃厚，一個人實在可以爲它廢寢忘食，把他的全副精神都集到他所注意的事物。……

……我們中國現在所缺乏的就是這樣的人。

——陶孟和

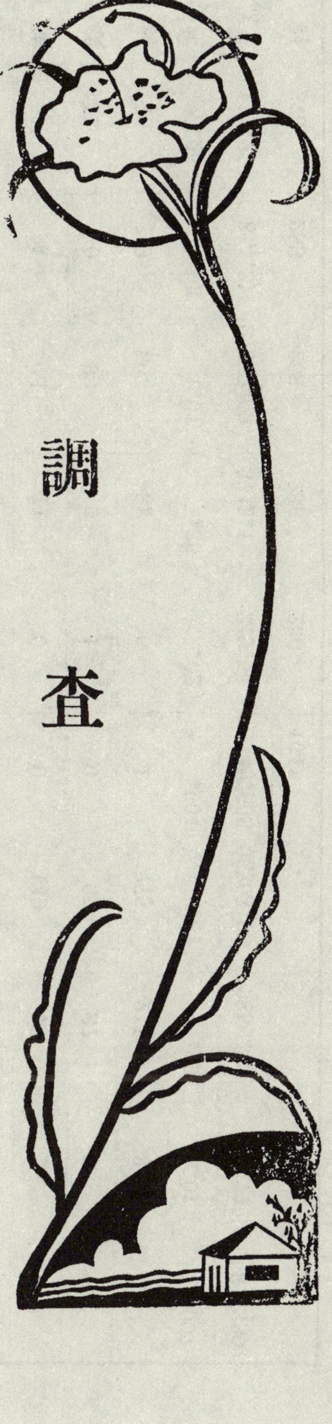

調查

嘉陵江三峽鄉村建設實驗區畜牧調查報告

韓于枋

一，引言

畜牧在農村副業中，佔最重要的位置，而在農民的經濟上，也佔重要之成分。詳查本區各場農家，至少每家飼有猪一頭或雞數隻。沒有飼養者，却很少數，其飼養目的，多以供衣食之需要，或充耕作運輸之助力，故在物盡其用、地盡其利之農家，畜牧必與耕種並行，蓋家畜飼料，可取諸農田副產物，而家畜所遺糞溺，又可施諸耕地，以有肥料，實益能互惠利用相因果也。

峽區山嶺重疊，天然牧場，各地皆是，兼之地廣人稀，未懇之地，土肥草茂、尤爲最良牧場，堪作廣大之經營，惜乎政府鮮予提倡，農民知識幼稚，墨守成法，是以家畜品種不加選擇，飼養管理亦不講求，因之疾病蔓延，不能預防，且醫治無方，往往死亡枕籍，則農村經濟損失、更非可預計也。

本署有鑒於此，特商得四川家畜保育所同意，聘請梁正國技士來峽調查家畜、區署遂派陵厚遠君及韓干枋助之，此番吾人走遍五個市場，拜訪二百七十農家戶，因爲吾人要明暸家畜品種，疾病、銷場……情形，然後才好對症下藥，推廣改良，乃有根據，此次調查之方式是採用「標本調查法」，因有調查標本，是經濟最迅速之方法，每場選擇二保，（北碚地域較大，調查是三保），每保遴選二十家，各場市街須又按地域稀密調查十戶，即以部份而代替全體之狀況，此種調查法，亦合數學之原則(A+B+)2＝A（+2AB+B2)數學之現象如此，農村之現象亦必如此，自六月二十六起至七月二十日止，除因天雨和特殊事故外，實際工作日期，僅二十日，始將全區調查完竣。

二、一般現況

本區五場，地積僅一千八百萬里，共有住戶一二四七七家，計調查二七〇家所得結果列表如左：

農家飼養畜牧調查統計表

畜別 / 場名	水牛	黃牛	豬	山羊	馬	騾	雞	鴨	鵝	兔
北碚場	18	4	181	36	5	1	242	87	0	2
黃桷鎮	4	1	87	4	0	0	155	33	1	0
二岩鎮	32	3	73	23	0	0	134	23	0	0
澄江鎮	5	1	73	11	0	0	149	45	2	0
文星鎮	11	0	93	9	1	0	95	27	0	0
總計	70	9	507	83	6	1	775	215	3	2
每家飼養平均數	.25	.03	1.97	.30	.02	.004	2.87	.79	.01	.007
全區共有牲畜數	3119.25	374.31	24579.69	3743.1	249.54	49.908	35808.99	9856.83	124.77	87.339
合計	576	285	288	286	236	1641				

備考　(一)每家飼養牲畜均數，是由調查二百七十農家中計算得來。
(二)全區共有牲畜數是以二百七十農家每家飼養牲畜平均數乘全區12477家而得。

據上表所載五場的畜牧數字，亦不見少，但以全區人口六五二八四八，及面積和牲畜數量相比，則畜牧情形常不見發達矣！

(未完)

三，品種的審察

實驗區五場，據所到農村見着的牲畜的沒有優良品種，無論農家的那一種牲畜都是一樣的粗劣，因為我們每走到一家，要問他牲畜的種類同數目，然後才去審查家畜的外貌同能力，但為了免除麻煩而期迅速起見，則未帶秤和捲尺，全憑肉眼去觀察，這當然不十分準確，可是觀察久了亦不覺得十分差異，如屠場的屠夫和販賣牲畜的人一般，只要一見畜體就推知其體重，及一切了，故練習愈久，判斷力也就相當地正確。

茲將經調查所得的品種，分別寫在下面：

(一)猪

一，本地猪，肉質粗，一年育肥，平均約一百斤左右，毛色黑。

二，鄉水猪，骨格細小，肉質膩，一年育肥，平均約重一百斤左右，毛色黑。

三，雜交猪，本地猪與隆昌猪雜交者，肉質細嫩，平均約一百三十斤，毛色白，或白黑兼雜。

四，隆昌猪，品質細嫩，一年育肥，平均約一百五十斤，毛色白。

(二)鷄鴨　大多數是本地鷄鴨，每年產卵，平均約六十個，能產到一百五十個的極少，卵用的意大利來克亨鷄種，每年可產卵二百個以上，但僅有三十隻當不能盡量推廣。

(三)山羊　本地山羊，大的每頭重三四十斤不等，每次產小羊一頭，一次能產三頭的極少，每年繁殖兩次，毛色黃，白，黑，均有。每隻價約二三元。

(四)水牛　粗分水牛黃牛兩種，(水牛即耕牛)實區之牛來自廣安，岳池，稱為橫路牛，來自綦江者，稱為正路牛，區內極少，南川路一帶的牛，叫南路牛，區內更少，而牛飼養最多的，要算本地牛，因其價廉的原故。

(五)馬騾　來自川南，供馱炭之用。

(六)兔　本地兔，供肉。

四，飼養情形

A，猪舍

一，猪　本區農村的畜舍設備，大都不合科學方法，其家畜皆用舍飼，無論光線與空氣都不合宜，任你走到那一個農家，猪舍的長，寬，高，的度量，都不合法，而且都是木棚，下設一糞坑，鮮有石圈和糞坑在外的，常走進時，就有一種濃重的亞莫尼亞的臭氣透入你的鼻孔內，圈內打掃清潔的也極少，大多骯髒不堪，飼漕多是長方形，石質或木質，且常盛有殘餘的飼料。

二，牛馬騾羊　牛，馬，騾，羊，的畜舍很少另外築造的，大都拴牠們在屋角裏，或者和猪混在一個屋裏，用幾條木料把牠作成木棚，分別就成了。

三，鷄鴨鵝　大多用竹籠或籮兜，少有做鷄舍的，至於設備就更說不上了，稍有智識的人家，亦不過是木架竹編的長二尺，寬一尺半，高二尺半的籠就算持殊的鷄舍了!

四，兔　沒有兔舍，人多放在屋角裏，聽其自找住地。

四，飼養　飼料的目的，在維持家畜的生命，使他能生長能勞動，能肉食能產卵，故飼料中所含的養分也就要求適合於這

種需要，本區家畜飼料主要爲植物，茲分別的列寫如下：

一，玉蜀黍　用以飼養猪雞鴨等。

二，小麥　喂雞鴨鵝，亦兼有喂猪的。

三，大麥　喂雞鴨，大多數用以喂猪。

四，大豆　僅用豆渣喂猪。

五，麥麩　多用於喂黃牛。

六，米糠　用以喂猪同雞鴨鵝等。

七，稻草　用以喂牛同馬騾。

八，玉蜀黍心　將玉蜀黍的顆粒取去，所餘剩的心，用臼搗碎和以清水，再用石磨碾碎，煑熟喂猪。

九，青草　大多是禾本科的牧草，用以喂，羊，馬，騾，兔，猪。

十，苦蕹　用以喂猪。

十一　清水。

十二，掃水　是用淘米，和洗食具水，內含鹽分脂肪很多，皆用以喂猪。

十三　甘薯莖青葵蘿蔔等類用以喂猪牛馬兔等。在飼料的分配上，當說不上用科學方法了。

五，疫病一瞥

農諺云：黑毛猪，家家有，不死勝知府。「由此可見農人家畜的盛況和死亡的直接影響於農家經濟之大了」！因農民對於家畜的飼養和管理素不講求，一遇病菌傳來，牲畜不知隔離，飼具不知消毒，不但死亡累累，無法醫治，往往傳遍一村，惟有忍淚吞聲，委諸天命，以爲天神的降災，無可逃避，因是多耗金錢於迷信禮物，作無謂之犧牲，此在教育不普及的中國農村社會裏，農民不識家畜疾病之由來和預防，以至于事急搔頭。亦是人之常情，玆將調查疾病與死亡之數目列表如左，以供專家之研究：

家畜疾病調查統計表

	水牛				黃牛	猪											山羊	馬	騾	雞						鴨	鵝	合計	備考
	牛瘟	牛〇	隔食	喉封		猪瘟	火印	喉封	蚤症	清水症	寒火症	扯筋	熱症	爛腸症	紅痧症	癩病	羊瘟			雞瘟	白痢	喉封	清水症	爛腸症	軟腳症	鴨瘟	鵝瘟		
北碚場	6					49	46	12	4	13	3	1								75	1	1	1		2			214	
黃葛鎮		1				38	3	2	10	1			3	1	1	1	1			24	9		10	1		3		109	
二岩鎮	6		1	1		39	2	7						1			1			39	2					10		109	
澄江鎮	1					62	18										2			51						24	1	159	
文星場	1					26	28	8	1	1				3						9						4	1	81	
總計	14	1	1	1		24	97	29	15	15	3	1	3	5	1	1	4			198	12	1	11	1	2	41	1	672	
平均每家死亡牲畜數	.052	.004	.004	.004		.79	.36	.14	.055	.055	.01	.004	.01	.018	.004	.004	.015			.73	.044	.044	.041	.044	.007	.15	.004		

全區每年死亡牲畜數	648.804	49.908	49.908	49.908	9836.83	4491.78	1746.78	686.235	686.235	124.77	49.908	124.77	224.58	49.908	49.908	187.155	9108.21	548.998	49.908	611.579	49.908	87.339	1871.55	49.908

民國二十五年七月二十日

六，市場情形

一，屠店　實驗區五場、經調查結果，共有四十八家，每年宰猪四一七頭。此外鄉下未經調查者，亦不下十家，（蔡家溝，金剛碑，么店子，天星橋，我們估計每年全區總數不下千頭）其他殺年猪的至少亦在三千頭以上，每年的銷場總計八千頭以外，其餘的即運往附近各場售賣，又如二岩僅屠店一家，但該鎮的猪鷄……均在草街子買賣，因該鎮，不屬實區，故未前往調查，茲將屠店調查表列如下：

屠店調查統計表

場　名	屠店數	每年宰猪數（頭）	盈益數（元）	每頭屠宰稅（元）	備　　考
北碚場	13	1027	955	1.57	「註」、1）外有宰牛場一所每年約宰30頭自九月開始宰至12月止。 （2）二岩各農家均在合川草街子買賣猪鷄鴨屠店譯川均在該市因未屬區署故未調查。 （3）澄鎮有屠店二家因屠夫未在家故未調查。 （4）黃葛鎮所屬白廟子其屠宰稅每頭爲一元六
黃葛鎮	88	784	868	1.5	
二岩鎮	1	50	25	1.6	
澄江鎮	14	988	1540	1.922	
文星場	10	478	403	2.2	
總　計	46	3417	3791	8.792	

民國二十五年七月二十日

牲畜市場調査統計表

場名	猪數		雞	鴨	羊	合計	備考
	白猪	黑猪					
北碚場	2	4	25	40	8	79	「註」(一)北碚羊市自八月起至十二月止共五十場平均每場有羊八頭。
黃葛鎮	1	2	5	0	0	8	(二)二岩鎮猪鷄市在合川屬草街子故未列入調査。
二岩鎮	0	0	0	0	0	0	(三)每年牲畜販賣共有228頭。
澄江鎮	7	14	16	6	0	43	
文星場	6	13	37	30	0	86	
總計	16	33	83	79	8	216	

民國二十五年七月二十日

這是每一個場，調査場期一日的數目。若要求一月的可用九乘之即得。

三。價值

(一)猪 架子豬每斤價約一角八仙，小猪每斤約一角四仙，白猪毛每斤約三元五角、黑猪毛每斤約一元。

(二)鷄 大鷄每斤約一角，小鷄每隻約九仙，蛋每十個一角三仙。

(三)鴨 大鴨每斤約一角三仙，小鴨每隻約五仙，蛋每十個一角六仙。

(四)山羊小羊每隻約八角。

七，改良意見

綜觀下述牲畜死於病疫者，如此之盛，此皆由於我國獸醫事業不發達之故，而畜牧事業佔農業中之一部，爲農村生產副業之重要者，吾人如欲發展農村經濟，改良農村副業，則非提倡畜牧事業不可，如欲畜牧事業發達，則防疫工作的設置，卽非可緩之事，爰就管見所及，述之如左：

一，設置家畜保育所，畜牧之道，一方在增加數量，改良品種，他方則當注意防治獸疫，減少死亡，二者的不可忽視，區內農民每年所養牲畜死亡率之高，已如前述，茲就取本區內一年來猪的死亡數目來看：據調查全區一年死猪約一七九七三頭之重，平均每頭可值洋五元，總計則全區每年經濟的損失有八九八六五元之多了，若獸醫事業興起，牲畜疾病不至貽誤，不至蔓延推廣，卽不至坐失豐盈之利，更能指導消毒及施行預防，注射。則疫病當逐漸消滅，則每年直可增加八九八六五元之收入矣，故家畜保育所的設立，實屬當今之急務。

二，家畜優良品種之推廣 牛，猪，羊，馬，鷄，鴨等家畜，種類甚多，品質各異，同一乳用牛而產乳量的多寡不同，同一肉用猪而肉味有美有劣，茲就淺見所及家畜品種較爲優良者，用特介紹於下，以作一般人士之參考。

（一）牛

甲，犂牛 產西藏，毛色黑而長，供役用，毛可織物。

乙，黃牛 本國種，毛色黑赤，肉役兼用。

丙，水牛 本國種，毛色黑，肉役兼用。

（二）猪

甲，隆昌猪肉質甚良，毛色白。

乙，雜交猪用波支猪同隆昌猪雜交，肉味嫩，生長速。

（三）羊

甲，本地羊與江蘇羊雜交，肉乳兼用。

乙，北平綿羊，品種亦佳，肉乳兼用。

（四）馬兔 南路馬蒙古馬比較好，兔以長毛兔爲佳。

（五）鴨鷄 以來克亨鷄狠山雞爲佳，因產卵量極大，很合我國農村的飼養，北平鴨羽白味美，供肉用。

全區品種改良後，農家收入無形增多，單以猪一項而論，計全區現有猪二四五七九頭，經過改良和保育後，每頭平均至少增加三十斤，可值洋五元、計全年全區則可增加一二二八九五元之收入，至於銷場則須開辦運銷合作社，將品種肉品製成罐頭或火腿，可運至成渝或川外銷售。

八，結語

這次在百忙中將全區的畜牧作了一度概略的調查，因猪在家畜中實佔重要地位，故調查時對於猪隻特別注意，惟進行感到困繼者，乃在一般無知農民，在吾人詢問時，總是疑神疑鬼，不易說出實形，至所估計之數目雖不十分準確，然亦相信不會失之千里，但謬誤之處所不免，尙祈讀者指正是幸。

1. 要復興農村經濟，應先撲滅牲畜的瘟症！
2. 復興四川農村經濟，必須振興畜牲事業！
3. 防治獸疫，可以保護優良畜種！
4. 飼養牲畜，可以增加農家的生產！
5. 改良土有劣種牲畜，可以提高生產價值！
6. 牛瘟猪瘟是農家的仇敵，要牛猪都不發瘟，趕快打預防針！
7. 四川省家畜保育所，是唯一推動全省畜牧獸醫事業的主力軍。
8. 四川省家畜保育所調查牲畜，是改良畜種，防治獸疫的第一步工作，調查的目的不是抽稅！

峽區的水竹

葛向榮

——產業調查報告之一

峽區的水竹，都集中在三條溪流：一條是龍鳳溪，由毛背沱江邊起至高坑岩瀑布下的一個小橋止，長約三十里，每年產量約十萬餘斤；一條是東陽鎮的明家溪，由明星橋起至落英石止，長約二十五里，每年產量十萬斤；一條是馬鞍溪，由文星橋到張家灣，長約五里，每年產量萬餘斤，共計長度六十里，產量二十餘萬斤。惟除明家溪一條流域底水竹較好外，其餘兩條河流的水竹都已衰敗，尤其是龍鳳溪裏面的一段更形衰敗得很！

分佈之情況

水竹之用途

水竹之用途頗廣，除竹梢的椏枝可紮成農家常用的大掃帚，立夏節後的壩腳筍子可作很好的菜蔬，筍殼可造雨笠，做船篷，包粿子，氣竹（卽嫩竹自死者）可製上等的貢川紙以外，主要的莖部更可製成各種篾器，現在大宗的用途便是用來打牽籐，編蓆子。

培植方法

栽種水竹的地方都在溪流的兩岸，容易受水淹沒的地方（因爲這一帶地若種農作物，會常被水淹得不著收成的）所以水竹主要的生長要素，便是靠河水的潮泥，此外並沒有加過人工和肥料，不過在『砍伐』上還須稍加注意吧了，砍伐的時間以筍子長成不易受損的時候爲宜（通常在冬夏季）。砍伐竹子要選擇三年生或四年生的，不然新的竹子，會得不着保養而夭折，不能培植新林。

銷場及價格

除一部份作農家自巳用來編竹籬製用具或織蓆子以作小手工業經營外，多是畫成篾條出售，每把七百條『約三十二斤』每條長六尺二，價值五六角，賣給嘉陵江下游沿河一帶的篾器廠編製拉木船的牽籐（每根牽籐，長九十六丈，價值因籐的大小而不等、每根有值五六十元的，也有值幾角錢的，每年的需要量頗多，）有些竹子比較好一點的，也常賣籠竹，（一根一根的，不畫成篾條）每捆價值一元二三角，有竹販子專門來收買，再轉賣給重慶打魚灣千廝門一帶篾廠，因爲若自巳去買要入會，要抽頭。而且收不着錢，反吃苦頭。

衰敗之原因

一，在災害方面：1受蟲之摧殘：近年來，竹林中發現許多筍子蟲，當新筍或嫩竹正在生長的時候，從中穿一個小孔，新竹遂不能生長而夭折，每年受害之劇，非常厲害（若知道有效之殺滅方法者，予以指示，十分感謝）。又受水之久淹，亦不相宜，本來水竹之生長要靠河水的潮泥，但是若繼續地連接漲幾次大水，淹到十幾天，潮泥堆積至幾尺厚反把竹子壓壞，或新長的筍子不能衝出頭來，而斷絕了。二，在銷場方面，1被外貨侵奪，原來最好的銷場在沙市方面，後以帝國主義的洋貨深入，許多用蔑籐的都用鉛絲或嵌絲代替了，在內河方面，又受霞竹或慈竹的低價的抵制，銷場亦被侵奪。2因社會經濟的不景氣，購買力薄弱，銷路疲滯，價格低落，培植的人家，無利可獲，有許多就開發出來種植農作物，一年有幾次收獲，或許比較有利些，所以近年來愈見衰敗，幾一蹶不振。

振興之計劃

1研究蟲害之殺滅，指導培植和保護，以增進水竹出產之質量。2組織竹器製造合作社，聯絡運銷，以作復興農村經濟之一端。

> 要解決中國農村問題，必先了解中國的農村社會，必雖要了解構成農村社會的農民心理基礎。換句話說，要希望農村復興運動有效果，只有對農民的心理之檢討方面而着手；我們應當了解他們心理病態的內容，給以相當的漸近的診療。
>
> ——洪為溥

計劃

嘉陵江三峽鄉村建設實驗區計劃

第一章　教的方面

第一節　學校教育

甲　原則

一，量的增加

1全區設一初級中學校

2每鎮設一完全小學校幼稚園

3每一閭或兩閭共同設一初級小學校

二，質的改良

2訓練兒童如左之行為

一、家庭中須要之優良行為（如家人間之親愛家庭生活須要之幫助等）

二、職業上之技能及優良之行為（對人誠懇對事忠實能工作能處理工作上之困難問題）

三、地方自治中需要之活動（開會與注意公共問題並認識好人與壞人）

四、高尚娛樂之習慣（如運動游戲音樂欣賞風景及地方優美之經營）

2訓練兒童如左之胸襟

一，有現世界之認識（智）
二，有促成地方乃至於國家一切有辦法之願力（仁）
三，有解决公家當前問題之勇氣（勇）

3養成兒童如左之認識

一，能忍耐社會惡劣環境而謀所以改善之
二，能忍耐人之不良待遇而謀所以感動之
三，能忍耐事之挫折而謀所以完成之
四，能忍耐窮困生活省衣縮食
五，能忍耐長時間不斷地前進

乙 事業

一，就北碚之兼善中學增加職業科目並對畢業生開設職業補習班利用星期日及寒暑假期作社會調查工作
二，合併北碚已有兼善小學及朝陽小學充分改良並在課程中加授職業科目對畢業生還職業補習班
三，就區內各鎮鄉所設立之小學校加以改良並增加職業科目

第二節 社會教育

甲 原則

一，關於人民生計者
1指導農業及飼養家畜改良
2指導手工業改良
3指導家庭生活改良
二，關於人民智識
1介紹時事
2介紹古今名人
3介紹一切常識
4介紹於社會有輔助的事業（如地方醫院農村銀行）
5利用通告及一切標示造起識字運動需要並施以識字教育限期掃除文盲
三，關於新生活運動社
1指導各種儀節
2指導保持公共衛生的方法
3指導開會時的選舉方法
4指導公共娛樂方法
5指導狩獵方法
四，關於人民體育者
1提倡陸上運動（田徑賽及球類運動獎勵團體勝利）

2提倡水上運動(泅水划龍舟比賽)

乙　事業

一，平民教育的

1各鎮設平民學校四鄉設識字學校

2區設圖書館總館區屬各鎮設圖書分館

3各閭設書報閱覽室

4各閭設通告張貼處(凡農人應知事項如新聞簡報上糧稅的金額限期銀價的漲落職業介紹的消息等皆用白話通告之)

5十字路上設標識牌指引道路里程介紹名勝古跡及各種事業所在地

6成立鄉村老人會婦女會青年服務團

二、公共遊覽的

1公園

一，就已有之溫泉公園完成其建築增加其設備

二，就已有之北碚平民公園添築道路添植花木

三，就已有之澄夏運河公園兩岸佈置花木並完成道路蘭亭及各式花壇

四，開闢金劍山公園培修道路增加亭園

五，佈置黃桷鎮桃花湖兩岸遍植桃花

六，佈置金剛碑桂花湖兩岸遍植桂林

七，培植縉雲山森林並構築山間交通道路

2博物館

一，就北碚已有之博物館從事於充實內容添辦峽區物產陳列室民族風物陳列室

二，於黃桷文星二岩澄江四鎮各設分館一處盡量搜集農村物產工藝品礦產品陳列

三，舉辦游動展覽會聯絡科學院借用各研究標本儀器隨時分赴各鄉鎮展覽

3植物園協助科學院擴充植物園提倡造林

4添置市街花園並幫助佈置私人庭園促其公開供人遊覽

5動物園輔助科學院充實北碚動物園內容

三，公共娛樂的

1各鎮設民衆會場

一，供鎮民集會講演之用

二，供表演新劇川劇幻術映放幻燈電影之用

2各閭設露天會場

一，供閭民集會之用

二，供春秋季節間日遊動表演戲劇之用

3區設無綫電廣播台

一，每日廣播全區建設事業消息

二，每日廣播新聞知識農情商情

三，放送音樂

4區屬各鎮鄉各閭各設簡單之收音機一部（初步設聽音機以後視經濟能力次第添設收音機）

一，接收本區播音

二，接收南京重慶成都播音

5全區各鎮鄉市集及茶房酒店佈置通俗圖畫（但須隨時更換）

第二章 養的方面

第一節 農業

一，農作物

1改良水稻——爲農家作選種試驗並指導農人自行選種及試種旱稻逐漸推廣

2改良玉黍麥——試種各地優良品種作純雜種育

3改良葉菸——搜集各地優良品種試驗栽培有效後散布全區

普通栽植

二，蔬菜

1捲心白菜白蘿蔔胡蘿蔔瓜類之栽培並以優良種子供給全區

2農家作大規模之種植

三，土壤肥料

1調查全區土壤並作土質分析研究

2次第着手分期改良區內的酸性與鹼性土壤

3試驗作物的肥料

4研究堆肥製造及肥料保存法人工肥料利用法分區指導農家

辦法

四，森林

1第一期

一，調查全區內官山荒地及私有坟墓

二，設立大規模苗圃培育苗木

三，確定全區苗木之整個計劃與統制培育

2第二期

一，分期栽培官山荒地（由各鎮鄉領取苗木栽植）

二，勸導私有坟墓植樹（由私人領取苗木栽培）

413

三，栽植道旁樹均由各鎮鄉領取苗木於春秋兩季栽植

3第三期

一、風景林之培植

二，苗木全區人家栽植

五，菓樹

1育苗

一，改良本省各種名產菓樹

二，購置各省乃至各國名產菓樹

2推廣

一，以最廉價供給全區農家

二，指導栽培管理除蟲施肥

三，合作運銷果品

六，藥材

1提倡大量種植黃梔子

2提倡大量種植巴豆

（以上兩種藥用植物爲區內原有特產品每年銷量頗鉅）

3提倡栽植白蠟樹（調查區內已有十餘種蜡樹可供放白蜡蟲之用）

七，病蟲害

1研究穀白線病之防治法

2研究小麥黑稍病及其防治法

3研究黃蟲（甲蟲類）之驅除及蛾類誘殺法

八，畜牧

1養鷄

一，改良本地卵肉兼用鷄並育種推廣

二，搜求世界有名鷄種並育種推廣

三，試驗本地鷄與外來鷄雜交種

四，飼料配合之研究

五土法養鷄孵鷄之改良

六合作運銷鷄蛋

（辦到在重慶合川市場可以出售二十四小時以內之新鮮鷄蛋）

2養鴨

一，提倡畜養本地黑鴨（價比普通麻色鴨要高一倍以上）

二，推廣北平鴨（產蛋甚高且在陸地上養育）

3養羊

一，選擇本地優良羊種繁殖推廣
二，利用外來優良羊種改良本地羊種
三培育瑞士乳羊羊種
（培育羊種辦法委託區內科學院農場辦理待有成效後即分區散布各鄉農家廉價售與期於數年後全區農人每家養羊一頭至數頭）

4養牛

牛為農人耕所必需現時四川各地耕牛最感缺乏而其價亦太貴本區特設耕牛種場大量育種期於數年時間能以價廉供給全區農人

一，設耕牛種培育場
二，設獸疫防治所

5養兔

提倡養土耳其復興兔查區內北碚動物園飼養此兔其毛長自一英寸至五英寸，（可製優良毛織物品）價自十九元迄三十元一磅每兔一雙原價廿一元每年產毛量自數兩以至一磅現以飼養繁殖成功擬由本區助其大量繁殖以廉價於五年之內供給全區農人每家飼養兩頭至數頭用合作方式剪收兔毛集中裝箱向外國銷售

6養猪

一，繁殖隆昌猪種分區總制飼養合作售賣猪鬃
二，試養波支猪及盤克猪供農家選擇飼養

7養魚

一，提倡稻田池塘溪流養魚
二，改良捕魚方法

第二節　工業

一，手工業

1造紙　整理全區竹林改良土法造紙

2織布

一，提倡改良土布織機
二，齊一莊頭色澤
三，合作整理合作運銷

3織毛巾造繩織襪打草鞋刺綉分期加以指導及改良

二，機械工業

1整頓舊的

一，三峽染織工廠增加資本推廣營業

二，嘉陵煤球廠添加產量添闢銷場

2創辦新的

一，促起設立建國水泥廠——速集資本積極創辦

二，促起設立三峽造紙廠——利用木漿機器製造

三，其他

1陶瓷業——改良現有碗廠

2石灰業——統制生產廉價推銷

第三節 礦業

一，煤炭

1促起全區煤窰合作運銷

2用電力排水打風用機器開採

3改良運輸方法

4改良礦工待遇

二，硫酸

1促起聯合開採

2設立製造硫酸

三，白礬

1促成商人集資擴大經營

2合作運銷

第四節 水利及水力

一，塘堰

1調查全區已有塘堰分區督促整理

2勘查適宜地點挑鑿新的塘堰

二，溪河

1運用已有之夏溪口運河輸送物品

2開鑿新運河以利交通

3利用溪河之水設立閘路灌溉農田防止旱災

三，瀑布

1溫泉瀑布——利用水力開辦電燈供溫泉公園之用

2運河口瀑布——利用水力發電供澄江鎮夏溪口之用

3霍香洞瀑布——整理己於水力電廠減低電費廉價供給北川鐵路沿線煤窰水電瓶

4高灘岩瀑布——利用水力設發電廠

第五節 合作事業

一，銀行——區農民銀行區屬各鎮設農民銀行分行

二，合作社

1各鎮鄉成立消費合作社大批購買日用消費用品零星售賣或分配之

2各鎮鄉分設生產合作社

一，畜牧合作社

甲，養鷄合作　聯合運銷鷄蛋於重慶合川市場

乙，養鴨合作　以鴨蛋製造皮蛋鴨子製造板鴨運銷外埠

丙，養羊合作　聯合製造羊皮成蓆批發

丁，養猪合作　聯合批銷猪鬃製造火腿及風肉醃肉

戊，養兔合作　聯合推銷皮毛

二，蔬菜園藝合作社

甲，蔬菜合作

乙，花卉合作

丙，果品合作

第六節　救濟事業

一，設立養老院

二，設立育兒院

三，設立感化院　收容輕罪之罪犯及無業流氓

四，設立殘廢院　收容終身殘廢而又無依之人

以上事業皆募捐爲之並募得基金以供經常費用

第三章　衛的方面

第一節　公安

一，調查戶口

1第一期（三個月）

一，預備各項表冊

二，訓練工作人員

2第二期（三個月）

一，實施戶口調查

二，統計調查結果編印報告

三，編聯保甲

二，編練壯丁

1壯丁

受普通訓練者　由二十五歲以上到四十歲

受特別訓練者　由十八歲以上到二十五歲

2編制

一，以三十人爲一分隊九十人爲一中隊

二，以保爲單位視壯丁多少編定一分隊至二分隊或三分隊

3訓練

一，普通訓練

甲，期限——一個月爲一期冬季訓練視農隙時間斟酌輪次徵調或一次全部施以訓練

乙，時間——每日集中兩小時偶因障故如農忙時間可以除外

丙，科目——訓練最簡單的軍事動作並授予關於現代之國防產業交通文化常識

二，特別訓練

甲，限期！！三個月到四個月爲一期

乙，時間！！至少須有三星期之集中訓練日期

丙，科目！！必要的軍事學科及術科野外演習及工作實施社會調查及民衆組織方法并授予現代的國防產業交通文化常識

4檢閱

一，各壯丁分期訓練完成由全鎭集合檢閱一次加以再由全區集合檢閱一次

二，每年秋季集合全區請江巴璧三縣長及行政專員蒞臨舉行總檢閱一次凡經受訓者退伍者皆召集參加

三，執行警察任務　以原有之峽局特務隊現在改爲保安隊兼任

1市街警察！！在北碚已經舉辦

2鐵路警察！！在北川鐵路已經舉辦

3鑛山警察！！在寶源燧川兩煤廠已經舉辦

4水上警察！！就峽局原有加派之隊丁担任

一，水上巡邏

二，劃峽區沿江木船保險線限制載貨過重

三，促成添設夏溪口白廟子兩處躉船便利上下汽船之旅客

四，維持治安秩序

1防範盜匪！！整理碉堡

2禁止賭博

3禁止洋煙

4維持風化

5取締攤担

五，預防及救濟水火災患！！各鎭成立義勇消防隊其未設置水龍及救火器具者助其設置

六，調解人民糾紛！！區及各鎮鄉組織調解委員會担任人民糾紛之調解

七，協助民衆教育

1管理民衆會場

2指導民衆各種行動

3指導新聞介紹及新智識介紹

4推行識字運動

八，扶助地方建設

1扶助各鎮鄉改修市街及鄉村道路設置道路指引牌及門牌

2扶助各鎮鄉設置公共屠宰場房

3扶助各鎮鄉設置公共浴池

4扶助各鎮鄉設置公共食堂

5扶助各鎮鄉佈置公共遊覽地方及公墓

6扶助各鎮鄉造林

九，厲行清潔運動

1督促住戶人家逐日打掃清潔

一，定時作家庭清潔檢查

甲，表彰模範人家！！予以鼓勵

乙，取締不潔人家！！幫助改良

二，疏通明暗溝渠

三，改良公廁取締私廁

五，取締不潔食物及飲料

四，舉行滅蠅捕鼠運動

（以上四五六七八九項皆北碚與澄江鎮所屬之夏溪口、黃桷鎮屬之白廟子業經舉辦者）

第二節　交通

一，培修全區內石板大路

二，籌築由北碚到温泉由温泉到夏溪口之馬路行駛脚踏車人力車馬車汽車

三，籌築黃桷鎮上下壩之馬路

四，籌築由青木關到北碚之馬路

五，鄉村添設郵務信櫃便利農家通信

六，重要鄉村之安置電話機

七，區內各經濟事業安置電話機

八，促成輪船公司設置小汽船往來於觀音峽與溫泉峽之間

九，促成北川鐵路建築完成

第三節 衛生（由醫院負責之事項）

一，已由地方醫院實施者

1預防天花！！每年春秋兩季區內住民普遍點種牛痘

2預防時疫

一，春季作傷寒預防接種

二，夏季作霍亂赤痢預防注射

3分處治病

一，北碚病人有峽區地方醫院治療

二，澄江鎮病人有夏溪口診療所治療

三，文星鎮白廟子病人有水嵐埡診療所治療

4巡迴治療！！每年暑期各鎮鄉民衆易罹急症醫院組織巡迴救護隊每値場期輪流分赴各鎮鄉施行救濟治療

二，將在本區舉辦者

1建設新醫院！！在北碚各項設備布置力求完善

2建築療養院！！在溫泉有各項新式設備期住院病人十分舒適

3添設診療分所四處！！在白廟子文星場黃桷鎮金剛碑

4開辦護士學校

一，招收中等學力女子授以醫藥知識及胎產技能

二，畢業後担任護病助產（產生工作）

5開辦衛生訓練班

一，集中全區小學教師或招中學畢業之學生授以醫藥衛生常識

二，畢業後担任普通救急治療工作

6改良中醫內外科

一，調查區內中醫生外科醫生及接生婆

二，分期集合授以中西藥物及解剖消毒等粗淺常識對於接生婆特別授以消毒及接生手術必要時予取締

7舉辦嬰兒健康比賽會

一，利用每年兒童節舉辦全區嬰兒健康比賽會對特別健壯之嬰兒予以獎勵

8實施體格總檢查

一，就事業機關人員首先施行

二，就全區內之中小學教師學生施行

三，就各鎮鄉人民分保施行

訓令

四川省政府訓令　二十五年秘字第　號

案據江巴璧合特組峽防局局長盧作孚呈請劃定巴縣屬之北碚鄉，江北縣屬之文星鎮黃葛鎮二岩鎮，璧山縣屬之澄江鎮等五鎮鄉，設置嘉陵江三峽鄉村建設實驗區，改組該局為區署，并呈擬計劃書區署組織規程暨預算書等情前來；查此種實驗區之設置，係就鄉村建設事業上之各個問題，作初步之實驗，舉其效果以供各縣之採擇，事屬暫時性質，非為永久行政區劃，業經本府第五十七次省務會議議決，准予設置，直隸該管專員公署，與其他各縣同一待遇在案；所呈各附件，除計劃書預算書尚待審核外，其區署組織規程，茲已修正核定，合亟發還，令仰該專員公署，轉飭遵照改組，并分飭江巴璧三縣政府知照為要！此令。

附發嘉陵江三峽鄉村建設實驗區署組織規程一份

中華民國二十五年二月　日

主席

訓令

四川省第三區行政督察專員公署訓令　察字第三〇六五號

令嘉陵江三峽鄉村建設實驗區署

案奉

四川省政府訓令建字第一三三一四內開

「案查嘉陵江三峽鄉村建設實驗區之設置，原仰着重於鄉村建設事業之設計與實驗。組織之初，仿照國內縣政實驗區及自治實驗村辦法，暫時劃入五鎮鄉辦理，并准與其他各縣同一待遇在案，試行以來，對於鄉村建設，不乏顯著之進步；惟該區跨連江巴璧三縣轄境，因該三縣原有保甲組織田賦徵收，種種關係，在行政上，遂不免隨時發生扞格牽制，各問題，迭據該專署該區署，及江巴璧合四縣政府等呈請劃清權限，修正該區署組織規程，等情到府，業經本府斟酌時宜周密從新考慮，將原頒之該區署組織規程，予以修正。以求切合實際而利推行為此令。仰該專員公署轉飭遵照，所有從前頒發規程即便廢止。以後即依照此項修正規程妥慎辦理，并分飭江巴璧合四縣政府知照，為要」！等因；計發修正嘉陵江三峽鄉村建設實驗區署組織規程五份，奉此，除分令外，合行檢發原規程一份，令仰該署知照！

此令。

計發修正嘉陵江三峽鄉村建設實驗區署組織一份

中華民國二五年八月二十七日 專員 沈鵬

俗語

上峽石頭下峽碑

中峽磨兒經得推

「形容三峽礦產，因上峽（瀝鼻峽）產石頭，中峽（溫泉峽）產磨石，下峽（觀音峽）產碑石」

修正嘉陵江三峽鄉村建設實驗區署組織規程

第一條　嘉陵江三峽鄉村建設實驗區署，暫劃巴縣屬之北碚鄉江北屬之文星鎮黃桷鎮二岩鎮璧山屬之澄江鎮，等五鎮鄉原有區域爲之。

第二條　嘉陵江三峽鄉村建設實驗區署，設于北碚（以下簡稱實驗區署）

第三條　實驗區署直隸本省第三區行政督察專員公署，設區長副區長各一人，由省政府任命之。

第四條　實驗區署對行政督察專員公署行文用呈，對區內各級保甲組織行文用令，與各縣府往復行文用公函。

第五條　實驗區內各鄉保原有之自治組織　均一律遵照修正勦匪區內各縣編查保甲戶口條例，改編保甲，所有聯保辦公處稱爲嘉陵江三峽鄉村建設實驗區某某縣某某鎮鄉保長聯合辦公處。其各鎮鄉業經原隸縣將保甲戶口編查就緒者，應移交實驗區負責辦理，改冠以實驗區之名稱，並呈由該管專員公署轉報備查。

第六條　關于編查保甲戶口，應照修正剿匪區內各縣編查保甲戶口條例規定縣長之權責，實驗區長準適用之。

第七條　實驗區各鎮鄉保甲長及聯保主任，應遵照規定，由戶保甲長按級公推，呈請實驗區區長委任，並呈該管專員公署備案。

第八條　巴縣江北璧山三縣縣政府對于已劃歸實驗區之原屬鄉鎮，除建設教育及普通民政等保安等事項外，關于國稅省稅地方稅之催收，仍由各該縣負責辦理，所有徵解催收事項，應由各該縣縣府分別逕令實驗區各鎮鄉聯保辦公處承辦之。

第九條　實驗區內民刑訴訟事件，仍依照原有司法管轄區域，由原有管轄權之法院，或兼理司法之縣政府分別受理之，實驗區不兼理司法。

第十條　巴縣江北璧山三縣縣政府，對于舊歸管轄現隸實驗區之各鎮鄉聯保主任，得函由實驗署區令其承辦特別委託之事件，如有辦理不力，致貽誤要政者，並得函請實驗區署撤換之。

第十一條　實驗區各鎮鄉于原隸縣應解應領之款，除有特別規定者外，仍照解照領。

第十二條　實驗區署得設左列各股：

一，內務股　管理公文函電收發繕印庶務編輯事項。

管理編查保甲戶口及壯丁訓練事項。

管理公共衛生公共醫院及公安各隊。

關於結社結會事項。

辦理消防及水災旱災之救濟事項。

調解民衆糾紛事項

二，教育股　管理小學教育短期義務教育之普及及改進事項。

管理私塾教育教良及取締事項。

管理職業教育職業補習教育或國民生計教育實施事項。

關于民衆教育之推行事項、

關于小學教師訓練事項。

關于教育經費之管理統籌及分配事項。

關於學校視察輔導監督及成績測驗事項。

關于教育調查統計報告之編製事項。

三、建設股　管理全區市政道路電話電燈水利溝渠堰塘倉儲及公墓墳場之計劃整理。

管理畜種之改良。

管理菓樹森林之培植。

管理農產品生產及運銷之改良。

管理手工業及機械工業之改良提倡。

重要農工商品之調查檢驗及陳列經營。

四，財務股　編製全區經費預決算。

審查各機關預決算。

辦理收支計算銀錢出納。

辦理財務統計。

登記全區一切公產。

第十三條　實驗區署置祕書一人，撰擬重要文件。每股置主任一人，掌管該股事務，由區長呈由專員公署轉請省政府核委，每股視事務之繁簡，設辦事員書記錄事若干人，由區長委任，呈報專員公署轉請省政府備查。

第十四條　實驗區內，原有各縣立機關，未經明令劃入者，仍由縣府直接管轄，但實驗區署得監督之。

第十五條　實驗區組織鄉村設計委員會，由區長就區內文化經濟遊覽治安衞生各事業之領袖，及區內外專門人才若干人聘為委員，并互推七人至十一人為常務委員，每月開常務會一次，審查或決定各公共事業之實施計劃，並考察狀況，指導進行方法。

第十六條　前條設計委員會，每年開大會一次，確定區政實施，整個計劃，此項計劃須呈由省政府本區行政督察專員公署核准，並於核准後，公函江巴璧三縣縣政府備查。

第十七條　實驗區應按照計劃推進區政，每月應開區政會議一次，列席人如左：

一，區長副區長

二，區署祕書各股主任

三，區內各鎮鄉聯保主任

四，設計委員會常務委員

第十八條　實驗區為求全區工作人員明瞭全部意義及辦法，並提供其經驗及意見，每年應開區地方會議兩次，列席人員如左：

一，區長副區長

二，區署祕書各股主任

三，設計委員

四，區內各鎮鄉聯保主任及保甲長

五，各級學校校長及教師

六，公私各事業領袖

第十九條　實驗區應各項建設事業之需要，除直接由區或各鎮鄉聯保辦公處舉辦之事業外，特約峽區已有各事業機關委託其工作，視事業情況供給，或補助其費用之一部或全部。「例如大規模培育菓苗，委託科學院農場或果園辦理土耳其復興兔「長毛種」委託科學院動物園辦理。•。。•」

第二十條　實驗區署及全區建設經費，除由各鎮鄉担負者外，由省政府按月撥發五千元。

第二十一條　實驗區署收支預算，呈由省府核准，其收支計算，按月呈報省政府核銷後，並印刷公佈之。

第二十二條　本規程如有未盡事宜，隨時呈請省政府修改之。

第二十三條　本規程自省政府公佈之日起發生效力。

說到自愛，第一須從精神上自愛起，「人在心中怎樣想他自己，他就怎樣。」他的內外的生命歷程，都是他心中所想的呈現。所以，假使你自己願望做成某一個樣式的人，你該把自己就當作那樣式的人看待，對於自己有相當的重視。這是自愛的第一義。

——馬函騰

嘉陵江三峽鄉村建設實驗區署民國二十五年七月份工作報告書

（甲）內務方面

一、奉令赴永川行政會議　本區專員公署，召開第二次行政會議，定七月一日，在永川專署舉行，本署奉令後，應即遵照指示辦法，編纂本署三月來工作報告書，鉛印成册，並提議案，屆期由本署區長唐瑞五蒞赴永川出席與議，所提議案，簡錄如下：

工，建設類二案

（一）建設創設區鄉苗圃，厲行造林案，其辦法以各縣所屬區署，擇地五畝至十畝爲苗圃，由當地壯丁採集油桐橡子松杉櫟楝等，主要苗木種子供給，並担任苗圃實施工作、其育苗造林之技術方法，由縣府農業技士指導，次第推廣於農村。

(二)建議辦理農場，以資改行案，其辦法以各縣學產為合作農場耕種地，縣府農業技士，與佃戶為辦理人，由技士考查農地適宜產品，指導其簡易易行之技術科學方法，如稻麥選種，病虫害預防，家畜保育等事。

II，民政類三案

(一)為建議抽查各縣戶口案，縣或區之保甲編組，間有因人事關係，每不切實，戶口調查，亦多不正確，致使保甲不能發抒實效，故抽查戶口，即謀戶口正確之唯一辦法，擬由　專署訂抽查辦法，通令遵辦，隨時由　專署派員到各縣抽查，至少每縣抽查兩區，每區三鄉鎮，每鄉鎮五保，每保三甲，每甲挨戶詳查。

(二)為建議各縣應作壯丁隊長之整理訓練，以利推進訓練工作案，其辦法由縣府集中壯丁隊長，分期訓練，以曾在　專署受訓之人員為幹部訓練人才，其詳細辦法，由各縣按照法規，斟酌地方情形另定之。

III，為建議區轄各縣設立地方醫院，各鎮鄉設立分診所案。其辦法由各縣自籌開辦費，及經常費，或在行政經費項下劃集的款，若月集四百元，可診治病民五千人，其設備之繁簡，視經濟能力而定，可先就縣城設立，漸次推廣於各鄉鎮，初由公家津貼經費，以辦到經費逐漸獨立能自給自足為目的。

二，奉令撤銷肥猪捐，區屬江北縣黃桷鎮曩因教育經費缺乏，呈准江北縣府，徵收肥猪捐，年來收入，頗足相敷，本年六月，准江北縣府函知，以奉　省府令飭裁撤，囑為照辦，當經具呈　省府，以該鎮教育經費賴此為大宗收入，若未籌得抵補之款，遽予裁撤，必陷該鎮教育於停頓之境，以此呈請保留，於七月七日，奉到　指令，未蒙照准，當經轉飭黃桷鎮教育經費收支員，於七月十一日停徵，并佈告週知在案，自此項猪捐撤銷後，年少經費約三四仟元，且該鎮下期又須每保添義務學校一所，共添廿二所，開支更須增多，當未籌得抵補方法，正深焦慮也。

三，呈請修正組織規程　本署自由峽防局改組成立後，遵照組織規程辦理建設事宜，與江巴璧各縣縣府職權，未能詳細劃清乃因此事權不專，對於教育團務諸事辦理常多困難，乃具呈本區專員公署，轉呈　省政府查核，請將原訂之組織規程，予以修正在案。

四，攻擊大茅坪股匪　本月十一日，午後十二時，據江北縣屬清平鎮聯保主任報稱：有股匪三十餘人各執手步槍，在鎮屬石缸堡一帶駐紮。並聞帶有肥主數名，請速派隊，前往兜勦等語。本署聞報即由盧區長子英率領公安一二兩中隊官兵，前往剿捕。迨到達該鎮路嶠院時，始知清平場團隊於拂曉時，業在該處與匪激戰一次，曾將匪徒衝成兩段，惟該匪亦甚兇悍，卒將團隊擊潰。且該地山野人稀，道路崎嶇，無從追尋、乃將我隊，分爲兩路，一向活麻寺一帶警戒、一向大茅坪等處嚴密搜索。正行進間聞槍聲大起，蓋該匪早已佔踞一獨立之高峯，上有天然之險，可以掩護，與我楊分隊長所率手槍隊激戰約四十分鍾之久，嗣因援兵到達策應得力，匪徒見勢不佳，始乘隙向密林中由華蓥山方面逃去。是役我士兵帶重傷兩名，查閱匪徒抗戰之所，血跡殷然，知匪徒中亦有負傷者！事後派兵遍山搜索，均無被綁肥主蹤跡，，此本署官兵，在大茅坪與匪激戰之大概情形也。

五，職員之獎懲　公安一中隊分隊長楊海泉，剿匪身入最前線，忠勇可嘉，記大功二次，分隊長左明德，不督隊窮追，記過一次，二中隊分隊長楊相成辦事不負責任，記大過一次，分隊長楊家映貽誤要公記大過二次、內務股辦事員黃重光管檔疎忽記過一次，圖書管理員張惠生對於所屬姑息養奸，辦事員王其志擅離職守，各記過一次。財務股辦事員洪邦柱擅打廚役記大過一次。

六，公安各隊之訓練

I，屬於公安一中隊者（1）隨時注意士兵智識訓練，督令復習『巡邏須知』及新編『公安各隊介紹大綱』等項各六小時。（2）在區署領巡迴文庫兩個，分發第一第三兩分隊，以備官兵夜間閱讀。（3）每晨訓練士兵跑山，爬竿，爬繩，跳高，跳遠，國術等各項技術。（4）全隊士兵練習架上瞄準廿四小時。

II，屬於公安二中隊者（1）令士兵復習『巡邏須知』及「公安各隊介紹大綱」各六小時。（2）督令士兵練習跑山，爬竿，跳高，跳遠，國術等各項技術。（3）士兵練習架上瞄準廿四小時。（4）士兵練習游泳四次。

Ⅲ、屬於公安三中隊者 (1)調集各分隊新兵到中隊部訓練，完成班教練。(2)幫助澄江鎮訓練壯丁，由劉中隊長騏良全盤計劃，隊中各官長分別担任訓練之實施。(3)本月份士兵訓練學科以「公安各隊介紹大綱」及「違警法罰」爲主，術科以架上瞄準爲主。(4)召集全隊官長開聯席會議二次，商討關於防範盜匪事宜。(5)率帶士兵越野賽跑三次，練習游泳三次。

七、區屬各隊之治安

Ⅰ、屬於公安一中隊者(1)擬具金剛碑分駐所工作計劃，呈准區署派兵一分隊前往駐紮維持治安並整理市政。(2)奉令率全體官兵到清平場大茅坪擊匪一次，手槍兵負傷二名。(3)撤去北碚全場市街牌門牌重新編號，換釘新者，完全免費。(4)嚴密檢查渡船，並規定過渡時間。

Ⅱ、屬於公安二中隊者 (1)每逢場期，派兵維持黃桷文星兩鎮秩序。(2)禁止遊方僧道入境，以防奸究。(3)天氣酷熱，曉諭居民，留心引火物品，每日貯滿水缸，預防火患。(4)奉命率隊到大茅坪石缸堡一帶剿匪一次。

Ⅲ、屬於公安三中隊者 (1)本川米價高昂，兼以寶源燧川兩煤廠，因訴訟糾紛，奉令停工，四百餘工人一旦失業，治安堪虞，乃組織巡查隊兩隊，在附山一帶晝夜梭巡，以防意外。(2)本月份大清查澄夏兩鎮一次。(3)奉令到白峽口等處剿匪一次。

八、公安各隊之衛生

，Ⅰ屬於公安中隊者 (1)每逢場期檢查旅食店清潔一次。每日檢查各涼食担子清潔一次。(2)嚴禁市民夜間在街心乘涼，及打赤膊。(3)招工包修北碚全市新式厠所。(4)取締金剛碑不合規定之厠所九處。(5)本月迭漲大水，幫助沿河居民搬家兩次，並商討水退後建築問題。

Ⅱ、屬於公安二中隊者 (1)檢查黃桷文星兩鎮旅食店清潔五次，市面清潔十次，(2)派兵疏通黃桷東陽兩鎮滯渠。(3)嚴禁屠商宰售瘟猪母猪，及有病牲畜。(4)撲滅蒼蠅四十七兩。(5)派兵修復河干被水淹壞之馬路五十餘丈。

Ⅲ、屬於公安三中隊者 (1)提倡滅蠅運動，將澄江鎮民衆校學生編爲滅蠅隊四出宣傳，每戶發給蠅拍一把，每日須繳蒼蠅一盃。(2)派兵勸令行人靠左行走，禁止赤膊與奇裝異服。(3)大清潔澄江夏溪兩市三次。(4)運河公園馬路，被水冲壞，派兵修復。

九，調處案件之統計

I，屬於實驗區署者　(一)租佃糾紛二件(二)婚姻二件(三)債務糾紛三件(四)盜竊三件(五)備查四件(六)雜案七件。

II，屬於公安一中隊者　(一)債務糾紛五件(二)租佃糾紛三件(三)會務糾紛三件(四)婚姻及拐逃三件(五)鬥毆五件(六)盜竊二件(七)口訴雜案四十二件。

III，屬於公安二中隊者　(一)債務糾紛八件(二)搕索二件(三)嫌疑拐逃一件(四)盜竊二件(五)賭博一件(六)婚姻三件(七)備查四件(八)口訴雜案卅九件。

IV，屬於三中隊者　(一)違警及賭博五件(二)毆傷二件(三)債務糾紛四件(四)盜竊二件(五)婚姻二件(六)藉端搕索一件(七)其他口訴糾紛及雜案四十五件。

以上共計，貳百零五件

乙建設方面

一，整興水利　(1)本署爲預防旱災，增加農產物品起見，擬定區屬各鎭鄉調查塘堰計畫，及開鑿塘堰計畫準備實施。(2)印製塘堰調查表及調查須知，分發區屬各場聯保主任着手調查。以備將來開鑿塘堰之參考。(3)擬定掘塘蓄水標準辦法，及獎勵保護塘堰規則，印發各場遵照辦理。

二，求雨與救荒　(1)本月天久不雨，農田龜裂，米價飛騰，人心憂惶。本署奉　三區專署令指示求雨及防旱救荒各項方法，先在報端登載，使民衆週知，並通令區屬各鎭鄉民衆同時舉行。在積薪燃火之次日，曾得傾盆大雨，人心因此得以安定。(2)本署以亢旱成災，亟須設法救濟，乃派員赴廣產洋芋區域，購買芋種，編印栽植方法，分發四鄉農民照辦，並編印再生稻培育法，分發農民試辦(3)擬製旱災調查表，分發各鎭鄉切實調查受災情形(4)租田試種旱稻一邱，以作將來推廣之用。

三，選種之功效　(1)本年春間本署曾提倡選種運動，本月正値出稻之際，乃派員分赴四鄉曾經鹽水選稻之處，查看生長情形，惟稻田多成龜裂，收穫成績，難得顯明的比較，但經選種者，中無稗子，生長整齊茂盛，爲他稻所不及。(2)擬定菜蔬害蟲防止法，及簡易除蟲法。登報宣傳，以資預防。

四，組織合作社　（1）桐林合作社　擬定峽區桐林合作社辦法，以資按照步驟實行，凡願贊助與加入者，可在區屬各場聯保辦公處報名登記。（2）倉庫合作　製印倉庫調查表，派員分頭調查，以作倉庫合作之參攷。（3）煤業產銷合作　督促峽區煤鑛商人，組織煤業同業公會，業於本月十日成立，選擇職員，擬定簡章，呈報本署轉報上峯備查。

五，安設電話專線（1）安置由區署到金剛碑約長五里電話專線一段，因該處設有公安隊派出所，須設專線，方便靈通消息，應寶源煤礦公司之請，代爲計劃設置由峽到渝電話專線。

六，博物館　（1）整理西康風物，及模型照片等陳列室。（2）換貼各項陳列品已經脫壞之標簽。（3）擬繕生理農業等陳列品說明書，以便參觀者一目瞭然。（4）本月份參觀人數男一千四百六十三人女三百四十九人，合計一千八百一十二人。平均每日六十人弱。

七，動物園　（1）擬定鷄鴨推廣辦法，檢查各動物之生活狀況。（2）繕各項動物飼料消耗比較表，及種類性質說明，以便參觀者一目了然。（3）搜集飼養家畜方法，以備試驗之參考。（4）試改馬熊飼料，馬熊原食雜粮及飯，本月因米價高昂，改飼草料，對於飼料費頗能節省一部份。（5）本月份繁殖美國兔八隻。本地兔與美國兔雜交繁殖五隻。復興兔繁殖四隻。

八，平民公園　（1）移植千日草花秧及雞冠花秧。（2）更換本署各事業機關之盆花及瓶花。（3）整理各花畦中耕除草灌溉施肥等工作。（4）擬定農業展覽室各項說明。（5）移植大禮堂門前之木本花秧。（6）修理園內所有洋槐及法國梧桐。

（丙）教育方面

一、籌辦小學教師暑期教育研究會。區屬五場原多私塾，本署爲取締私塾、增設義務小學，普及教育起見。利用暑期機會，籌辦義務教師研究班，及小學教育研究會，以訓練教師，研究班用考試方法，招攷曾任區內私塾教師之優秀份子，及其他有相當學識之青年入班研究，俾明教育旨趣，期間均以一個月爲限，定八月一日開始受課。本月已籌備就緒。

二，計劃下期各事　（1）計劃區屬各場小學下期教育經費分配辦法。（2）製訂全區教育經費收支概況表。（3）計劃北碚職業女子學校改組問題及下期整理方案。（4）審查黃桷鎮上年教育經費收支情形。（5）委王蔭槐爲黃桷區立小學校校長，劉孔修爲文星鎮區立小學校校長。

三，成立婦女會　上月組織之北碚婦女會，於本月一日開成立大會，到會會員九十五人，來賓百餘人。有教育院及省教育廳之視察員一同蒞會訓示，當經選出職員十五人，幹事十人，以資負責辦理會務。并規定即日成立讀書，每晚讀書兩小時，有識字不多，或從未進過學校者，則由民衆教育辦事處女職員授以淺易課程，如國語，常識，音樂，算術等。計本月共授課二十四次。

四，露天民衆會場　除民衆會場改為每星期日開放外，并利用平民公園山麓佈置露天會場，每逢星期二，四，六晚，由本署全體職員官兵輪流担任各種游藝。計本月會場開放十一次。表演節目有：川劇，京劇，話劇，電影，幻燈，魔術，雙簧，歌舞，國技，講演，報告時事，及省內外新聞，留聲機，收音機等，每次觀衆約七百餘人。

五，民衆問事處圖書館　(1)民衆問事處，本月份代人寫慰問信八封，通知信十四封，購物信五封，匯款信五封，謀事信三封，索債信二封，借貸信二封，請托信四封，合計四十三封，雜條五十一件，代人解釋疑難事項十二件。(2)民衆圖書館　該館為普及社會教育起見，組織巡迴圖書擔，每天送書到民衆家中，聽其選擇閱覽，本月共登記借書者一百四十四人，借出書籍九百五十二次，又該館本月開放三十一天，閱覽人數共計一萬零八百五十五人，平均每日約三百五十人強，借出書共壹千九百二十四次。

六，公安各隊之民衆教育

一，屬於公安一中隊者　(1)在民衆會場安置收音機一架，每晚收播國際重要消息，并京川戲劇歌曲，提倡市民正當娛樂。(2)在民衆會場講演衛生常識及禁煙等問題。

二，屬於公安二中隊者　(1)幫助黃桷鎮圖書館募得書籍一百二十冊。(2)選佈特事新聞於文星鎮北川鉄路沿線一帶。(3)黃桷鎮民衆問事處代人寫信三十一封，又雜條十九件，代人解答疑問七件。(4)黃桷鎮民衆圖書館閱覽人數，本月份統計一千四百餘人，平均每日四十五六人。

三，屬於公安三中隊者　(1)澄江鎮民衆學校，於本月二日舉行畢業式表演游藝助興。(2)召集學生家屬，商討學生在暑假內一切活動，如關於公共衛生之滅蠅捕鼠等問題。(3)澄夏圖書館，本月閱覽人數統計一千七百五十二人。平均每日五十六人強。(4)澄夏民衆問事處，本月份代人寫信五十封，扎件三十三件。

(丁)地方醫院

一，成立戒煙所　本月該院在北碚租房成立戒煙所，採用血清戒煙法，使戒者減少痛苦，收效迅速。並擬訂收容癮民簡單戒煙保詩書、及組織圖表等，富者略取藥資，貧者完全免費。

二，推廣救濟工作　本月正値酷暑，危急之症時有發生、該院除組有巡迴救護隊，每日攜帶藥品，在街面遊行，遇有病人，立即施救外，並於民衆會場，及露天會場開放時，派護士生數名，担任救護工作，輪流指派職員，向民衆講演衛生常識，及各種傳染病之預防方法。

三，加緊訓練學生　(1)該院訓練男女護士生，其課程爲藥物學，護士應用華英會話，解剖生理學等。(2)在民衆圖書館選借自修書籍二十餘種，俾資各生公餘閱書。(3)全院員生，各作半年來之檢討一篇，送區署攷核。(4)該院院長左立粱，應漢藏教理院之請求，爲該院學生義務講授「戰時救急法」，「衛生常識」，「綳帶急纏法」，及一切救護標準課程等十小時。

四，治療病人統計　該院本月份施用特種手術十五次。院內院外接生六次。治療區屬各事業機關人員，及男女民衆外病一千九百四十五名，內病七百八十八名，用普通手術治療者一百二十二名，合計治療五千四百四十二人。本月三十一日，平均每日治療一百七十五人強。

……須注意，凡機會的碰巧的湊熱鬧的任何運動，決不會持久。一時的衝動，轉眼會變明日的黃花。一個運動的能否持久，首先檢查他有無核心。核心者即所謂中心思想。

——張含清

一月半之露天會場

民衆教育委員會編輯組編

一，活動的經過

露天會場，從七月十五日開始活動起，至八月二十八日結束止，恰恰是一月半的時間，在這一月半中，曾經經過好幾次的變革，變革是進步的，變革已經增長了我們很多的經驗，這裏，想把牠簡略的分別說個大概，不但是我們自己的一回檢討；我想也是要求大家批評的一個好機會吧。

二，幾度的變革

(1)活動時間的變革　活動時間，在開始之初，原是每晚一次，這樣我們感覺得預備既欠從容，而觀衆也有些感覺疲倦，繼續活動了五晚之後，便改爲每星期三次，定星期二，四，六三晚爲露天會場活動的時間，除了下雨或者臨時發生了事變而外，這個時間，一直不曾改變過，

(2)担任團體的變革　最初是由區署祕書室，內務，教育，建設，財務四股，及公安一隊，醫院，圖書館，民教處，博物館等各機關共同担任活動；兩個機關聯合担任一次，民教處的幻燈，則是經常的活動，中間也曾經約過市民，約過來峽旅行的先生，約過假期中留家的小朋友，約過兼善中學署期留校服務團的同學，約過民生公司在峽訓練的工人義勇隊，先後參加表演，這樣輪流到八月十日以後，露天會場的活動，便完全交由小學教育研究會及義務教師研究班去担任去了。

(3)活動內容的變革　活動內容，是由簡單而趨於繁複，由零亂而趨於統系，由散漫而趨於整飭，最初，在游藝方面，以新劇言，多屬簡短之滑稽劇；以雜技言，川劇歌唱的次數最多，後來則漸漸注重新劇內容之改革，漸漸以新劇爲活動中心，到後來，新劇的演出，遂不出兩個目標：一爲刺激民衆之愛國劇，一爲喚起民衆之社會劇，其他如幻燈，雙簧，大都在同一的目標之下，選取材料。

(4)活動方法的變革　對於活動方法，最初是每個担任團體表演之後，卽認爲此次責任，已經終了，對於各方很少聯繫。因此，才成立評判會，因此，才把選材的責任，完全交與民教處辦理。因此，才添加借物保管的經常負責人。評判會，是請各部主管人充任評判員，於每晚活動終了之後，作一簡要之批評，團體

興團體對比，此次與上次對比，因批評的嚴格，遂促起活動的興奮。選材有了一定的負責者，於是每次的活動，都集中於一個問題，後來雖不曾始終貫澈這個決議，但選材標準，大都無甚出入。借物保管，多添了人，佈起景來，就少許多問題，而且減少了臨時的忙亂成分。

三，活動的檢討

一月半中，因雨，因電線中斷，以致不能表演，或者不曾終演的一共有五次而外，活動的次數，一共是十八次，每次參加的民衆，少在四百人以上，多則將近千人，約略計算一下，一月半間，民衆的參加，總數在一萬二千人左右。

至於活動內容，分別檢討如次：

關於話劇，共演出十八幕，以性質分，愛國劇計八幕，社會劇計七幕，滑稽劇計三幕，愛國劇屬於抗敵的計五幕，如「黃昏」、「紀念日」等，社會劇屬於農村建設的計三幕，如「到合作社去」、「模範家庭」等，以演出類別分，計脚本劇七幕，幕表劇十一幕。

關於雜技，計表演歌舞十二次，雙簧八次，國術七次，魔術四次，音樂十八次，京劇歌唱三次，川劇歌唱三次，口琴合奏三次，評書留音機各一次。其中較爲特殊的，是康洞先生的讀書聲，算是在娛樂中別開生面之作。

關於講演，計常識講演七次，時事講演六次，科學新聞三次，農事講演三次，人事報告二次。

幻燈的選材，在前不免零碎。以後則集中於「各國青年訓練」、「走私問題」、「各國軍事演習」、「全國運動會」、「航空」……等幾個中心問題去映放。

四，由活動所得來的經驗

一個半月的露天會場活動，我們的目的，是在把休閒教育，更進一步的普及民衆。但據觀察的結果，參加的民衆，仍十之六七係屬生活較爲優裕的人，而一般勞苦大衆，他們即使到了晚間來，也像沒有多的時間可以讓他們休息，這是一件極其值得注意的事。以我們本身來說，缺乏有組織的游藝團體，而每次表演游藝的人，都是在各機關勉強去了工作，臨時編排起來的，雖然出演的成績，並不算是十分失敗，但究竟要嫌匆忙一些，這些經驗，都是告訴我們在下次要有精密的計劃，充分的準備，作起來才會有較好的成績的。

五，附帶說說一月來的民衆會場

民衆會場的活動，是我們經常的工作，雖然露天會場的活動增加了起來，而民衆會場的活動，並不減少，在這一個月來，活動一共是六次，活動內容，以川劇爲多，一共演了十四幕，新劇一幕，歌舞劇一幕，滑稽劇一幕，幻燈一次，舞蹈一次，音樂一次，報告及講演十次；參加民衆，約計四千人左右。

露天會場，到了秋涼，人們一到夜晚，都跑向家裏去了，所以活動暫告結束。在露天會場停止活動以後，民衆會場的活動，我們已擬定了新的辦法，目的是要想加強休閒教育的力量。這也算是一種實驗，等到再度檢討之後，再看如何。

你能與信任你，鼓勵你，贊許你的人在一起，抑或與那些永遠嘲笑你的希望，揶揄你的理想，與時時向你的熱心上澆冷水的人住在一起；這對于你的生命，眞能生出極大的差異！

——馬函騰

沉毅堅忍的人碰到挫折時，他一言不發，仰面深深呼一口氣，咬緊牙關嚥下去了。能嚥下這口氣的人，他不久定能重吐出來。

兩月來之游藝學生班

民衆教育委員會編輯組編

一，動機

爲甚麽我們要開辦游藝學生班，似乎在這裏有多說幾句話的必要，我們覺得民衆教育的推行，不外幾個方式：從識字教育着手；(民衆學校)從生計教育着手；(合作運動)從保甲組織着手。(以自衞爲出發點，實現政教合一的理想)……然而其中有一點不能忽略的，便是休閒教育，牠不但可補各式教育的罅漏，而且有出人意想的效力，牠是具有潛移默化的力量，感染薰陶的功能；在民衆的精神上，可予以極度的興奮，在民衆的性行上，可予以多方的培養，這在許多事實，早已告訴了我們可信的證據，不過、休閒教育的推行，是要有這項專門的技術人才，專門的技術人才，在各地去尋覔，不是沒有，但要適合於我們的標準，那就難了。因此，我們便決計自己來辦。在我們的計劃大要上，曾經說明了幾項要訓練游藝人才的意義：

1，約請別處人員，有許多不便，(一)不受分配，不受訓練，(二)時來時去，破壞我們的計劃，(三)太不經濟，(四)爲生活而來表演，是職業的；不如自己訓練的人，爲民教而表演，是教育的。

2，推廣娛樂教育，須有民教信心及服務社會精神，必須我們自己訓練出來的人，才做得到。

3，休閒教育，在民衆教育中，佔極大的潛勢，可以借此召集民衆，可以借此感化民衆，可以借此組織民衆。

4，教育是成整的，經常的，自己訓練的人，有系統，有團結，有主旨，不像東找西湊的人那樣散漫，無教育意義。

上面所說的意義，如果是不明瞭我們過去休閒教育進行的情形，也許有些隔膜，那全是針對着實際情形而言，自然不免狹隘一點。其實，我們的野心，並不止此，如像改良舊的藝術，創造新的藝術；使藝術民衆化，要民衆藝術化，都應該有那樣的信心，不過，這還是一種嘗試，嘗試的結果如何，難言把握。因此便只說一點淺薄的意義，也就算是我們的動機了。

二，進行

我們決定了要辦游藝班之後，隨着來的便是立定計劃，印發招生廣告，物色技術教師，在這時，關心我們的人，便有幾種意見，一種是招生的困難，因爲我們招生的標準，是要初小畢業的男女生；假如是貧苦人家的子女，就很難得讀書讀到初小畢業；

假如是能夠在初小畢業的人，恐怕不願學「唱戲」，一種是消費太大，恐怕得不償失，一種是成績不能如所預期。因爲我們定的標準，是在六個月內，學生能夠出台表演，但是招生廣告發了，即使明知前途有無限困難，也不能不硬着頭皮做下去，好在第一次應考的學生有十九個，結果收了十三個，內中還有兩個是高小畢業的學生，除了一二成績較差者而外，其餘也都馬虎，招生問題算是解決了，一個學生僅僅是算了三元錢一月的火食，老師是原來民衆俱樂部就請得有好幾個的，我們預算，只要用到兩百元或者再多一點的費用，便要做到學生能夠自給自足，這一點，我們現在雖然還不敢有十分把握，但大約也是差不遠的，果然只需二百多元，便可教出十多個學生，那決不能算是浪費，至於學習成績，早已超出了我們的預計，這一點，我們留在後面再說。

進行起來，現在不過兩月，兩月間我們可說的事件，約可分爲數項。

(一)文字的講授　關於文字的講授，共分爲國語，公民，常識三項，國語係就劇詞中之文字暢曉，意義深厚者，加以講授，兩月來計已講者有驚夢，救定遠，柴市節數種，除此並授古詩五章，公民對於國家社會之初步概念，及社會建設之一般常識，已講了個大概，常識分社會常識同自然常識兩種，自然常識對於天象及地球之成因，己講了三分之二，社會常識係講的日常生活如衞生，淸潔，禮貌等，兩月來共講了六個大項目，近來並加入了舞台常識在講授，除講授而外，便是練習，在文字方面的練習，經常的是日記，其次是作文，因爲作文的需要，又爲學生講了一些文法。

(二)技術的訓練　在兩月來，川劇一共教了十六幕，另教了話劇一幕，在技術的訓練，除了極少數的情形而外，都必須採用個別教學，因此照料起來，就不免多用幾個人，對於技術的實習，便是留意於出演了，出演的次數，是至少每星期有一次，有了游藝班以來，民衆會場的開放，便有學生活動；近來則幾乎全是學生在表演，因此他們實習的機會也逐漸加多，演出的成績，眞是出乎我們意料，有幾幕劇表演出來，在初看到的人，都認爲是老手，而不知道他們僅僅是初次登台，所以就這兩個月來看，在初步的技術訓練，還算不至於十分失敗。

(三)事務的實習　學生如果專教他們唱戲，目的未免來得過於單純，普通事務的練習，如像他們自己日常生活的整理，菜園花壇的經營，荒地的墾拓，也都列入了訓練日程之中，在近來，更教他們代民衆寫信寫雜件。試辦兩次，學生的興趣很多，成績也不壞。

三，兩月來所感到的困難

在這兩月來，進行可算是順利，但也感到一些困難：(一)因天旱的關係，米每斗賣到三元以上，而學生的火食，僅僅三元一月，超出的數目，既感到無法塡補，對於學生最低限度的營養自然就難言合理。(二)技術教師，要他們能夠充分了解我們的意義，而至做到與我們合力作起舊劇革命的工作來，自然是非一時可能，但只要有系統的教也，也算好得許多，然而，他們的習慣，總不是一時可以扭得過來，我們爲此曾經想了許多方法，近來換了一兩個人，情形算是好得多了。(三)劇詞我們原定是第一步修正，第二步改作，第三步創作，但既找不到專人負責，我們的同事中間，又決抽不出一個可以來作這種工作的人，所以直到現在，連修正的工作，也無法着手，(四)學生出演的裝具，因爲無錢，便無法製，每到出演的時候，把大人的裝具着上，動作上既感到太不便利，有時還免不了做成一些滑稽相。

不過，上面這一些困難，都是可以想法解決的困難，我們以後打算盡力去，想法求解決，同時更盼望各方面幫助我們求解決。

二十五年八月三十一日

一個人工作時所具的精神，不但對于工作的效率與品質大有關係，而且對于他本人的品格也大有影響。工作就是一個人的人格之表現。我們的工作就是我們的志趣，理想，我們的「眞我」之外部寫眞。看到了一個人所做的工作，就是「如見其爲人」了。

——馬函騰

昆蟲採集製作經驗談

黃楷

第一章 總論

第一節 昆虫之範圍

虫之一名，意義向無一定範圍，各種動物，幾盡可稱之爲虫，無脊椎動物無論已，卽有脊椎動物，蛇則可稱之爲長虫，虎則可稱之爲毛虫，惟玆所述之昆虫，則盡依科學上之分類爲無脊椎動物中，節足動物門內之昆虫綱，其體軀由多數環節的結合而成，可顯然分爲頭胸腹三部，背面大抵有翅一對或二對，腹面則概有足三對，故又名六足虫、習見者有蝶，蛾，螟，蝗，蛇，蠅，蜂，及蜉蝣，蟋蟀，蜻蜓之屬，種類極多，約有三十萬種，分二十五目，佔全動物界五分之三，多數爲人類之敵害。

第二節 昆虫體形之構造

關於昆虫身體之構造，乃在動物學範圍之內，此處勿須贅述，惟爲便利採集者工作起見，亦不得不略說一二，俾讀者有所依據，其全體概由多數環節所組合，外部具有堅硬骨骼，係幾丁質所造成，構造至爲複雜，在昆虫之研究上，尤關重要，驅體分頭，胸，腹，各部，每部又有附件若干，特分別述之如下：

一，頭部，頭位於體之最前方，由六環節癒合而成，但各環節已不復可辨識矣，頭之本體可分爲額，頰，頂，等各部，上有複眼，單眼，及觸鬚等感覺器官，頭之下部，有口器形不一，但可大別之爲咀嚼式，吮舐式，刺吸式，嚼吸式，等數種，槪由上唇，大顎，小顎，下唇等四部所合成，因口器之不同，彼上唇大顎，小顎，下唇之形態亦隨之而有變異，此處限於篇幅，不克爲之細述，讀者可參攷昆虫學書而得之。

二，胸部：胸部居頭部之後，爲三個環節所組成，按次序分爲前胸，中胸及後胸，其背面除少數昆虫如無翅亞綱之鳥蝨目，蚤目等，完全無翅，及雙翅目後胸無翅外，普通槪具有二對，一對在中胸稱爲前翅，一對在後胸稱爲後翅，後翅槪爲膜質，前翅則有時爲革質，有時爲角質，其腹面每節各具有足一對，或用爲步行，或用爲跳躍，或用爲游泳，或用爲掘土，或用捕捉食物，因此其形狀亦每隨之而有變異。

三，腹部：腹部接胸部之後，由十一環節所合成，但亦有因癒合而減少其節數者，大多數腹部具有氣孔一對，節與節間有節間膜以連絡之，可屈曲自由，如雄者之生殖器在腹部第二第九兩環節，雌者則多在第九節。

四，足：昆虫之足，多由五個環節所構成，其緊貼於體驅者爲基節，次爲轉節，腿節，脛節及附節，附節每復分爲數短節，其末端具有爪，有時並有吸盤。

五，翅：昆虫之翅，爲翅脈與翅膜兩部所構成，其形狀數目，因各種昆虫而定，營寄生生活之蚤與蝨，其翅完全退化，蛇蠅之類，則後翅已變爲平均棒，甲虫則前翅變爲翅鞘，以保護後翅，椿象等，則前翅半爲革質，半爲膜質…………等，但多數昆虫之翅皆略成三角形，其附着於身體之處則稱爲翅基，對方爲翅頂，前方稱前緣，外稱外緣，內方稱爲內緣，翅上所分佈之脈紋，亦隨其種類而異，爲昆虫分類上之重要特徵，總括言之，縱脈有前脈，副前脈，弦脈，中脈，副後脈，後脈等種種名詞，橫脈有基角橫脈，弦角橫脈，弦分橫脈，弦中橫脈，中橫脈，中肘橫脈，後橫脈，方橫脈，等種種名詞，脈與脈間所成之隙稱爲翅格，除各有其特殊名詞外，尚有開格及閉格之分。

第三節　昆虫之變態

昆虫一生中具有幾個時期，各時期內之形態，亦彼此不一，是卽所謂變態，普通有卵，幼虫，蛹及成虫四期，如蝶蛾類等是，是則稱爲完全變態，但亦有無蛹期者，如蝗虫，蜻蜓等是，此時則稱之爲不完全變態，其中又可細別爲兩種，一爲漸近變態，其幼虫都爲陸生，幼虫與成虫極相似。僅其體之大小有不同，及翅尙未爲發達而已，蝗虫卽其一例，一爲半變態，幼虫都爲水生，幼虫不僅無翅，而形態亦和成虫大異，蜻蜓卽其一例，此外

有幼虫與成之間，除大小外，毫無其他分別者，是則稱爲無變態
，如花魚類是，自幼虫長成成虫，因外面具有堅硬之骨骼，限止
其發齊，故必須時時將其老皮脫去，而另換以新皮，是則稱爲脫
皮，各種昆虫之脫皮次數概有一定，此外在牠們的蛹期內、因爲
獸禦讎敵，尙徉往吐絲作繭以自縛，凡此種種變化，並爲採集昆
虫者，不可不知也。

第四節 昆虫之分類

昆虫種類既多，分類當然不是易事，專習昆虫分類者，一生
研習，亦祇能致力於其一部份，故自非一採集者所能從事，然採
集者對於昆虫網所隸之各目，亦不能不知，否則即無從整理，及
分送其所得之標本，玆將昆虫之分目檢索表，俾採集者，可照此
表逐條檢索而得之，卽此幾大類辨別，初學者，亦頗感不易，惟
經驗慚多，則不査此表，亦不難一望而知其所屬爲何目也。

昆虫之目分類檢索表

一，有翅
A，有翅一對。
B，翅爲皮質，角質，或皮紙狀。
C，口器吸收式，喙生於頭之前方，前翅基部皮質，翅端膜
質，休止時，前翅摺疊，跗節具有二爪…………半翅目
Hemipteracc，口器咀嚼式，大顋甚顯明
D，前翅角質，無脈紋，後足不適於跳躍…………鞘翅目 C
oceopteraDD，前翅皮紙狀，具網狀脈紋，後足適於跳躍
，休止時翅直摺…………直翅目 OvthoptevaBB，翅爲膜
質。
C，腹部末端，具線狀尾毛，口器退化，僅留痕跡，。
D，後翅所變之平均棒不存在，腹部末端具鬚狀分節尾毛…
……EphemevidacC，腹部不具絲狀尾毛，後翅變爲平
均棒，口器吸收式，觸角深陷，自上面觀之不能見……
……雙翅目DiptevaAA有翅二對。
B，前後翅之構造不同。
C，前翅退化，僅留一細小棒狀附屬器，後翅扇狀，具放射
狀之縱脈數條，概爲細小之昆虫；………撚翅目 Stvep
sipteuacC，前翅角質或皮質，或爲無脈紋之翅鞘，腹部
末端之附尿器，爲一能動之鋏子…………革翅目 Ceuma
pteraBB，前後翅之構造相同，均爲膜質。
C，跗節末端呈水泡狀或蹄狀，無爪…………泡脚目 Physo

poda,(纓翅目Thysanoqtera,) CC跗節如常。

D，翅之全部或一大部份生鱗片，口器爲捲狀吸收式………

…鱗翅目LepidopteraCC，翅亦裸透明，或薄被細毛。

E，口器生於頭之下面後方，並包括於一分節之針狀鞘內…

……同翅目EE，口器如常，大顋不成針狀。

F，翅上具甚多之縱橫脈紋如網狀。

G，跗節少於五節

H，觸角短而細，雞狀，不易見。

I，前後兩翅片等大，跗節三節…………蜻蜓目Odnata

H，後翅小，或不存在，跗節四節…………蜉蝣HH，觸角常顯明，呈刺狀，絲狀，棒狀，梳齒狀，或唸珠狀。

I，跗節二節或三節。

T，後翅較前翅小尾毛不存在…………嚙虫目Corrodentia

TT，後翅較前翅大，或前翅等大…………摺翅目 PLecoptera

II，跗節四節前後兩翅等大…………白蟻目ISoptera

GG，跗節五節。

H，頭部延長如象鼻…………蝎蠅目(長翅目)Meoptera

HH，頭部如常…………脈翅目Neuroptera

FF，翅上各脈分支，橫脈較少，或無脈紋。

G，翅上有棕色線紋若干脈紋由線紋中過………紡脚目(捷虫目)Embiidina

GG，翅上各脈紋之外，無棕色線紋。

H，跗節一節或三節，後翅較前翅小，尾毛存在，體長不過(三耗Mm，)…………絕翅目Zoraptera

HH，跗節四節至五，腹部無尾毛。

I，前胸角質，而堅硬，前翅較大，赤裸或具細毛，後翅脈少，或無脈紋，大發達，小顋鬚均小，膜翅目…………Hymenoqtera

II，前翅膜質，或皮紙狀，後翅與前翅等大，或略小，休止直摺，前翅之下具若干脈紋，前翅赤裸，或薄被細毛，大顋不易見，小顋鬚及下唇鬚均長，狀知蛾類…………毛翅目Trichoptera

11，無翅

A，頭部及足節顯明，行動活潑。

B，昆虫生水中

C，口器適於鑽刺及吸收…

D，稚虫在水中游泳甚活潑……………半翅目

DD，幼虫寄生於藻類……………脈翅目

CC，口器適於咀嚼。

L，幼蟲不作囊與巢。

DD，幼虫形如蠋居於可移動之囊內，或狀如花魚結一絲巢

脈以捕食物……………毛翅目

E，幼虫與成虫相似，其胸與腹分別甚顯明具翅板

F，稚虫下層瓢形而大，能伸縮其端具兩齒，此瓢形之下唇

常掩蓋面前之前部……………蜻蛉目

FF，稚虫下唇如常

G，稚虫胸部下面之兩側，常具絲狀氣管鰓……………褶翅目

GG，稚虫胸部，第一至第七節之兩個側具氣管鰓……………

蜉蝣目

EE，幼虫與成虫不相似，成虫具發達之翅，惟幼虫時不能

見。

F，腹部下面具假足數對……………鱗翅目

FF，腹部無假足，或於腹末端具一對鈎或鋏。

G，腹之兩側，大部或全部，每節具一對氣管鰓……………

翅目

GG，腹部無氣管鰓……………鞘翅目

BB，昆虫生於陸塊上。

C，外部寄生之昆虫。

D，寄生於蜜蜂體上……………雙翅目

DD，寄生於鳥體或獸體上。

E，體甚側扁……………微翅目Tsiphonoptera

EE，體不側扁。

F，口器咀嚼式……………食毛目MALLoohaga

FF，口器適於鑽刺及吸收，觸角突出跗節單具一瓜與脛節

突出之齒相同……………蝨目Anopruvacc 非寄生之

昆虫。

D，口器退化，陷於頭腔內，僅一片可見，因其生於褶叠之

頰外。

E，腹部十節或十一節記……………纓尾目（總尾目）Thysanvra

EE，腹部最多不過三節……………彈尾目（粘管目），COLL

emboLa

DD，口具大顎適於咀嚼。具鐮狀齒以便捕捉。

E，幼虫腹部具假足。

F，假足之端，具甚多之鈎……………………鱗翅目。

FF，假足之端不具鈎。

G，頭之兩側各具疊眼一個……………………膜翅目

GG，頭之兩側各具單眼多個，頭或延長如象鼻形……………………蝎蠅目

EE，幼虫腹部無假足。

F，體上被鱗片，（如蚋科及花魚科）………纓尾目

FE，體上不被鱗片

G，觸角而顯明

H，腹那末端，具能動之鋏子一對………………革翅目

HH，腹部末端無鋏子。

I，腹之基部收縮甚緊小……………………膜翅目

II，腹之基部不緊縮，頭不延長。

T，小形昆虫，似蝨，前胸甚小，腹無尾毛。………嚙虫目

TT，體形大小不等，不似蝨，前胸不甚小，腹有尾毛。

K，前胸甚長，前足適於捕捉，或後腿膨大，適於跳躍……………………直廷目

KK，前胸不延長，

L，尾毛存在，觸角節數甚多，常在十五節以上。

M，尾毛在三節以上體長形，頭甚大……………白蟻目

MM，尾毛僅一至三節，體長或短，若為長形，不具線狀足。

N，體長，前足跗節之第一節膨大……………………紡脚目

NN，前足跗節不膨大，體長不到三耗，觸角九節……………………絕翅目

LL，尾毛缺乏，觸角常為十一節……………………鞘翅目

GG，觸角長而不顯明，幼虫式。

H，體圓筒形如蠋……………………蝎蠅目

HH，體形不如蠋，大顋鐮狀有一槽，小顋嵌入槽內，此二管用以鑽刺及吸收（如蟻獅及蚜獅）……………脈翅目

DDD，口器延長成管狀，適於吸收大顋變形，不作鐮狀。

E，體被蜡質粉或作叢狀，或作片狀，跗節末端一至二爪，口為細長而有節之喙，生於前方……………半翅目

EE，體上被細鱗片，或厚長之鱗毛喙若存在，則捲長於頭之下部……………………鱗翅目

EEE，體赤裸，或具極疏或綫狀之毛。

F，前胸發育不完全，自上觀之不顯明或不見…………

…………雙翅目

FF，附節之末節成水泡狀，或蹄狀，無爪，口器爲一無節，而有三角形之喙…………三…………泡脚目

FFF，附節之末節不作水泡狀，且具有一至二爪，口器爲一有節而細長之喙，生於頭之下面後方…………同翅目

AA，頭不顯明或脚不分節，或行動不活潑。

B，無足昆虫，但能行動，頭顯明，有幾昆虫出之幼虫，常有現象，口如蚊類及數種搖蚊之蛹，皆能活動自如，故不能由此表檢索之。

BB，昆虫固定而不能活動者。

C，不活潑之昆虫其體或作鱗片狀，或作虫癭狀，或蠐螬狀，而被蜡質，而蜡質之掩蓋，或作粉狀，或作叢狀，或作片狀，或層疊狀，或薄被鱗片狀昆虫則伏此種狀態之下(如介殼虫科)…………同翅目

CC，完全變態之昆虫，其蛹期僅能振動，而不飲食。

D，透蛹即在蛹期內，其成虫期之頭足翅等，均附於蛹體表皮之內面，明顯可見，其蛹外或作繭或不作繭…………

…………鱗翅目

DD，壳蛹即在蛹期內，其蛹爲幼虫之堅皮所包裹，頭足翅等，均不顯明(除蚊類等蛹之外)…………雙翅目

DDD，離蛹，即在蛹期內，其成虫期之頭足翅等，均顯露於體外，蛹外作繭或不作繭，此種現象，在完全變態之昆虫中，除鱗翅目及雙翅目外其餘各目均有之。

北碚的夏節

雪西

一，抓着機會

民間大規模的團體娛樂雖然不多，但他的吸引力量，却非常之大，在教育上也有相當的價值，不過人們向來不去注意牠能了。

我們覺得凡幹鄉建運動的人們，只要願意把心獻給農民，到處都是機會，隨時可以利用，眼光看準了，材料預備充實了，隨便抓來一個機會，都可以大規模的活動一下，凡活動都會有相當的結果，嘉陵江實驗區在過去幾年中，對於民間夏節的活動，都曾充分地利用過，許多地方建設事業和民衆教育工作，大都是從民間的生活習慣和特殊風俗中找機會做出發的，而且也會收到相當的效果。

這次北碚夏節的龍舟競賽，本是農民很自然的團體娛樂，但一般農民只知迎神賽船，澆水搶物，划彩船，湊熱鬧，其實數萬民衆麕集一處，這里邊應當有教育的意味，因此，我們認清了這正是我們的機會，既到來了，我們怎不緊緊地把握着牠呢！

二，充分準備

夏節的一週前實驗區署便發起組織一夏節運動籌備委員會，邀集峽區各事業團體主幹人及地方領袖爲籌備委員，先後召開了兩度會議，根據以往的經驗，更加上新的辦法，便决定了今年夏節的活動：在內容上：事務方面分總務，社交，宣傳，衛生，治安，攝影，各組，活動方面：分龍舟，展覽，國術，游泳，游藝，運動各組，分組之後，各組負責人召開小組會議，分頭準備一切，在方法上，如何宣傳，如何分工進行，如何聯絡，更組織得非常嚴密，在經費上：事務方面的開支限定百元以內，由參加各事業機關團體共同担負，活動方面費用，由募捐項下開支，在時間上；決定夏節的籌備，以不妨礙各事業經常工作爲原則。

三，全體動員

籌備的事項，本來應該早日就緒的，但因了經常工作無法停滯，所以臨到五月四日了，此間各事業的工作人員，才總動員起來羣赴夏節活動，地方醫院組織救護隊，兼善中學及職業女校組織宣傳隊，各公安隊担任維持治安秩序，區署人員担任招待及一切活動的主要工作，大家都極度的緊張起來，辦公室裏驟然沸騰了，打電話的，商談事的，寫字的，畫圖的，油印的——奔來馳去，汗流夾背，由朝到晚，孜孜不息，有如大陣臨敵一般。所有的分子沒有一個不是沉浸在緊張的情緒之中的，我們覺得羣的工作興趣，最能使人起勁。亦能使人狂醒！

這不單只區署的各個機關如是忙碌，就是學校的學生，工廠的工人，北碚的市民……也都歡天喜地的盼望着夏節的到來，而且也都很踴躍的來參加這個有意義的活動，這時，此間的空氣簡直是被一種新的精神燃燒着，充滿了動的活力。

夏節前一日，北碚江干的轉灣處，便搭了一個布棚，懸國旗，掛紅彩……便鬧動了一時，這天下午，江中龍舟預賽，晚間體育場上有電影的映放，民衆會場有戲劇的表演。這熱烈緊張的空氣，就在夏節的前一夕燃燒起來了！

四，五月五日

天剛黎明，此間各機關的男女職員，一羣兩羣地早已集中在體育場上了！升旗點名之後，都齊集在圖書館開緊急會議。先由盧區長向大家說明工作總動員的意義，今日進行和聯絡的方法及各組間應注意之事項……次再各組開會分配本日工作，會散後大家便分頭進行，不到九時，各組一切活動，己佈置就緒了。

此時四鄉來看熱鬧的農民，他們扶老攜幼，挈兒帶女，漸漸密了。漸漸地擠起了，不到兩小時。整個地市場佈滿了人頭，人聲鼎沸，足跡雜踏，大家好似煞有介事的。穿來擠去，而且都欣欣然滿面笑容，好像有什麽喜事似的，羣的樂趣，充滿了他們每個底心靈。

這天的茶坊酒店街頭巷尾，都是喋喋地談着，笑着。到處的人頭蠕動着。千萬柄扇子揮動着……

日光愈來愈烈。觀衆愈聚愈多，他們看完這裏，又到那裏。點也不覺得疲倦，而且有多少還滿有興緻的嚷着：『走哇—看龍船去—走哇—看飛機去……』

這天觀光的民衆除附近各鎮鄉人士外，渝合兩地趕至此的，亦在千人以上，據估計當日全場人數，總在四萬人以上。這可算一個偉大的農民集合了。

五，氣象一新

午前八鐘以後，北碚各事業機關都一變而爲嶄新的環境了，辦公室佈置得十分整齊，地面亦清潔非常，牆壁上都掛上一幅兩幅教育或新智識的圖畫，及一般民衆生活上有關係的表圖。每個機關門首當眼處，都張貼着一張該事業機關的概況，使人一望而知其一切內容，眞是太鮮明了！而且每個機關都有懇懃招待的人！都有懇切解釋的人，處處均令人感到滿意，處處均給人以良好的印象。

就是寢室，廚房，廁所，也都清潔，整齊，簡樸，任人參觀，任人巡遊，在無形中已經予人以深刻的教訓，一般思想封建的農民，受着這現代化的洗禮和實際環境的薰陶染浸，眞可以沉溺他們，溶化他們，影響他們，改造他們，我們覺得這機會的教育和環境的教育，非常具體，而且對民衆獲得的實効也非常之大。

至於市街的住戶及各種各類的食店，客棧，都有新的布置，就是一般市民除還有人家吃角黍外，飲雄黃酒的，掛蒲艾的，玩蛇的……種種玩意，此間幾乎絕跡了！

六，火焰山上

火焰山到了夏季，特別令人可愛，因他有葱籠的竹樹，四季的鮮花，曲折的道路，各種新奇的動物—袋鼠，仙鶴，馬鷄……各種特殊的陳列品—如各地風物，貨幣，體場碉堡模型……至於愛湖，迷園，之字路最易招徠遊人了！

今天的火焰山道上，更是蹌蹌蹐蹐地，擁滿着男的，女的，你喊我叫，全山波動，樹蔭底下，動物欄邊，都滿佈着遊人，他們不斷地到處遊往，欣賞，疲倦了的，又坐了下來，在竹林里，在樹蔭下，休息，喝茶，吃零食，弄猴……

陳列室裏更擁滿了人頭，肩摩踵接，煞是難行，有的指東劃西，有的你呼我應，雜亂，庳囂，和酸氣烘烘，立刻會使你感到發昏，但是一般觀衆仍是繼續不斷地活動着，點也像不覺得悶窒難當，好似他們的興緻都全部建築在許多新奇的陳列品上。而把一切都忘懷了。

七，體育場中

體育場的四圍，除環繞着蓊鬱的楊槐，傘狀的法國梧桐和隨風飄舞的楊柳外，更增了一個磚石建造的牌坊和新設的天橋等，場中這天臨時更陳列有民生公司日夜趕工造成的一個偉大的模型「電車，飛機，輪船，三種都連在一氣上面，而且各種都能實際的活動，這種現代的交通工具，實為一般鄉民所不易見之物，因此觀看的人眞多得很，個子小的，簡直無法插足，解釋的人非常細緻，如對小學生上課堂一般的解說，大家看後，都笑盈盈地覺得十分奇異，看了一次，又來二次，也有鄉下的老太婆，立在圈子外邊很悔氣的嚕嗾着：『我們眞是太沒眼福』！

八，大禮堂內

這次許多展覽的陳列品，都集中在兼善學校的大禮堂，門首便陳設着打谷機，脫拉機，有專人在那兒指示着使用的方法和功效，堂內有各種貨幣，農產及新奇的動植物標本，壁上佈滿了各種書畫，眞是淋瑯滿目，美不勝收，當參觀一種東西時，都有人來向觀衆透切解說。開門以後，成千的觀衆源源不斷地來去，中間簡直無法閉門，照料的人，有晚間才得到午餐吃的。

九，嘉陵江畔

午前十鐘以後，沿江兩岸，民衆如蟻麕集，眞是人山人海，江中遊船，三三兩兩，不斷地盪來漾去，只見紅男綠女，萬頭鑽動，尤其滿江的歌聲。喧天的鼓鑼，更使人狂歡欲舞了！

來賓招待處及大會主席團均設於民生團船，凡渝合及峽江的來賓，多先在此起岸小憩，各種江上的活動，亦以此為總接頭之所了！

靠近江岸處豎起國旗，排列棹案，號旗獎品等物，等候各地龍舟前來登記，遠近鑼鼓響了，龍舟紛紛的來履行登記手續，授與號旗一面，用資識別，這次參加的龍舟共有九隻，由龍舟組宣佈規則後，各船即齊集對岸東陽鎮，採淘汰制開始短途比賽，三聲炮響，比賽開始，各船大小不一，兩端蹺起，有木雕龍頭龍尾，船中鑼鼓手一人，蹤頭一人動作千奇百怪，船尾一人扶稍。餘廿餘人并坐船中，各執水槳一葉，左右撥水，同舉同落，遠望眞若一多足爬蟲在水中舞動，近則只見浪花；滚行如飛箭，煞是好看，各船努力奔赴，結果以黃吳吉溪龍舟奪得第一，這時岸上參觀的人興趣亦即為之增高，聲援喊叫助興者大不乏人。

比賽終結由大會發給獎品，酒，肉，饅頭，紅綢獎旗，面巾等，凡參加活動者，均有獲得的機會。

十，憑劵開餐

夏節這天，此間各機關的工作人員，都要忙着參加各種活動，但對於各方來賓的招待，也要顧及週到，故在河邊躉船及民衆俱樂部特各設招待處，有男女招待員專門引導招待，並設餐堂於新營房，備有簡單飯菜，以供來賓之用，因爲經濟時間及相互減少麻煩起見，特製備紅色餐劵，分發客人，劵上註明地點時間，客人卽可憑此到餐堂開餐，隨到隨吃，主客均稱便利。

十一，夏節快訊

一到夏節，印刷局的工友，報社的記者，和編輯先生們，照例是應該休息幾天的，但嘉陵江日報却是例外了，他們不但得不着休息，反而比往常更爲忙碌，印刷社，爲着排印關於夏節的稿件，日夜趕工，報社的先生們到了這天，採訪的採訪，編輯的編輯，忙着特出一夏節快訊，不斷地介紹當天的活動，本來這天的活動，原定有秩序，但因了臨時的變改，不得不有出入，所以今天的夏節快訊，成了介紹活動的重要工具了，我們在此處看熱鬧的，亦知道他處有什麼活動了，就是我們在一間屋子裏活動的，已經從這上面看得出全部的活動情形和活動的結果了。

十二，臨時市場

河邊賣零食攤小攤的向來就很淩亂，尤其這天賣桃李花紅，甘蔗，……等水菓的小販，更是擁擠，許多涼水涼麵，涼粉的担子，也多集在河邊來了，這對於秩序清潔皆有極大關係，所以公安隊前一天巳在河邊劃地一幅，搭以篾棚，對那天所有的小販攤子，都飭其移入劃定區內，十分整齊，買賣均很便利，儼然成一臨時市場。

至於市街內食店客棧，運力等價格，都由公安隊規定不準臨時抬高市價，並爲客人先行介紹標準食店及客棧。

十三，特產銷售

碚市的嘉陵路口，由龍舟大會指定設一『峽區特產代銷處』專搜集峽區各種特產，如溫泉麵，縉雲甜茶，土沱瀘北酒，三匯白橙糖，靜觀場甜鹹菜，興隆場的草帽，以及三峽的碑石磨子，峽區的風景照片等，均是價廉物美，用便客人購作紀念或禮品的。

十四，廉價布

此間的三峽染織工廠，爲了傾銷土貨，提倡國貨，抵制外貨起見，特在夏節前後的幾日內，售貨處大廉其價，初五這天，又設分銷處於體育場樹蔭下，來購貨的還很擁擠，因爲這鄉的民衆都知道這機會可買得便利貨的，所以老早就將錢儲蓄着等到機會的到來，不過，據廠方的收入同往年比較起來，那就不及多了！這便是農村經濟破產，購買力薄弱的表徵呵！

十五，宣傳隊

一羣兩羣的男女學生，他們各執紙旗一面，奔赴在烈日底下，街上江邊，到處都有他們的蹤跡，隨地聽得着他們的吶喊，這些靑年被圍在許多人叢中，總是不斷地手指足畫，力竭聲嘶的向農民們介紹着，：什麽兩廣問題，什麽鹽水選種，什麽包谷抽花，預防豬瘟……：農業常識，講得非常有勁，很能吸收住一般聽衆，尤其是女宣傳員，更是受一般鄉人的包圍了。

十六，紅十字

地方醫院這天除照常開診外，特組織一臨時治療處，於河邊囤船上，又組織一巡迴隊，攜上急救藥水，及普通治療藥品，揚着紅十字旗，遍街遊行，發見病人，立刻施救並且不取分文，所以這天凡得病的人。都莫不得到救濟了！

十七，巡邏兵

實驗區的各公安隊，除担任各路要口放哨置崗之外，專有一隊來維持市場秩序，不斷地梭巡，照料市內一切，往年河內岸上，糾紛時起，公安隊忙個不了，這次秩序井然，鬧熱清靜。他們是要減去許多麻煩了，不過市街的淸潔，還是無法維持，因爲地面呂桃核李皮、到處皆有，我們聽着巡邏的人說。『因遊人太多，簡直腰肝都彎不下去，所以果屑無法拾檢。』

十八，遊藝表演

江上的活動告畢，岸上活動的序幕又展開了，午後四時，民衆會場開始表演游藝，大門甫開，一般民衆爭先恐後，似如潮水而來，市街一段一時蹄得水洩不通，守門的人，任你用力推攘，秩序也無法維持，惜以會場太小，人數不能全部客納、結果只好宣告閉門、其躋躋於門外者，連呼倒霉不已！

表演節目，有川劇，京劇，及歌舞，幻術，雜技，雙簧等，表演者，除此間各機關學校外，特歡迎有渝合兩地的朋友參加活動，故表演時精彩畢至，以至一般觀衆，有時笑不可抑，有時全場哄然，有時掌聲雷動，直至午後十鐘。始乃盡歡而散。

十九，電影映放

夕陽西下，遊人愈多，旋在民衆會場門外徘徊的人們，又被這兒——電影場吸收了去，全部觀衆計約萬人左右，男女兩排，秩序井然，今晚映放之片，一名『亂世忠臣』一名『〇〇〇』中間更插映常識，幻燈片，休息及裝換片時，更有無線電收音機傳播渝，京，滬，漢各地新聞消息，並放擴大留聲機唱片，聲音非常清晰宏大，及至十鐘以後，電影始停止映放。

此時新月一鈎，正照天空，附場鄉居的人們、扶老攜幼，蹌蹌的跟着趕夜路回家，他們邊走邊津津有味地談着今天的見聞和經過，時時送出一片歡樂之聲。

夜更深了，星月是明的，晚風是清的，大地的一切是靜的，人們的心都是和平的嗎？

廿，整理會議

夏節過去的第二天晚上，——是一個清爽恬靜的晚上，又有一大羣青年男女，在一個油綠的淺草坪上集合了，他們都是這次夏節活動中的努力人員，今晚他們是要開會檢討這次過去的活動及整理其得失之點的，會議開了，先由主席盧區長說明開會理由：是檢討這次在方法有何改進，社會上有何影響，工作上有何成績，並特檢舉出此番最努力之人員，予以獎評及鼓勵等，次則由各組報告經過及得失，同時舉出其該組工作最努力者，依次下去，凡是各組有新方法之改進，特殊成績之工作，社會問題之發見，及提出最勤苦努力之人員時，大家便是一致喝彩，一陣鼓掌、空氣十分熱烈。及至深夜，會始畢，大家合唱了一首前進歌。人四散了，其慷慨激昂的歌聲，已漸漸消失在嘉陵江畔的黑夜中。

參加社會服務運動我算是第一次，這兩天的集團生活興趣，在心坎中所引起的留戀的情緒，我永遠不能忘却，故特援筆記此。

一九三六•七•一•

勝利

西山坪旅行雜感

葛向榮

意大勝利了，因為他曾用武力征服弱小的阿比西尼亞：西山坪也勝利了，因為他曾用苦幹克服了偉大的「自然」。但是意大利底勝利值不得我們一顧，因為它含的味，是一種殘酷的血腥；而西山坪底勝利卻值得我們熱烈地慶賀它含的味，是一種勞動的神聖的汗珠。

誰說人類的幸福，一定要由「天」之命？誰人說人類的幸福，只有殺人的戰爭！西山坪不是一樣在「天」之下生長着的麼？近年來的純益四五千元，曾經用過流血的戰爭，摧毀了若干人而搶奪來的麼？不！聽我告訴你吧：

當三年前，這農場的主人，為轉移人們只在社會上劇烈地相互競爭的目光，就找了西山坪這個「無人問津」的荒廢角落，想去造起一個「自然」求出路的一個運動。但是當時有許多人非難，因為西山坪：一，土地瘠薄：二，肥料缺乏：三，水利不興：交通不便：……………………所以經營起來，絕不會有利益和價值，不然在這樣缺乏之土的情形之下，還會有若大一塊地方沒人過問嗎？而且像科學院這樣的窮，那還有力來開荒呵！

這許多問題，誠然都是很大的困難，但困難阻撓不住苦幹者底創造熱情，因為他們正準備做人所不能做的事，如科學家不解決這些問題，還靠誰來解決？所以終於定幹了，土地租成了，開始墾荒了，開始試驗了，開始經營了、開始賺錢了，許多人開始注意了，開始讚美了，結果「天」對他們，有甚麼妨礙！怕澆水感恐慌嗎？鑿他幾個大堰塘，山水多的時候，不要讓它流了，作物口渴的時候，它可會碌碌地灌到你窠子來，猛烈的太陽，簡直無可施其淫威！肥料缺乏嗎？喂他十多頭猪，百多頭羊（現還在極力增加）而又有好幾十個人，已經可以得不少的糞了，再加上開闢山林的草木灰燼，已經差不多了；不夠，再可買些油餅，菊豆？……………既經濟而且有非常之特效。土地瘠薄嗎？有水，有肥料，有人工，天天把你扶植着滋養着，瘦子也會變成胖子！不信，你看二三十斤一個個的大西瓜，豈是不毛之地所能長得出來？交通不便嗎，現在還可僱用人力，救濟許多勞工，將來需要大的時候，還可修幾條馬路，買幾部車子來運輸？……………這還有甚麼問題不能解决呢？

事在人爲！自然是一個神祕寶窟，只要你有計劃。有方法，有步驟，下决心，持毅力，去大胆探求，去埋頭苦幹，一步步自然會令你獲得滿意的結果。

人類的出路，是在「開拓自然」。而且這出路是絕對有勝利的把握的，如果社會制度也是合理的話。

旅行西山坪後的感想

華文輪

西山坪，在溫泉禪岩寺的後方，距實驗區的中心「北碚」約四十餘里、記得民國廿一年春間，我們在新營房受訓的時候，曾與科學院農林研究所主任劉雨若先生，和另外的幾位朋友，前去察看過一次，翌年冬間，農場舉行開懇典禮，又曾前去作第二次之瞻仰，這以有機會促成我去旅行，算是「三到西山任我遊」了，到達西山坪！！農場區域，環顧一切景物，才知牠不是兩年前的世界了，使我很驚異他們拓殖進步之迅速。

原來西山坪，是一個荊棘叢生，人跡罕至的荒山，是寂靜的，無用的，厭棄的，而且素無人注意的，但是現在呢，可就大大的不同了，牠自經科學院的朋友，和峽防局幫助開懇的官兵，三年多的苦鬬，就把荒野變成樂園，瘠土變爲沃壤，窮乏之地，變爲較富之區，這是何等令人讚美的事啊，

這裏有廣大的作物區，有寬闊的牧畜區，有種植兩萬多窩的西瓜區，有各種名貴品種的園藝區，有現代新村風味的房舍，有運動場，有學校，有常常去參觀的中外旅客的；確已創造成一個很可愛的環境了，我們去旅行恰是舊曆七月中旬，看到有八九寸那樣長一個的玉蜀黍，有一百多斤重一頭的羊子，有卅多斤大的一個西瓜，能不引起社會人士的注意嗎？就目前農場各事業的出產估量，年將有六七千元的收入，這是人力克服自然的成功，這是勞動者犧牲所得的代價，我們應歡呼慶賀勝利：

這次旅行，從表面的觀察上，得着幾個小小的意見，敬爲貢獻於農場當局，或可供改進的參考。

（一）西瓜銷路：

聞農場的管理人說：「今年所出西瓜，較去年增多一半，但銷場遠不及去年好，截止旅行日止，僅售出全產額的二分之一，」在茲盛署時期快要過去之際，市場的購買者尚不甚活躍，且大宗市場祇有重慶一處：旁的地方還未打開，以每斤五仙計，所剩五萬斤西瓜，應值洋貳仟五百元，若目前無法迅速的推銷出去，勢必時過瓜壞，其損失，殊覺可惜，此雖屬天候關係，亦可設法挽救，第一應在瓜將熟時，即繪成瓜圖，說明瓜的滋味，並於生理衛生上之關係，做成標語，多作宣傳，因一般人對西瓜尙感懷疑，不放心吃，怕生毛病，第二重慶一處銷場不夠，還要多闢市

場，如宜，瀘，瀘，敘，及民生公司輪船信託代售，第三價值須相當低廉，不宜過高，應使其普遍化，如能設法和於經濟原則，利用排空機製成罐頭，用合作方式裝運成批發各埠銷售，更可造成一種新的紀錄了。

（二）經濟問題：

據農場方面的朋友談；「自今年由科學院捐洋五千元作基金外，以後農場一切開支：就要靠本身自謀獨立」照這樣說來，祇要努力做到理想中的計劃能夠實現，那嗎農場的前途也就很可樂觀了，但以目前的情勢看來，雖然勉強做到半自給，可是開支的分配，多半消耗在職工的薪資上面，事業費佔得很少，這種現象障礙農場推進頗為重大，萬一西瓜銷場有問題，牧畜正在育種，蔬菜菓園亦試驗未成功、一切事業必陷於停頓，這些雖不是眼前的問題，我們要預為防範，若欲濟基礎奠經定得穩固，打破未來的難關，就現在所經營出來的成績，給予金融界看看，歡迎大量投資，或以農產品作抵，低息借貸，多用在事業上生產，如購畜牧菜苗等種子，及拓殖機器…………未來大計！！集體農場，方可期其實現。

（三）人工問題

農場工作人員；悉有埋頭苦幹的精神，深堪敬佩，惟目前開懇工人，多用金錢僱用而來，不及前峽的官兵幫助開拓來得經濟，應即本着花錢少而成功大的原則去努力，談到這裏，就好與實驗區署職業介紹所常取聯絡，僱收區內有力無所用的貧苦精幹工人，組織懇殖隊、祇要稍加訓練便可担任此項工作，消極以工代賑，作救濟，積極以低價僱工作建設，這種辦法似屬兩有俾益。

以上就是我旅行後的感想，拉雜敘述，所貢意見實在幼稚得很，可否採納，還望農場當局加以審擇。

西山坪遊記

漁舫

西山坪在巴縣北碚對岸，乃是中國西部科學院的農場，從民國二十一年開墾迄今，已有熟土三百餘畝。該地除特產西瓜外，尚有菓園，牧場等試驗，在七月二十八日，余與區署同人前往旅行、是夜歸來，特爰筆記之於此，以餉閱者。

(一)旅行前夜

一覺醒來，天還沒亮，寥落的晨星，閃爍地放射着它底微光，四週是那麼地沉默、沒有鳥虫兒吟唱，室內的同學，都發出了呼呼的鼾聲，覺得大自然的宇宙更顯出格外的寂靜。

「唉！怎麼天還沒有亮呢？」心裏掛念着明日的旅行，想着西山坪新墾的園地，想着西瓜滋味的甜蜜，想着集團生活的有趣………翻來覆去的總睡不覺，夢神呀！爲什麼去不復來呢。

抬頭看看窗外，仍然是墨一般的黑，

緊閉兩眼，希望安然入夢、但是依然「輾轉反側」地不可能，希望着東方早點發亮，而天却依然是漆黑般地，祇好閉着眼，口裏默念着：「睡神來！睡神……………」

(二)在晨曦中

驀地裏一陣陣喇叭聲，把我從夢中驚醒，天漸漸地發出魚肚色了；於是馬上起床，盥洗，看看天色，湧起了一層層的烏雲，像要下雨的光景，心裏就憂着，要是下雨怎麼辦呢？………唉，不要緊，這是夏天，雨是不會久落的：怕什麼呢？

「嗒嗒………」早膳的號音響了！於是我們都跡進了食堂…………。

時鐘的短針正對着五六點之間、長針對着六點，這似乎是告訴我們應該出發的時間了、一羣青年男女同事都拿着雨傘，在區署門前候着，我也跟着加入他們的集團，須臾，便向着溫泉峽前進。

(三)高登二岩

我們彳亍的在淺沙中走着，到了金剛碑，駕着一葉扁舟，向着二岩前進，船進峽口，挨進了雄偉的山麓，湍急的流水，款乃的槳聲，和兩岸青葱的竹林，疏落的民房，都映入我們的眼簾，打入了我們的耳鼓，仰望頭上青天一綫，不覺使我喊出：「天地何等偉大，人們何其渺小呵！」

船抵二岩的江濱，領隊便站在岸上點名。然後大家才登二岩，壁陡的石級，便在前面呈露着，我們一步一步的走上去，覺得集團生活委實有趣，而勞苦也全不感到一點了，上完了石級，却是一幅平原，縱橫的阡陌，涓涓的溪流，錯落的房屋，點輟得十分勻整，擺在我們底面前。

經過了一帶的荒山，才到了我們的目的地！西山坪。

（四）西山一瞥

剛攏西山坪農場，就見着星羅棋布的西瓜縱橫地臥在土中、脣齒不覺垂涎欲滴，囘溯西山坪在三年以前正是一遍荒山，人跡罕到，而今却成了一片沃土，開荒的健兒還正和荒山戰爭呢！

農場的主人、取出了纍纍的西瓜，招待我們，同時主人告訴了我們農場的歷史，苦鬬的經過，西瓜的種植…………………當然在我們只有誠懇的感激與羨慕。

據說西山坪的西瓜，重的每個有三十餘斤，今年大約有五千元以上的收獲、自然這完全是他們勞苦的代價，我們看了西瓜場，又去看菓園和牧畜場，沿山窪處都築有水池，並且沿着農場開渠數道，因之灌溉非常便利。

匆匆的看完了農場，覺得他們的組織和設備，現雖只具有雛形！但我們總覺得他們還要繼續的努力，將來如能交通便利，肥料自造，提倡畜牧…………………誰說西山坪沒有希望呢？

（五）在歸途中

薄薄的白雲、遮蔽了日光，宇宙呈現出了一種温和，一羣人在山道上奔跑着…………

一帶荒山，生着矮小的雜樹，一條崎嶇的小道，兩旁鮮有人家，只有起伏的山峯，疎落的古木，潺潺的溪流…………一列草房，一列瓦屋，陡然呈現在我們的前面，同學們便加緊了步伐，『呵，那不是草街子碼？』大家都在齊聲的叫着。

山峯向後面移動，石子路便漸漸的縮短了，兩條腿在路上走着，一會兒便到了草街子的河邊，一列的船隻，在岸邊縈着，好像操場上的一排列兵，我們在人聲擾攘中，便上了一隻小小船順江而下。

（六）温泉沐浴

一陣陣的人聲，把我驚醒，揉揉眼，才知到我們已到了温泉，同船的朋友們，都通通的上了岸，他們齊聲說道『上去游泳吧…………』我也不約而同的跟着他們登了石級，穿過青葱的竹園，順着桐陰馬路，到澡塘去了。

塘水很和暖，兩臂用力的打着水，直弄到盈盈的汗珠，不住的從額際流下胸前，勃勃的熱汽，不住的從胸前薰上額際，多日的塵埃，經過這樣一度的滌洗，竟飄飄然有如登仙之概了！

（七）夕陽影裏

夕陽快要和西山接吻了，我們一羣人便在温泉江濱上了船，船夫唱着『吭唷吭唷………』的聲音，槳也款乃款乃的響動着，船便漸漸的離開了岸，盪樣在江心。

夕陽影裏的自然界，是多麽的美麗呵。

西邊的天，像女孩兒們紅暈的臉靨，一陣陣的紅，一陣陣的紫，夕陽奪了它穿的彩霞，而又給她換上了一身艷麗的衣服。

山，一列列地起伏着，好像一幅美麗的圖畫。

黃昏吞噬了最後一線日光，大地被夜幕籠罩，船攏北碚時，萬家燈火，已照耀得輝煌如白日了。

編輯後記

盧作孚先生的『四川嘉陵江三峽的鄉村運動』一文，是作者年前應中華書局教育界的徵求而寫的，其內容全爲工作中所發現之問題，或工作時所根據之原則，尤對峽區整個事業，皆有簡明之介紹。茲特刋出，使閱者從此文中對三峽整個事業，有一明確之認識。

黃子裳先生的「嘉陵江三峽鄉村建設實驗區成立經過」一文，把三峽之歷史及現狀，改組實驗區之原因，及今後進行之輪廓與希望，條分縷晰，逐一實寫，非空論文章可比，尤値閱者細讀。

「我們應一齊努力鄉建」一文，是盧子英先生對實驗區署期小學教育研究會和義務教師研究班學員們的講詞，因其對國內鄉建事業之癥結及理論與實際，均有合理的批評，最後并指出了我們應努力的方向，很値得介紹。

吾人在此「鄉建運動」空氣十分濃厚的現時，不能不將全國各地的鄉建運動作一綜合的比較的研究。期以對這內容複雜方面衆多的運動前途，有一整個的較爲清晰的概念和認識，以此，繆中典先生的「國內鄉建運動的現勢」一文，正是一篇最好的參考材料。

「十年來的北碚民衆教育」是舒，葛兩君埋頭工作時留下的寶貴經驗 頗堪細讀，尤以他們那樣有限的人力，財力，而能多方想法獲得了超越的成績，其工作精神，尤値得吾人敬佩！

「嘉陵江三峽鄉村建設實驗區的畜牧調查」一文，是韓君隨四川家畜保育所的梁正國技士實地考查的報告，可供從事畜牧獸醫者的參攷。

「昆虫製作採集經驗談」的作者黃楷先生，現服務於中國西部科學院，曾助德國昆虫學家傅得利氏作昆虫標本之採集與製作，先後凡六年餘，足跡遍川康，所述卽黃君歷年工作所得之經驗，凡從事採集製作昆虫者，不可不讀。

本刊草創伊始，此期匆促輯成，簡陋之處在所不免，尚希讀者予以指導和批評。

編　者

刊誤表

頁數：三 五 九 一二 一三 一四 一五 一六 二〇 二一 二二 二三 二四 二五 二六 二八 二九 三〇 三一 三二 三三 三四 三七 三八 三九 四〇 四一

行數：二〇 二一 二一 二三 八 八 一〇 二 九 二三 一 一〇 二三 二〇 二 二一 二五 二 三 一 一二 二一 二三 六 二一 二二 二六 四 一三 九 一四 三 一四 一六 二二 二 一 一九 七 一一 五 一二 三〇 一 三 三 一二 四 六 二七 三二 三 一八 三四 二 四

字數：一二 八 九 一一 三五 八 二五 七 二四 二四 一八 一四 四 五 二三 九 一五 二一 一五 三 三 一 一六 八 一七 二六 一八 八 二一 八 二 二四 三 二三 一六 一五 二三 一二 一〇 一 一八 一七 八 二 一 三 一八 二六 一一 一七 七 五 一三 七 一四

正：是 詹 緊 城 緊 落 裏 統 質 說 義 見 究 西 湯 都 魄 常 元 方 本 二 上 均 多 鷄 各 着 筍 2 壞

誤：訓練的學生和士兵 的 譜 聯 域 擊 葉 間 經 資 着 意 行 家 裏 堂 郡 魂 諳 念 報告 萬 未元 實 猪 三 下 的 重 雛 品 著 筍 又 讓

遺落：張 的 域 力 各 練 加 們 期 機 聲 線 須 加 育 之 最 平 能 用 在

四三 四四 四五 四六 四六 四七 四八 五二 五三 五四 五四 五六 五七 五八 五九 六〇 六一 六二 六三 六四 六八 六九 七一 七二 七三 七四

一二 二 一四 二三 二九 一 一五 一六 一七 二四 二五 一 四 三 八 二二 一六 三五 七 一一 一二 一四 二八 三 三 四 五 六 八 一一 一三 一 一 一五 一六 一六 二一 四 二二 五 二三 一 二四 三二 一一 一二 一八 一 五 五 三二 九 一二 一六

一六 八 九 二 二 二三 五 一〇 一五 一〇 一〇 二 七 六 九 八 五 四 八 一九 一七 一一 四 一五 五 一〇 二 三 一一 五 二 一三 五 一七 一一 一三 六 二三 二二 一 九 四 三七 二 一三 二三 一二 一九 二 一九 一八 一八

辦 設 者 園 園 士 與 白 鎮 全區人家栽植苗木 用 癸 治 署 治 佈 灰 灰 集 推 爾 譏 桐油 進 鎣 論 水滿 潔 糾 塘 舉 堂 與 演 都 衙 觀 濃 元 伙 爾 孔 腹

辦 還 社 閣 闌 士 興 山 鐵 苗木全區人家栽植 羊 洽 署 洽 布 頭 頭 結 摧 函 設 油桐 行 發 論 滿水 查 粉 擴 擇 棠 與 濱 郡 阿 函 處 多 兄 火 函 蛇 乳 復

的方法 者 船 蜀 地 克 緻 設 以 團務 合作

工作月刊

定閱單

茲寄上大洋　元　角　分

定閱

工作月刊　卷　期至　卷

期共　期請按期寄至下開地址為荷此致

四川　巴縣　北碚

嘉陵江三峽鄉村建設實驗區

工作月刊編輯部

定閱人

住址

年　月　日

工作月刊零售每期大洋二角郵費三分預定全年十二期連郵費

大洋二元四角國外五元

工作月刊

登載廣告通知單

茲向　貴刊登載廣告一則，請依後開人員辦理，所有廣告各費準於付清，此致。

四川　巴縣　北碚

嘉陵江三峽鄉村建設實驗區

工作月刊編輯部

工作月刊

地位　次數

大小　期限

自　起

至　止

定價　折扣

實價

定登廣告人簽章

住址

年　月　日

連登三期以上者九折，六月以上者八折，一年以上者七折。

本刊已呈請內政部及中宣會登記

工作月刊

中華郵政特准掛號認為新聞紙類

定價					
訂購辦法	冊數	價目	郵費 國內及日本	郵費 澳門香港	郵費 國外
零售	一冊	二角	三分	八分	二角
預定全年	十二冊	二元	三角	九角六分	二元四角

每月一冊 一日出版 全年十二冊

郵票代價十足通用

第一卷第一期

民國二十五年九月一日發行

編輯者　嘉陵江三峽鄉村建設實驗區工作月刊編輯部　四川巴縣北碚

發行者　嘉陵江三峽鄉村建設實驗區

印刷者　重慶新民印書館

分售處　各埠大書局

不許轉載

廣告刊例				
等第	地位	全面	半面	四分之一
特別	底封面外面	四十元		
優等	前後封面之內面及對面	三十元	十六元	
上等	圖畫前後及正文首篇對面	廿五元	十四元	九元
普通	首篇以外之正文前後對面	二十元	十二元	八元

詳細廣告刊例函索即寄

工作月刊徵稿條例

一，本刊以記述農村實況傳達鄉村實施方法研究社會改良技術等為主旨歡迎投稿其範圍如下：

一，農村社會實況

二，鄉村建設之理論及實施

三，各地鄉村運動之消息及現況

四，鄉村事業之調查及報告

五，時代知識之介紹學術問題之商確

六，寫實的文藝作品國內外旅行實紀等

二，本刊暫分論著調查計劃報告科學教育文藝通訊隨筆等欄

三，來稿須繕寫清楚并加新式標點符號如用洋紙忌寫兩面

四，來稿以每篇自一千字至一萬字長為限過長者不收文體不拘

五，本刊暫不收譯論

六，來稿如不願增刪修改者須先聲明

七，來稿署名聽作者自便但須將眞姓名及通訊處寫明以便通信

八，凡須將原稿退還者須預先付足郵票否則無論登載與否概不退還

九，來稿登載後酌酬本刊

十，來稿交四川巴縣北碚三峽鄉村建設實驗區本部

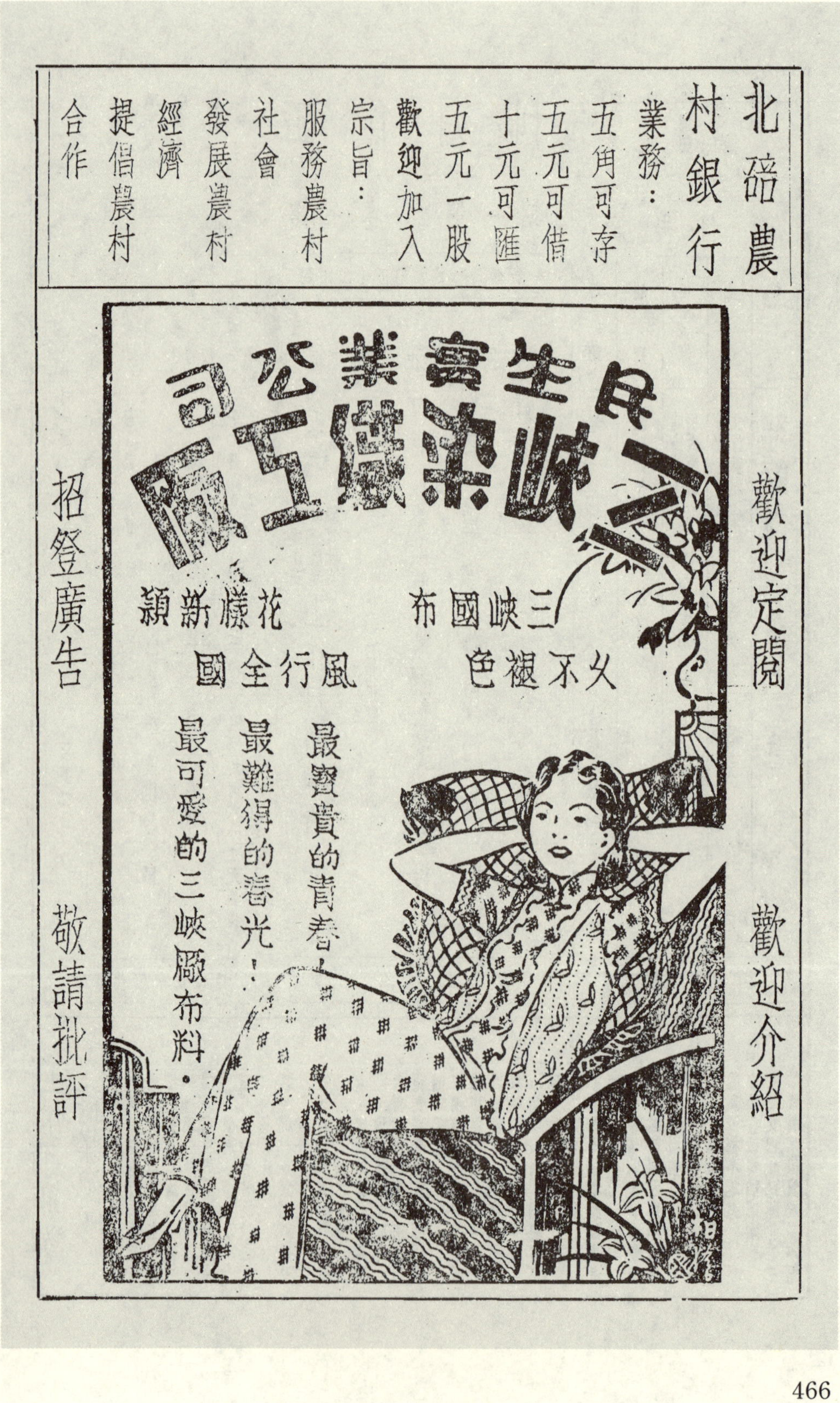
北碚農村銀行
業務：
五角可存
五元可借
十元可匯
五元一股
歡迎加入
宗旨：
服務農村社會
發展農村經濟
提倡農村合作

歡迎定閱
歡迎介紹
招登廣告
敬請批評

工作月刊

第一卷　第二期

二十五年十一月一日出版

中國西部科學院出版品要目

裁兵與屯墾……劉雨若
整理川東北農田水利之商榷……嚴育得
四川產業記載索引……圖書館
重慶南川間地質誌……常隆慶 羅正遠
四川嘉陵江三峽地質誌……常隆慶
四川嘉陵江下游魚類之調查……張春林 施懷仁
四川嘉定峨眉魚類之調查……張春林 施懷仁
四川鳴禽之研究……王希成
四川煤炭化驗報告……李樂元 徐崇林 王以章
四川省雷馬屏峨調查記……常隆慶 施懷仁 俞德竣

發行處：四川巴縣北碚中國西部科學院

嘉陵江三峽鄉村建設實驗區出版品要目

四川人的大夢其醒……盧作孚
鄉村建設……盧作孚
東北遊記……盧作孚
三峽遊覽指南……盧作孚
峽區事業記要……江巴璧合特組峽防團務局
嘉隆江三峽鄉村實驗區工作報告……嘉陵江三峽鄉村建設實驗區
嘉陵江三峽鄉村建設實驗區{戶口統計表 保甲編製表 教育計劃書}……嘉陵江三峽鄉村建設實驗區

發行處：四川巴縣北碚嘉陵江三峽鄉村建設實驗區

北碚農村銀行叢刊要目

中國農業金融機關論……伍玉璋
中國農業金融制度及其實施論……伍玉璋
評「考察四川農業及鄉村經濟情形報告」……伍玉璋
建設川康合作事業五步計劃……伍玉璋

發行處：四川巴縣北碚農村銀行

徵求訂戶

徵求基本訂戶優待讀者

本刊發行伊始爲優待讀者諸君起見特舉行徵求基本訂戶一千戶在此徵求期間凡直接向本部訂閱半年以上者概照九折優待以足額爲限

四川嘉陵江三峽鄉村建設實驗區工作月刊編輯部啓

民生實業公司航業部五大消息

(一)確定渝申班期　渝申直航　預定日期　概省時間　復極舒適　旅行諸君　歡迎試嘗

(二)確定渝漢班期　定期開航　決不誤期　事前公佈　遠近週知　招待週到　來去按時

(三)確定渝敘班期　每隔一日　有船開行　沿途城鎮　均可停輪　起下貨件　上下客人

(四)整個航線聯運　聯運暢通　乃至渝蓉　旁及渝合　由渝渝嘉　概買一票　票價至公

(五)成渝公路聯運　爲求客人　來去迅速　聯絡公路　水陸接續　千里定座　不致貽誤

民生公司的

- 宗旨
  - 補助社會
  - 便利人羣
  - 開發產業
- 資本——一百十七萬元
- 營業
  - 航業——現有輪船四十二隻行駛
    - 渝申
    - 渝漢
    - 渝宜
    - 申宜
    - 渝嘉
    - 渝涪
    - 渝合
    - 涪萬
  - 機器——在江北青草壩有機器廠
  - 電水——在合川有電燈自來水廠
  - 染織——在北碚有三峽染織工廠
  - 代辦——代辦保險各種機器電料五金雜貨
  - 投資——北川鐵路及幾處煤礦公司均投有資金

民國廿五年創始

工作月刊

第一卷第二期目錄

民國廿五年十月一日出版

本刊發行章程

一，本刊每月出版一次，對於預定各戶儘先發送。

二，書費概須照本刊價目表先惠，否則恕不照寄。

三，訂閱須註明起期如不註明，或起期已早經售罄卽自最近一期起寄。

四，定單開出，概不退款。

五，預定來款不足時，暫准發書并予通知，俟補足欠款時再發給正式定單，否則以零售論，照來款發書。

六，定閱者須將詳細住址塡明，如改變住址，或查詢未到請註明定單號數定戶名稱，在何處定，原住何處諸項以便查考

七，到期如欲續定時，請預爲通知。

八，定價以國幣大洋爲準，郵費十足代價，外國貨幣照市價合算，不通用者退還。

九，如有匯款不掛號，遺失等情，本部不負責任。

十，各種刊物，欲與本刊交換者，無任歡迎。

十一，預定手續可向本部或代售處辦理，代售處價目一律與定價表相同不得妄事變更。

十二，代售章程另定之，其願担任代售者請向本部發行處書面與口頭接洽均可。

本刊代售章程

一，代售處除承担零售外，並得代辦定閱。

二，代售處代辦定閱，每份照定價扣除百分之二十爲佣金款到本部後，開給定單，直接寄書，以省手續。

三，代售處每期銷數在五十册以下者給子佣金百分之三十（卽七折）在五十册以上者給予佣金百分之四十（卽六折）在一百册以上者，給予佣金百分之五十（卽五折）

四，代售每季結賬一次，將本季所銷數目連同扣淨售款一併開單，逕交本刊發行處，遇有不清，除停發書外並以合法手續，追繳欠款。

五，凡代售本刊，每季在十册以上者得自行刻製「工作月刊特約代售」印章及懸牌於門首。

六，繳款須用法幣，郵票代洋以一角以下者爲限外埠匯款其匯水與郵費，概由寄者負担，如有中途遺失情事本部不負責任。

七，代售處於代售本刊，應負保管愛護之責。

八，承担代售者，爲謀增加銷路起見所有自爲之宣傳費用，歸代售者，自已負責。

嘉陵江三峽鄉村建設實驗區工作月刊編輯部啓

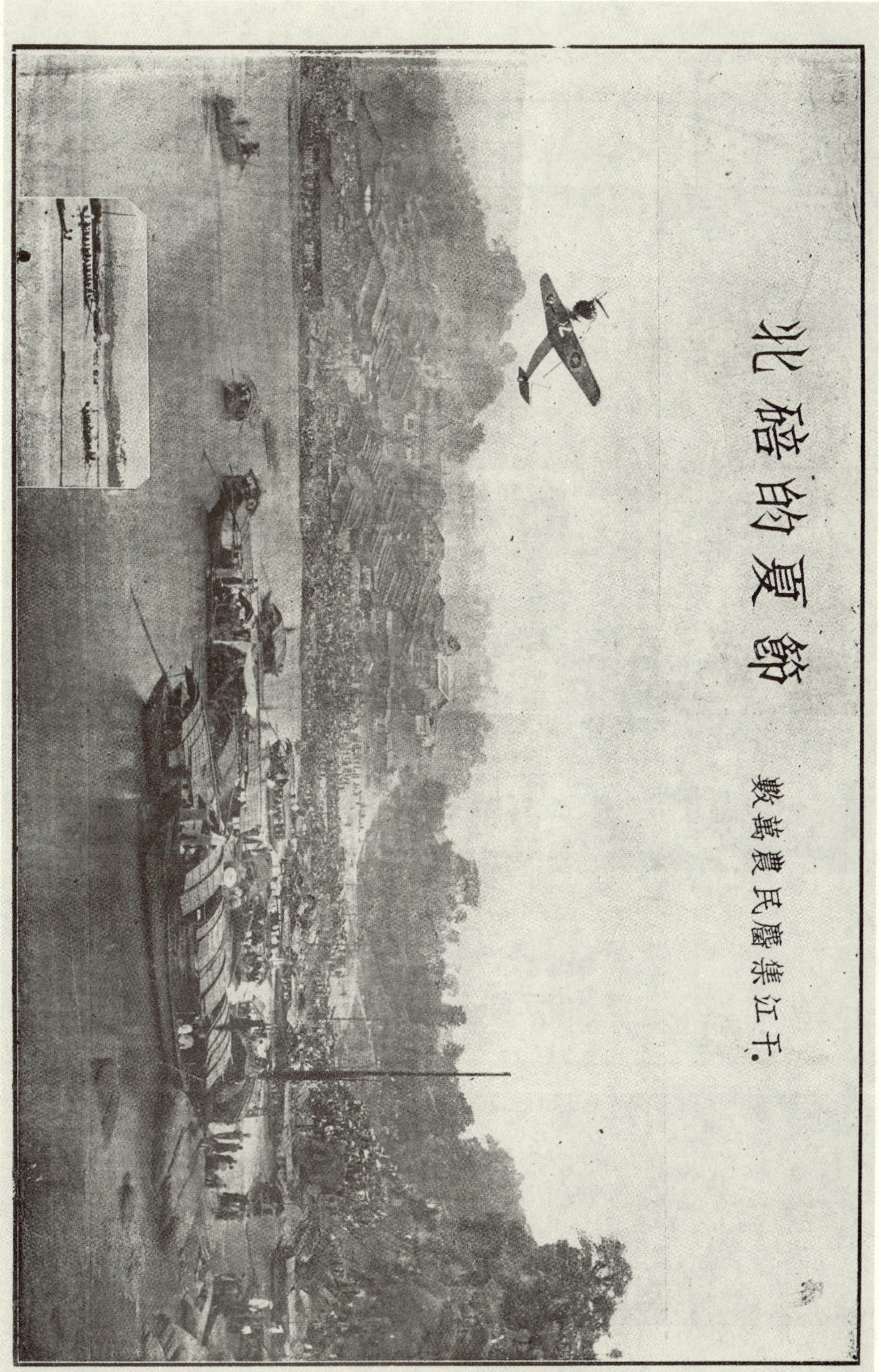
北碚的夏節
數萬農民麕集江干

交通模型

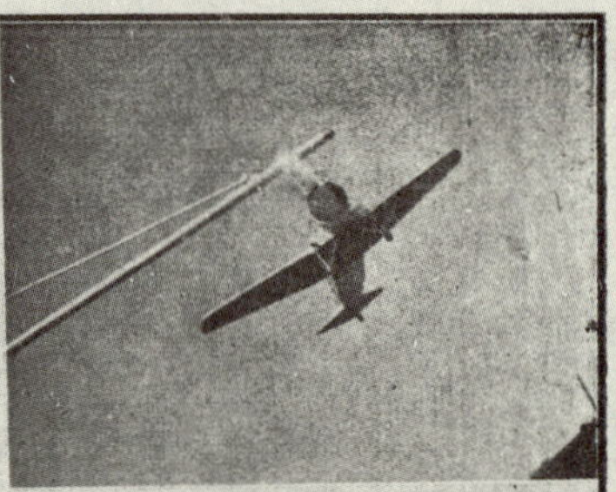

飛機

飛機

此模型由民生公司日夜趕工製造者，中央立九尺高鐵柱一根，上懸掛飛機，下爲一大鐵盤，(木底盤內蓄清水一尺深，浮「民生」輪一

隻，盤外設鐵軌二道，上置電車一部，更於飛機，輪船，電車後面，繫以電線。

用電流發動，三種模型即可自由行駛，中央安置一開關，設專人管理，此種模型可謂，科學藝術

↑電車

↑輪船

游泳↓

江干的民衆↓

↑
龍舟

旱災！

本年吾川大旱，災區達百餘縣，災民三百萬以上，秋收十九絕望，下圖即爲本區罹旱情形，

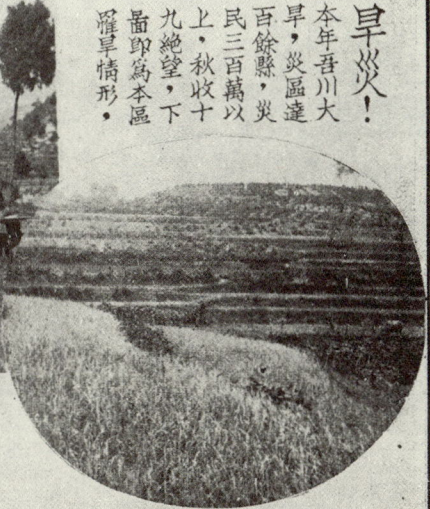

嗷嗷待哺

四野焦黃

飲水絕源

如此收穫

赤地千里

田土龜裂

嘉陵江三峽鄉村建設實驗區暑期小學教師研究班生活之一部

國術

旅行

運動

游泳

瀑布(高坑岩)

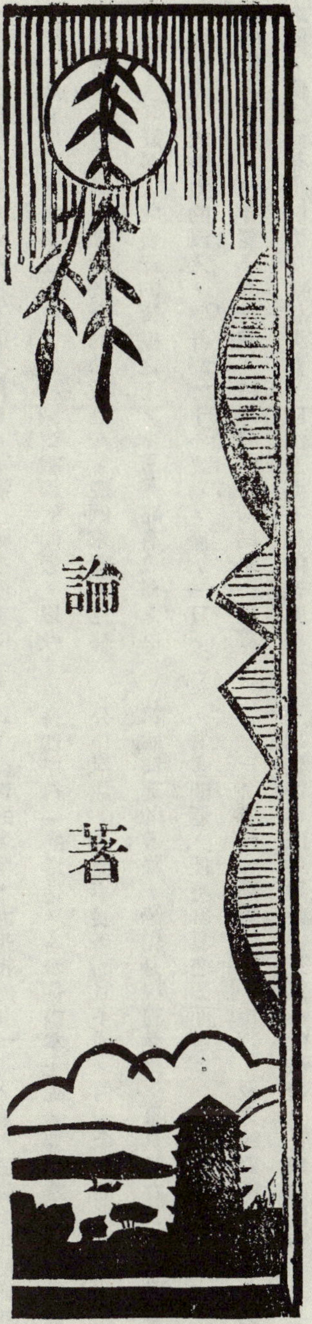

民教與義教合一制之商榷

羅中典

一　鄉教之過去

今天以前的教育，在鄉村幾乎是沒有教育的，而教育也並不曾進入到鄉村，這話並不是過分，幾千年來士大夫教育的影響所及，一直到現在並不會跳出窠臼，另闢門路，自然年來國內的先覺之士，曾感到這一個現象的危險，而紛紛的跑到鄉村，別樹新幟，如像定縣．鄒平，及國內其他許多正在實驗鄉教的區域，我們決不敢拋開事實，而一概抹殺，但是如果再細細考察一番，究竟是區域甚狹，力量甚微，而且各立門戶，步調不一，因此鄉教的基礎，可說仍然不會樹立，至少也應該說不會穩定，假如我們再丟開了這國內稀有的事業，而察看一般的現象，那一定會使人相信鄉村還是沒有教育，並非虛語，學生不進學校還算是一個完完整整的農家子弟，等到在學校讀上了三五年書之後，便全變了一個模樣——變了一個與社會隔離更遠的人，這樣的教育，絕不是我們今天所需要的教育，認眞說來，竟可以說是亡國教育，我們為了復興民族，為了救亡圖存，在教育路線上，都必須有進一步的革命，都必須別闢蹊徑，才有辦法。

二　鄉教之重要

中國的經濟狀態，到現在仍然停滯於農業社會的過程中，因此中國的國運，可說是寄託在農村，年來國運的衰敗，是與農村的衰敗成了平行的發展，談挽救國運的先知先覺，也把復興農村作爲最先的口號，復興農村的途徑，振興農村教育，可說是當務之急，因此，農村教育的重要，是極其明白的事，再看國內其他的一切教育，假如牠是拋開了農村，眞可算是近夫捨本求末，在陶知行先生的生活教育，晏陽初先生的平民教育，那是完全把教育的靈魂，寄託在農村，就是黃炎培先生的職業教育，廣西政府的國民基礎教育，都無不側重在農村，我們從事實去檢討鄉村教育，從需要去檢討鄉村教育，在目前的中國牠都應比一切教育感到重要，因此在今天提倡鄉村教育，應該是舉國一致所當負起來的責任。

三 鄉教之未來

鄉村教育的重要，並不是沒有人感到，實際上從事鄉村教育，以冀開拓出教育的新地，也並不是沒有人，不過已如前所言，多欠連繫，各立門戶，於是便形成了鄉村教育戰線的渙散，以致容易爲境遇所左右，以致鄉村教育的功效遲緩，舉例來說，定縣的苦心經營，在許多人的血汗的貸價之下，本可謂略有成就，然而，一經某國人的勢力的侵入，便弄到「十年之功，廢於一旦，」曉莊的鄉教運動，也曾經小有成就，但都終歸短命結果，追溯往事之餘，便感到今後努力於鄉村教育，應注意到下列的幾點：

第一，應極力求其合理 所謂合理，要極力掃除惡劣的因襲，創建起新與的習氣，教育本身的澈底改革，更是要適應新社會的全部底要求，而且不但要切實的取好鄉建友軍的聯繫，還應該多方面與社會上新的勢力求其合作。

第二，應極力求其普遍 所謂普遍，不僅是要求鄉村間的學校林立，而是希望鄉村教育的實效無孔不入。

第三，應極力求其經濟 費錢的教育，在今日的中國農村，決無辦法建立，鄉村的教育，要做到用錢少而成效大，而且所謂經濟，不僅是指金錢的經濟而言，在時間上，也一點不容浪費，在方法上，也一點不容迂迴，幾乎無一樣不該力求便宜。

我以爲目前最好的一個辦法，便是廢除一般所謂義務教育，民衆教育的名稱，而把牠融和一爐，實際做到「生活卽教育，社會卽學校」的境地，本來從根本上說，要把義務教育與民衆教育分作兩途，不但不妥，而且不通，何況今日的形勢，非使我們趕快走簡捷的道路，恐怕是決無生理，果眞是在民教義教合一之後，許多問題，便更容易迎刃而解：

一，鄉村全部的民衆，作爲了教育的對象，以教育的力量、可以促進經濟的建設，愛國心的激發，民衆的團結，到必要時，可以做到全體總動員，從事於抗敵救亡的各種工作。

二，民教義教合一之後，能者教人，全鄉村的能者皆是教師，不能者向人學，全鄉村的不能者皆是學生，那嗎教育的恩惠將自然的普及到任何一個人。

三，不費錢，不費時，減除許多不必要的教育方式，在極短的時間，極少數的指導者，却教育了廣大的民衆，可算是再經濟也沒有了。

在今天的中國，國難日亟，作民族自救的工作，是要全體一致，能夠自覺自動，才是民族的生路，這項工作除了從教育上着手而外，是沒有再能担負這項責任的了，我們假如只注重義務教育；這一輩次代民族，卽使個個都足以撑持，例如當前的危局，然而，時間已經來得太緩，敵人決不容我這樣的從容，喚醒廣大的青年羣衆，是目前極不可緩的事，不過，後繼需人，卽使老年，在我們這一個時期中，也有他們相當應作的事，所以，我們要說到目前的教育，除了走民教義教合一的路，是決沒有第二條路好走的，不過，這樣的口號，有容易使人誤會的地方，我再來總括幾句，以結束我的意思：

能者教人，不能者向人學，

一，所謂民教義教合一，決不是止於形式的，而是最切實際的，決不是偏畸的，而是成整普遍的。決不是以少數人作實驗，而是以全民衆爲對象。

二，民教義教合一，是要喚起廣大的羣衆，教育廣大的羣衆組織廣大的羣衆，激動廣大的羣衆，一致起來，從經濟上，政治上，文化上，作救亡圖存的工作。

三，民教義教合一要抛開私人的嘗試，而由政府製訂政策作一致的推行，整齊步伐，統一指揮，在救亡陣線上成一致的傾向

四，民教義教合一，文字的教育，僅是一部份、其他各項關於政治，經濟，及不屬於文字的文化各事實際行動，是必須相當的等量齊觀的。

五，民教義教合一，要互教，不僅是教育者，對於被教育者的單獨行動，教育人的人，同時他也該受各種教育，受教育的人同時他也隨時隨地該教人，完全是互助的，無男女之分，無老幼之分，均須互助，互教卽是互助，也卽是互救。

鄉村教育應有的動向

葉心符

救中國必先救中國的鄉村！救中國必先從中國的鄉村做起！，這是從事鄉村工作者唯一的信念。

嘉陵江三峽鄉村建設實驗區就是要實現救鄉村的目標而產生的，但救濟鄉村必須從建設鄉村起。鄉村教育是鄉村建設工作之一，既然如此，自不能不檢討一下過去的成績，策劃一下未來的動向。我們第一件應當注意的事，就是要確定一個鄉村教育的機構，無疑的，鄉村教育實施的機關是鄉村小學，可是過去各地的鄉村小學，牠所做的單是學校教育部份的工作，有的甚至連學校教育都辦得不成一個樣子。要知道中國目前是一個窮國，窮國的教育，必須有一個窮的辦法，換句話說；就是最經濟的辦法，因此我們主張實驗區的鄉村小學，除了學校教育工作之外，更須實施社會教育工作，學校就是社會，社會就是學校，把學校與社會打成一片，用八十個義務教師來改造實驗區的一百保。

其次要談到內容方面的課程問題。課程是教育的內容，我們早己知道教育就是生活，所以整個的鄉村生活便是鄉村教育的課程。照廣義講：課程是包括人生經驗的全部，絕不是單指書本的智識，因此鄉村小學的課程編製，必須顧及鄉村地方情形，認明鄉村環境。可是現在一般鄉村教育的課程怎樣呢？我可引陶知行和楊效春兩先生的幾句話，陶先生說：「過去的鄉村教育，叫人離開鄉下往城裏跑，叫人喫飯不種稻，穿衣不種棉，蓋屋子不造林，叫人羨慕奢華，看不起農人；叫人有荒田而不知開墾，有荒山而不知造林，叫人分利而不生產，叫人忍受士匪土豪劣紳的侵害而不自衛；遇了水旱虫害而不知預防；教農夫的子弟變成書獃子；教富的變窮，強的變弱，弱的格外弱。」楊先生說：「天真爛漫，好活動，好做事的兒童進了學校以後，就變成斯文温柔，遊手好閑的學生。農家的子女，本來能夠幫助父親割稻，收麥，看牛，車水的；本來是能夠幫助母親燒火，洗衣，縫級，掃地，打雜的；進了學校以後，諸事都不肯做了，久而久之，諸事竟都不能做了。勤懇的農民決不願自已的子女變成遊手好閑的遊民，而今學校竟是製造這個遊民的場所，誰願遣送自已的子女來受這種學校教育呢？」讀了這兩段話，我們就覺得課程問題的重要，我們的意思，今後實驗區鄉村教育課程的動向是：

（一）生活化　鄉村教育是鄉村生活的改造，我們要實施鄉村生活教育，寓教育于生活之中，藉教育以改善生活。

（二）生產化　鄉村是農業社會，鄉村教育應當負責改進農事，而況中華民國教育宗旨及其實施方針中也說過：「凡農業生產方法之改進，農民技能之增高……農業科學知識之普及……須以全力推行之，所以我們覺得除了生活化之外，還要注重「生產化」的實驗。

（三）鄉土化　除了生活化生產化之外，還須注意鄉土化，啓發兒童的鄉土知識，培養兒童的鄉土感情，舉凡鄉土的史乘古跡，偉人先哲，地理物產，風俗，習慣，交通，生活等，務使明瞭，并識別其優劣之處，好使未來改革。

上述三點，原是現今教育學者公共的主張，作者惟恐本區工作人員沒有準繩，故特錄示，至於實施方式，方法等，容再提出討論。

全國義務民衆教育概況

（一）義務教育

一九三二年由教育部頒行第一期實施義務教育辦法大綱，以一九三二年至一九三五年爲第一期，在此期內全國各縣市均應指定城市及鄉村各設義務教育實驗區，對於區內學齡兒童，均應受義務教育，及該縣市長及公安局長，均有協助實施義務教育責任，其辦理不力者并應受懲戒處分，同時爲救濟年長失學兒童起見，又頒佈短期義務教育實施辦法，規定各地舉辦短期小學或短期小學班，以識字爲目的，招收十歲至十六歲之失學兒童，補受短期義務教育，修業期限，定爲一年。自兩種辦法公佈後，各省市教育行政機關，均已依照辦理，且有相當之進展，

（二）民衆教育

民衆教育之重要設施，爲民衆學校，學校之主要目的在掃除文盲，全國各省縣市，均已分別設立，以十六歲以上五十歲以下之不識字民衆，爲訓練對象，訓練期間四個月，是爲初級部，初級部畢業再受六個月至一年者稱高級部。據一九三〇——一九三一年統計全國民衆學校，共二九三〇二校，經費共一〇〇四九四元。教職員共五三八七三人，學生共九四四二八九八人，就中以山東之鄒平，河北之定縣及江蘇之無錫及徐公橋等處成績最良。

教育與社會

蜀子

社會是個人的組合體，而個人又生於社會，育於社會，社會與個人，直接間接都是互相關連的。社會離了個人，便不成其為社會，個人離了社會，也便失其生命的意義與價值！

教育是個人不可少的，也是社會少不了的，沒有教育，社會便不能推進，國家決不會文明，個人亦將永遠蚩蚩無知無能！但從事教育的人，若只知抱着呆扳的死書本，閉着校門去講求，不問社會的實際需要，不與社會相關連，徒誇清高神聖，於實際全無補益，這樣學校儘管的林立，學生儘管的加多，新的貨物儘管一批一批的輸送到社會上去，然而社會終不會創造出個新的面目來，試問教育的功能安在？所以吾人以為教育淘冶個人的作用，必須為社會的；換句話說，必使教育社會化，其意義乃能完成。

拿託普說：「個人的淘冶，無論在任何點上，必依社會而後完成」杜威把教育視為對於年少子弟，加以社會化的作用：無論是言語的練習，趣味的養成，以及其他一切的教授，訓練，無一不是為使人們順應於社會，由孤立的生物，教育成社會的一員，這可知教育社會化的重要了！

但是我們知道社會不是全善的，有各種各樣的事態，同時存在，若籠統的言教育社會化，那麼！在不良的社會環境裏，教育也要隨之不良嗎？若然，教育也許成了罪惡的助長了，這是任何教育家也不能作如是主張的。

我們所謂的教育社會化，是要將存在實際社會的不合理的，因襲的，黑暗方面的種種事物，完全棄去，而將醇風，美俗，以及一切善良的事物，慢慢地發揚傳播出來，使高貴純潔的社會，映射於受教育者的眼前，并注入於腦海裏，受教育者得此映射注入，循着高貴純潔的社會而溶和而前進。

然而這也不過盡了教育的消極功能而已，積極的說，尤貴教育社會化，就是杜威所說的：用教育來領導社會，凡是社會的不合理的因襲的，以及黑暗方面種種事物，不獨棄去而已，當用教育的方法使之轉變而美化於高尚純潔的社會，更當用教育的方法使之加倍的高向純潔。尤有進者，從事教育的人，可預想其理想的合理的超現實的社會，從而主張，依此種理想的社會，而施以相當的可能的達到此種的教育方法，大大的改革社會的情況，改變整個的現實社會。

嘉陵江三峽岩石之用途

羅正遠

一，岩石與人生之關係

科學尚未發達到人類離開地球之前，則吾人衣食住行，莫不賴地殼以生存。休息遨遊，莫不在地表範圍之內，即人類最後之歸宿，亦埋藏於地殼之中，所以人類對於地殼；生養死息，其關係極爲密切。因此吾人對於地殼之知識，應該有極豐富之具備，然而一般人之於地殼常識，均甚漠視，祇知道耕耘田畝，而不清楚土壤之來源，祇知道採石造屋，而不明晰岩石之成因，即或死後葬身之處，亦不知埋藏於何類岩石中較爲耐久也，尤其吾川人民，居於山谷環繞之間，終身相遇，幾與岩石爲伍，若無岩石之知識，即遊行於峻石峭崖之嘉陵江三峽，或入光怪陸離之乳花洞或游泳於熱氣蒸騰之溫泉，則相信徒作「巍巍乎自然界之壯觀也」之嘆賞而已矣，然亦間有一二疑惑自然界如何能造成如此壯觀者，但因素無地質學常識，則無法瞭解地層與構造，雖能欣賞風景佳妙之處，但終於疑者自疑，而莫可或釋，是以吾人對於自然科學之不進步，亦由於身臨自然界中而不與自然界發生關係所致也，且觀現今偉大建築物之原料，均用水門汀爲主，何以人造之水門汀較天然岩石堅固耶？答曰「從岩石學研究而得」，故吾人能有豐富岩石之知識，則生活於地殼上對於物質之享受則可加以充實也．所以余寫斯篇，蓋以啓示生活峽區間之同胞，以應其環境之知識，且附此申明，此篇並不專門爲研究嘉陵江三峽岩石所寫，乃是用普通方法解釋岩石，意在說明峽區岩石之性質及用途，俾居住或遊覽者增一新常識耳，忙中草成，尚盼同道者指正。

二，嘉陵江三峽之成因（註一）

所謂嘉陵江三峽者乃三個大背斜而成，換言之，即是地殼在此摺縐三次，因爲各時代岩石互疊成層後，受地殼之變動及橫壓力所擠而成，好似一張白紙平鋪桌上．兩手向中一壓，則可看見紙上起無數成排列狀之波紋，此波紋凸處則爲背斜，凹處即向斜是也，所以嘉陵江三峽，即爲三個波狀凸起（如圖）在背斜中軸，初因摺縐所壓而生裂痕，後又被雨水侵蝕而成溝谷，如像觀音峽白廟子至三匯壩一帶，乃成一極長之溝，他如溫泉流灘二峽亦然，在這被侵蝕成溝之背斜軸中間，往往有較老之岩層露出，例如觀音峽山上文星場一帶，由中心向兩翼觀察，有二疊紀煤系，及含燧石之石灰岩，三疊紀薄層石灰岩，及間含石灰岩之紫色頁岩，再向外，則爲侏羅紀含煤層砂岩，及白堊紀赤色頁岩及黏土，假設無背斜摺縐，則炭層往往爲平鋪狀，雖有侵蝕，亦甚難露出較古之地層，所有摺縐時，甚或可以露出較此更老之地層，而使各時代之鑛產，得有機會露出，其岩石與鑛產，亦各有相異可以鑑別也，設使北川鐵路一帶，無此大摺縐及一大斷層，相信二疊紀煤層，絕不至被當時土人所發現，若無雨水之侵蝕，雖有摺縐，亦難遽露地表，是以一般地質現象，破壞與建設之作用顯然同時存在，本篇敍述，乃偏重各類岩石之解釋，故對地質及構造，恕不詳及。

三，岩石之性質

此項目未敍述以前，爲易於明晰起見，特作一簡單岩石之分類；岩石分爲火成岩與水成岩二大類，因嘉陵江三峽，位置於四川赤盆地中部，無火成岩出現，所以本章所敍述者，純爲水成岩，所謂水成岩者，卽是在海中或湖中一次沈積而成之岩石，地球的表面，乃一層岩石所組成之岩石圈，是名地殼，岩石係由鑛物所組成，各類不同之鑛物，遂可以集合而成各類不同之岩石，自地球產生以至地殼凝結後，表面緊縮，凸者爲山，凹者爲海，後因地殼溫度減低，便有空氣凝聚於地殼之表面，是爲雨水，水沿高處下流，挾帶地殼之碎質岩塊，由小溪搬運注下江河，其一部份留在江河之中積滯，其一部份仍挾帶而入海洋，在江河沉積者，爲顆粒較粗之礫砂岩，在海洋沉澱者，岩質細緻，如頁岩石灰岩是也，因爲各類岩石，由各類鑛物分別沉澱而成，是謂化學作用，如石灰岩之類，若以大小顆粒依比重而沉積者，是爲物理作用，如陸成之礫岩，及海岸成之砂岩等例，在嘉陵江三峽之岩石性質，比重與物理作用，二者均有代表，茲分別詳述如下；

四、岩石之種類

1，砂岩

嘉陵江三峽之砂岩以侏羅紀層最厚，白堊紀層次之，吾人若由重慶而來，自土沱上八里則進峽口，在土沱附近有三層較厚砂岩，其組織成十字層，謂之名「十字砂岩」，他如北碚之廟嘴亦屬此層，顏色有灰，綠，棕，黃及赤紅等色，砂礫較細，質亦不甚緻密，中可含百分之二十至三十之潛水，頗適於鑿井取水之用，再因此層砂岩，硬度不高，開採爲建築及修路石材最爲合宜，至於十字層砂岩之成因，乃在海灘或河岸之地，水挾砂粒，時進時退，水進將砂質沉積下來，水退則沿岸順斜坡而去，如此反復不已，俟愈積愈厚時，凝固成岩；則現交叉掩覆之狀。在白堊紀較下部者，多帶赤紅色，故又名曰「紅十字層砂岩」。

嘉陵江三峡地質構造及岩石剖面圖

廿五年十月羅正遠測繪

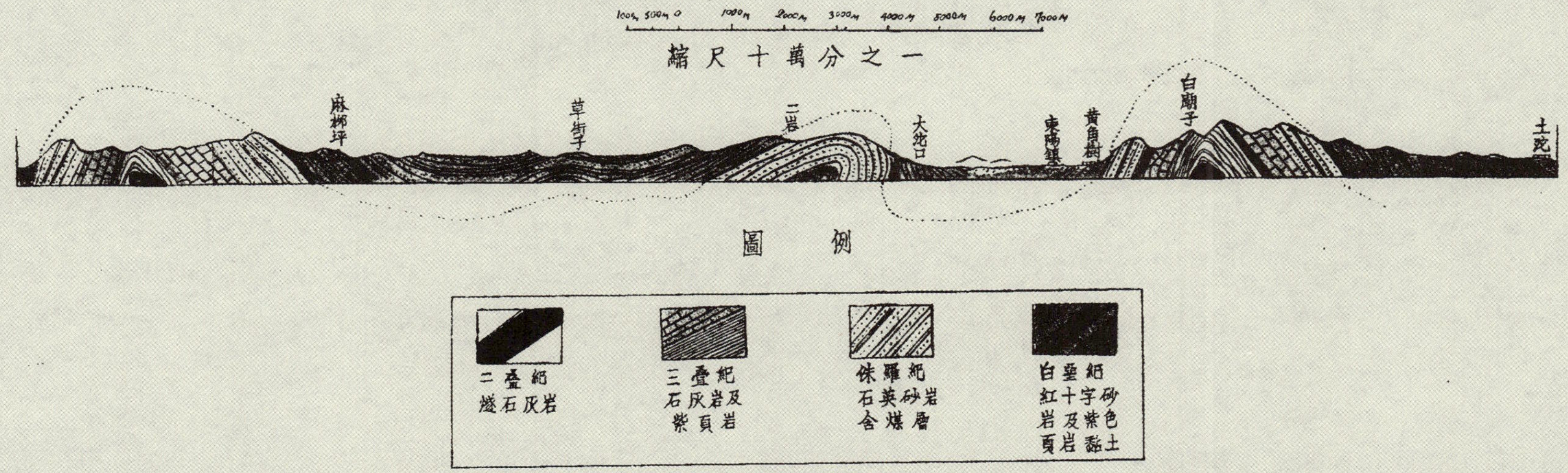

長石砂岩（Arkose）——此砂岩在侏羅紀上部，如觀音峽背峽兩翼及溫泉流溪二峽均有，色灰白，石英粗粒與風化成高嶺土之長石相混合，用手指捫壓，卽成粉末，高嶺土常染指成粉白色，石英粒不易壓碎，若將此砂岩搗碎以水淘洗，將高嶺土取出，可作陶土之用，而其殘餘之石英粒，卽爲燒玻璃之最好原料，

若玻璃廠與陶瓷廠同辦，則互相利用其殘餘原料，乃甚合經濟之條件，惜乎峽中碗廠，多與玻璃廠各不相謀，而燒玻璃又另採取河灘上之石英礫石作原料，此由於無普通岩石學之知識，致使貨棄於地也。且此種砂岩不但兼作上二者之原料，幷可爲極優良之耐火石。

細石英礫砂岩——此砂岩卽峽中開鑿作石礫者，純爲石英細礫石，伴同矽質相膠結而成，硬度在六度以上，琢磨力甚強，此砂岩中常見有黑色或白色之雲母碎片，間亦含極細之燧石碎屑，色深黑而堅硬，且略具菱形，則據岩性推斷，顯是從較老之二疊紀地層中燧石，被風化冲移而來（註二），但是否在川中其他同樣地帶之砂岩礫岩層，有無如此相似之組織，尚待以後調查證明之，在觀音峽近黃角樹方面，此砂岩之上部，尚有一層較巨之礫石砂岩層，且礫石之菱角尚可看出，因此乃陸地堆積物也，

2·石灰岩

嘉陵江三峽石灰岩，分佈於三個地層時代中；首以二疊紀同三疊紀最著，其次一層位於白堊紀下部，名曰自流井灰岩層，但不甚厚，除他含有爬蟲化石外，因峽中之石灰岩分佈甚廣，且含泥質，祇能作琢碑之用，所以尚未將他用及，以上三時代之石灰岩，以二疊紀質最純，三疊紀及白堊紀稍含雜質，然以成分組織及顏色等，均各有顯然之區別，玆分層縷述如下；

三疊紀石灰岩——在嘉陵江流域最爲發達，故此地層時代名之爲嘉陵江石灰岩層，成薄層狀，色淡灰，劈開時無濺靑臭昧，中含雜質，故不純潔，在靠近底部有一薄層硬石灰岩，因含較多之矽質，質甚堅硬，耐風化力較強，爲雕琢碑坊之良材，並可作鋪填鐵道及馬路之用，因能受較重之壓力也，如敲成碎塊，濺水最易，不過用以作石板鋪設普通人行道，則不大適宜，例如文星場一帶之道路，全係此薄層灰岩所修砌，因他組織緻密，表面光滑，不易吸收水份，故天晴乾溜，雨後溼滑，遠不如砂岩所修者之穩滯適步也，但據個人野外調查經驗所及，如天晴時穿着膠底鞋在石灰岩上行走，則穩如膠漆，頗合剛柔相濟之理，一遇雨際，則滑如油膩，步步傾覆，所以土人命之曰「油光石」眞名實吻

符也，此層灰岩分佈於觀音流瀝二峽之兩翼，在溫泉峽，尚未露出地表；凡峽中用土法燒石灰者，皆取此層為原料品，據本院化學分析，鈣質含百分之五十五左右，碳酸有百分之三十五到四十，其餘為氧化矽，氧化鐵，水分等；所燒出之生石灰，祇含百分之八十之鈣質，其餘均係雜質，如用以製造水泥，尚屬可用，實則此層灰岩遠不及二疊紀之純粹合用，如此層石灰岩經風化侵蝕後，常有無數小洞，沿層面而成，且洞中往往有潛水流出，平均含百分之〇，〇八之鈣質，凡經水流之處，為時漸久，則沉澱成如筍如塔及乳房狀之鍾乳石，如溫泉公園之乳花洞之產生，即此原因也，現今溫泉公園之泉水，據本院化驗所分析，亦含百分之〇，〇九之鈣質　試觀三角池周圍之石牆上，現已沉澱約三公分厚之石灰華、若長久沉澱，亦屬可觀，關於溫泉泉水之成因，容後作一較詳細之研究，茲不贅敘。

二疊紀石灰岩——分樂平，棲霞二層，在顏色上亦易區別，前者灰白，後者暗灰，在樂平系中含煤約十四層，共厚在一丈五尺左右（註三），為川東重要產煤地層，棲霞石灰岩，位於該煤系下部，二者均含大小不一致之燧石結核，在樂平石灰岩層，色較白，質亦較純，類似大理石然，而棲霞石灰岩，色深暗，劈開有極重之瀝青臭味，中含少量之鐵質及黏土矽質等，故風化後，成為棕黃色土壤，及褐鐵鑛，與乎海綿狀之矽質物，蓋此二層灰岩，成層較厚，如以樂平系灰岩，用諸製水泥燒石灰之原料，則較三疊紀者質純，不過中含燧石結核，須摒棄之，再此岩被潛水溶解造成之山洞，亦較三疊紀者寬大而壯麗，如南川金佛山千佛洞是也。總之，凡石灰岩都有成洞之可能性，蓋因層次較薄者，易破碎而坍塌，厚者則支持力強，故能成功廣袤大洞，在三峽一帶，凡是石灰岩中，沿層面或節理方向，多含有方解石脈，有時具很好而透明之晶體出現，人多開採作裝飾牆壁地板之用，因方解石劈開性，為斜方六面體，色白而透明，搗碎約半公分之粒，伴合水泥飾壁塗牆，甚為觀美。

3、頁岩

頁岩成層如書頁狀，且層理極薄，粒較砂岩更細，分矽質，灰質，泥質等類，在峽中各個時代中均有頁岩產物，惟泥質頁岩多產於白堊紀地層中，如土沱，北碚，草街，沙溪廟等處，與砂岩黏土互間成層，色亦紅、質甚鬆，經風化後，成為良好之壤土，為吾川肥沃農作地。侏羅紀中之頁岩，位於煤層上下，色深黑，富含植物化石，并含炭質，在麻柳坪進峽口處，有一層青灰色頁岩，砂質組成，緻密而硬，乃作硯石及建築之良好材料，此外之疊紀下部飛仙關係，紫色頁岩，恍忽與白堊紀者相類似，砂質多而泥質少，如經變質，則成爲良美之蓋屋石板，在二疊紀煤系中亦夾有黑色頁岩，與侏羅紀者相似，但含植物化石不同而已，

十　黏土

吾川之農作地，大本營均在白堊紀地帶中，而白堊紀地層，除間夾砂頁等岩層而外，餘均爲紅色黏土層，故嘉陵江三峽之重要黏土層，亦在白堊紀地帶以內，均位於這三個背斜中間之向斜層上，如土沱，北碚，草街子，沙溪廟是也。黏土質極細緻，遇雨水即溶，經風化後成爲紅土，是爲重要之水稻良田，且黏土含鋁質鉄質均富，氧化後成赤紅色，亦可作製造水泥及磚瓦之原料。此外如二疊紀石灰岩風化後，鈣質侵蝕以去，遺下矽質及黏土：如水嵐埡、後峯岩頂上之棕黃色土壤，中含氫化鉄極富，形似褐鉄鑛。

五，附　錄

嘉陵江三峽除岩石外，尚有多種有經濟價値之鑛產；（一）煤鑛——如侏羅紀煙煤爲機器燃料之上品。二疊紀之半無烟煤、因含硫太重，揮發性不若前者之強，不宜於工廠輪船之用，若用新式洗煤機淘洗，亦不失其價値也。（二）鐵鑛——侏羅紀煤系之上，有良好之赤鐵鑛，鉄質在百分之六十左右，惜乎本區很薄，幷已經長期之侵蝕作用，幾希滅跡，惟上部尚有零星成塊狀菱鉄鑛產生，鉄質祇含百分之三十五，厚薄極不一致，且常在黏土中成結核狀，或乳房狀產出，據著者觀察，此菱鉄狀之鐵液，當來自老的地層中，經溶解後鉄質溶液再與新的地層同時產生，更遇炭酸不到起還原作用，故成菱狀或塊狀產出，所以赤鉄鑛，爲水成鉄鑛，菱鉄鑛是由地面水夾鑛質侵入岩石而集中，若據在黏土中之菱鉄鑛之形狀，則有由雨水侵蝕鉄質，注入黏土中生成之可能，蓋此類鐵礦尚合乎土法開採，差可有些須之經濟價値，因鉄鑛之最低的開採率，須含鉄百分之五十，且量亦須較豐，方可合乎機器開採之條件，並須視交通人事而定。所以菱鉄鑛在嘉陵江三峽中，近聞有人欲用機器採治，若不在質量上多加攷慮，貿然投資，其失敗無疑。（三）黃鉄鑛——在二疊紀煤系中，含有結核狀之黃鉄鑛，在華鎣山一帶，用土法治煉硫磺，因不成層，不能盡量開採，祇有拾採煤廠之遺棄物也。

此篇余在百忙中寫成，至於書籍之參攷，標本之研究，野外之觀察，均未詳盡，且因此篇注重之解釋，敬希讀者諸君，絕不

要認此爲專門科學報告是幸！

二十五年九月三十日寫于惠宇

（註一）參攷中國西部科學院地質研究所叢刊第一卷第二號常隆慶羅正遠著之「四川嘉陵江三峽地質誌。」

（註二）「地質評論」第一卷第三期章鴻釗先生所著之中國中生代初期之地殼運動與震旦運動之異點，第二頁之「香溪上煤系與下煤系之間爲一砂岩礫岩層——其間黑色礫石幾全爲燧石當自陽新石灰岩之燧石核遞嬗而來。」

（註三）根據嘉陵江三峽地質誌所載

嘉陵江三峽的鑛產

一，煤鑛（估計埋藏量在二千萬噸以上）觀音峽，溫泉峽。

二，鉄鑛（估計埋藏量在百萬噸以上）三峽均產。

三，石灰（每年售銷各地收入約八萬元）觀音峽，瀝鼻峽。

四，礫石（每年銷售估計約一萬元）溫泉峽。

五，碑石　硯石，鹹水石（每年銷售額約五萬元）觀音峽。

嘉陵江三峽的鑛業

一，天府公司——沿北川鉄路之大小煤廠組合而成，有資本二十餘萬元，礦區凡長七千餘公尺，包含煤層九層，最厚到三公尺，可採量二千萬噸。

二，寶源煤廠——在溫泉峽縉雲山西，用新式機器採煤，資本二十萬元，築有運河二十里，專供運煤之用。

三，甲子洞煤廠—在溫泉峽二岩河邊，開採百餘年，坑道已達廿餘里長，資本約十萬。

四，嘉陵煤球廠—在觀音峽白廟子，係用上等煤屑加以少量黃坭壓成煤球，有三十千匹馬力之蒸氣發動機，每點鍾可出煤球兩噸，資本二萬元。

五，金剛碑鋼坊—在溫泉峽金剛碑之左，王姓獨資經營，採買附近生鉄板，煉成蘇鋼，銷行成都雲南等地，年可出貨千餘担。

四川的旱災及其救濟

高孟先

本文稿成時，正値川南及嘉陵江一帶洪水泛濫之日，其禍雖不及旱災之普遍，然其被災之區，又每爲罹旱最嚴重之區，故其損失之深重，人民之悲慘，當屬空前矣，惟作者因時間匆促，溽暑炙人，於水災問題，未能述及，深以爲歉！，又本篇各節，乃敍述當時各地之實際情況，於茲稍有變易，此尤須特別聲明者。

作者附識　卄五年「九一八」

一　飢荒的四川

近年來，整個四川人民，迭受內閧亦禍的擾攘，頻遭水旱虫災的損害，人禍天災，輾轉相循，致使農村經濟加速破產，農民大衆乏術謀生，尤以今年全川大旱，災區之廣，竟逹百縣，飢餓死者，以數百萬計，流離大衆，多在千萬以上，觸目盡是被災之民，側耳多聞嗷飢之聲，顛沛流離，鳩形鵠面，伊們在生活飢荒的追逐中，沒有草根樹皮和泥土與人肉爲食時，也就只好挺而走險，將生命與法律道德宣戰了！因是省內各地，土匪燹起，殺人越貨，及搶掠城鄉之案，頻出不絕，其他一般之作奸犯科及因債務關係而口角鬥毆纏訟爭執者，亦較平時爲多，此在國人素稱爲「天府之國」的四川，而今還排演着這偌大的慘劇，不能說不是一件奇事！

旬日以來，川東，南、北，均苦旱災嚴重，四野焦黃，赤地千里，田疇龜裂，禾苗枯槁，秋收十九絕望，而雜糧亦因亢旱之故，下種愆期，旱災嚴重襲擊，致使物價奇漲，斗米値洋十元，猪肉一元一斤，（平武，茂縣）農民生路斷絕，恐慌逹於極點，惟有向天呼籲，於是各地紛紛以迷信方式求雨，如禁屠，設壇，唸經，抬狗，捉旱魃，燃黃燈，打雨醮，玩黃荆龍……千奇百出，往往逼得專員，縣長，亦隨俗贊成迷信（南充十一區專員劉亞修因祈雨曾一度與農民發生衝突，結果還是順從民意，隨喇嘛到江干求雨）否則，慘劇又重演矣！（三台，銅梁，安居……等縣，政府與農民因祈雨衝突，均曾演出慘劇）

且一般飢民，有因爭食白坭，以飽飢腸，而演出岩奔穴潰之慘劇者，或則結隊掠食，盜食死屍，而演出鬥毆仇殺者，或則相牽離鄉，流浪城市，而求僱傭者，不一而足，以致都市僻靜街巷，縱橫偃臥，馬路大道，追隨索討者，接踵成羣，四鄉一片焦土，眞是舉火可以燎原！現災情仍未稍減，未來趨勢，或將不堪設想！

二，旱區的廣大

從前一提起四川，就連想到四川地勢雄勝，氣候溫和，面積有一百三十萬方里，人口有七千萬，物產富饒，風景絕佳，這地大，物博，人衆，和天賦的優美環境，誰不稱牠是天府？誰不羨生長在四川的人都是幸福的？然而事實究竟怎樣？吾人不得不加以研究了！

據川省賑務委員會四月十四發表，去年受災之統計：全省共一四八縣三屯，（崇化，綏靖，撫邊）一局，（金湯設治局）面積四一，五五三，五八七方公里，其中受災一〇四縣三屯一局，（旱災佔四五縣）面積三三，五三二，三五八公里，佔全面積四分之三，又全省人口約六千餘萬，（據四川省政府七月發表之統計）受災者三千數百萬，佔總人口二分之一強，至今年旱災區域，據省政府及蓉渝報紙記載，共達九十餘縣、已經倍於去年，災民亦與去年全荒災人數相等，餘如十七，十八，兩行政區內，亦，震，水，災尙未列入，故其災區之廣，災民之衆，實吾川曾所未有者！

三、旱災的慘重

農田水利，物產富饒，甲於全國的四川，在這國難，赤禍，盜匪，羣相逼襲的今日，所謂「天府之國」，早已變成「地下之獄」矣！尤其今年，入春以來，險象橫生，及至入夏，亢陽不雨，演成最大旱災，赤地千里，禾黍枯槁，災民顚沛流離，苦不堪言！甚或離村逃流，死無定所，生命農作之損失，較往年更劇：蓋一則去歲荒災百餘縣，秋收大歉，兼之冬季奉令徵工築路（川黔，川湘，公路均徵民工建造）富室倉儲，迫售一空，一則今歲大鬧春荒，小春收穫，大受影響，又因剿匪大軍圍集，民間食糧，收括殆盡，共匪大亂，今猶未已！現除川西因灌縣都江堰灌溉，只萬畝農田得濟外：餘幾一片焦土，其災區之廣，災民之衆，損失之巨，實逾歐洲一大強國，茲更將各縣被災實際情況，分別彙述如次：（據渝，蓉，各報紙及省府公報、省賑旬刊之記載）

第一區（依四川新劃之行政區域爲序）

（一）俾，新，溫，崇——四縣，近年以來，因農產物之過賤，農民感受損失極重，以致糧食消耗增加，每歲所收僅足充食間黍，麥，芋，藷，其時不能種植，以致糧食飛漲，且奸商乘機造亂，大價收糧囤集，圖操市價，旬日之間，米每石由廿一元至四十元，麥子十七元至廿五元，菜子十八元至卅元，豆類及一切農產之價均飛漲不已，各縣之特產如温江之麻，每斤亦漲至六千文，灌縣之川芎，每石至四十元，百物隨之高漲，法幣反形低落，每元廿二千文，跌至十七千零者，因之人心浮動，社會不安，且日來夜間常有小丑跳樑，嘯聚三五，破屋潛入，竊取耕牛及銀錢衣物者……

第二區

（一）資中——本縣境內，久旱未雨，禾苗，高粱，玉黍，甘蔗，大半可燃，甘藷稙秧，枯死殆盡，貧民多跪烈日中，呼天祈雨，厥狀堪憐，近日氣候愈烈，秋收當無望矣！

（二）內江——自六月中旬起，驕陽肆虐，日益加盛，以致普種之水稻，玉黍，高粱，黃豆等類之農產品，尚待結實，多已枯死，主要糧食之甘藷，已種者尤不及三分之一，未種者時期已過，無從挽救……

（三）自井——附郊田土，龜紋四佈，禾枯欲倒，粱、黍未經雨潤，不盈三尺，秋收無望，因之各米販囤戶，爭購囤集，米價飛漲不止。

（四）榮昌——月餘無雨，殊屬非常，四鄉磽土山田之禾，黍，豆，粱等，悉成乾柴枯草，農民含淚呼天，收割作燃料，田土多成赤地，公家佃農，紛紛向機關當局退佃，即使目下降雨，收穫亦不過十之一二。

（五）簡陽——縣屬前遭風震之災，損失至巨，現逢天旱，禾茜枯萎，秋收無望。

第三區

（一）永，銅，武，璧——均亢旱爲災，田野盡裂坼縫，禾，黍，豆，粱，蔬菜，死去甚多，城鄉關南門，安龍，禁屠，演戲…祈雨…無所不至，連日天候愈形亢烈，收穫十九無望，

（二）江，巴——今春遭受春荒，當時十分嚴重，農民爭食白泥樹根者，數百成羣，此時亢陽肆虐，其嚴重較之春荒尤甚，

（三）合川——入夏缺雨，亢陽肆虐，田裂禾枯，達數百里，以致飢民無食，四處搶米。

（四）大足——禾黍十九晒焦，秋收失望，白米一斗四元，貧民吃泥啖草者，四處皆是，男女老幼，嗷嗷相向，蹙額愁眉，枵腹堪憫。

第四區

(一)邛崍——去歲兩經兵燹，人民生命，財產，牲畜損失一空，今更災威肆虐，田土龜裂，溪澗斷流，平原栽插，僅及十之三四，山田種植不及十之一二，玉黍全恃以爲恆糧，近因土乾石燥，大多枯乾成柴，一火可燃。

(二)彭，眉——川西各縣，旱魃爲災，禾，黍，芝蔴……皆無收成，無知農民，抬出禹王神，走於街頭及露天曠野間，或設壇禱祐斷宰戒齋，并牽狗遊行，引起觀衆捧腹大笑，藉以祈雨。

第五區

(一)峨眉——入夏不雨，旱象已成，禾黍均受摧殘、收穫無望

第六區

(一)宜，南，長，慶——四縣厲旱，田疇龜裂，禾，黍，豆，菜，着火卽燃，農民憂形一色，城市大耍水龍，抬狗，宜賓戲園并演風波亭，撥目蓮。

(二)江安——月餘不雨，秋收絕望，米漲四元，縣府用炮轟天空，冀降甘霖，人民素食設壇，點「三官燈」供五方得道行雨龍王位」……祈雨，縣長郭雨中俯順民意，率各機關法團

首長到城隍廟行香，到城灣沱車水，以博雨下，迄無結果，四鄉溪流乾涸，秧成黃草，一切副產物將全部枯盡，連日退佃之事層出，更有農家將已晒死枯苗，齎呈徵收局哭泣而說：「這便是我們完糧的東西！」

第七區

(一)瀘縣——全縣秧苗，死去過半，斗米四元，人心恐慌，設壇祈雨，無所不至，曾在忠山頂，用炮轟空，不幸火藥缸爆，傷及小孩數人，且一傷重斃命，

(二)富，敍，榮，威——一帶，旱災頗重，禾未育全，卽成絕索，豆粱亦枯，人心惶惶，祈雨法盡，且本年地動，富順竟歷八九十次之多，因小動而人每不覺，七月七日亦震動數次，是卽亢旱之徵云。

(三)隆昌——禾，黍，芋，豆，悉被赤日摧殘，百物高漲，飲水亦難，跪地求雨者，日數百人，四鄉農民，賣妻鬻子，菜蔬無食，飢腸轆轆，惟有暗自悲啼，求雨之術用盡，每日成羣孩子，執紙旗戴荊帽高唱：「蒼天，蒼天，百姓可憐，快落大雨，保護禾田！」等語，聲頗悽切，聽者動容。

(四)合江——年來兵，匪，水，旱，冰，雹爲災，今年禾菜枯

盡，飲水亦艱。

（五）納谿——旱災慘重，禾，蕭枯盡，一般貧民野草樹皮吃完，爭掘白泥充飢。

（六）古藺，古宋——兩縣地處邊陲，與滇黔接界，近年迭罹乾旱，收穫不豐，人民啖草食泥，一生九死。

第八區

（一）酉，涪，黔，彭——去秋收穫欠薄，冬又奉令徵修公路，富戶積畜，迫售一空，四鄉農民，蕨根樹皮爲食，以致哀鴻遍野，民情鼎沸，此種荒象，實所罕見。

（二）酆都——亢旱成災，政府人民，疾首蹙額，城鄉居民，每戶門首，各設「行雨龍王香位」并置水缸一口，揚柳一枝，企招下雨。

第九區

（一）萬縣——兩月未雨，食米倍漲，奸商囤集居奇，貧民叫苦不已。

（二）城口——去年遭匪，今年厲旱，天災時疫，交相逼至，今年秋收無望。

（三）奉，雲——入夏未見雲霓，四鄉作物枯死，秋收完全絕望，人民墜岩投河而死者，不一而足。

第十區

（一）綦水——全縣亢旱，小春無收，據云「近有桐木洞貧婦因迫於飢餓，始則啜食青草，繼則將其三歲小女殺而食之……」

（二）竹，墊——高地田土乏水插秧，平疇悉成龜裂，豆，黍，蔬菜，早已蕎終正殘，甘諸亦無法下土，前月（二十九）有八十老母，手扶竹杖，逕奔縣府，向縣長俯跪流泣，求關南門，以期下雨。

第十一區

（一）南充——旱魃肆虐，兩月未雨，作物枯死殆盡，食米高漲，平民呼天，飢者遍野，餓莩盈途。至川北，潼川，閬中，射洪，鹽亭，廣安，蓬安，蒼溪，儀隴，南亭，西充，南部等縣，旱象均重，七月六日南充四鄉農民，老幼男女六百餘人，抬神入城赴十一區專署，請政府禁屠求雨，與警衛發生衝突，槍傷十二人，被政府收禁十餘人。

第十二區

（一）遂，潼，安——三縣多屬山地，土壤磽薄，秧未插完，若未下種，人民焦灼萬狀，多數奔流各地謀生。

（二）三台——地瘠民貧，今逢奇旱，七月二十四日農民一部到徵局要求豁免糧稅，人數稍衆，秩序欠佳，農民祈雨，第一次與第三路司令演成互鬥，互有傷亡，結果捕去農民三人，第二次農民二千餘人，入城要求縣長拜龍王，未允，旋與保安隊衝突，又傷農民三人，死一人，當時滿城風雨，幾乎激起民變。

（三）岳，中——三月來未得滴雨，作物枯死，人民逃亡者數萬人上。

第十三區

（一）綿，金——久旱不雨，無法插秧，土中農作枯萎，因之物價提高，幣制低落，人民恐慌，政府無策，一般人民、莫不諷誦「悠悠蒼天，其何此極？」

第十四區

（一）劍閣——兩月不雨，插秧不及十之三四，水田禾枯十九，旱地無法播種，七月十八，郊外平空發生火災，焚屋十戶，旱象之嚴，可想見矣！

（二）平武——匪旱兼相蹂躪，地廣人稀，田土荒蕪，食米每升售洋一元六角，豬肉一元一斤，飢民投河自盡者，日必五六

，涪江之中，死屍任其飄流，其狀厥慘。

第十五區

（一）茂縣——禾種不及十之三四，食米每斗六元，豬肉六角一斤，法幣低落，餓莩載道，四鄉悽涼，一片焦土。

綜上所述，全省罹亢旱者，達九十餘縣，（十七，十八兩區因交通阻礙，災情未得具報）災情較重之區，為二，三，七，八，九，十一，六區，秋收十九絕望，最重之縣，莫如江安，南充，三台，平武，茂縣，不僅小春欠收，秋穫絕望，就冬糧亦下種愆期，總之：各地被災實際現象，吾人可歸納概約如次：

（一）插秧時無水可戽，拋荒未種者，約佔百分之三十。

（二）附近匪區各縣，因缺乏耕牛，種子，田土荒蕪未種者，約佔百分之十以上。

（三）插秧後而遇亢陽，將全部青苗晒槁者，或全恃塘堰溪澗之水，以為灌溉，尚可收若干之成分者，或雖施灌溉，而隨灌隨涸，杯水車薪，無濟於事者。

（四）有因塘堰不修，溪澗絕流，致使莖葉短小，或禾穗長成，盡開白花，稻形時期有不抽穗，或抽穗而不結實者。

（五）插秧後，降雨數量甚微，不及天然蒸發之大，遂致秋收完

全絕望者。

（六）有因山地旱地，雜糧，豆，棉，種不萌芽，或長成枯死者。

（七）有因菜蔬多糧，下種延期，或其種籽早被乾死，以致田園荒蕪者。

（八）有因爭水而致仇殺，或因祈雨而演出慘劇者，比比皆是！因此，各地食米飛漲，法幣低落，災民嗷嗷，生死不得，或離村逃亡，或挺而走險，或殺食人肉，或自縊投河，墜岩……其傷心慘目之情景，孰有過於今日者乎？

四，損失之估計

據農商部統計（二十二年）四川全省面積爲七〇三，〇〇〇，〇〇〇畝，人口爲四千七百九十九萬二千一百八十二人，（現已有增加）戶數爲七百二十六萬三千八百三十八戶，農民爲四百九十七萬五千二百五十二戶，佔全省戶口百分之六十九弱，耕地面積爲一五五，八九二，〇〇〇畝，（工程師四川考察團前年調查則爲一六五，六五三，〇〇〇畝）重要出產則爲米，鹽，糖，絲，棉，桐油，藥材，山貨，蠟，茶……等，但近年以來，各種出產頓形銳減，如早年產米，除自給外，尚運銷湖南，年約四百萬石，晚近以來，自給不足，反賴湘米，年約十餘萬石，且產棉亦減少，年僅七十萬石，茲將四川主要農產表列如下：

四川主要農產及耕地面積表　（四川工程師考察團調查）

物品	出產面積畝數	產量石數	每畝產量斤額	備註
粳米	四一，五一五，〇〇〇	一三二，四五二，〇〇〇	三一九	每担百斤
糯米	四，三三二，〇〇〇	一二，九二四，〇〇〇	二九八	
小麥	一八，四三七，〇〇〇	二六，四六三，〇〇〇	一四四	
大麥	八，二三六，〇〇〇	一一，七六一，〇〇〇	一四三	
高粱	五，五四四，〇〇〇	八，一四九，〇〇〇	一四七	
玉蜀黍	一二，七五一，〇〇〇	二二，一九五，〇〇〇	一四七	

粟	九八四,〇〇〇	五,〇七五,〇〇〇	一三六
甘藷	五,九六三〇〇〇	五九,九一五,〇〇〇	一〇〇五
豆類	一一,五四二,〇〇〇	一五,九三一,〇〇〇	一二六
棉花	三,九三三,〇〇〇	七,〇〇,〇〇〇	一七
合計		二九五,五六五,〇〇〇	

依上表調查之產量結果，則知吾川每畝水田平均可產稻二石 黍，粟，高粱等每畝最多產量亦只一石五斗，甘藷則每畝少至一以上，種麥之旱田，每畝約產一石五斗，至山地旱地所產之玉蜀 石，因此吾人可將本年旱區主要農作物之損失成數作一估計：

本年四川主要農產損失之估計表

名稱	損失石數	合計洋元	備註
稻	五〇,〇〇〇,〇〇〇	八〇〇,〇〇〇,〇〇〇	估計損失之數，不到全產量二分之一。
麥	一〇〇,〇〇〇	二,四〇〇,〇〇〇	只較寒地帶稍有損失，故估計僅七分之二，
玉蜀黍	一〇,〇〇〇,〇〇〇	二〇〇,〇〇〇,〇〇〇	因收穫時大旱，最優者亦只收成三分之一。
高粱	一〇〇,〇〇〇	一,二〇〇,〇〇〇	種秧下土被烈日晒枯者四分之一。
豆類	二,〇〇,〇〇〇	六〇,〇〇〇,〇〇〇	收穫時遇太旱，損失約四分之估計僅八分之一。
甘藷	三〇,〇〇〇,〇〇〇	一五,〇〇〇,〇〇〇	十分之九下種愆期後因補種故估計僅四分之一。
棉花	・二〇〇,〇〇〇	二,〇〇〇,〇〇〇	因下種後缺雨灌溉估計損失七分之二
合計	九二,四〇〇,〇〇〇	一,〇八六,〇〇〇,〇〇〇	價值係照市價之最低者計算之。

以三估計之數字，則係依據各縣報具實際災情之輕重，及四川嘉陵江三峽鄉村建設實驗區區內所調查之數字比例而推算之。雖不十分確切，但亦相信不會失之千里，今吾人就姑以稻一項之損失而論，則五千萬石（事實尚不止此）即照每石十元最低之價値計之，亦當有五萬萬元，以四川六千萬人分之即每人各損失八元餘之生產矣！（實則吾川平均每人富力尚不及此巨數）

復次：吾人若以災民計：三千餘萬之衆則當超出一九二八年陝•甘•綏•晉•豫，察，冀，魯八省大旱之災民人數（災民三千萬）以災區計：可抵一九三四年全國大旱十一省三百六十九縣（據大公報載）的四分之一，以損失成數計，則更超出一九三四年旱災最嚴重之江蘇五倍以上，（江蘇全部損失約兩萬萬元）讀者據此當可想像四川今日問題之嚴重，并可推測四川將來之命運爲何如也

五，旱災的成因

吾川近年以來，水•旱，雹，震•風災畢至，尤以今年之厲旱，其損失成數，其被災情景，均較往年更來得深度！然亦逆溯災之原由：則不全非天然環境之不良，而人事之未盡，尤不失爲其重要因素，茲分別論之。

（一）關於天然者：

四川全省約佔於北緯二十六度至三十四度之間，平均每年雨量約爲六五〇厘之譜，與德國全國平均之雨量相等（六六〇厘）至吾川雨量是由東南向西北遞減，其情形與吾國全國雨量之分佈相同，全川雨量最豐沛之處爲川南沿江一帶，達一〇〇〇公厘，最缺雨者爲西北一隅。（據四川歷年海關統計報告）至於下雨季節，四川爲中國中部，六七月間，雨量最多，爲梅雨節，全川各地平均約在小滿（五月廿一）入梅，小暑（七月七日）出梅，是項梅雨之降落，實爲水稻栽培之嚴重時期，本年其時南東風強盛，西北各省霪雨（據大公報載）而四川各處反苦旱，雨量稀少，據此間中國西部科學院氣象台記載，本年（六，七）兩月平均雨量爲三•六公厘，較之去年四•九公厘，（六照七月）則差到一•四公厘之大，此數只能代表川東一帶至川西雨量，據四川大學氣象報告，則本年六，七兩月僅約二•五公厘，川南北雖無數字依據，其雨量之稀少可以想見，自芒種夏至，以至小暑大暑，在此一月之長時期內，十九均未得滴雨，實爲吾川最旱之一年，故農作受害甚劇。

其次則爲降下雨水，因地勢關係：無法盡量容納，此原因亦非常重大，查雨水降下其去路當爲蒸發，滲透，逕流三種，經學者試驗結果，蒸發量約占全雨量百分之五十，參透量約占百分之

二十到二十五，逕流量約占百分之二十五到三十，此種比例有時因地勢的緩急，有很大的不同，如四川山嶺綿亙，急坡甚多，沿着地面流下的逕流量總不下全雨量的百分之六十，且滲透入地下的水，往往再湧而爲泉，流入河中，故四川逕流量，實可佔總雨量三分之一到三分之二以上，因之卽或下一二日大雨，水量亦不能多儲蓄田間，且四川土壤多未施行深耕，多耕，故不疏鬆，水分不易透入，雨水更不能蓄在下層，此點助成旱災之劇烈亦大。

（二）失于人事者

自然界之現象與變動，吾人固可諉之於天，此外常不能不歸咎於人事之不盡矣！查四川有雅，泯，沱，嘉，四大江，縱橫及涪，黔，渠，大渡各河交錯，農田水利，本極豐富，惟吾川農民，少有利用江河開溝築堰，引水灌田，其在平時缺水，沿近江河兩岸農家，雖亦有用水車（川西北多用竹製筒車，川東南則多用木製龍骨車）送挽溪河引水以資灌溉者，然亦未能充分利用，而使大好江水任其流去，徒號天旱，此其一。

四川各江支河及溪澗，本身多未修浚，故淤淺日甚，洩蓄維艱，一遇亢陽，乾涸見底，山谷流泉，瀑布，未建梯閘，無法引以灌溉，源泉混混任其奔流，此其二。

高亢之區，原有塘堰，但積水甚少，難經長時之蒸發，且近年來，農村經濟破產，塘堰大都失修，甚有以之闢作田園者，此其三。

今日四川，童山滿目，森林早已濯殘不堪，卽以森林最富之巴山而論，萬，巴，宣，兩開一帶，亦已發生木材之恐慌，目前成渝鐵路建築需要之木材，逼得只好派專家到川邊去求解決，所以森林過甚砍伐，水源不能培養，實是吾川旱象日甚一日重大原因之一，此其四。

一般農民尤乏之科學常識。缺水之地，不知將田土表層掘鬆，及剷去禾苗上葉，滿蓋田間以蔽日光之蒸發，至於祈雨，亦只用迷信方式，如舉火，燒煌，燒山，放炮轟天，較爲科學之方法，鄉人不知仿用，此其五。

以上五端，皆是失之於人事者，以能盡量利用引水以資灌溉，疏浚溪澗，修築塘堰，大量積蓄，種植森林，培養水源，則旱災之程度，常可爲之大減矣！

六，旱災的影響

吾川四千萬農民生活，早已踏入飢餓線上，其原因一則由於農民收入太少，一則由於農民負担過重，換言之：卽是農民以最大勞働力所獲的結果，全被地主，資本家……等以田租，利息，及苛捐雜稅的方式而剝削殆盡了！目前又罹大旱，其農村的解體，農民的破產，就更形尖銳化起來，現在伊們已由飢餓線而墮入死亡線了！吾人為求其得到事實上證明，不得不引用一些較為正確的材料，——旱災對於社會所發生實際的影響了！

（一）人民生活極度恐慌

近日以來，亢旱日益劇烈，引起各方注意，因為千萬以上災民，生活異常恐慌，壯健者，多離村逃亡，乞食他方，老弱者不急於自殺，便坐以待斃，（一般飢民率多以山芋，苦蒿，芭蕉，蕨根，葛籐，白泥，人肉，充飢，且常聞有哽死脹死者）狡黠者，多挺而走險，流為盜匪，若再檢閱一般人民，商坐食者，現在淪為無產，赤貧者，流為乞丐，報載：「渝公安局因整頓市容，責令各警署拉送乞丐入救濟院，七月十七，十八兩日共拉乞丐八百二十五名，壯者佔半數分別送入壯年，殘廢，兒童各救濟院，後因人數過多，救濟院公函公安局以後拒絕收容……」又重慶三十七萬人口中，赤貧者竟有二十四萬四千一百五十九人，佔全市二分之一強，（據民食委員會七月三十日發表之調查）至於社會各種業務市場極形寥寂，大小商賈咸患虧折，百工負販之類，行止維艱，同稱坐食山崩之苦，渝萬都市商業，最不景氣，商號貨店倒閉者，日有所聞，各鄉市坊布疋，價雖賤而購者仍稀，如旱災仍無止境地延續下去，不但人民生活發生嚴重的恐慌，社會的秩序，恐亦將有激起巨變的危險！

（二）耕地減少，荒地增多

據立法院統計處地權分配比例調查，四川農村中百分之六〇，二，盡為佃農，百分之二二．四，為自耕農，百分之一七．四．為兼種，是佃農佔較多之人數，又四川之農田圃田約共一二五，四三二．〇〇〇畝，佔全面積百分之一四，而業者約有六，〇三六，三七〇，佔全川人口百分之六〇．六四而已，耕地計算每農攤種田地不滿三畝，所以四川農業衰頹，生產萎縮，今一般農民又受旱災及經濟壓迫，多數棄田不耕，轉徙他鄉或流到都市，這種嚴重的病態，最顯著的就是荒地增多，耕地減少。茲將本年六月底止，省府建廳據各縣所報荒地面積，（有表可稽各縣）表列如次，即可知四川農田荒蕪之現勢了！

縣別	荒地面積（畝）	縣別	荒地面積（畝）	縣別	荒地面積（畝）
崇慶	七八，〇〇〇	銅梁	二，二一一，〇三四	灌縣	七，五〇〇

富順	四九一，○○○	高縣	四六○	興文	二五，七○○
北川	二，五○○	瀘縣	五，四○○	榮經	八，○○○
銅梁	八，○○○	彭水	一六，九五七，六二○	合川	七一七
大邑	七五○	蓬安	九，○○○	涪陵	一，三七五，三二六
彭山	三一○	武勝	三○○	德陽	七三，五○○
射洪	二○○，○○○	宣漢	一二○	榮縣	三四七，二九○
雷馬屏峨	一，○○○，○○○			合計	二一，八○九，二七七

今旱災問題愈擴大，荒地面積的增加，當然在繼續不斷的進程中。

（三）高利貸者十分猖獗

旱災愈烈，農村金融愈枯竭，其結果反使一般高利貸者愈為活躍，這般人不是豪紳巨商，便是資本家之類，他們憑藉自己的紙幣，競買大批米麥囤集，企圖操縱市價，剝削勞苦大衆，某銀行曾經在一週以內囤積而獲利二百萬元者，又省府在蓉市查覺一商號囤米千五百石，及某銀行在市外大建其倉庫者，總之：現金愈缺乏，他們愈有威方，至於多數農民在耕作或灌溉之時，不惜忍痛高利借債或預行賣青，期於收獲時償還，今則秋收絕望，負債徒增，因此放債與借債者，糾紛時起，纏訟不絕，不僅私人窮困，社會經濟，更是破壞無遺，茲將大陸社記者調查全川普通利貸列下以資參考：

A較高利息：

a資陽，鹽亭——二分半至三分八厘。

b岳池——三分至三分六。

c川北儀隴——三分至五分。 d劍閣——三分至三分六。

e閬中——四分至五分。 f昭化——三分至四分。

g墊江——三分五至四分。 h秀山——五分。

i富平——三分至六分。 j宣漢——二分半至四分。

B較低利息：

成都，華陽，新都，新繁，崇慶，彭縣，灌縣，三台，江津，南充，綿陽，什邡，開縣，涪陵，丹稜，眉山，一分半至一分八，其餘各縣爲中等均在二分左右。

（四）盜匪擾亂社會不安

一般飢民生活無法維持到萬無可忍時，便不得不挺而走險，初則攔路刼食，糾衆搶米，繼則殺人越貨，流爲匪盜，久則隱匿山林，召集流亡，嘯聚成羣，出沒無常，近來川中各地刼殺之案無日無地無之，許多縣城市鄉，被刼得十分厲害，據報載合川鹽縣遂潼一帶，飢民搶米，風行一時，米糧不敢運輸，兩開城萬各縣，討生團（吃大富）橫行無忌，人民畏之如虎，金堂徵局被刼、儀隴被搶掠一空，徵局長，賑務員亦被殺死，重慶陝西街昨晚（三十一日）匯川銀號，突被匪刼去現金六百餘元……匪風之盛，於此可見，其他比較有組織之土匪團體，如璧合一帶的松杉教，順綿一帶的紅燈教，彭黔一帶的聯英會……眞是「野火燒不盡，春風吹又生！」又在各縣猖獗了起來，殺人放火，搶餘刼物，綁人勒索，無所不爲，目前的川局，又成爲盜匪充斥的世界了！

（五）離村逃亡，人口減少。

勞苦底農民，因旱災而更感受生活的壓迫，同時因農村社會的擾亂，不得不離開農村投奔到都市，希望充作僱傭，小販，苦力，於是三五成羣，不分男女，紛紛棄其田宅，牽妻攜子，逃流城市，因此餓殍不堪，沿途倒斃者，隨處皆是，據重慶市公安局報告：五月份渝市露斃人數爲五百八十餘人，六月份則增到一千餘人矣！（且露斃人數，單以公安局各警署負責掩埋者，餘如城郊死屍無人收撿，或經親故掩埋者尚不在此數字內。）又據巴中縣統計，該縣露斃飢民無處無之，現城內日死三十八以上，二月至六月，死達八萬人，其數目實可驚人！總之：農民離村，使農村人口日漸減少，荒蕪田畝增多，農業生產銳減，形成嚴重民食恐慌，其直接影響於都市者，則爲都市人口增加，失業問題日益重大，盜匪乞丐日益增多，引起社會秩序的紊亂，此點尤爲整個四川農村前途之暗礁！

此外在旱災期中吾人尤應注意的是：

A華陽龍爪堰上下流農民爭水，釀成巨大糾紛。

B南部農民抬神入城祈雨，因縣府彈壓，曾演出兩次慘劇。

C南充鄉民祈雨與十一區專署滋惹糾紛，保安司令部開槍，死農民四人傷廿餘人激起民變，農民數千人入城搗毀專署。

」榮昌鄉民要求當局禁屠祈雨未允，遂羣起將縣府搗毀一空。

「三台農民請徵局豁免租稅，邛崍農民結隊向縣長索水。

，以上政府與人民發生的種種事件，迄未聞有正常解決，吾人在此，希望當局能對於民間社會所要求解決的問題，或正在民間社會中所醞釀的問題，要早爲注意預防，其在已發生的許多變故，尤應速謀善後的補救，如一再任事坐大，前途未可樂觀也。

七　救濟的辦法

災禍既成，如何剷除飢困，安靖地方，而使民不重困，農不重傷，實爲善後之要件：近日以來，傳聞報載，乞救者滿市，望哺者甚切，地方政府，社會人士，雖有不少救濟之方，但多偏於一隅，不甚普遍，其得惠施者不及萬一，查此次災區廣大，災民衆多，政府人力財力有限，欲求其辦理完善，則非藉羣力不爲功，若政府能籌撥巨款，人民能廣事募集，上下一致，盡其全力，不僅以慈善之惠施，更本政治意義予以救濟，而民困自蘇，農傷自徵也，茲將目前應急辦賑濟之事項，臚列於次，以供熱心社會人士之採擇：

（一）統治糧食

旱災既成，食米飛漲，此時省府即明令嚴禁奸商操縱市價，富戶囤積居奇，同時調查各地農產，封查倉庫，此法至善，又川財廳長劉航琛十七日在渝組織民食委員會，向金融界籌款在上海。蕪湖宜昌購米平價，定經費爲二百萬元，由中央，中國，農民三銀行共認九十萬，餘由各銀行分担，并推定採購，運輸，分配負責人，在二十日內可運五萬石米回川分囤萬渝兩地，以應急需、同時中央駐川行營，在劉未召會前，曾飭令經理處在漢採購大批食米先後約萬石，令市府及商會共同組織平糶局，價格已決一升售四千八百文，售米地點以坊爲單位，（渝共二十二坊）平價期一月，八月一日開始，全市貧民調查結果爲二十四萬四千餘人，共發出購米證五萬張，每日每人以二合爲標準，計全市耗米日約四百石，自此渝市貧民，得厚惠施，固匪淺鮮，然一檢閱各縣四鄉，嗷嗷待哺者，當千百倍於渝市，迄未聞當局有所措施，且食米之價，尚有在四元以上者，如致府當局於各縣，各鄉鎮，均分設糧食管理機關稽核所有糧食存積實數，強制徵買，再設若干平糶處，以當地公務人員主持，社會熱心人士輔助，辦理平糶，則救濟之道，乃得其宜，至於川湘公路之食糧出口、分配，運輸，存儲……應由政府統制辦理，藉免奸商操縱破壞糧食之標準價格，俾飢民少飢餓之患。

(二)速辦急賑

省府二十四年度救災預算僅六萬元，早已用盡，又中央撥善後公債百萬，已由省賑會發散無遺，（省賑會主席尹昌齡因賑款拮据辦理困難四辭主席之職）當此飢民遍野，待哺孔殷之際，應由省府速電中央撥款急賑，分配重災區域，同時於大都市設立救濟院或災民收容所，盡量收容，酌量施衣，施食，并設災民習藝所使有體力技能者，從事生產，設售貨處爲災民平價變賣貨物，設職業介紹處，安插有技能體力之災民，至於免費戒煙，免費診療，施棺掩埋，亦爲急不可緩之事。

(三)籌辦工賑

急賑之外應辦工賑，因大旱之餘，失業者衆，如徵用災民，以工代賑，建築堤堰，修濬溝渠，不但得濟目前災民之困厄，且永綿田事將來之利益，交通阻礙之地，尤宜興工建造，俾災情容易傳達，糧食容易運輸，外助容易獲得，藉免垂死無救之弊，至如目前川湘公路成渝鐵路之修築，應盡量招撫災民，一方使其不致流離逃竄，裹脅匪類，一方重要工程，得以輕易完成，而援民反得濟民，其益豈淺鮮耶！

(四)農村貸款

旱災之後，衣食維艱，一般貧農，告貸無門，急賑工賑，暫濟眉睫，爲永久計，則速應將中央所撥二百萬元之善後公債，組織信用合作社，以借貸資金，使得購買種子，保留耕牛與購置農具肥料，放款機關，委託地方銀行或農民銀行辦理，放款手續務求簡便無弊，如此則農民再生有術，高利貸者亦當無形自弭矣！

(五)購種貸放

凡遇灌溉困難，或因旱失收之區，則應使農民種植夏季耐旱而能於短時期間成熟之作物，以資補救，如晚稻，洋芋，高粱，大豆，甘藷……得雨補種，以謀生產，上項各類之種子，由政府備數，依一定辦法分貸無力購買種子之被災農民，惟須注意貸種不許移作食糧，且收穫後必須還種，至於被災較重之區，由政府派員調查確切，可豁免一年以上之糧稅）

上所陳訴，全爲治標，目前固刻不容緩，但如除永患，厥爲治本，其在今後尤爲切要，玆分述如次：

(一)培植森林

四川千萬山頭，大多禿兀，人民不明森林利益，任意砍伐，政府鮮於提倡，且不加限制，以致天然富源，破壞殆盡，頻年以來，常釀巨災，政府如不急速提倡造林，四川將成一塊乾燥土地，，蓋荒瘠不毛之地，雨水來時不能涵蓄，盡由地面流去。若林木蔭翳之地，雨水來時一部隨根浸入地下加增地層水，一部涵蓄於地面堆集之枯枝落葉中，其流失甚少，遇久晴地面為枝葉所蔽，陽光不易直射，常能供給空中多量水氣，空中水氣既多，則降雨機會亦多，而流失水分則少，自少旱潦之患矣！

（二）興修塘堰

塘堰本為農民天然之蓄水庫，頻年以來，一般農民懷貪小利，墾成田園，一遇亢旱，束手無策，茲應由省府通令各縣轉飭各鎮鄉凡地帶易旱之地，每二十畝，必興修可灌溉二十畝之塘堰一個，原有之塘堰破壞者應速修繕完整，并嚴禁闢作田土，派員限期查勘，以杜流弊。

（三）開掘堰溝

沿江河溪流之農戶，應盡量利用流泉開放堰溝引水以灌田，其法易行其用甚便，其收效甚宏，渠，廣，竹，鄰，梁，墊等縣沿山麓一帶已多舉辦，惟成効不及川西灌縣之溝渠堤堰之顯著，至開溝渠時，尤當注意溪流要有豐富之來源，且溪上游河身須高乃為適當。

（四）疏浚河渠

凡河溪澗之淤淺者，固宜加以疏浚，卽分歧之支流以及農田間溝渠，均應加以疏浚，一方得排洩田間之溢水，一方得儲水量以供灌溉，其為用至便且大矣！

（五）鑿井引泉

鄰近地面無水可引之地，宜於田間利用地層水闢鑿深井，汲取灌溉，其事易舉，其灌溉面積雖不及堰溝之廣，而其穩便可靠，且需款不多，效用長久，我國北部河南陝西等省，早已施行此法，開鑿數十丈深之井，卓著成效，比年北方大旱，長期不雨，溪流乾涸，人民飲料及灌溉，咸仰給於此。

（六）蓄水灌溉

利用剩餘雨水及溪流，築池蓄水於高地，或築堤壩蓄水，使水面增高，上設閘門以供灌溉之用，吾川各縣，山陵橫亙，大小溪流，交錯其間多可順勢取利，至如灌縣，瀘州，嘉陵江各處著名之大瀑布，最可引用以灌農田，如工程浩大，私人無力建修者，則由該區農田之主戶，共同担負，或募捐修造，或政府墊築均係辦法。

（七）機器抽水

川西各地，因河身不高，沿江農戶可購抽水機實行抽水灌溉，如貧農而無力購機者，可由政府分區設立汲水站，辦理汲水灌溉事宜，收取輕微之利，惟水之分配，務須妥爲計算，俾免爭水之糾紛。

（八）提倡合作

遇此荒旱時期，欲求農村經濟急速恢復，惟有提倡合作：由政府先提倡組織生產合作社，卽用大農經濟辦法，如農具不足，可集各社員農具互相參用　如水利不便，勞力不足，或疏浚河渠，開鑿井池，及一切私人不易舉辦之事業，都可用合作經營辦法解決，目前的蘇聯底集體農場，全採此方式，至於運銷，消費，信用，合作社之組織在今日的農村亦極重要。

此外應由省府聘請林學，農學，水利工程專家，組織一農田水利委員會，俾便分別指導監督農林水利事項，人民自動組織積糧會，天災會共同積蓄食粮，俾天災人禍降臨時，有以預防和補救，此亦爲當務之急！

上列各點，僅及大要，因地制宜，責在當局，總之：目前四川全爲飢荒恐怖所籠罩，有百餘縣秋收將絕望，有三千萬災黎待極濟，有十數萬土匪待肅清，此時人民固惶恐不安，政府亦異常發愁，在此吾人希望當局尤其希望其高談「四川爲國防，經濟建設的中心，爲復興民族國家的根據地，」者，均本「人有溺者尤已溺之，人有飢者尤已飢之」之意念，速謀善後，則此浩刦，庶幾可免長此漫漫，不然，則其前途演變何如，吾人當拭目以觀。

一九三六，八，一，于四川北碚

一九三五年的四川災情

據四川省振務委員會發表之統計：

全省共一四八縣三屯一局，面積四一，五五五三，五八七方公里，其中受災一〇四縣三屯一局（有匪，水，旱，風，震，雹，各災）佔面積三三，五三三，三五八方公里，佔全面積四分之三，又全省人口約六千餘萬，受災者三千數百萬佔二分之一強。

峽區的旱災

黃子裳

峽區的旱災，今年是很厲害的，就農人的兩大季作物來說，苞谷正在結實的時候，稻子恰當栽秧下田，以後便接二連三的大太陽出得不了，一般農人叫苦連天，所有求雨的方法—如玩龍抬菩薩，祈佛拜懺—都使用完了，終於紅日高掛，片雲不生，後來實驗區署有少數的人，便想用放炮求雨代替迷信，曾經集捐廿餘元，購火藥六十餘斤，選擇峽區一個最高峯的縉雲山獅子峯、盡半夜之力，放炮數百響，次日天空依然未見變化，再次日而雲起，再次日而雨下，這尚不能斷定爲炮火的功效。所落的雨亦祇能對於農作物有一度的潤澤，田中土中，龜裂都大，並未起水，往後又接連七八天的大太陽，一次的大雨，又化爲烏有，實驗區署乃根據各地燃薪求雨，並奉上峯令飭熏煙致雨的辦法，通令全區五鎮，每保集柴一堆，以每家八出柴草五十斤爲度。於同日同時之薄暮中火舉焚燒之，越一日又半而大雨又降一次，過後雖也曾有時天陰幾日，或偶降微雨，但究竟旱象已成，無濟於事，因之峽區的農作物便普遍的遭受旱災、祇在生長的地勢有高低淺薄之不同，而受旱程度微有輕重之差異而已，如以苞穀來說，壩土及卑溼土有六七暒之收獲，平原土有二三暒，至於山坡土則祇有枯萎之葉桿，或竟至顆粒無收，同時期之其他作物類是，至於稻子（一般叫谷子）在峽區五鎮鄉各有不同，文星場下漕一帶因有各炭洞子的窖水，收獲較好，平均超過對暒，至於后漕乃不及二三暒，甚至禾田完全白穗亦所在皆是，至於黃葛樹二岩鎮好者在三四暒之間，其不好者如北碚澄江鎮兩地，平均三四暒一二暒，或十分之一收量不到亦有，農人終歲勤苦，賴以養家活口納租上糧者，靠此兩大季作物，而今收獲乃如此，不能不令人目擊心傷，對於旱災現象，發生異常的恐怖。

在此期間，區署五鎮聯保主任及各保長紛紛報災，並請實驗區署轉呈上峯撥款賑濟，并予免納糧稅，區署亦先後幾度派人下鄉實地勘查，其受災慘象攝成照片，一面製成旱災調查表分發各鎮四鄉農民，切實調查有如下表

嘉陵江三峽鄉村建設實驗區五鎮鄉受旱人家及田土收獲調查表：

鎮別	戶數	田 收成	田 損失	土 收成	土 損失
黃桷	七九一	一二四六	一二一四	五八八	四四四
澄江	六五七	二〇三五	二二一四	二八五	四五七
文星	八八三	六五二	六〇八	二六七	二五三
二岩	二六一	六九四	一五〇三	七五	九五
北碚	九六二	二六九八	四〇九一	六八七	七〇七
合計	三五五四	七三二五	九六三〇	二五七七	一九五六

統計：本來全區人家是一萬二千四百七十七戶。但在我們收回來的調查表統計出來，被災人家祇有三千五百五十四戶。這當中自然有住在市場上的人家，住在鄉下而並沒有種田土的人家，和各聯保調查漏落的人家，不會加入的緣故。又北碚鄉尚有兩保不會加入統計，然而我們單以此表觀察，黃桷鎮與文星鎮田土收獲約略對暒，澄江鎮田裏可到四暒以上，土裏收獲僅有三暒，二岩鎮北碚鄉田與土裏收獲均只三暒。旱災之嚴重即此可以想見了。

嘉陵江三峽鄉村建設實驗區教育調查

一，教育行政

本區各場教育事宜，統歸實驗區署，祇社會教育組因有鑒於

工作之重要，乃擴大組織，以區署各主幹人，區屬各鄉鎮長，各學校校長，合組爲民衆教育委員會，以資推動工作。似此辦理，使各事業主幹人，各鎮鄉長，各校長：俱有參加民教工作之責任，俾得增強效能。至學校教育方面，則分義務教育，補習教育，職業教育，另有視察指導，調查統計等組織。

一一，教育經費

教育經費，由本署統籌統支，二十五年度收支預算，不敷甚鉅，除收入方面急待組織教育經費整理委員會從事整理幷設法彌補超出數額外，玆將現有收入及支出預算分別列表如下：

1，收入統計表

鎮別	額定收入	活動收入	收入合計	備考
北碚鄉	二，七〇四	一，二〇〇	三，九〇四	
黃葛鎮	二六〇	一，七五〇	二，〇一〇	
文星鎮	六三八	八三〇	一，四六八	
二岩鎮	八〇	二〇	一〇〇	
澄江鎮	二，七〇〇	八八〇	三，五八〇	
全區	六，三八二	四，六八二	一一，〇六二	

「註」A，活動收入一項係歷年平均約數，因捐款之收入年有增加，非額定數也

B，本表數字，概以元爲單位。

2，支出統計表

嘉陵江三峽鄉村建設實驗區署

二十五年度學校教育經費支出預算　(25年8月)

校	別		女職	北碚	黄葛	文星	澄江	義務小學	總計
級學數	高級		1	4	1	1	1		8
	初級		1	8	4	4	4	75	96
學生數	高級			100	30	30	30		190
	初級		20	250	120	120	120	2250	2800
教職員數	校長		1	1	1	1	1	75	80
	高級教員			5	1	1	1		8
	初級教員		1	8	4	4	4		21
	職員		1						1
校工數			2	2	1	1	1		7
支出預算	薪工	校長			240	240	240	9000	9720
		教員初級	396	1152	576	576	576		3267
		教員高級		1030	216	216	432		1944
		職員	144	300					444
		校工	168	168	84	84	84		588
	雜支	高級		48	12	12	24		96
		初級	48	48	24	84	24	450	618
	修置	高級		48	12	12	24		96
		初級	48	48	24	24	24	450	618
	合計		804	2892	1188	1188	1428	9900	17400

說明

一，六學級學校得雇校工一名六學級以上每區學級得添一八惟女職校不在此例

二，雜支費初級每一級年支六元高級每一級年支十二元惟女職不在此例

三，北碚女職校校長不支薪

四，各校房地租金預算全年一百元不列入內

五，全區各校特別費全年預算三百元不列入內

三，學校教育

1，學齡兒童　全區學齡兒童，業經調查完竣，茲列表統計於後：

鎮別	已受教育者 男	已受教育者 女	已受教育者 合計	未受教育者 男	未受教育者 女	未受教育者 合計	備考
北碚	五三一	一〇四	六三五	一•〇六三	一•一八〇	二•二四三	
黃葛	二二四	七二	二九六	七四三	六九一	一•四三四	
文星	一一八	三一	一四九	八一七	六八三	一•五〇〇	
二岩	六八	二〇	八八	二二六	一八三	三九九	
澄江	二七七	五〇	三二七	八七九	七六八	一•六四七	

2，學校　區屬學校，分區立小學義務小學兩種，分設於全區各場各保，茲統計如下表：

鎮別	學校	所數	班數	學生人數（男女）	教員人數（男女）	備考
北碚鄉	區立小學	一	一二	三五〇	一五	
	義務小學	二六	二六	七八〇	二六	
黃葛樹	區立小學	一	五	一五〇	七	
	義務小學	一六	一六	四八〇	一六	

文星鎮	區立小學	一	五	一五〇	六
	義務小學	一三	一三	三九〇	一三
二岩鎮	義務小學	六	六	一五〇	六
澄江口	區立小學	一	六	一八〇	七
	義務小學	一五	一五	四五〇	一五
統計	區立小學	四	二六	八三〇	三五
	義務小學	七六	七六	二，二八〇	七六

知識

▲人不貴徒有抽象的智識，貴能隨時隨地解決具體的問題。

▲書祇能介紹知識，却不是知識，讀書祇能作爲求知識的幫助，不能祇從書上求知識。

▲我們應從書外去獲得自然的知識，到社會上去獲得社會的知識。

—盧作孚—

計劃

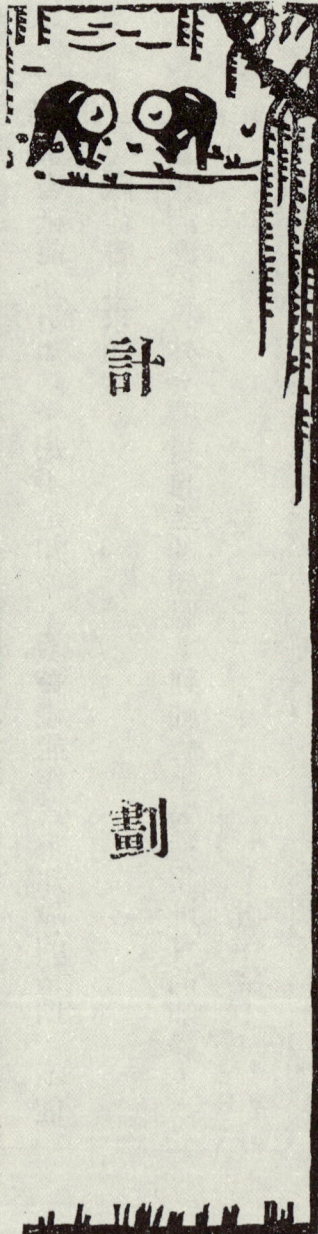

嘉陵江三峽鄉村建設實驗區畜牧改進五年工作計劃大綱

四川家畜保育所

北碚實驗區對於鄉村建設工作，異常努力，成績斐然，極爲多方人士所讚許，自今年四月一日，由峽防局改爲實驗區後，當局對於鄉村建設工作之推進尤爲積極，全區人口調查、保甲編制既告完竣，土地清丈亦在開始進行，而普及教育之推進，農業經濟之建設，亦經規定爲該區之中心工作，最近該區署當局感覺農民除耕種外飼養家畜者甚多，祇以品種不良，獸疫流行，農民所受損失殊爲不貲，故該區署特與四川省家畜保育所合作，在全區作畜牧初步調查，關於種畜優劣程度，獸疫流行狀況，牲畜販賣及屠店情況，均詳述於畜牧調查報告中，茲按照貴地調查結果，擬具該區畜牧改進九年計劃綱要如左：

北碚實驗區畜牧改進推廣試驗五年計劃綱要。

第一年（自二十五年七月起至二十六年六月止）注重調查畜牧表證場之整理及獸疫防治初步工作。

（一）全區畜牧初步調查

（1）宣傳　（2）調查表格之規定

（3）調查　（4）調查結果之統計

（二）畜牧表證場之整理

（1）雞場之整理

（甲）優良雞種之選購及繁殖（乙）記錄表格之整理

（2）鴨場之整理

（甲）優良鴨種之選購及繁殖（乙）記錄表格之整理

（3）豬場之設立

（甲）豬種之選購

一，盤克絲豬及約克縣豬之選購

二，四川優良豬種如（榮昌豬）之選購

（乙）豬舍之建築

（丙）各種計劃及表格準備

（4）改良耕牛問題可與四川省家畜保育所合作

（三）獸疫防治

（1）醫藥品器具之購置 （2）診療室等之設備

（3）診療 （4）全區牲畜衛生運動

（甲）畜舍之衛生 （乙）飼料之衛生

（四）全區畜牧詳細調查

（1）宣傳 （2）調查問題及表格之規定

（3）調查

（甲）地域之分配 （乙）方法

（丙）步驟 （丁）人員之分配

（4）調查結果之統計

第二年（自二十六年七月起至二十七年六月止）注重畜牧改進之宣傳，畜牧人材之訓練，畜種之繁殖，獸疫之防治及區表證場之設立。

（一）畜牧改進之宣傳

（1）社會式宣傳

（甲）文字宣傳 （乙）講演 （丙）標本實物

（2）學校宣傳 （3）家庭拜訪

（4）機關之合作

（二）畜牧人材之訓練

（1）訓練人員

（甲）學校教師 （乙）保甲長

（丙）小學及民衆學校畢業生

（2）教材之準備

（甲）畜牧

一，畜種 二，飼養 三，管理

（乙）獸醫

一，家畜衛生 二，診斷 三，藥物

（三）畜種之繁殖

（1）豬之繁殖

（甲）盤克縣等豬之繁殖（乙）四川優良豬種之繁殖

（2）雞種之繁殖

（甲）力行鷄等之繁殖 （乙）本地優良雞種之繁殖

（3）鴨種之繁殖

（甲）北平鴨之繁殖 （乙）本地鴨之繁殖

（4）耕牛之繁殖（與四川家畜保育所合作）

（四）獸疫防治

（1）家畜衛生運動 （2）診療

（五）區表證試場工作

（1）豬種表證試驗

（甲）豬雜交及第一代表證 （乙）四川豬飼養表證

（2）鷄之雜交及表證 （三）鴨之雜交及表證

（六）各場表證所之勘定

第三年（自二十七年七月起至二十八年六月止）注重合作推廣機關之接洽，表證所之設立，表證農家之選定。

（一）宣傳畜牧改進事宜 （二）合作推廣機關之接洽

（三）畜牧獸醫人材訓練 （四）訓練材料之準備

（五）畜種之繁殖

（1）豬種之繁殖 （2）鷄種之繁殖

（3）鴨種之繁殖 （4）耕牛表證之籌備

（六）各場表證所家畜之表證

（1）豬種之表證及推廣 （2）雞種之表證及推廣

（3）鴨種之表證及推廣 （4）各場耕牛表證接洽

（七）各場表證農家之選定及訓練

（八）不良種畜之取締

第四年（二十八年七月起至二十九年六月止）注重合作推廣機關之工作，表證農家之工作及籌設各種合作社。

（一）宣傳畜牧改進事宜

（二）合作推廣機關之合作

（三）畜牧獸醫人材訓練（表證農家）

（四）訓練材料之準備

（五）畜種之繁殖

（六）表證農家之表證及推廣

（七）籌設各種合作社

第五年（二十九年七月起至三十年六月止）注重畜牧獸醫人材之

訓練，區畜牧改進制度之研究，各種合作社之設立等。

（一）畜牧獸醫人材訓練

（二）畜種之繁殖

（三）區屬畜牧改進制度之研究

（1）訓練　（2）組織　（3）視導

（四）各種合作社之成立

（1）種畜合作社（2）運銷合作社（3）畜產合作社

嘉陵江三峽鄉村建設實驗區畜牧事業之改進計劃，暫定為五年，希望在此五年內將以上之工作努力完成，并使農民自動組織生產，販賣製造等合作社，繼續改良畜種，以求該區畜牧事業之長足進步，并冀此種改進制度得以推行全國，果能達此以行其影響於國計民生豈不鉅哉！

牧唱

老慶

前年旱，賣衣褲，去年旱，賣母猪，今年旱，賣兒女，我家連年旱，我苦真個苦，苦呀苦，要怪自己太途。

一年年的雨，灌田本有餘，無奈人懶散，看塘盡如泥。

塘是田的奶，水是稻的奶，奶乾兒難長，水乾稻遭殃！

有山皆造林，有田皆養魚：人人肯努力，家家自有餘，

天旱地乾，農人嘆氣，何必嘆氣，求天不如掘地，寸土難移，挖塘本不容易，努力，努力！一碗塘水，一碗米！

北碚的夏節運動

一、引言

我國的舊節氣，要找出有意義，有組織，而含有羣衆體育性的，實在很少，如元旦賀年，寒食祭掃，上巳修禊，端午競渡，中秋賞月，重九登高……這一類的季節，有的現已被人漸漸遺忘或消滅下去，就是存在的，也不脫爲封建的色彩，而且每每又祇限於一家人或少數人作無聊的消遣罷了，從沒有成千成萬的人全國一致的在一個時間轟轟烈烈地作有積極意義的活動，其中比較含有羣衆性的，則祇有楚國忠臣屈原先生投江殉難的端午節了，因爲這個季節，有龍舟競賽，有搗水搶物的藝術表演，有划彩船放黃煙的樂事，有不少的紅男綠女佈滿江干，或大家攜了酒甕，狂飲放歌。有許多小朋友的面上用雄黃畫成王字，手上拿着角黍，或艾虎，憨嬉跳躍……不但好看，而且也好玩，能夠使一切人樂而忘返，這實在是一樁很有意義的事。

本來在此國難日亟農村破產的期中，是不容我們來提倡尋樂的，但如這團體娛樂的機會，從而組織，訓練民衆去作更有意義的活動，似乎也無不可，並且我們還有下列的幾點認定呢！

第一，當此農村經濟衰落，農民生活凋蔽……景象中間，端午競渡，爲民間唯一之高尚娛樂，我們作鄉村建設運動的人，不應忽視。應該借此機會環境教育農民幷喚起他們向上的意識。發抒他們的情感。

第二，當此空前國難的時期，我們應當盡量利用原有季節活動，施行民衆教育及體魄鍛鍊來應付時艱。

第三，我國人一向只有家庭和親戚鄰里間的鬥鬩比賽，缺乏集團生活比賽，所以我們應提出集團的比賽，來改變過去舊的生活習慣。

第四，這種羣衆娛樂有一種發揚民衆精神的涵義，值得我們總動員來因勢利導加以培養組織。

因此我們覺得這種集體民衆娛樂，不但不應該去禁止，並且還應該去提倡發揚，這是有生氣的民族之精神的表現，小足以振作一鄉，大足以振作一國，我們希望用教育的方法來培養這種集團生活興趣，用政治的力量來促進此種團體生活的組織，因勢利導，使這臨時的興奮的集體，成為將來永久的建設的基本力量。

此間過去的地方建設事業和民衆組織訓練工作，大都是從民間生活習慣和特殊風俗中找機會做出發或乘機地改革其環境的，所以每個季節，都曾充分地利用過，尤其夏節，我們已將他定為峽區的「民教節」每年必要舉行民教運動的，而且範圍一次比一次擴大，組織一次比一次嚴密，活動一次比一次增多，方法一次比一次進步。意義一次比一次加深，自然收效一次也比一次宏大了。祇要每年夏節一到，峽江各場的龍舟，都齊集北碚來競賽，往往有數十里以外趕來，動輙就是二三十隻龍舟。集聚七八百選手（因有的龍舟每是兩班人划）。除了江上的活動，如龍舟游泳等項外，在陸上的活動更多，如演劇（川劇，新劇）歌舞，電影，講演，展覽及各種競技比賽，往往幾十個團體參加。

這天不但集中了峽區各場五六萬以至十餘萬民衆，更吸引了渝合兩地的許多參加看熱鬧的人們。嘉陵江畔，人山人海，江中遊船，星羅棋佈，北碚市集，萬頭鑽動，他們看完這裏，又到那裏，這是多麼的有趣味的事啊！

我們在這團體娛樂的場合中，隨處皆含有運動和教育的意味，每一個活動，都有嚴密的組織，每種競技，都有公正的評判，每一個人都要遵守秩序，時間，紀律。到處皆有教育環境的佈置，到處皆有新聞的廣播和常識講演，到處皆可去參觀，遊覽，而且可得人引導和解說，因此誰不歡喜夏節的到來？誰說這是值不得賞鑑而可歌詠的事體？夏節，「北碚底夏節」這是多麼有意義的一個名詞呵！

二、籌備經過

六月五日由實驗區召集的主任聯合會議席上，提出了今年夏節籌備的問題，七日，二十日各組分頭開會二次，八日，二十一日開全體會議二次，大家本着過去的經驗，并加上新的意見，確定了下列辦法：

1。本會定名為「北碚夏節龍舟競賽大會」

2。推定峽區事業團體主幹人及地方領袖為籌備委員，并選常委二十三人

「附」組織系統表如左：

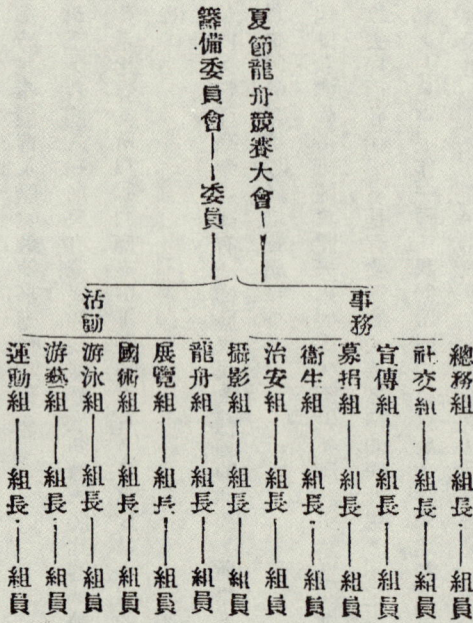

夏節龍舟競賽大會籌備委員會——委員——
- 事務
  - 總務組——組長——組員
  - 社交組——組長——組員
  - 宣傳組——組長——組員
  - 募捐組——組長——組員
  - 衛生組——組長——組員
  - 治安組——組長——組員
  - 攝影組——組長——組員
- 活動
  - 龍舟組——組長——組員
  - 展覽組——組長——組員
  - 國術組——組長——組員
  - 游泳組——組長——組員
  - 游藝組——組長——組員
  - 運動組——組長——組員

3．聘請下列各裁判員：

總裁判長　副裁判長　起點裁判　終點裁判

4．聘請下列主席團主席共六人；

龍舟競賽組主席　展覽組主席

游泳競賽組主席　治安組及各機關開放主席

以上各組由主席或組長分頭召集會議籌備一切事項，但不得以夏節籌備事務妨礙經常工作為原則。

5．經費

A，事務方面經費由各參加機關共同負担。

B，活動方面經費由募捐項下開支。

「附」總務組夏節活動開支預算：

一，印刷

A，鉛印

(一)遊覽須知　五〇〇張(八開紙)
(二)活動程序　五〇〇張(十六開紙)　} 五．〇元

B，油印

(一)招待須知
(二)引導須知
(三)介紹須知　} 各二〇張(紙，油墨)　一，二元

二、辦公

A、簿籍　〇・三元

B、標貼紙　〇・二元

C、筆墨　〇・二元

三、招待

A、食費（每人招待二餐，以二角計算共五〇人）二〇元

B、茶水等　二元

四、合計　二八、九元

f、籌備事項，本應早日就緒的，但因經常工作，無法停滯，所以臨到端午節的前一日，此間各事業的工作人員才總動員起來，地方醫院組織救護隊，兼善中校及職業女校組織宣傳隊，各公安隊担任維持治安秩序，區署人員担任招待及一切活動的主要工作，大家都極度的緊張起來。此時就是北碚的市民，工廠的工人……也都很踴躍地來參加這個有意義的活動。此間的空氣，簡直是被一種新的精神燃燒着，充滿了動的活力。

三、實際活動

本署根據歷年經驗之所得，并視目前環境之容許，參酌製定本年「夏節運動計劃大綱」，各組分頭活動，惟因人力，財力，時間，種種關係，結果於吾人理想，稍有變異，茲除計劃不贅外，容將各組實際活動情形分述如次：

一、總務組

A、印製方面：

a、各種啓事。

b、各種宣傳品（傳單，標語，口號）。

c、全部計劃辦法（分發各動員）。

d、峽區各事業介紹大綱。

e、夏節運動工作人員一覽表。

f、請客卷。

g、大會職員聘書。

h、職員標記。

j、幾點小小的介紹。

B、編製方面；

a、運動報告書。　b、活動新聞投交渝合各報。

c、夏節快訊編輯採訊工作全由嘉陵江報記者担任。初五這天共出版六次。都是介紹的當天的活動和活動

的結果。

C，其他：

a，規定聯絡指揮時應用旗語。

b，佈置劃船（并注意劃船衛兵不攜槍）

△設詢問處。 △設引導處。

△設招待處。 △設劃到處。

△設休息處。 △規定各組分設臨時辦公地於適中處。

c，設標準鐘若干處，用砲等隨時報告時間。

二，社交組

A，印制方面；

a，北碚各事業機關概要。

b，招待須知。 c，引導須知。

d，介紹須知。 e，遊覽須知。

B，主要活動：

a，開放！

△接洽各事業機關開放并商其製定概況及事業要點介紹牌。

△應使民衆知道的事物盡量陳列或書面公佈。（依其輕重爲序）

△解說八須用（親切口吻，和藹態度）解說大綱。

△注重整齊，清潔，嚴肅，尤其廁所廚房。

△茶水及休息所之佈置。

△確定進出口及參觀路綫。

△商博物館借取重慶各種模型陳列。

b，引導：

△繪製北碚各事業機關路線圖十一張，張貼本市各通衢要道。

△製各事業簡單介紹說明單及來賓詢問處標識。

△訓練引導員熟讀峽區事業介紹紹大綱及引導須知。

△蒐集各事業印刷品備來賓索閱。

△分組引導來賓參觀，是日計引導個八百餘人，團體四個。

△不斷與來賓介紹本日活動，報告本日緊要新聞。

△隨時襄助來賓雇力夫，轎子，船隻並照料行李。

c，招待：

△發柬請客（附到北碚須知）。

△製來賓登記簿，來賓證及餐券，（券上註明時間地點）。」

△設總招待處。（招待員自行接洽來賓）。

△設重要來賓座次於司令台附近。

△設女賓休息處於圖船。

△訓練招待員及勤務兵役。

△調查各機關多餘床鋪。

△預備被毯蓆薦及彩船。

△預備外來團體住地及給養地。

△預備單人來賓辦理飲食地方及住地。

△籌劃招待來賓之伙食。

△預備茶水，面盆，面巾，香皂備來賓用。

d食店：

△設餐堂兩處，計招待來賓開餐者約二百人。

△調查食店之數目及所售食物之種類。

△劃定售賣之區域及統制其營業。

△檢查食店食物之清潔幷代售飯券。

△召集市商會議保持物價水準。

△規定節園設水菓及小販攤。

△各食店佈置宣傳品及教育掛圖。

e旅棧：

△調查旅店數目及其容量。

△檢查旅店設備及清潔。

△北温泉，區署，新營房，慶豐，樂天，鴻盛六處佈置來賓住宿地。

△設臨時旅店於東陽鎮，黃桷樹，金剛碑。

f交通：

△商民生司輪船在初四、五、六，三日特別半票歡迎渝合人士來峽。

△接農場電線於東陽鎮河邊便臨時使用。

△集合沿江各小船開會決定停泊各碼頭船貨，並規定途程價格限定載量。

△派員檢查區屬各機關電機。

△集合力夫設一臨時運輸處，規定力資及雇用辦法。

△集合轎夫設一臨時轎行，規定途程與價格。

g、設特產推銷處：指定一商號佈置代銷下列特產：

△溫泉麵。 △渝北酒。 △縉雲茶。

△土沱玻璃。 △鹹菜。 △草帽。

△白橙糖。 △草鞋。 △峽區風景。

△碑石。 △礁石。 △硯石。

△手杖。

三、宣傳組

A、事前的準備：

a、印製宣言，傳單，標語，口號。

b、將夏節活動節目登報週知。

c、運動渝合各團體來峽。

d、派人到渝合及各場覓專人參加活動。

e、派員到各鄉鎮挨戶宣傳並印發傳單。

f、聯合民生公司，兼善中學，職業女校組織宣傳隊。

B、宣傳的內容：

a、關於社會常識的

△農村婦女運動。 △推行新度量衡。

b、關於農業常識的：

△玉蜀黍抽花。 △桐林合作。 △鹽水選種。

△剪除黑穗。 △推廣畜牧。 △防預旱災。

c、關於時事新聞：

△兩廣問題。 △劉匪問題。

△抗日問題。 △世界大勢。

d、關於端午節歷來的故事。

e、關於專門問題的講演。

C、人員的分配：

a、民生公司作時事新聞宣傳，地區北碚全市。

b、兼善校組宣傳隊七組，每組三人，作農業常識宣傳，地區爲北碚市街及火焰山一帶。

c、職業校組宣傳隊五組，每組三人，作社會常識宣傳，地區爲河干及公共體育場一帶。

d、端午節故事及其他講演分別在游藝及電影場舉行。

四、募捐組

A、募捐：

a、印製募捐啓事，廣發捐册卄八本，收回時僅用十七本。

b，確定主持募捐負責人為胡天朗。馮書舫。

c，分頭託人在渝合及峽區各場勸募。

d，確定各事業募捐辦法。

B，獎品：

a，製定徵集獎品辦法並先公佈嘉陵江報端。

b，聘請閒人給獎。

c，設立獎品陳列處於比賽終點。

d，預定獎品管理人。

e，獎品之內容如次。

△旗子。△銀盃。△面巾。△豬，雞，鴨。

△紅綢。△食品。△衣服。△其他。

f，捐款獎品會計均獨立，終結并函致謝捐輸人。

C，報銷

a.收項：

科目	金額
捐款（各方募集）	九七・一六
實驗區署津貼	一・五三〇一
民生公司捐面巾	三八・〇一
三峽染織工廠義務捐各種模型動力電一台	
合計	二八八・二七

b.支項：

科目	金額	科目	金額
刻大會圖記一顆	〇・二〇	龍舟組招待設備及公費	九・六七

緞子二尺（做來賓證）	一・一〇	游藝組設備及公費	二〇・〇〇
大鑼一面	三・五〇	游泳組設備及公費	一六・九八
印餐券（來賓用）	〇・四〇	龍舟組獎金	三六・〇〇
徵集展覽物品	三・〇〇	游泳組獎金	二〇・〇〇
製面巾五〇四張（獎品）	七五・五〇	麵包，火炮，及優勝旗	二一・二二
招待費（來賓）	二三・八八	大會職員伙食等費	二〇・三六
添船夫及購鉛筆	七・八三	接洽龍舟碼頭	二・二〇
借送標本運力	六・四三	租青年會電影	二〇・〇〇
合計			二八八・二七

五，衛生組

A，診療處：

a，衛生及救護巡視人員全由地方醫院担任。

b，設分診所兩處，一在河邊划船，一在運動場側。

B，藥品——凡一切普通藥物，全由該院充分準備設置各處。

C，救護隊——組織男女救護各一組，準備施行一切救濟工作。

D，巡迴隊——除在兩個固定處所診治病人外，另組一巡迴隊全市遊行，發見病人立刻施救。

E，治療人數——當自治內外病人約一百五十八人。

六，治安組

本組參加的官兵學生計有一百名，本身的工作自然只是在維持全市的治安和各個娛樂展覽——等場所的秩序，最後因了其他各組發出的臨時事體也必得要本組派遣學生士兵去工作——如佈置，招待，傳達，搬運……等事都委本組負了全責，因爲事務的臨時增加，本身職務當然不能依原來的分配進行，結果是將全組的人員分兩方面工作。

一面以大部份的人來作工作隊，供各組的需要候臨時派遣。

一面以小部份的官兵負起治安的責任來。

茲將本組工作情形條列如次：

A，警戒

a，確定第一公安隊長官爲警戒主持人。

b，擬製「夏節北碚警備職責一覽」分發官長士兵。

c，確定警戒區域：

△區署：派官長一員，工人義勇隊學生六名，手槍兵四名負區署衛兵勤務。

△文星橋區：派官長一員，學生六名任理化所對面山崗警戒之責。

△馬鞍山區：派官長一員，士兵六名負馬鞍山至水嵐埡一帶警戒之責。

△高坎區：派官長一員，兵六名負高坎平民公園一帶警戒之責。

△沿江兩岸：北碚由公安一中隊負責，東陽鎮由公安二中隊負責。

d，武裝巡邏——官長兩員，士兵十五名負全市區原定各路線巡邏之全責（十五分鐘劃到一次）午後并抽兵負劇場電影場之秩序。

e，巡查隊——官長一員，兵十名負全市區原定巡邏各路線巡查之全責（三十分鐘劃到一次）。

f，便衣諜查——官長一員，便衣手槍兵四名（每組兩名）專巡邏各遊戲，比賽，展覽各場所，（一小時劃到一次）。

B，秩序

a，游船

△規定游江船之價目。 △派定游船找扎負責人。

△劃定游江區域。 △設計游船找扎各種形式。

△派定游船管理人。 △各游船旗幟之規定。

△規定游船指揮記號。 △召集小船會議。

b，市街

△設備路線指引牌及圖說。 △行道行人靠左走。

△粘貼夏節宣傳品及標語， △演習消防動作

△告訴行人不亂吐痰，不亂抛渣滓，不亂折花木。

c，民衆活動之組織。

△派員分頭赴各鎮鄉(保甲)組織農民參觀團。

△派員分頭赴各鎮鄉(煤廠)組織工人力夫參觀團。

△指導農民比賽，遊戲、唱歌。

△派員管理山歌派別之比賽。

△派員引導招待山歌團體。

△山歌比賽優勝奬品之設備。

△佈置休息所。

d，專任借物與佈置游藝會場。

e，留住臨時辦公處專候臨時差遣。

以上兩部共計官長兩員，軍士兩名，學生七十名，駐大會臨時辦公處。(即公安一中隊)

七，攝影組

A，約定攝影團體

a，民生公司攝影部。 b，北碚明遠，嘉陵兩像館。

B，應攝影之部

a，活動的。

△龍舟。 △各種佈置及展覽場所。

△各種競賽及表演團體。 △籌備委員大會主席。

△各種集團之活動。 △各種動員之活動。

b，風景的。

△火燄山公園。 △工廠及理化所。

△北碚市各機關。 △峽景。 △風景。

c，攝影地點，時間，情形之研究。

d，洗印時須加具簡單說明。

八，龍舟組

A，籌備事項

a，印製方面：

△印製比賽規則辦法。 △編印掌梢須知。

△印製比賽圖說(陣勢排列法) △印製歡迎券。

b，設置方面：

△號令，鐵砲，旗語，傳聲筒，望遠鏡……等指揮工具。

▲比賽起點碼頭之設備。

▲購置大炮，紅，酒，點心，豬肉，毛巾（印標語）旗子布，金木鋤頭，等獎品。

▲佈置司令船（離岸只數尺）。

▲設獎品陳列處於司令船。

▲佈置囤船爲評判員及來賓休息處及保管室。

▲救生船，水帶，及保險圈之設置。

▲橫江順江起終點之佈置。

○起點設置：巡船一隻，鐵砲三個，火藥二斤，傳聲筒一個，鉛筆一枝，指揮旗二首，圖板一塊，白紙條四十張、記錄簿一本。

○終點設置：分爲決勝線一組，司令台一組，備有巡船一隻，鐵砲三個，火藥二斤（或用小火炮）傳聲筒二個，鉛筆二枝、記錄簿二本，圖板二塊。

B，訓練事項：

a，調查各碼頭踩頭與梢手。

b，訓練鑼鼓手。

c，派員赴各場宣傳，接洽，組織及訓練參加比賽人員

遵守紀律，唱歌，呼口號，舉擕敬禮等。

d，每隻龍舟派監視員一人坐鎮船上、專司聯絡指揮。

C，聯絡事項：

a，派聯絡員二人，聯絡兵二十名到峽江各碼頭聯絡，

其辦法如次：

▲接洽當地龍舟會首及公務員，幷將下列各項逐一填明：○碼頭 ○會首姓名及其職業 ○住址

○踩頭者○掌梢者 ○打鼓者

○分下列兩組接洽，每組官兵各一、限期兩日接洽完善）。

○上水：

金剛碑 夏溪口 草街子 吳吉溪 麻柳坪

鹽井溪 沙溪廟 龍洞沱 北碚場

○下水：

東陽鎮 黃桷樹 白廟子 觀音峽 牛石沱

施家梁 三廟子 水土沱 悅來場

▲每碼頭發龍舟競賽須知二張，（會首與鎮長各一張）幷詳與之講解。

△附帶聯絡游泳，拳術，比賽事項，并歡迎玩友及紫花船等到碚參加活動。

b，召集各場龍舟會首會議（古四月二十八日，發柬請各碼頭會首二人至三人到實驗區署開會，商定龍舟比賽辦法及一切聯絡事宜，并由區署招待午餐，（按四月二十八日為舊俗藥王會期，今後須注意將時間提前并派兵催促）。

c，散發歡迎劵——大碼頭一百份，小碼頭七十份，并分別發出募捐册託人勸募夏節捐款。

d，運動白廟子龍舟早日拜下游各碼頭，夏溪口早日拜上游各碼頭，以資影響。

e，每到一地，約須宣傳初四初五所有活動節目。

f，到各場檢查龍舟太壞者加以取締，并規定龍舟大小尺碼，人數及服裝等。

g，商民生公司借用小汽船使便利臨時指揮。

「附一」參加北碚龍舟比賽須知。

（一）本年北碚龍舟競賽分為初四初五兩次舉行，初四日名為峽江龍舟競賽大會，上至龍洞沱下至悅來場

之龍舟皆可參加比賽。初五日，名為實驗區龍舟競賽大會，上至澄江鎮，下至觀音峽之龍舟參加比賽。

（二）比賽時間，初四日定為午前十一時，初五日定為午前十時，遲到者不能參加比賽。

（三）到北碚時先划至囤船報到以便登記編號插旗，否則不能參加比賽。

（四）凡參加北碚比賽的龍舟，皆着整齊之衣褲。

（五）參加划船之人員須皆能熟於游泳者，萬一發生危險與本會無涉。

（六）此次比賽分長短距離兩種，長距離比賽由北碚至黃葛樹，短距離比賽由東陽鎮至北碚。

（七）比賽完結，各龍船須齊集司令台河邊給受獎品（人人有普通獎，一，二，三，四，名有特別獎）

「附二」龍舟比賽規則。

（甲）出發時聞炮聲開始。

（乙）到終點以先超過決勝線者為勝。

（丙）中途不得故意衝撞他船，否則取消其優勝權。

（丁）兩船互撞雙方均取消其優勝權。

（戊）凡參加之龍舟絕對服從裁判會之裁判，如有正大理由須於事後聲明不得當場爭吵。

（巳）凡比賽龍舟無論勝負均須划至決勝線始止。否則以犯規論。

「附三」口號

我們划龍船，要齊心努力；我們要以比賽的精神，
做公共的事，更要齊心努力。努力建設，戰勝日本。
龍舟競賽大會萬歲！中華民國萬歲！

D、活動事項

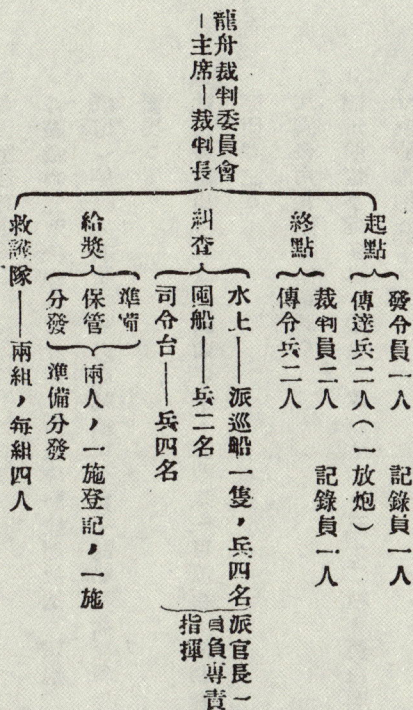

a.組織如下表：

龍舟裁判委員會—主席—裁判長
- 起點
  - 發令員一人　記錄員一人
  - 傳達兵二人（一放炮）
- 終點
  - 裁判員二人　記錄員一人
  - 傳令兵二人
- 糾查
  - 水上——派巡船一隻，兵四名　派官長一員負專責指揮
  - 圍船——兵二名
  - 司令台——兵四名
- 給獎
  - 準備
  - 保管　兩人，一施登記，一施
  - 分發　準備分發
- 救護隊——兩組，每組四人

b比賽

▲初四日　參加龍舟十四支，比賽方法採用淘汰制，結果：
第一名　為吳吉溪　第二名　為黃桷樹。
第三名　為北碚場。

▲初五日　參加龍舟七支，比賽方法用循環制，結果
第一名　為黃桷樹　第二名為　北碚場。
第三名　為白廟子。

c給獎

▲凡參加比賽人員每人獎黃糖麵包二個（於報到時發），毛巾乙張（於比賽完後發。

▲初四日
第一名　各獎六元緞旗一面　第二名　各獎四元緞旗一面　第三名　各獎洋三元緞旱一面。

▲初五日
凡參加比賽者無論勝負均各獎毛巾二張，惟勝者多獎紅一根。比賽完竣後每人普獎洋一角，惟一，二，三，三，各獎優勝旗一面。

D、今後應注意事項：

a 終點裁判宜至決勝線之一端，船過決勝綫即放炮（鐵炮或紙炮）停橈，其勝負可以記號給司令台，龍船可徐徐着岸領獎。

b 龍舟號數旗，宜改作碼頭名字，使觀衆一目瞭然，裁判者亦便登記。

c 比賽多用短距離循環制。

d 龍舟船位不定多寡，最長可改爲十六，三十二艙，與白廟子吳吉溪同。

e 出發點小橈完全離水樹立船邊，踩頭員以舉手鳴炮

f 河中如發生糾紛，雙方即取消該次比賽之成績，又中途不前進者，不給該次之獎品。

g 龍舟組獎品採購三峽廠堅級布疋作製衣服獎品早日陳列。

h 龍舟組勝利者在解散前，兩岸須鳴炮，鼓掌，以示歡迎並拍照紀念。

九、展覽組

A、陳列品之搜集

a 青年會所借之陳列品：

△海產標本三十號。 △古瓦一疋。

△戒煙模型五件。 △共匪旗子一面。

△各種照片陳列品十二件。

△病理標本二十二件。 △掛圖二十七張。

b、民生公司所借之陳列品、交通模型）：

△民權輪一艘。 △電車一具。

△民生輪一艘。 △飛機一架。

c、博物館搜集之陳列品：

△農具

○打谷機一架。 ○洋釘耙一具。 ○碎骨機一架。

○洋犁一具。 ○剪草機一具。 ○噴霧品一具。

△農產

○簡行抽花之苞谷及普通苞谷各一種。

○已受黑穗病之麥子及未受病害之麥子各一種。

○鹽水選種之谷子及普通之稻種各一種。

○受病虫害之黃豆，葫豆，豌豆，綠豆，四季豆，小米，高粱，及未受病虫害之以上農產，共陳列十四種。

○已遭病虫害之各種蔬菜種籽，及未遭病虫害之各種

蔬菜種籽，共陳列三十六種。

〇各種植物產品標本五盒。

〇西瓜——將各種瓜類畫圖說明種植，產地，用途，價值……等。

▲畜類

〇安古拉兔二隻。　〇意大利雞二隻。

〇北京鴨二隻。　〇本地大種雞二隻。

▲其他

〇衛生掛圖三十張。　〇公民教育掛圖十張。

〇自然科學掛圖十一張。　〇各種圖畫七十二張。

B，展覽室之佈置

a地點——在北碚兼善校大禮堂及民衆體育場兩處。

b、佈置

▲海產，農產，掛圖，照片……均陳設於大禮堂。

▲堂內用桌子安置成一口形桌上，鋪有白紙，上面再置陳列品，四週為參觀者之過道，桌外線距壁約八華尺，內部空間為解說人所佔之地。參觀者由進口左入右出，秩序極佳。

▲室內四壁貼各項掛圖及書畫，其形式以書畫之上端成一水平，每件距離約一華尺，中間參雜以橫行之書畫，使其成一圖案。

▲展覽室門首設有崗位專指示參觀路線。

▲室外左前方陳設各種動物及農具，解說人立於陳列品後面，手持一根，棍指口講，如農具則由解說人試與參觀者看。

▲交通模型，因笨重關係，即將牠置設在體育場，距模型約八尺遠的地上插木柱八根，用棕繩示以範圍，以避參觀者撫摸觸電。

▲模型中央立一高九尺之鐵柱，上懸飛機、下為一大鐵鍋鍋內滲以一尺深清水，中浮民生輪，鍋外乃一大盤盤上安設有鐵軌二道，置有電車一部，更於飛機，電車，輪船尾底下，繫以電線，該電可直達三峽廠通電流，故各種模型，均能自由活動。民生公司專有技師一人，管理開關，另有二人担任解說。

C工作人員之分配

a本組職員，少年義勇隊學生及民教處服務生担任陳列品之解說，每人以一種或兩種爲限。

b交通模型說明由民生公司專人負責。

c工人義勇隊學生担任陳列品之保護，秩序之維持，及參觀人之引導。

D解說之方法

a關於海產標本卽說明的事項。

△名稱。 △產地。 △鹹水或淡水產的比較。

△形狀。 △特徵。 △平常生活的情形。

△性質（鹹水或淡水產） △對於人們的關係。

△捕捉的方法。

b戒煙模型解說事項：

△煙的由來。 △政府目前戒煙的情形。

△吸煙的害處。 △戒煙後的好處。

c病理標本說明事項：

△病名。 △病狀。 △病源。 △病的預防及醫治。

d共匪旗子說明事項：

△來源。 △用途。 △特點。 △共匪罪惡。

△赤匪消息。

e掛圖及照片說明事項：

△名稱。 △與人們的關係。

f交通模型說會事項：

△名稱。 △怎樣會自已走動和飛翔

△何人發明，何國製造。 △現在那國最多，那國最少

△與國防，產業，交通，文化等的關係。

g農具說明事項：

△名稱。 △用途。 △特點。

△價值。 △製造地。

h農產品說明事項：

△名稱。

△產地。及每畝土或每畝田的產量。

△鹽水選種的穀子，或普通的穀子之比較。

△間行抽花的苞谷或普通苞谷之比較。

△巳遭病虫害的蔬菜種子，或未遭病虫害的蔬菜種子之比較。

△巳遭黑穗病和害虫的麥子，或未沒黑穗病和害虫的麥子之比較。

▲種子選種，管理，施肥，病虫害等的簡單的醫治。

c各項植物害虫標本。

▲名稱。

▲對於某種植物的害處。

▲簡單的撲滅方法，及事前預防事項。

▲害虫的生活情形。

D參觀之情況

a展覽時間——上午八鐘起至十二鐘止，午後二鐘起至五鐘止。

b參觀人數——初五（一日）共約二千餘人。

十，國術組　本組因時間關係，未能比賽，只在夜間游藝場中作一度表演而已。

A，準備事項

a設置方面：

▲印製比賽規則辦法及選手自願書。

▲設報名處（報名單及文具等）。

▲鳩築擂台。

▲製選手紅綠標識帶及手套。

▲製備評判標記，選手名籤及籤筒。

▲椅凳，黑板，粉筆，水筆，墨，硯，記錄簿，及茶水……等。

▲獎品

b人員方面

▲敦請藍伯熙先生為總裁判。

▲敦請峽區及渝台兩地國術家為評判員。

▲廣告招集峽區國術選手。

▲聘定記錄人員及其他事務人員。

▲醫藥及救護人員之預定。

▲評判員選手之招待引導人員之預定。

▲維持秩序人員之預定。

十一，游泳組

A，準備事項

a設置

▲設備選手服飾。　▲設選手報名處。

▲印刷比賽規則辦法及登記表。

▲比賽場所之佈置（游泳地點於北碚河邊附囤船處）

b聯絡

△通函邀請峽區十八場及渝合各公司銀行選手參加。

△派員接洽峽區十八場及渝合間游泳選手，并宣傳大會各種活動。

△召集各碼頭代表，在區署開聯絡會議，宣佈比賽須知並招待午飯。

△登報公佈章則徵求團體及個人參加。

B，活動事項

a組織 如下表：

夏節龍舟競賽大會（主席）
游泳評判委員會（評判員）
- 起點 發令員——一人 記錄員——一人
- 終點 裁判員——五人 記時員——一人 記錄員——一人
- 糾查——五人
- 給獎 保管——二人 分發——二人
- 救護——巡船二隻，救護隊三組

b比賽

△參加者

○團體 有民生隊，少年隊，兼善隊，市民隊，共四十餘人。

○個人 有左明德等數人。

△時間 六月二十三日（即端午節）午前十鐘開始，午後四鐘完結。

△成績 如下表：

項目 \ 名次	第一名 姓名	第一名 團體	第一名 得分	第二名 姓名	第二名 團體	第二名 得分	第三名 姓名	第三名 團體
五〇公尺自由式	夏憲謨	民生	5	歐正輝	少年	3	黃心幹	兼善
一〇〇公尺自由式	劉一全	兼善	5	霍集宣	兼善	3	蔚平	民生
一〇〇公尺仰泳	陽家映	少年	5	劉驥	民生	3	郝伯經	兼善
二〇〇公尺俯泳	周堡基	民生	5	劉忠義	兼善	3		
四〇〇公尺接力賽		兼善			少年			
備註								

名 得分	第四名 姓名	第四名 團體	第四名 得分	成績
2	蔚平	民生	1	四十三秒
2				二分
2	劉忠義	秉善		二分五五秒又五分之二
				五分五十六秒又五分之二

c給獎：凡得分游泳員一律有獎。

▲第一名獎遊泳背心一件。▲第二名獎游泳面巾三張。

▲第三名獎游泳面巾二張。▲第四名獎游泳面巾一張。

▲四百米接力賽優勝者獎銀盾一隻。（獎品由區署購贈）。

d攝影：比賽進行中由民生公司攝影股拍製活動影片。

▲參加攝影者。

○團體：有民生隊，少年隊，秉善隊，市民隊，共四十餘人。

○個人：有左明德等數人。

附一遊泳比賽須知

1、比賽項目：

甲，五十公尺自由式。乙，百公尺自由式。

丙，百公尺仰游。丁，二百公尺俯泳。

戊，四百公尺接力賽（限團體參加每隊四人）。

巳，橫河比賽：每團體限參加四人由東陽鎮至北碚國船

2、比賽地點：北碚國船附近大河。

3、比賽日期：六月二十三日（即端午節）。

4、參加資格：限男性身體健強全無疾病，年在十六歲以上，善游泳者。

5、報名手續：將敝會所發之報名單逐項填清寄交北碚民衆體育場陳年卿收。

6、比賽規則 採全國運動會審定之規則。

7、比賽制度 採淘汰制。

8、獎品 一，二，三，四各優勝者均有獎品。

附二 游泳員注意事項：

1、服裝 須着短褲（有背心更好）。

2、絕對服從裁判員之命令和裁判。

3、比賽開始前點名三次分組進行，第三次點名時倘不應到者則取銷出席比賽資格。

4,至終點時必須以手觸終點線方算完成全程，若先到不觸線者亦無成績。

5,開賽時不得有侵犯他人之舉動，否則取銷資格。

6,未開賽一小時前在北碚圖船報到，領取號表，並在指定地點休息不得他去。

7,敝會所發之號數須背於背心上。

6,出發時於槍未放前不得先入水，若先入水者給以警告，至第二次重犯時無論何人即取消資格。

十二，游藝組

A事前準備

a,一般的

△會場佈置（預定桌凳）

△印製劇情節目單及歡迎券。

△分配時事及新知識之報告人員

△預定劇情說明人

△商公安一中隊佈置會場及維持秩序。

b,川劇

△用兩井派員邀約渝合票友及名角參加表演。

△加緊訓練的游藝學生班準備參加表演。

△選擇極有意義之戲目。 △印製劇情說明。

△預定演員伙食及住地。 △預定招待人員。

c,京劇

△敦請程硯秋先生來碚表演。△約民生公司來碚表演。

△設專人招待并照料一切。

d,新劇及歌舞

△預定引導招待人員。 △預定伙食及住地。

△預定內台設施及管理人。 △組織音樂隊及其練習。

△連絡合川瑞山校，重慶民生公司及藝美專校及北碚各學校參加表演。

△編印劇情說明及節目。

△預定借物，保管，佈景及其他事務人員。

c,雜技

△雙簧。

△國技。

△幻術（約兼善校或渝中幻術家）。

e,無線電廣播音樂。

▲設播音機兩處——一在民衆會場，一在公共體育場。

▲函邀無線電專家戴如鏡來峽設計安設及指導播送方法

g,電影

▲印製簡單說明。

▲派員赴渝租賃青年會電影機片，並請映放技師來峽照料。

▲佈置場子桌凳及擋子。

▲整理電燈機及製映放新片。

B，活動經過

a,第一日（夏節前一日）

▲民衆會場開放，除歡迎市民而外，并歡迎民生公司經襄理旅行團，計表演川劇六齣。

▲民衆體育場，映放電影兩部，計外國片一部，本國片一部。

▲民衆體育場映放幻燈，

▲民衆體育場，用無線電播送中外樂片，及時事新聞。

b,第二日（夏節）

▲由午前八鐘至午後三鐘，用無線電在團船播送音樂及唱片，音樂空氣瀰漫江表。

▲由午後三鐘至十鐘。

○民衆會場表演各項遊藝如下：

兼善小學　表演歌舞，賣報歌及蝶兒亂。

兼善中學　表演幻術及演奏音樂。

女子職業校　表演話劇　呆僕。

合川票友，本會游藝學生，及民衆俱樂部，表演川劇。

○民衆體育場

(一)換配新機，映放電影兩部。

(二)映放幻燈，派人說明，並請建廳梁技士繪製關於畜牧新片數張，附帶向民衆作簡略之說明。

(三)由無線電播送音樂及唱片。

十三，運動組

A，準備

a、整理各種運動場。

▲足球場　換去大小足球門兩座，並用油漆漆過。

▲籃球場　略加修理加以油漆加設籃網。

▲排球場　新換木柱，及蔗網。

▲網球場　編換竹籬安設新網。

▲添設連合運動器具，計有斜梯，滑板，天橋，階梯，滑木，平台，吊棒，吊繩，鞦韆，軟梯，雙環，司令台，共十二種。

▲新造浪橋，圓桶，銀杯櫥，衣架，揭示牌。

▲新建民衆體育場大門一座。

▲材料　木料由陳年祁至合川購買去洋一百四十八元。運費十餘元，共計一百六十餘元，石灰係公安二中隊捐二千五百斤，自購二千餘斤，油漆，釘子等約計五十餘元，磚三千匹係公安三中隊捐贈，字爲黃炎培先生所題，各項運動器具所用之鐵器去洋三千餘元。

▲工作　公安一二三中隊與工人義勇隊除幫助土工，體育場自出泥，木，石，漆四項工資約計八十元。

h，購置運動器具

▲天津標準球兩個，足球兩個，排球兩個，網球兩個。

網球網子一付，籃球網子三付，利水清油排網兩付。

白線幼童排球網一付，共計洋一百五十餘元。

▲籃球記分册一本，各種規則及訓練書籍十餘本，時鐘一架約計十餘元，大小蔗繩去洋十餘元，洋釘玻璃去洋十元。

c、印製宣傳品

▲印製募捐簿，募捐啓事，各項報名單，及比賽規則，披露於嘉陵江日報。

▲印製徵求參加比賽公函，分送各機關，學校。

▲印製各種比賽規則，辦法，及登記表格。

d、組織評判委員會：聘請渝合體育同志，担任裁判員，及各種職員。

e、募集捐款：募得天府公司十八元，北川公司十八元，寶源公司十八元，民生公司十八元，西部科學院十八元，渝中央球拍廠十五元，燧川公司十二元，何北衡十八元，黎繼光等二十餘人捐洋十八元。

f、購置銀杯：共七隻，以捐款機關作銀杯名稱以資紀念，計有天府杯，北川杯，寶源杯，民生杯，中央杯，科學杯，北衡杯。

g、預約比賽團體：計有體聯女子籃球隊，男子隊，黃桷隊，黃鎮市民隊，公安隊，兼善隊，北川隊，天府隊，別抗隊，女職隊，三峽隊，會聯隊，黑特款，朗字隊，協進隊……等二十餘隊。

b，確定比賽制度：採用循環制，以得分最多者獲奪錦標。

B，比賽

a，開賽時間：六月二十四日午前八鐘，在大禮堂舉行開賽典禮，并將銀杯及運動員合攝影片，以資紀念，午後三鐘起聯賽兩場，二十五日聯賽五場，二十六日午前聯賽三場，午後因天候亢陽，停止比賽，從九月一號起，繼續比賽，決於九月底比賽完結（以上均係籃球比賽）。

b，比賽成績，待第一屆賽完時公佈。

「附一」嘉陵江三峽鄉村建設實驗區署民衆教育委員會北碚民衆體育場舉行三年制銀杯比賽募杯啓事。

我們常常聽到有兩句流行的格言說：『有一分精神，始有一分事業』因此就注意到大衆的業餘活動，有的人與其在業餘作不正當的娛樂，浪費精神，妨害事業；何如提倡體育，興奮精神，多為社會做事。我們既因了上述意義，參加運動，倘若一曝十寒，是不成功的，單是自強不息，想把自身煅煉成如鋼一般的健強，也不濟事，最好是要有組織，彼此互助合作砌磋砥礪的求上進，才算是達到運動的真意義，因此才有三年制銀盃比賽之發起。

我們既組織了運動。又非隨時比賽，不足以增進興趣，而提高運動效率，但比賽有勝負，而優勝者不可無物以紀念，因此募捐銀杯即以為優勝之紀念品，可促成運動者，日求技術進步，有突破世界最高紀錄之雄圖。

運動原以促進健康，但誰都知道僅有一部份人健康終無用，須全社會健康方始有用，詳言之吾人提倡體育，固不僅歡迎任何一部份人士來參加比賽，且歡迎全社會人士都來參加比賽，更進一步，還歡迎全社會人士來一同提倡與鼓勵，當此強鄰壓境，全國已缺之日，因知社會不乏有心人士，必能傾囊相助，此公益之活動，使吾人所希望之銀盃，如願以成也。

[附二]……

嘉陵江三峽鄉村建設實驗區署民衆教育委員會
北碚民衆體育場舉行三年制銀盃比賽簡章

1、宗旨——提倡民衆業餘之團體運動以鍛鍊身體爲目的。

2、比賽項目——分男女兩組。

（甲）男子組項目及參加人數如下：

籃球組　每隊最多十人最少五人。

足球組　每隊最多十五人最少十一人。

排球組　每隊最多十二人最少九人。

網球組　每隊最多五人最少三人。

（乙）女子組項目及參加人數如下：

籃球組　每隊最多十二人最少六人。

排球組　每隊最多十五人最少九人。

網球組　每隊最多五人最少三人。

3、參加資格——凡有志研究上項球類技術之團體，而不違犯業餘運動之規則者，隨時均可加入，但須經過評判委員會之認可，始得參加。

4、比賽制度——每項報名若僅有兩隊者得用三賽兩勝制，若有三隊或三隊以上者則採用循環制，以所得分數最多者獲該項錦標（註）每勝一隊作二分計負者零分。

5、比賽規則——採用中華全國體育協會審定之最新規則。

6、比賽秩序——報名截止後由評判委員會編定秩序登刊嘉陵江報或另函通知。

7、評判會——由本場商承民衆教育委員會聘請評判委員五人至七人組織之，處理比賽一切爭議及評判事宜，至評判委員會常務主席一席由體育場長充任之。

8、奪標方法——比賽期間定爲三年每年比賽五屆，除盛暑之七八兩月停止比賽外，每兩月舉行一屆比賽，共計舉行十五屆，每屆優勝者得保存銀盃兩月、連勝者得繼續保存兩月，三年終得勝屆數最多者永遠保存該項銀盃。

9、獎品——由民衆體育場場長負責主持，向各方勸募銀盃，作最後優勝者之獎品，其盃由捐贈人命名，（例如天府煤鑛公司所樂捐者，便定名曰天府盃，如捐贈人另行命名須與本場共同商定之）。

10比賽日期——第一年首屆比賽自民國二十五年六月二十四

日午前八時（卽夏節後一日）起至九月卅日止。

11比賽地點——北碚民衆體育場。

12報名日期——第一年首屆比賽報名自即日起，至六月二十日止，向北碚民衆體育場場長陳年卿或民衆教育委員會羅中典先生接洽。

13報名手續——每屆比賽爲防臨期不到，或臨時參加者計，故每屆報名時須將本場印就之報名表格，逐項塡明，由團體負責人簽名蓋章，並每隊需繳每項報名費銀三角（男女相同）此款作爲比賽會辦公費之補助，（另有帳目報銷）。

（附註）各隊之運動員旣已報名加入，不得任意更改或另組新隊加入同項之比賽。

14比賽須知——項目如下：

「甲」每項比賽加入之球隊，須在兩隊以上方能比賽，若屆期僅有一隊報名，則留存下屆比賽，自首屆開始後，無論何屆歡迎任何球隊加入比賽，只須手續完善不限隊數多少。

「乙」每次比賽逾規定時限十五分鐘不出場者，作棄權論，但須舉行比賽儀式。

「丙」凡加入之球隊及球員，若有違背規章及運動道德者（

如侮辱球員職員及評判員等）評判員得隨時予以相當之懲罰及取消犯規者該場比賽之資格。

「丁」凡比賽上合法之抗議，應由各隊負責人，於該場比賽終了三小時內簽名蓋章，用書面向本場評判委員會正式提出，幷繳抗議金十元，本場評判委員認該項抗議無理由者得沒收之。

「戊」球員出場絕對服從裁判員之裁判，違者則取消犯規者該場比賽之資格，重者取消全隊該場比賽之資格。

「己」球隊如有特別事故不能按排定秩序比賽時，須得雙方球隊負責人之同意，正式具函向本場評判會申請改期，但本場評判會認爲不能接受時，仍須按原定時間舉行（若遇雨則停止比賽由本場另定時間通知復行比賽）。

「庚」球員服裝須有明晰之隊號及號數，若無隊號及號數者該場比賽作棄權論。

十五，本簡章若有未盡事宜，由本場報請民衆教育委員會修正公佈之。

北碚民衆體育場佈

四，最後檢討

此次我們幾百人動員，很緊張地同數萬以上的民衆接觸幷且夥着他們大大地熱鬧了一回，現在這緊張熱烈的氣氛早已急流過去了，但是我們要抓住牠，而且要反躬自問，這次的運動，我們究竟獲得了些什麼？在準備上有何缺點，其他有何問題，在方法上有何教訓，有何經驗，在服務上有何成績，有何進步，於此會有何影響，有何問題發見？……凡此種種，吾人均應加以檢討，俾作今後改進的根據。茲歸納此次各組所發生之問題及其改進之事項……等，條述如次：

1.發生的問題

A，一般的

a.計劃尚欠周詳，以致臨事每多忙亂。

b.組織不嚴密，如各組需要的物品，無保管組供給，各組需要的人，無人事組接應。

c.準備不充分，以致臨渴掘井（此自然因時間的關係）

d.聯絡不確實，以致枉耗時間，指揮，呼應，調遣均欠靈活。

e.分工未盡善，以致勞逸未均。

f.職責欠明確，有的未及印刷公佈，以致許多人不知已身責任（應準備什麼，應做什麼）故在臨事每有愴惶失措

g.有的辦法未詳定，以致各組工作無從設計，甚或計劃與事實出入甚遠。

B，特殊的

a.本年募捐成績不佳，并許多未照捐冊填寫，且數字姓名多模糊不清。

b.天氣過熱，兼以各校正值期考，故所約各校多未能來峽參加。

c.電影不踐約定，以致第一晚映放機甚壞，而映放之國片亦缺乏意義。與吾人初意大相逕庭，雖第二晚另換新機，但影片更換不及，已成不可補救之缺陷。

d.各處解說事項每每感到複雜致使聽衆不易抓着重心。

2.今後的改進

A，一般的

a.計劃須周祥，全部計劃須事前詳定，並印發各動員。

b.組織要嚴密，需要大量的人工作的時候須注意兩點；

△分配，所派的人經過一度負責人的妥當分配之後，不但足數應用，且能適合他所做的工作，不致人事互不調協。

A組織，則更要緊，如各機關的傳達夫役以及其他男女用人，都應該有編製指派工作，不讓一個人梭邊。

c'準備要充分：如陳列品，用具，及一切設備等都要即早設備完善。

d'聯絡要確實，各小組常開會議，務使各員明白全局活動。

e'分工要細緻：凡工作人員的才能，興趣，時間分配均勻適當。

f'辦法要明確。

g'職則要劃清，以免互相觀望，推委，不想辦法。

B，特殊的

a'以後募捐冊宜早發各方。託確實熱心負責社會人士。

b'凡與個人或團體相約事項，辦法務須確切可靠，免致遺誤。

c'陳列品之選擇，須注意與民衆生活，或當前問題有關係的。

d，解說宜簡明，解說人應輪流并事前應有一度訓練。

e'各種印刷品應規劃一律，裝訂成巨冊，（分之則成活頁）俾便各員攜帶。

f'來賓接洽處、詢問處，宜多設專人管理，以免來賓擁擠

g'每員在工作時應幫助他人或找工作做。

3，服務情況

A，工人義勇隊學生

a、為佈置游泳池，一部份學生曾在水中工作十餘小時，且趕夜工。

b、幫助維持各種場所秩序，四人能與應幾萬人會集的電影場不發生問題，而且秩序井然。

c、不斷地幫助客人搬運行李，供各組勞役雜務，在烈日底下奔馳，毫不感覺疲倦。

d、有舍己為羣的精神，如犧牲自己的面巾，香皂供客人使用……等。

B，兼善校及職業校學生：

a、停止期考，犧牲看熱鬧的機會來參加社會運動的工作。

h，各宣傳隊不斷地在猛烈炙人的陽光下奔馳吶喊，有的力竭聲嘶，有的連午飯都未得吃，而且個個興致昂然。

C，各公安隊官兵；

a，端午節前即到峽江各場宣傳夏節活動，聯絡，各場開會準備……不遺餘力。

b，維持本市場秩序，不斷的梭巡偵察，卒使河內岸上，未發生一件糾紛。

c，維持峽內治安，各隊於在前一夕已離開市場數里，佈防警戒，使幾萬人安然在一塊熱鬧。

D，北碚各事業機關人員：

a，各事業機關服務人員，全部參加夏節活動。利用公餘作一切籌備工作。

b，各員皆能：

△婉婉地向觀衆介紹活動，解釋事實。

△慇懃地招待觀衆，引導參觀。

△誠懇地幫助客人解決困難，并照料一切生活。

△熱烈地組織民衆參加各種活動。

△耐煩地訓練民衆，遵守公共秩序，學習服務生活。

c，沒一個人：

△興趣不是集中在活動上面。

△目標不是集中在民衆身上。

△工作不是沉浸在緊張情緒之中。

△有規避，取巧，偷閑的行為。

△只看熱鬧而不參加活動的行為。

△離開集體而作個人活動的行為。

4，，社會的觀感：吾人於此次運動中，深感農村經濟的崩潰，和大衆生活的窮困，這個嚴重的問題，已經步入了最後的階段，且就以下面的現象來看吧！

今年三峽廠的廉價布在夏節前後，雖大打其折扣，但總不及往年傾銷得多，市內各種食店的營業亦不及往年旺向。江上遊船十分稀少，而且少有佈置和設酒筵席的了。就是往年普遍勝行的吹打彈唱的活動，亦如鳳毛麟角，尤其是一般婦女，在往年總是穿紅着綠，搽胭抹粉……經過一番修飾，然後才出門的，現在可有許多人是不講究了，而且蓬頭垢面的婦女，我們遇着的還正多呢！至於夥着熱鬧的許多人們，一切都沒有生活安定的年頭玩得盡興，就在歡樂的笑聲中，亦含着二分悲慘的尖嘯。

我們再就從一般民衆面部的神色來看，除了天眞爛漫不懂事故的小孩子，和少數處境優裕的樂天派以外，每個農民的額角上，眉峯間總是壓看一個深深的黶點，這個黶點顯然的是代表他們生活最具體的表現。呵，窮困，苦悶、整個地把他們籠罩了。然而這原因誰都知道，一是國際經濟的壓迫和……剝削，一是目前旱災問題的嚴重襲擊，所以將他們陷於窮困桎梏的境地。

「農民窮困」這是中國的一個根本的問題，尤値得吾人今後用更大的力量共謀解决的。

總之：夏節民教運動，原爲吾人試行工作，每次都在嘗試錯誤的進程中，所有組織，計劃，準備事項，活動方式……缺點甚多，謬誤常見，只有本着試驗研究和犧牲服務的精神，努力從事，幸賴各方踴躍捐輸，及本區工作同人努力準備，雖在黑夜清晨迄無休息，在一百度以上溽暑天氣東奔西馳，未嘗稍懈，至於一般民衆經幾番訓練之後，對於新生活各種初步的習慣，如秩序，靜肅，清潔……等大致已經養成。團體集會的紀律，大有進步，民族國家的觀念漸有印象，民衆服務的興趣，亦已提起：凡此種種均値得吾人興奮與慰勉，但我們對此運動，决不敢認爲滿意，惟有繼續努力研究，以求改進，俾能達到預期目標，希望將此運動宣傳推廣到整個地中國去，在此我們要望讀者的指導和批評了。

舉辦小學教育研究會義務教師研究班的經過

本文實際活動一章，全係根據各組交來原稿，因其內容性質種種不同，故所列項目至不整齊，雖然盡量編撰要求一律，但仍難免參差，且有許多規則辦法表格，及其他各種須知（如游覽，引導，招待……亦因篇幅關係，只好割愛從略了）。

——編者——

（一）緣起

「中國的農民究竟怎樣？」提起這個問題，眞有使人不能答，不忍答的情況。論民智，則文盲普遍，大半目不識丁。論民德，則爾虞我詐，作奸犯科，論民體，似乎比較市民強健，但究其實，疾病死亡數或者比市民還多，至於民生，那就更不堪說了。在豐收的年頭，照理可以平安的過去了。可是爲了社會的不景氣，還是影響到他們，仍然窮困，何況頻年遭受水旱虫災，作物歉收，更弄到窮苦不堪，凍餒時虞，所以現在的鄉村，實在已經達到民窮財盡的最後關頭，復興工作，急不可緩。然則怎樣復興呢？那除用政治的力量以外，根本辦法，還須用教育的力量來改造

因此，本署於改組成立後，即行調查學齡兒童，和文盲，半文盲，以謀普及鄉村教育之道，想用教育的力量來建設鄉村。於是就有以區屬一百保辦理一百個鄉村義務小學之動機。

鄉村義務小學既已決定辦理，當前就發生兩個大問題！（一）經費，（二）師資，就經費言，一百個義務小學之開辦費，以每校最低限度，預算需銀三百元計，總計需銀三萬元，經常費照一百學級計算，每級至少每年需費一百二十元，總計需銀一萬二千元，兩共需銀四萬二千元。可是回顧本署改組成立後，所有各場收入之屬於教育經費者，合計每年不過一萬元，尚須開支四個區立小學與一個女子職業學校，年計六千餘元，這樣算來，即使開辦費另想辦法，經常費還相差一萬二千餘元，這又怎樣好辦呢

想到沒有辦法，未必就停止進行麼！不，決不，要知道中國目前是一個窮國，窮國的教育必須有窮的辦法，尤其是鄉村更是窮陋不堪，必需適應此種窮陋不堪的社會教育，所以經費無着還是要辦，最後本着苦幹的精神，確定下列辦法。

一，各保義務小學校舍，由義務教師會同保長設法借用廟宇或民房，除須注意地點適中，光線充足，房屋寬大有空地學外，以不用錢爲原則。

二，各保義務小學設備，除搖鈴，時鐘，黑板等由區署購發外，其餘課桌，課凳等應用物件，概由學生自行帶來。

三，各保義務小學，年支教薪一百二十元，消耗修置費限十二元，合共一百三十二元。

這樣，開辦費一項，在經費沒有辦法的現在，似可勉強解決，質與量的改善可待他日。至經常費不敷數、容再籌劃。

再就師資言，其重要與困難，尤甚於經費，因爲我們創辦鄉村小學的目的，不單是普及鄉村教育，我們希望於教師者，不單是辦理學校教育，我們的希望是，學校社會化，學校與社會打成一片，用教育的力量來改造鄉村，建設鄉村，使學校成爲鄉村建設的中心機關，教師爲鄉村社會的領導者，乾脆的說！就是要一

百個鄉村教師，去改造一百個鄉村。

這樣就難了，因爲教師待遇的菲薄既如此，而責任的繁重又如彼，設與鄉村建設工作不感興趣者，誰願來幹，就是有，也不過一般社會的失業份子，爲解決衣食而來盲幹的朋友。同時又感覺到鄉村建設工作，雖不一定要本地人辦本地事，然揆諸實際，似不能忽視環境，我們要改造環境，首先要認識環境，適應環境，無已，只得將就各保會受中等教育者，與優良之私塾教師，利用暑期，設立研究班，命令各聯保主任轉飭保長保送學員入班研究，期用最經濟的時間金錢來訓練出一批工作人員來，以後再慢慢的指導他們以臻於完善，至於原有各完全小學教師，那也藉此機會成立研究會，通令一律入會研究，使教育事業，得收更大的效果，動機起了，辦法定了，工作就此開始。

（二）籌備經過

六月二十八日，本署召集區屬各場小學校長，開會商洽組織小學教育研究會，與義務教師研究班同時舉行，嗣後即由本署擬定招致辦法及簡章廣告等，茲爲閱者明瞭個中情形起見，特將簡章廣告摘錄於後：

甲，暑期小學教育研究會簡章

一，名稱——定名爲嘉陵江三峽鄉村建設實驗區暑期小學教育研究會。

二，會員

1，當然的——區屬各鎮鄉公私立小學校長及教師。

2，臨時的——凡有志於小學教育者經檢定合格後得參加研究

三，費用：

1，伙食——六元。由會員預繳。

2，服裝——二套，灰色，共四元由會員自任。

3，講義及紙筆墨等費由會員平均分負。

4，時間——研究時間八月一日起至卅一日止。

5，地點——北碚兼善小學部。

6，手續：

1.本區公私立小學校長下期預任教師到署登記。

2.登記項目如下：姓名，性別，年齡，籍貫，職業，略歷，永久住址。

3.登記時間——二十五年七月一日起至二十日止。

4.臨時會員之檢定。

A檢定科目——品格，證件，國文，常識，口試，體格檢

查。

8、檢定時間——定七月二十六日在區署。

7、研究科目——詳見第三章茲姑從略。

乙、招考義務小學教師廣告

本署爲普及區內義務教育，和輔助各保的建設起見，定從下期起每保設立義務小學一所，所需教師决先就區內各鎮鄉孜用，不足之數，始向外徵求，應考教師，經錄取後卽集中訓練一個月，下學期開始，卽分發各保任教。幷幫助地方建設。各保小學設立以後，所有私塾，悉行停閉，盼現任各私塾教師，悉來參加考試，本署當特別予以優待和救濟，俾免失業。至於區內知識份子，亦盼踴躍參加，共同努力桑梓教育和建設，是爲至盼。

一、宗旨　普及幷改良義務教育。

二、名額　一百名。

三、資格

1須居住於本區者。　2文字通順思想清楚而有相當常識者

3身體健全而無嗜好者。　4能忍苦耐勞爲公衆服務者。

四、年齡須在四十五歲以下。

五、報名地點　北碚圖書館及各場聯保辦公處。

六、報名日期　自即日起七月二十日止。

七、考試科目

1國文　2口試　3體格檢查。

八、考試地點　北碚大禮堂

九、考試日期　七月二十五日午前十鐘起。

十、待遇。

1、經考取受訓後卽分發各校任職。

2、由各保照私塾成例收學費外不足之數由各該場教育經費項下補助，以達到每年一百二十元爲標準。

3、以後視服務成績得逐漸提高待遇。

4、凡成績特別優異得公費遣送省外考察。

十一、研究辦法

1、凡經考取及格者須到區署受訓一月。

2、研究期火食費五元區署津貼一半其餘自任。

3、研究期自八月一日起八月三十日止。

4、研究之科目暫定如左：

一、農業技術改良　二、社會調查　三、社會科學常識

四、區署組織及計劃　五、會計常識　六、公牘常識

七，新生活運動　八，自然科學常識　九，體育常識
十，世界政治經濟現況十一，鄉村建設　十二，民衆教育
十三，小學教育——小學教育法小學推廣教育兒童訓練小學
教育行政　十四，民衆運動　十五，合作運動
十六，新教育之研究　十七，鄉村巡迴文庫管理法
十八，音樂　十九，衛生教育及簡易治療

前面不是說過，「我們的主張，是就區屬一百保辦理一百個鄉村義務小學，以改造鄉村，建設鄉村，」更不是說過：「鄉村建設工作，雖不一定要本地人辦本地事，然按諸實際。似不能忽視環境，我們要改造環境，首先要認識環境，適應環境，關於前一節當然不成問題，可是後一節就難，原來對於環境能認識清楚的，自然是本地人——尤其是本地的智識份子——這就難了！你想，在窮鄉僻壤裏，在正待幹普及教育的鄉村裏，那裏找得出這樣的人材。反之，要是有的話，鄉村早就建設了，教育早已普及了，再也無須我們努力了。因此我們所希望於各場各保推薦會受中等教育以上的人材來受訓後，充當義務師的一回事，可說是失敗的，結果只有三十多人，於是只得破除區域的限制，不論本籍外籍，一律招收。

考期到了，前一日統計報名的人數，共二百六十六人，招考日實到一百七十五人，考試結果，評定成績，正取五十七人，備取三人，這數目當然是不夠的，於是又定七月二十八日舉行第二次招考，一面登報，一面通令各聯保辦公處，一面張貼廣告，誰料這次考試成績更壞，僅僅正取三名，備取三名，與原定名額，相差還大，這一來使我們不得不進行各保選拔申送的一法了。幸而各場聯保主任對於此事都很熱心、而且所申送的學員，程度還相當，計黃葛澄江兩鎮各申送九名，二岩三名、結果勉強足額。

再就入會研究的學會員的資格來說：那是高低不一，（詳見第五章調查與統計）因此程度也就參差不齊，這當然不但對於指導研究是有極大影響、同時日後從事工作上也發生多大的困難。可是我們深知事業的進行，決不容你一帆風順，須得逐漸想法始克達到成功之路的。

考試完畢、又須得忙着籌備開學，分配住宿地點，布置各部教室，聘請指導管理人員……樣樣須得去幹。於是開始分工，一部份人指揮工人清潔住宿地點，一部份人繕寫標識，一部份人設法搬運棹椅，一部份人借購用具，……到八月三十日那天，竟把研究會的會址——[illegible]兼善小學——和研究班的地點——大禮堂—

——所有教室，寢室，辦公室，聚餐室，盥洗室，沐浴室，……都佈置完善了，這是何等高興的事！至第二日晨，大禮堂前貼了一張如下的入班須知：

義務小學教師研究班入班須知

一，凡經考取教師卽到北碚圖書館領取保證書就實驗區內覓具妥保，於入班前連同應繳食費二元五角繳署幷須取得收條。

二，入班前應將私事趕快結束淸楚，因研究期間太短，入班以後便不易請假，如係塾師應卽放假一月（如學生家屬對於署假發生問題，可請該地保長或該場公安隊向其解釋）。

三，入班前須自行預備之物件：

1 薄棉被一床（最好一律白色）

2 面盆一個

3 面巾一張

浴巾一張

54 牙刷一把

6 換洗衣服及筆墨等件

四，本班定於國歷八月一日（卽廢歷六月十五）開始行課，取錄各員應於七月三十一日（卽廢歷六月十四日）完淸手續入班逾限除名

五，本班地點卽在北碚兼善校大禮堂內

八月一日來了，學會員提箱擔件的紛紛入會，第一件要他們做的工作是塡具保證書和家庭調查表，格式如後：

甲，保證書第　　號

立保證書　　今保　　充

貴署　　倘或違規犯法聽憑貴署依法處分

其有遺失或損壞武器物件虧空銀錢及舞弊等情事由保人負責如數賠償卽在停職後三個月內發見舞弊或不法情事亦歸保證人負完全責任特立此書爲證此上

轉呈

嘉陵江三峽鄉村建設實驗區署

中華民國　　年　　月　　日保證人

查保人　　職業

查保銜章　　地址

乙，家庭調查表

姓名	性別	年齡	住址	
			縣　鎮　鄉	保甲編次

家庭概況				
父	名號	職業	存	亡
兄	人	職業	存	亡
母			存	亡
弟	人	職業		
其他同居親屬				
婚姻	已婚	未婚		
子	成人者　人	未成人者　人		
女	成人者　人	未成人者　人		
產業	動產	不動產		
總共人數	男	女		
學歷（曾住之學校或曾讀一年之數）				
履歷（曾做過那些職業）				
現在的工作（如現在實驗區教學設館請詳細註明）				
未來的志願				
備考				

家庭調查表和保證書塡交後，接着第二天就是編隊，因爲我們管理上是採用的軍事方式，所以編隊也照軍隊的編制，研究班有學員八十五人，就編了一個中隊，內分三個分隊，每隊三班，每班九人，研究會會員共三十二人，內有女會員四名，連同研究班女學員八名，編成一班，其餘會員編成一分隊，依着班次順序，分配寢室，榻位及教室座次，研究生活，從此開始。

（三）研究生活

教育是整個的，教育者爲實施便利計，於是把他分爲行政，教務，訓導……受教育者又因所處的環境的不同，而又把他分爲家庭，學校，社會……

生活是整個的，生活者因爲年齡的漸漸長大，而把他分爲兒童生活，少年生活，壯年生活，因爲環境的不同而把他分爲家庭生活，學校生活，社會生活，又因爲職業和所處的地位的不同，而又把他分爲學生生活，教師生活，商人生活，工人生活………

合併攏來說，兩者都是整個的，而且教育即生活，生活即教育，過什麼生活，便是受什麼教育。生活常因環境的影響而改變其方式，教育也隨着生活而改變，生活無定型，教育也無定型，生活是要繼續不斷地向前發展，教育也是一樣，如果教育離開了生活，那便是非生活教育，便是死教育。在原始時候，人類沒有定型的教育，一切的知識技能，都是從實際生活裏獲得，這樣不是教育即生活嗎？在普通社會裏，農人的子弟學種田，工人的子弟學做工，家庭婦女學家事，他們都沒有一定的教育方式，但是他們對於種田，做工，家事都能學會，這不是生活即教育嗎？因此，兩者原屬一體無分彼此。

學會員研究，爲期一月，在這一月中的生活，無以名之，名之曰研究生活，研究生活怎樣呢，爲便於敍述起見，姑把他分爲學術研究與課外活動：

一，學術研究

學會員研究生活之屬於學術方面者，計分下列各科：1農業技術，2社會調查，3科學常識，4世界政治經濟現勢，5鄉村建設，6小學教育，7民衆教育，8合作運動，9衛生教育及簡易治療，10音樂，11體育，12鄉村巡迴文庫管理法，13會計常識，14公牘常識，15新生活運動，16法律常識，17區署組織及計劃，18軍事訓練，19其他。

各科指導教師，即就本署所屬各機關及中國西部科學院之富於專門研究者，分別聘請担任。又因內容分量之不同而所佔時間亦多少不一，玆爲明晰起見，列表如下：

各學科講演時間總表

學科	時間
農業技術	16
社會調查	2
科學常識	4
世界政治經濟現勢	6
鄉村建設	4
小學教育	12
民衆教育	8
合作運動	4
衛生教育及簡易治療	4
體育 音樂	8
鄉村巡迴文庫管理法	2
會計常識	2
公牘法律常識	2
新生活運動	4
區署組織及計劃	1
軍事訓練	40

一月中除每逢星期一上午參加區署聯合紀念週，下午舉行讀書報告，或出外參觀外，計研究時間共一百十五小時，所謂研究，大半是指導教師的，就所任科學，擇要講演——因時間短促既如是，而學衆多，又如此，不得不然——期對於各該科都能得到

一個大概，一方面可以出去應付環境，從事工作，一面於未來更深一層研究上打一些根基，惟有兩點可足道者，即1、指導教師除講演外，復指定并介紹參攷材料，與參攷方法，俾學會員日後研究得有門徑，且所謂參考材料，臨時圖書館內大半齊全，可供課外閱讀，2，指導教師講演時，學會員均作筆記，一課完了，即呈送核閱，一面訂正其錯誤之處，一面藉以攷核其成績，並個別的或集體的予以相當之講評。至筆記之在教育上有何其他作用，則一般教育學者，心理學者……早所公認，毋庸贅述，最後，必須要聲明的有三點：

(一)各科講演材料，因詞長爲時間與篇幅之節省計，玆姑從略

(二)學會員筆記與前同。

(三)軍事訓練，操場每日二小時，早晚舉行，從未間斷，每週并舉行各種演習一次，如打靶，巷戰……這種訓練，不但調濟了學會員的生活，尤其在土匪猖獗的今日，協助壯丁，捍衛鄉邦，也是緊急的需要，而況國難當頭，任何人都應有犧牲的準備，對於軍事常識，更爲必修之一了。

二，課外活動

學會員生活之屬於課外者，約如下述。其時間之分配，原規定於作息時間表上，按時活動，間或有臨時發生者，如緊急集合，修路等，但一部份係原定課程，一部份因事實上的需要而舉行之：

1，社會服務

本來在這短短的一月中間，決沒有替社會服務的機會可找。可是在中國人缺乏急公衆難造公衆福的劣性之下，若不集團的施以爲社會服務的訓練，半強迫式的鼓勵看他們幹的話，那嗎？這次暑期內的集中訓練，就失掉了中心意義，因爲無論小學教師或者義務教師他們做事前提，就是爲了社會的大衆，若現在訓練期內還無規定之活動使他們注意并養成習慣，將來怎能使他們自動的起來幹呢？至於勞動訓練，那實施起來是非常容易的，因十分之八以上的學會員，都來至田間，未染上城市的惰性，惜因時間關係，機會很少，玆將各種活動分別敘述如下：

甲，民衆會場活動

民衆會場活動，規定每週星期日晚間開放，有幻燈，遊藝，常識講演，新聞報告等，這些都由各部人員分頭担任，自從研究班研究會開始訓練之後，都有活動參加，同時其他未參加的學會員，也必須到場，借此增加一些見識。

乙，露天會場活動

暑假以來，露天會場每晚都有活動，八月一日以前，是由各機關分担，內容與民衆會場略同，八月一日以後，就完全由研究會與研究班分担了，不過不是每晚都有，活動次數減少，間日開放一次，除表演新劇，雙簧，音樂，國技，故事暨科學常識報告外，所有台上佈置搬運坐凳維持秩序等，都是由學會員自動，至於游藝方面的技術，那是免不了比較生硬一點，可是他們的一番熱忱，不能說不高，故對於社會教育的效果方面，尙有相當的收獲，同時在這樣熱的天氣裏，人們整天悶在屋子裏，到夜來旣可在草坪裏乘涼，又有游藝觀賞，所以每晚觀衆頗爲擁擠，這也可證明休閒教育之不無意義了。

丙，修路

從大禮堂至平民公園慈壽閣的土路，紆迴陘峻，約長五十餘丈，每當降雨的天氣溜滑不堪，幾乎不能行走，因此學員們就自動地起來修理，工具向兼小農場借用，整整修了一週有餘，算是給與遊覽公園的人以不少的方便。

丁，除草

大禮堂前面的兩幅淺草坪，茂綠如茵，甚爲美觀，但自入夏

以來，雜草叢生，高低不平，致不能供遊人席地休息，又在運動場周圍一帶，亦雜草叢茸有礙雅觀，因此就由輔導員指定學會員數人，在午飯後依次剷除，直到恢復原狀爲止。

戊，警衛

在這區域內防範盜匪的責任，是由公安隊負担的，並且根本上北碚這地方不易發生盜劫的事件，所以本可不要學員來任警衛的勤務，但爲了訓練他們知道警衛的常識，故每晚派人一班到慈壽閣住守，作防範盜匪的實習。

巳，清潔

公共衛生，應由公衆負責，我們依了這個原則，故凡關於學會員的清潔事項，都由自己負責辦理，室內的灑掃，每日有二人担負，寢室內外的掃除，每日亦有二人，還有廚房的清潔監督，也有兩人，每天由値日助理員負責檢查，如發現有不盡職責者，卽令其重新做過，以達到清潔目標爲止。

2，集會

一月來的集會，屬於工作人員方面的，有輔導員會議與晚會，前者是偏重於討論學術科之輔導方法與範圍進修等問題，後者是常務輔導員和助理員，管理員，每晚必開的會議，商討的範圍

較廣，凡屬學會員生活管理，工作訓練等都在討論之列，主要目的是在檢討當日的生活，決定來日的動向，至屬於學會員出席者，計有討論會，談話會，講演會，週會等，茲分述如下：

甲，討論會

討論會，是研究會會員組織的，間日舉行，討論的中心問題，大半是讀書報告的材料，（有時間或由輔導員指定）討論會的主席多由輔導員担任，以便整理并誘導各會員的意見，惜因時間短促，故討論的問題有限，殊以為憾。

乙，談話會

區立小學教師與義務小學教師，於八月一日全體與會，午後三鐘即舉行談話會，首由區長將此次開辦小學教育研究會與義務教師研究班的意義詳加說明，繼述義務教育在鄉村建設運動中的重要性，隨着由各個輔導員講話，這個談話會的主要用意，第一在使全體學會員認清研究會之意義與辦法。第二在使全體會員認識本會各位職員及全體研究人員。聯常開幕式，歷四小時。

丙，講演會

第三週的星期日舉行了一次講演會，凡屬會員事前都要準備講演稿一篇，登台先將講題與自己的名字寫在黑板上，然後開始講演，成績的評定，是由輔導員三人共同担任，計共費十二小時，在這個講演會中，輔導員大體已了解每個學會員的能力思想志趣與口才。

丁，週會

每週星期一午前八鐘，區署各部人員都須到北碚大禮堂參加總理紀念週并派代表出席報告一週內的工作，研究會與義教班當然不在例外，同樣派代表一人出席報告，至於報告的內容，那盡屬學會員的生活情形。

3、閱讀與報告

閱讀的時間，規定是早晨六點半至七點半，讀的範圍，也是有規定的：在研究會方面，計分教育行政，教學法，鄉村教育，及職業教育四組，會員認定一組後，即閱讀各該組有關的書籍，再從書籍的內容上分為四類；凡閱後須有報告給全體學會員的列為第一類，全體學會員應細心研究者列為第二類，供略讀者列為第三類，供參考用者列為第四類，根據上項標準由各輔導員分頭將百餘册書籍一一審查分類，然後由圖書管理員製表公佈 以便學會員借閱時一目瞭然，再以閱讀的情形來說，自然有些是在敷衍，但大體上一般的興趣還高，原因是都感覺到需要，同時為了要考核他們閱讀的成績起見，規定必須將每天的讀書筆記交與值日助理員轉交輔導員核閱，並且凡屬第一類書籍的閱者，更須舉行讀書報告，惜乎人數太多，時間有限，只能在指定的有限時間內報告，教師研究會定於每日午後二點三十分至四點三十分舉行，計報告五次，義教班定於每晚六點三十分至八點三十分舉行，除此而外，就是特定的讀書報告，在最末的一週，每天午前八點至十二點舉行，無論會員或學員，每人必需作報告一次，報告材料與時間，事先皆有限定，成績由輔導員評定，再與平時的讀書報告的平均分數平均，在報告人報告某書的內容時，聽報告的學會員皆須各作筆記，記出要點。

4，晨操

晨四點三十分，號角一鳴，全體學會員，起床整裝，跑步至集合地點整隊，點名畢舉行昇旗禮，接着十分鐘晨操，由本署體育場場長教導，其目的，除筋肉活動，以鍛鍊身體外，應使學會員，日後教導兒童，亦以此為教材。

5，運動與游泳

本來早上的晨操是規定的運動，此外別無規定之運動時間，但一般愛好球類運動的學會員，仍由助理員領導組織并在課外時

間作對內對外之友誼比賽，不過此項球類運動，可惜不能普遍實施於全體學會員，游泳練習地點有兩處，一為溫泉公園游泳池，一為嘉陵江江邊，因天氣炎熱，到溫泉游泳僅去了兩次，至於江邊游泳因近在咫尺，故每天午後六鐘，全體必整隊并攜帶用具由助理員率領前往。

6，夜間演習

八月廿四日晚上演習第一次緊急集合與夜行軍，當午後三鐘時，各常務輔導員秘密聚會於辦公室，決定半夜一鐘開始演習，并分配各個助理員的任務，八鐘即將此項決議交值日助理祕密告其他助理員，并命召集開會商討分配學會員的勤務工作，并劃定夜行軍的路線，是夜十二點四十分，由輔導員命令司號發出緊急集合的號音，頓時所有助理員，圖書管理員，學會員，以及夫役等很迅速的齊集操場，各個學會員按單行依次排列，由各助理員分別檢查各學會員的行裝槍彈是否整齊，不齊全者，就叫他們站在另外一排命令整理，從發號至全隊到齊止，共費時間三分又四十秒，輔導員下命令義教班學員負前方搜索的責任，研究會會員負後方警戒的責任，出發的路線是由朝陽小學繞道經慈壽閣方面回操場集合，女會員所担任的警戒區域為北碚市街民衆馬路，會

龍橋，囤船，西南茶社等處，另有巡邏二人巡視運動場附近，在前方負搜索責任的，結果甚好，既無失聯絡的現象發生，並且靜肅活躍，至於任後方警戒的，除了西南茶社的二位女會員略呈畏首畏尾的樣子外，其餘都能忠於職守。

（四）生活管理

研究期間，學會員生活管理，絕對採軍事方式，守秩序，重紀律，工作休息，悉依時間表，由號兵吹號在很迅速的動作中，辦到集合與解散。其餘上課時，則講師一進教室，全體起立敬禮席間由生活助理員巡視督察，遇有學會員有懈怠或精神不振時，輒用暗示方式，予以警告，及聞散課號，講師停止講演時，又起立致敬，直至講師出教室，始歸座休息。平時學會員有所請求，如請假就醫等，須用書面交值日助理員轉常務輔導員，經核准後始得自由行動。如有所報告，亦須立正行禮。此外如教室，宿舍整潔事宜，均由學會員分任，生活助理員檢查，總之，各部生活，可說是有紀律的生活。至於直接負管理責任的，那是生活助理員與常務輔導員，每日除管理學會員生活外，晚上必開會議一次

（五）調查與統計

全體學會員，計一百一十九人，此一百一十九人中，以年齡比，最大的，五十八歲，最小的十六歲，相差不可謂不大，并且有父子同堂的情事，以籍貫比，本來該都是本區人，可是因為各聯保公所保送來的並不多，大半都是招考錄取的，因此各縣人士都有，計最遠的有來自中江，石砫，達縣等處的，比較近的那是巴縣，合川，江北……等縣的都有，再以學會員資格論，有大學肄業的，有中學或師範畢業的，有中學程度的，更有原係私塾而僅有相當國學根底的，真可說是五花八門，樣樣都有，茲為明晰實際情形計，特調查統計如下列三表：

A，學會員籍貫統計

籍貫	人數
巴縣	24
江北	49
璧山	21
合川	13
安岳	2
南川	1
石砫	1
蓬溪	1
榮昌	1
永川	1
廣安	1
江津	1
達縣	1
中江	1

B，學會員年齡統計

年齡	人數
15——20	35
21——25	33
26——30	30
31——35	6
36——40	7
41——45	4
46——50	3
51——55	0
56——60	2

C，學會員資格統計

資格	人數
大學肄業	1
專科學校肄業	1
中學畢業或師範	36
高中肄業	1
初中肄業	40
小學畢業	7
小學肄業	10
塾師	14
其他	8

（六）就業典禮誌盛

學會員自八月一日開始研究以來，流光如水，一月之期，瞬息即至，八月三十一日即假北碚兼善大禮堂舉行就業典禮，同時峽區地方醫院護士生，亦屆卒業期滿，聯合舉行盛大典禮，到場來賓暨本區各事業機關人員，共約六百餘人，儀式頗爲隆重，茲分述如次：

一，會場佈置：會場設北碚兼善大禮堂，裏面滿用着植物枝葉點綴得十分雅緻，在兩旁雪白的粉壁牆上，貼着斗大美術字的標語，周圍用鮮植物葉子裝成各種不同的圖案，襯托得非常美麗。這標語是：一，努力普及教育，二，改進人民生活，三，完成鄉村建設，四，復興中華民族，從此可知他們所負的使命的重大了。主席台的兩邊貼有一付對聯，用綠色的圖案，襯出鮮紅的藝標字。對聯是：「十年生聚，十年教訓」。『勿忘國難，勿忘建設」，橫楹：「衆志成城」由此可知是如何暗示他們努力了。主席台的中央，懸着黨國旗及總理遺像。更顯得十分莊嚴。

二，開會程序：1全體肅立，2唱黨歌，3向黨國旗及總理遺像行最敬禮，4恭讀總理遺囑，5靜默，6學會員宣誓，7訓詞——區長各來賓，各主管人，8答詞，9呼口號——努力普及教育，改進人民生活，完成鄉村建設，復興中華民族，10唱大路歌，11地方醫院護士畢業給憑，12週會工作報告，13攝影，14禮成聚餐。

三，開會情形：在未開會以前，有十幾位招待員，分頭引導來賓在新營房休息，用茶，計到來賓有科學院職員，各場聯保主任，地方士紳及熱心教育人士，區屬各公安隊，民衆教育委員會，圖書館，博物館，等機關，參加人數約六百餘人，頗爲踴躍。午前十鐘，會場內便坐滿了武裝同志。有的是區署公安隊及各職員，有的是小學教育研究會和義務教師研究班的男女學會員。那種英武的氣概，森嚴的景象。誰不興感奮慨？誰說中國無望？行禮如儀後，即由學會員宣誓，宣誓畢由唐區長訓詞，其餘各來賓及各機關主管人均有講演，語多懇切，勉勵希望，尤屬深厚，（容於下段述之。）其次則由學會員呼口號，代表致答詞，發證士文憑。週會工作報告因時間關係停止。午後一鐘會畢在禮堂及露天會場攝影各一次，然後來賓到區署，學會員就衆善食堂聚餐

四，聯歡大會：晚上在民衆會場開聯歡大會游藝有：一，幻燈（民教運動及各種照片，）二，歌劇（萬里尋兄）三，滑稽催眠術。四，川戲，（賜環，十牢，汲水，救定遠）參加表演者，有民教處游藝學生班，遂寧，合川票友，小學教育研究會等，觀衆約一千餘人，直至午後十鐘，始行盡歡而散。

五，講詞彙誌：在盛大典禮中，除區長及各來賓諄諄訓勉而外，各機關的主管人對於學會員都有懇切的講話，茲將各學會員之講詞，彙誌如次：（以當日講話先後爲序）

唐區長瑞五講話　今天是暑期小學教育研究會，義務教師研究班，和地方醫院的護士同時舉行畢業典禮之日，我要解釋這不是畢業，僅僅是學業在這裏告了一個段落而已，就研究會說：今年的研究會完了，明年暑期仍是要繼續研究的。在這回研究的一月中，大家都很辛苦。而研究的課程又很繁複，期間這麼短促，當然不很週到，只好等待來年，再從容的研究了。至於研究班，招收的程度，既不很高：而期間又僅僅一月，當然也沒有多大的成就

，只能說是指導了大家今後一個努力的方向，和促起大家爲社會國家作事的一種精神。

今天中國貧弱的原因，在教育一項，可算是主因之一，試看，我們實驗區，據前囘的調查。每十人之中，僅僅有一人識字，就足見中國教育程度之一般！而實驗區需要讀書的學齡兒童，又有一萬一千多人，這個担子，就是要我們今天在坐的各個教師，把他挑負起來。今天大家既是開始向社會去，就有如賽跑一樣，但是我所希望的，是長距離的跑，不一定是過急的要求快；而是要看誰能堅忍繼續，不畏中途困難，達到最後的勝利——要知道大家今天到社會作事，困難是必不可免的，只要大家不畏困難，不怕碰壁：與賽跑一樣，誰能繼續不斷努力，即誰必操最後成功的——個人希望於各個教師，即止於此。

盧區長子英講話：個人有幾點意見，盼望各個教師注意的；

一，我們到社會上作事，應該注意幾個步驟：第一計劃，第二預備，第三實施，第四整理，在一般人作事每每只能計劃或者實施，却把預備和整理忽略了！要知道，這四端都一樣的重要，是不可或缺其一的，假如有計劃而無預備，那計劃便不能有效率的施行了！有實施而無整理，那關於此次的問題之檢討或方法之應改良者在來日辦事的根據上也就等於功虧一簣了，有人說「失敗爲成功之母」，可以說「整理也是成功之母」，盼望我們以後出去作事，切不可犯這種有計劃無預備，有實施無整理的病象。

二，今後到鄉間去，無論校長教師都是居於農村領導地位的，在領導的方法上望大家起碼注意六點，第一設計，第二執行，第三監督，第四指導，第五商討、第六幫助，一般領導者最易犯的病象是只喜設計或者執行，每每缺乏監督和指導的精神，尤其缺乏商討和幫助的美德，要知道：凡事要求盡善盡美，不是簡單的設計執行而已，尤其是鄉間的一般農人，更需要善於監督和指導，才能得着美滿的結果，大家自己遇有問題，要多和人商討才能免除一巳偏見，人有困難，要懇切的幫助，尤其需要幫助屬下的人。這是作農村領導應該注意的六點。

三，教育要適應一般人的生活，并要確實改良一般人的生活

四，學校不但要與社會融成一片，而且要幫助社會的改造，還要應該負起領導社會改造的責任。

五，我國的現狀比較意俄兩國方改造時的情形更落後得多，莫梭里尼初到羅馬所持的大政方針，即「工作與訓練」，列寧在革命初步的成功後即高呼：「學習！學習！」學習亦即訓練之意

，試看兩個國家所要求的都是要全體同胞注意到「工作與訓練」，以建設國家，改造社會，在我國不但要特別的注意到這兩點，而且還應該加上「組織」，一項，即是「工作，訓練與組織」，

六，每個人的修養：第一是起碼要有堅強的志氣，第二起碼是要能特別堅忍的運用境遇，我們鄉建的境遇總不免相當的惡劣，如其我們有堅強的志氣，又能夠善於運用境遇，即使境遇惡劣，亦不會危害我們的工作前途，有時或許反能夠有所幫助，推動，反激起我們上進！正所謂「相反實相成」是也，我們人生在社會上，每個人除了有共同的信仰外，還應該每個人都要有相當的志氣，一個人有了志向，才不致隨便東之西之，爲境遇所左右，與社會相浮沉，因人生於世，猶航船之於大海，人有了共同的信仰及堅定的志氣，等於船之有指南針和舵，不然，隨波逐流，不但不能達到目的地的岸邊，而且還會有覆沒的危險！所以人生之需要善於運用境遇，猶帆船進行中之操帆者一般，我們試舉一例來說，美國的大實業家世界著名的鋼鐵大王卡匿其，當其六十歲誕辰慶祝的時候，有人問他：事業之能成如此大功，究竟是靠了甚麼，他說：他的事業之所以成功，倒沒有什麼奇特可言，第一就是因他幸而生在一個貧苦的家庭，第二是他誓願造成業務上的第一人，當他幼小之時，晚間每見着父母在燈下夜工焦頭爛額的籌劃着翌日之糧時，那種悲慘的苦狀，深深給他一種刺激與感動！於是他便自覺的應該如何的發憤！以分父母之憂，十歲時他就到一個紗廠裏作工，幫助父親共維生活，又因他立定了做事業上的第一人，於是他的效率與成績都超越一般工人，過後賞識他的人荐舉他去當郵差，他將他自已的職責弄得很好，在他所負責的區域內有若干街，街有若干戶，戶有若何人物姓名別號俱清楚無遺，送信又迅速又確實，無人不認他是一個可愛的郵差，深得一般人的敬喜，於是他的職務使被人荐舉得一天比一天的陞高，他還是如法類推的去對待工作，因此事業也隨之而大有發達，最後便成功鋼鐵事業界的帝王，卡匿其雖是過去的人了。他的志趣作爲早已不甚合夫這個時代，但是他那種鉄的意志與善於運用境遇的才能及奮鬥的精神，却還是值得注意效尤的哩！不過有兩點要弄清楚的，第一所謂志向是要在共同的信仰之下的，好比共同的信仰是一個五年計劃，每個人的志氣，便等於五年計劃之中的要定一個一年或二年的計劃一樣，所以這個志氣不但要不悖乎共同的信仰（即是三民主義）而且還是幫助共同信仰的力量的；促進共同奮鬥的發展的，絕不是個人的志氣與共同的信仰（理想）分

離的，第二要聲明的，絕不是在倡導反社會性的個人主義，而這樣去倡導獨善其身的，正相反的是在要求其充實，共善其羣，尤其是共善其大羣，這個大羣或者是一個民族，或者是幾個國家，因爲倘若幾個國家都共同的好了，那嗎，其中之一的國家也必定好了。那個國家內的各個地方及地方上的一般人的生活也必跟之而好了，我們認清了這兩點關係，就應該知道我們所謂的要每個人都需要立定志氣，與運用境遇，不是在倡導自私自利的那種個人發展，不與社會連繫的自由意志，而正是相反的爲公的打算。現在時間不待，就此畢了。

來賓劉錫峯先生講話：錫峯對今天義務教師畢業就業，有一點報告：十幾年前的三峽，盜匪嘯聚，文化低落，承蒙盧作孚先生經幾年的工夫一手造成了一個模範鄉村，又承在坐諸位先生繼續的精神才有今天畢業的義務教育的良好師資。本鄉（北碚）以往的教育，既無組織，又乏人才，因此在人民的智識上，沒有多大的發展，盼望今天的各位教師，要確實負起本區學齡兒童教育的責任，努力前進，將來的前途，是不可限量的。

兼善中學校長張博和講話：今天恭逢盛會，與各位教師賀喜！個人希望一點：明年的今日，實驗區的教育，發揚光大，由十分之

一的識字人數，逐漸增到十分之十，最後還貢獻一點意思：有人分析世界有四個國家的國民性說：英國人是做了不說，德國人做了才說：日本人是說了就做，第四位就輪到我們中國人了，是祇說了不做，今天兩位區長和各位來賓，給你們談了許多辦事的方法，盼望各位教師，在談了之後，就把他做起來，不要使今天這些熱誠的希望變爲絕望。

科學院李賢誠先生講話：兄弟一向在外間作調查，對於本區情形，不大清楚，今天參加了這個會，聽了各位先生講話，才知道峽區又進步了，一切都軍事組織化了。

教育之於國家，是很重要的，本來救國的辦法，自然很多，但教育是最根本的辦法了。這道理很淺顯，不用解說，而教育最能普及者，又首推義務教育。

文化運動之於教育，更有密切的關係，一個國家的文明，即是教育程度的表現，我們要想救濟中國的貧弱，趕上現代的國家，首先就應該從教育入手，而教育應以義務教育爲基本工具，盼望各個教師在又幾年以後使全區不識字的人都能識字，更盼望這短短的軍事教育，灌輸到鄉間去。

黃桷鎮聯保主任王訓能講話：個人對今天畢業的各位義務教師有

一點希望：在鄉間的保甲長，多半智識淺薄，因此我們辦理保甲，感到非常的困難！今天各位教師到了鄉間，盼望多多地幫助保甲長指導甲長。

趙秘書仲舒講話：研究會和研究班的教師們，研究時期，目前算是告一段落，不日就要分赴各場各保，依着所學的方針，施行新的教育了。在此我們要知今日的教育，是要補救以前都市教育的偏重，注意於鄉村教育，造成教育機會均等的趨勢。

目前一般的現象，有了子弟是要家境富裕，生活不成問題的，才有就學的可能，若是貧無立錐，終勞力爲生活的苦朋友家中的子弟，幾乎與學校絕緣。不像歐美的文明國家，對於小學生，不但免收學費，而且有許多津貼，使得貧富一體均有讀書的機會。

今天我們抱着普及教育，掃清文盲的目標，走到窮困的鄉村，去推行新教育，是一件非常艱難的事，必定要有百折不回的精神，勇往邁進的毅力，多有接洽，多覓幫助，把辦理的學校，當着自己的園地去經營，去培植，才有成功的希望。

大家不要忽略了鄉村，鄉村是景物幽美，風俗淳良產生人材最多的地方，我們施行教育，要重在引起兒童的興趣，因材施教，使學子都願意來讀書，都成爲有用的人材，從前曾讀過一本鄉

村教育書籍，他說美國人材之生於鄉村者，經調查統計：大總統在二十五人中，鄉村即有二十三人，省長四十五人中，鄉村即有四十一人，內閣六十七人中，鄉村即有四十七人，可見人材的產生，都多出在鄉村。尤以鄉村是農民的生聚地，拿全國總人民來比較，農民要佔百分之八十五以上，今日若要說救農村，便要在鄉村教育中大大的努一翻力，把農民的智識提高，使其知道改良農業，增加生產，逐漸入於富庶之境，那嗎？我們的鄉村建設，才不至徒託空言。

最後我對於各位教師們，還有三點最切實的盼望：

第一，對周圍的事業和人羣，要有聯絡幫助，譬如本署施行一切政令，專靠保甲長去辦理，是不夠的，我們必須以小學校爲一個原動力，如有須得宣傳和執行的事，必令學生分頭幫助，担任宣傳，或勸導的責任，另一方面必須與周圍取聯絡的事，必須切取聯絡，使步趨一致。

第二，作事要有繼續力，我們要把教育當一個終身事業，抱着勇往直前的精神，月月如是，年年如是，所謂「一息當存，此志不容稍懈」如遇有困難當前，必須求解決而後己，才有成就。

第三，要比賽成績。在一個學校中，教師要與教師比賽，誰

的教授法好，學生要求與學生比賽，誰的成績好，再進而求學校與學校比賽，誰最有辦法，然後以研究所得辦法，供獻到四周圍，相互影響，逐漸擴大到一縣一省，以及全國，我們的教育事業，才算成功。

高孟先先生講話：今天自己對小學教育研究會的會員和義務教師研究班的學員，有三點小小的盼望：

第一，今天以後，大家便要出去創造或改進自己的事業了，但在開始工作之前，盼望大家要先明自己的家屋，而且還要：正確，精細，迅速。這只有靠科學的社會調查了，須知一切建設事業的第一步工作，就是調查，剛才盧區長所講的作事必須注意的四個步驟：「計劃，準備，實施，整理」，我想還應將「調查」加在這四點的前面，因為調查的結果，才是工作，計劃，實施的依據。否則一切事業將無從着手。例如大家到了四鄉去，首先便要將本保的識字與不識字的人數，就學與失學的兒童，設備，校址，經費等問題，調查清楚，然後擬具計劃開始工作。

第二，將來本署無論作鄉村自治，建設，教育救濟………等工作，首先亦必調查，這要盼望在前線的大家切實予以幫助，又調查中最感困難的問題，則在一般平民智識低落，風氣閉塞，

每遇調查，一般民衆，不是懷疑，便是畏懼，這實是調查前途一大暗礁！所以更盼望常與農民接近的先生們，除盡量予以開導，宣傳教育外，尤須造起好感，樹立信仰。

第三，大家雖然是散處在各場的四鄉分頭進行，但是我們的精神是不能分開的，我們的事業是一個整個的企圖，有一個學校辦得不好，整個的事業就都受影響，所以我們要把所有的學校看作一個單位，精誠團結，决不可各分道揚鑣，各自為政，這是大家應該明白的。

現在我們覺得要辦一個刊物來把各方面的精神聯成一氣，把各場的工作打成一片，所以編印了一個「工作月刊」希望今天的各位先生，尤其是各位教師在埋頭努力工作的時候，把寶貴的經驗留下來，借這個刊物來表達，來互相交換，以免各自去摸索，以增進工作的效能，大家共同地來完成這個建設的大業吧！

此外對於今天地方醫院畢業的護士，我以為是大家的學習告了一個段落，今後是要將幾年辛苦所學習的應用到社會上去了，我們應非常慶幸，更盼望今後不斷地學習不斷地應用到社會去。各位教師是作治愚的工作，而各位護士乃是作救弱的工作，人數愈少，責任愈大，就愈應特別努力。

內務股主任吳定域講話：我盼望各位老師：隨時隨地要有研究的精神，要有商討的精神，要有聯絡和接洽的精神，研究得最好的方法，更須供給大衆參攷。下鄉去并要切實的幫助保長，推行政令，好似爲他書記官參謀長一樣。所以大家不僅是一保的教育領袖，也是政治中心人物之一。至於醫院的護士生畢業可以說是學習時間告一段落，以後還要勤愼奉公，周至的照護病人，和靄的安慰病人。

建設股主任黃于裳講話：我在平常與大家講的話，已經很多今天要希望大家。解決幾個中心問題，第一，是農業調查，因爲大家工作在農村，所接觸的是農業社會，故必須將農業上有關係的各種問題，加以詳細調查，俾作教育兒童的參攷資料，第二，是技術指導，我們在短短時間，已敎授大家不少農事上實際的做的知識，並且將來還繼續有技術上的活動，不斷的要散發各處實行，農民知識很淺，便望各位在技術上予以指導，第三，是合作運動，我們中國爲要救濟破產的農村，調劑農村的經濟，復興整個的民族，合作事業。爲當前最重事業之一，各省巳經先後舉辦了合作社不少，四川也有省合作委員會的組織，推行一切，我們便要在鄉村施行合作運動，辦到各種事業都有合作的組織，每一保或幾保都聯合成立合作社，這就只有望大家到了鄉村盡力工作，達到目的。

教育股主任葉心符講話：教育股第一須先得說明，這次暑期小學教育研究會，和義務教師研究班，因爲時間，精力……種種關係，沒有辦理得完善，在諸位是失望，在同人是抱歉，不過，稍稍可以自慰的，諸位是早有相當根底的，努力向上，進修是無窮的，不難達到我們所期望的目標，願各自奮勉，況且大家經過這一個月的研究，至少對於過去，現實，和未來有了相當認識，那前途一定是很有把握的。

其次，你們担任的是教師的職務，幹的是任教育事業，誰都知道教育是建設之母，教師責任更是重大，你們是民衆的導師，改造鄉村，建設鄉村，都在你們的肩上，要時時刻刻對於工作，加以反省和探討才對。

再說到護士畢業，畢業在英語解釋是開始，原來業務是無窮的，須得你去幹，除非死了，才算完結，要不然，總是要幹的，社會的所以不斷地在進步，人類的所以日進文明，事業的所以逐漸繁複，都是幹的結果，我們要記到：活到老，學到老，學到老，學不了，更須記到，活到老，做到老：做到老，做不少，願各奔前程去，完了。

民衆教育委員會委員羅中典講話：研究會研究班今天舉行就業典禮，醫院的護士，在今天發給畢業憑證，個人除了一樣的應該致其恭賀之忱而外，我覺得在服務的觀點上，也可說有同樣的意義，個人認爲「畢業」這一個名詞，不免有些老大色氣，不如「就業」二字，來得更爲妥當。所以說，護士先生們，今天也可算是就業，不過醫院的護士先生們，同個人同樣的是在後方工作的同志，以後我們合作的地方很多，見面的地方很多，商量的地方也很多，在今天，就不打算多供獻意見，至於研究會研究班的同志，譬比前線作戰的戰士，馬上就要開赴火線上去了，個人在這裏，有幾點最低限度的要求，不能不略爲說說：

因爲個人在區署是學習的民教，所以對於民教的推進工作，希望能與大家合力共舉起來，個人認爲以今天的中國來說。民教的重要性，是高出義教以上，至少它應該與義教等量齊觀，也許大家認爲這是有點近於偏見，其實，只要大家略爲想一想，也就會非常同意個人這個說法，因義教的責任，主要的是在教育次代民族，它的功效，至少也須得五年十年，我們目前的敵人，是不是有這種忍耐性來讓我們從容訓練呢，恐怕沒有一個人敢相信，因此，我們一面自然不應忽略奠定基礎的工作——努力完成義教，但也決不能放棄目前這個非常時代，爲應付這個非常時代，民教的推行，便是大家的責任了，個人的盼望，有下面幾點：

第一所盼望於各位的，在今年下年開學以後。完全小學，須成立民衆學校一所，須招收兒童婦女成人民衆各一班，婦女成人班至少須招足二十八，兒童班至少招足三十人，義務小學也須附設民衆學校一所，兒童婦女成人混合教授，至少須招足二十人。

第二，民教要效果來得大，工作來得迅速，所所以不能不在方法上講求，定縣的導生教學，上海工學團的小先生教學，都是普及教育的最好方法，盼望各位在學生中留意可作導生及小先生的人物，而且把導生教學同小先生教學，實際應用起來。

第三，過去學校中也有游藝的訓練，但是可惜既沒有健全的組織，又限於學校的小範圍，從今天起，盼望各個學校，把學生切實組織起來，切實訓練起來，以週會作練習的機會，以練習的結果，來公諸民衆．以後各場民衆會場的活動，便由各場的學校，把它担當起來。

第四，民衆代筆處，各完全小學要指定專人負責，各義務小學的教師，也要分出一部份時間來幹。

這裏有兩點，各位須把它認清楚，一是義教與民教，以後須切實地打成一片，在理論上，在事實上，在時代的需要，在環境的要求，都必須立向這一條路，第二，為求進行的效果增大，而足以應付這非常時期起見，我們須得先注重青年，即是十五歲以上到三十歲的民衆，這兩點對於各位是希望，也是祝賀。

輔導員劉忠義講話：我這次受區署的委任，負担研究會與研究班的常務輔導員的職責，參加工作以來，整整一月，在這一月當中，緊張雖然說不上有什麼偉大的成績表現，但在生活上，自始至終是的，在精神上是一貫的，在組織上是有紀律的，我在這種條件之下，將研究會分為四組，幫忙選擇研究材料，介紹研究方法，審閱各個會員的筆記，以及照料諸位的日常生活，在義教班方面，除了講授功課而外，亦須照料學員生活及審閱筆記，如此朝夕相處，接觸的機會非常之多，因此我從諸位的行動和言談中，發現錯誤與良好的兩方面，見着錯誤，是以理智的悅服的態度來糾正，至於良好的一方面，若要列舉出具體的事實，那就很多了，而且說來也覺得零碎，現在祇將其重要的幾點以及幾項正確的認識，歸納攏來，報告與諸位學會員知道　因為這些認識，是全體學會員都應具備的，了解的，茲分述如下、

（一）應有自新的認識

在研究會與研究班開始的時候，諸位來參加或投效的動機，可說百分之百是為了求職業而來，想尋找一個插足的場所，諸位大部分都是作過教師，有各色各樣的教學方法和經驗，待到最近一週來，就有幾個人認識了自已，公開地說出他們不純全是為自身生活而操教書業，還含有更高的意義，負有更重的任務，這就是普及教育，促進鄉村建設，以挽救中華民族的危亡了，又有幾人追悔過去教育方法的不良與經驗之欠缺，也有作懺悔供狀的，咀咒他過去所受教育之腐敗，而今方得覺悟，這些都是良好的現象，認識了過去的他們，希望抓着他們的未來。

（二）對於實驗區署的認識

我敢武斷地說，研究會與研究班的學會員，對實驗區署認為一所機關而已，并對區署以及工作人員，認為都是當官領薪的人，有此種觀感者，在起初是佔少數，但經兩週之後，在諸位當中就有人明確地認識，覺得區署的工作人員，并非官僚主義者，是具有硬幹實幹苦幹的精神，不是為自己造地位，而是為社會人羣謀幸福，而且目前的中心工作，是擴大民衆教育，以促進鄉村建設，至於推進並執行此種事業的責任，大部分還在諸位的肩頭上

區署不過負着指導與監督的任務罷了。

（三）對於中國現狀的認識

在我與諸位作個別談話，及日常閒談的時候，諸位對於中國國家情形有兩種不同的意見，一種是認為中國變好了，是向上的，一種認為中國國家情形，一天不如一天，是向下的，這兩種認識，當然以後者為正確，要是中國是變好了，我們今天又何必喊「復興中華民族」的口號，此種錯誤的認識，其由來是祇見着形式上的軍事勝利，表面的統一，而忽略了政治的汚濁——經濟的破碎，以及文化的暗淡——但有一點是諸位一致的認識，這是國家一天比一天危岌——這正是中國國家情形向下的表現——而負担挽救中國危亡的責任，不是依靠一個或幾個英雄與領袖，而是在乎有覺悟，有組織，有訓練的廣大民衆，共同起來完成這個偉大的任務。

（四）對於國際現狀的認識

諸位知道了三大勢力宰割了世界，又知道中國是這三種勢力下的半殖民地的國家，那嗎，欲使中國躋於國際地位的平等，必須認清誰是我們的同盟者、諸位都知道「總理的遺言，只有「聯合世界上以平等待我之民族，共同奮鬥」，至於那些是以平等待，我之民族與國家，我想諸位是不難認識的。

以上幾種認識，是從個人到國際的一貫認識，今天因為時間的短促，不能詳細地解說，但是我想諸位總有一點大概的觀念，要是我們有了一貫的認識，我們就有一貫的思想，有了一貫的思想，就不致盲從與妄動，而且祇有思想清楚的人，才能努力為其所當為，請諸位努力吧！

蕭蘊琨先生講話；今天是研究會與研究班的各先生負起重担出發到前線去作社會工作的一天，區署籌備這個隆重典禮，一方面係祝賀你們，再方面是具備莫大的期望，期望你們到前方能切實的為社會求福，多數的學齡兒童須各生先以科學教育方針領導他們得到新的智識，區署創辦義務小學，其主因不外掃除區屬文盲，培養社會元氣，增進生產效率，使人盡其力，地盡其利，現在的社會是荆棘的，盼望各先生須具備堅忍卓絕，不屈不撓的精神，勇往前進，改造社會的一切不良現象，這才不辜負區署訓練各先生的一片熱心。說到這裏，個人有幾點貢獻於各先生的：

第一，由空洞教育做到實際教育，今天以前的教育，大家都偏重在書本上，只求原理的解剖，不求實物的應證，故雖學校林立，而於學子利益極少，若使學子能得到實際的教育，我們須注重實物原理的相對講授，這樣比空洞教育收的效果偉大些，切實些。

第二，嚴防文盲逃網實行挨戶教育　學校教育與社會教育不怕辦得怎樣好，然對於教育的力量還不算怎樣的偉大，中間更不免有脫網的文盲，我們爲要避免此種弊病增加教育效率起見，又不得不實行挨戶清鄉施行教育的方法，這種教育工作，祇要各先生在工餘之時，到週圍分戶施以相當教育，並可從中與民衆聯絡情誼，打成一片，我想教育的成績，前途決可樂觀，人人能識字，那裏還有文盲呢！

第三，補救農村必須施行生計教育　生計教育在中國現代階級制度之下，更是急於星火，刻不容緩的事情，農村破產的原因，除由於天災人禍的影響外，厥爲施教育者不注意生計教育的由來，因此一般農民的農業技術，只知墨守陳法，死不進步，這裏盼望各先生不管是農業．工業，畜牧，等都應加以切實的教育，直接的提高改良了農民的農業技術，間接的解決了一般農民的生活需要，同時更爲補救了破產的農村，剛才盧區長講到教育應適應生活的需要，就是這個意思，所以盼望各位先生更應照着高孟先先生所講的先從事調查，次應照着黃主任所講的，指導農民作農業技術的改良做起去，我們施行了生計教育，即是補救了農村

第四，幫助博物館調查搜集動物飼養及疾病治療法　鄉間多數農民，飼養動物的方法尙有好的，然因他們智識幼稚，舊習既深，不願語人，他們有時關於動物疾病治療方法，也還有可採的地方，在這裏望各位先生幫助博物館調查搜集此種材料，彙齊交由博物館從事試驗，編輯成册，散發農家仿照做去，可增加農民的生計常識不少哩。

第五，幫助博物館徵集陳列品及奇特動物　博物館是個文化教育的實際講堂，裏面的陳列品盼望各位先生代爲徵集，範圍以農業品，工業品，古代歷史和地理上與人民生活教育上有關的標本與珍禽鳥獸都爲博物館徵集陳列之一，博物館訂有鼓勵條例，和比較的辦法。

綜上幾點皆爲個人與各先生的臨別贈言，盼望羣策羣力奮勉從事，尤希以教育的力量來建設地方，改造人民生活，復興中華民族，僅聊數語貢獻於各先生的面前作永垂的紀念罷了。

(七)附錄

（一）職員一覽：

姓名	職務
葉心符	常務輔導員
袁伯堅	同
陳年卿	同
劉忠載	同
藍仲容	國術教官
李爵如	生活助理員
魏宜俊	同
鄧　亮	同
劉運隆	同
舒　傑	同
王成憲	同
陳新奇	同
符　合	事務員
李良善	同
何文軒	司務長

（二）義務教師研究班學員：

陳致中　劉濃膏　曹文英　曹　惠　陳天仁　周天爵　江子仲　向東華　吳黍樸　劉雲集

楊官體　王仲倫　馮少懷　何堯階　吳　雲　王希賢　萬賡虞　洪君輔　劉欣木　余俊賢

郭靜修　唐　林　劉晏林　周君甫　萬緒一　姚鳴喬　劉璧光　鄧少安　楊鎮江　劉有容

王興誠　黎　浣　祝維珍　汪能曲　傅碧波　何謹修　黃伯達　楊奇勛　劉敏樹　李稀北

祝維恆　王滌思　彭西仁　顏士咸　余文華　明旭之　李一鳴　梁　星　賀問郭　祝時雍

錢光武　馮子綏　簡卓吾　吳　捷　陳健常　張四維　李壽齡　周緝熙　李覺非　鄧孔光

馮　超　曹　麟　馮壽康　李晨曦　劉學濂　劉育才　王文彬　吳敬修　王學成　吳龍文

吳介立　左中權　吳純儀　周洪淵　胡慕陶　戴易乾　戴楚衡　楊珂英　王瓊瑤　章石若

文志俠

（三）小學教育研究會會員：

趙國賓 王俊賢 劉文精 周臣祥 賴鳳祥 王光武 黃忠道 甘士武 王德政 廖篤信
喻鶴泉 陳雲龍 鄭先 劉孔修 黃仲常 姜孔章 王蔭槐 劉之明 劉維新 陳履祥
申開園 周貴杰 傅心波 簫烈 陳琪勳 凌厚遠 成善譽 羅柱 劉訓渠 吳能庸
石蘭祥 彭瑞晴 孫瑾瑜 陳斌

（四）讀書報告成績表

姓名	題目	評判標準				總評	備註
		材料40%	口齒20%	語調20%	姿態20%		

（五）學會員性節調查表

姓名	籍貫	年齡	學歷	履歷	品格					意志	性情	膽力	文學	精神氣概	體力	思想
					天資	對人	對事									
					才智	熱誠否	忠實正確	幹練	緊張忍苦耐勞							對現社會之認識程度

入校之進速	好學否	經濟的境遇	特長	喜參加何種性質之事業	喜負何種職務	珠算	泅水	操舟	擬適應之所在

（六）學會員於研究結束之日，先各作論文一篇，（義務教師則各寫籌辦義務學校計劃一文），次則全體開會討論籌劃學校辦法，再共同擬定一整個計劃，最後交由常務輔導員修正，印發各學員，俾下鄉工作時。有所根據。

（七）署期小學義教育研究會班應有（最低限度）之要求。

一，目的方面：

1，促進共同之意志。

2，砥礪師資之學行。

3，堅強教師對於鄉建鄉教之信念。

4，促起教師對事業的熱情與努力。

5，策進共同的生活。（平民化而又富於積極性的生活）。

6，增進活用的知識。（為常前所最需要的）。

7，增進知識尤其側重在求智識的智識。

8，促進其習於隨時隨地幫助他人。（幫助人為善，制止人為惡）

9，促進其習於接洽商討之能力。

10促進其喜於用思想之習慣。

二，辦法方面：

1，須從讀書以研究，（根據筆記以作報告）討論以研究。

2，須從開會以修養。參觀以休養。

3，須從服務以修養，（例如：露天，民衆會場或其他之臨時的活動）

4，須從嚴格的團體生活，以養成有紀律的美德。

5，須特別集合署期補習之小學生就附屬於，會，班，以行補習、藉資各學會員之實習。益從實際的教育活動上以研究各項教育技術之改良更為有效。

6，凡會與班之一切生活的計劃等，須由各學會員各自試行擬具或分組開會商討，共同擬具。再與區署所頒佈兩相對照，以資訓練。

三，其他方面；

1，職員須以身作則，側重暗示教育的影響。

2，一切制度，力求民生化。

3，對學會員之輔導，須當造成社會運動一樣辦。

（八）關于每保設立義務小學的一點說明

一，緣由：

實驗區署成立之後，對於區屬各鎮鄉的社會狀況和農村的經濟情形，曾經費了一番很大的功夫，實地作了一度調查，結果知道普遍的農村，都是受教育廢弛的影響，農民知識水準太低，十分之九的兒童沒有書讀，欲救濟此衆多的失學兒童和提高農民的知識水準，以建設新的農村，則普及義務小學到各鎮的鄉村去，實爲對症良藥。

二，意義：

各保的義務教師，可說是農村社會裏面的領袖，他不專在教育兒童識字而已，且有領導農民推動建設工作的責任，以學校爲實施的大本營，以學生爲工作的生力軍。

三，辦法：

A教師——本區白保，設義務小學百所，最少需教師百人，除在區屬各鎮鄉選拔錄用外，不足之數，始向外徵收，以足定額。

B學生——每校學生，平均須在四十名上下，人數過多，則增加助教一員，人數不足，則停封私塾，以其學生而增補之。

C工作——學校的教師和學生除正當課業外，隨時隨地得與保長聯絡，共同努力推動鄉村建設工作……戶口調查，保中編制，識字運動，選種運動，滅除虫害……等。

四，希望：

A在百名義務教師尙在物色人選時，希望各鎮鄉的朋友們，盡力介紹，志在服務及熱心教育的靑年。

B在各義務校開學時，凡學齡兒童都有入學受教的權利，凡家長都有送子女就學的責任，希望區內不再有一個兒童失學，或者送進私塾去讀無用的死書。

C保長和教師雖各有專責，然職務關係確很密切，希望彼此要相互連繫，相互勉勵，共同研討，共同努力，使我們建設工作，能向理想的途程上邁進。

(七)尾聲

駒光如駛，轉瞬研究早已結束，各會員現正努力於教師工作，各學員亦已分別在各保辦理義務小學，成績如何，應驗之他日，茲因本文編竣，有不得不向閱者諸君告者：

一，本區教育事業，現正開始，百端待舉，頭緒較繁，雖竭盡心力，猶未整理有序，是以本文完成，在忙亂匆促間，遺漏之處，在所不免，編制方面，亦感欠妥，至文字之修飾，更從未顧及，倘祈閱者指正並原諒是幸！

二，本文負責編輯者，在籌備經過文字，由袁伯堅先生負責，(繼因袁先生工作忙冗交由舒傑與劉運隆兩君整理者，)課外活勵部份文字，由劉忠義生先負責，統計各表由陳年邵先生負責，就業典禮誌盛全部材料，由當日速記劉文斐等供給之，首尾各篇之編輯及全文之整理，則由葉心符先生負責，職是之故，全書文字、雖曾注意於語氣之前後一貫，體裁之劃一，然終難免歧異，殊以爲憾！

三，本區教育實施計劃方針，方式，教育言論，視察指導標準，公文，通告，以及全區教育消息……最近擬於嘉陵江日報。每週固定兩天，由教育股主編副刊，發表上項文字，俾本區教育工作人員有所準繩，各界人士，亦易明瞭。

嘉陵江三峽鄉村建設實驗區署
二十五年八月份工作報告

(甲)內務方面

一，整頓保甲：本署自六月內派員分頭將區屬五鎮戶口調查完竣後，即着手編制保甲，愼選甲長保長，俾資整頓，茲將整頓事項分述如左：

1，愼選保甲人員：令飭區屬五鎮聯保辦公處，將各該鎮保長，甲長，小隊附等依限先期選定造册報署，經派員復查無異，確能勝任，即予按名照委，現正將委定各鎮保甲長及小隊附等人員，造册報請備査中。

2，指示保甲管轄界限：各鎮保甲既經澈底編組，則各保各甲所管區域自有變更，乃令飭各鎮聯保主任，分期派員引導各保甲長，踩踏管理界域，及指示所屬甲戶，以免執行任務時發生錯誤與困難，隨復印製保甲長番號牌，張貼門前，俾資識別。

3，整理各保槍彈：爲充實民衆自衛力量防止匪患計，令飭各鎮聯保主任，調査各保槍彈確數，槍有損缺者，從速送署修理，子彈不足者，備款呈請本署代購，以防不虞，計本月份已將文星黃葛兩鎮送署之槍，修補完善，其餘現正修理中。

4，起收保甲經費：區屬各鎮山多田少，貧苦人民特多，對於保甲經費，率多無力繳納，且査以前有欠至四五個月未繳者，本署爲照明令規定每戶至多不得過兩角之原則，分清界限，計所有保甲經費，從本年七月起征，定分五等征收，計一級兩角，二級一角五，三級一角，四級五仙，五級全免，每月征收一次。

5，場期召集會議：本署爲求增進聯保效率起見，規定區屬各鎮，每逢場期，由該鎮聯保主任，召開保長會議一次，以資商討一切興革事宜。

二，集中訓練：過去峽防局定例，所有特務隊，因分駐各場，每月須集中訓練一次，以資整頓。本年因旱災綦重，區屬各鎮毗連之地，盜匪蠭起，刦掠之事，時有所聞，且轉瞬冬防即屆。本署對於此項工作，極爲重視。乃從八月一日起，至二十一日止，輪流調集三個公安中隊官兵，在北碚新營房，嚴加訓練，所授科目，如据槍瞄準，野外演習等，純以適應目前之需要爲原則。并於結束之日，澈底清理公物武器一次，大加修補，去窳留良，並全部舉行實彈打靶，每人三發，打靶完結，將各隊官兵成積，列隊公佈，加以獎許。

三，召開治安會議：本月份召集各公安隊官兵，及區屬五鎮聯保主任等，在區署開治安會議四次，商討維持治安事宜，茲將較重者分述如次：

1，盤查行人：爲防範盜匪潛入區內起見，特於境內各要道，晚間設置盤查哨，並在場期於進場隘口，設哨盤詰及檢查形跡可疑之人，以資防範未然。

2，檢查船隻：峽區爲渝合水陸要道，尤在水道往來船隻如織，從本月份起，特在區屬白廟子，金剛碑，草街子三處，各設檢查處一所，以資檢查上下乘船形跡可疑之旅客，并在北碚，黃葛，澄江三鎮，於必要時派人抽查，以防盜匪從水道混入區內，或喬裝在船中行刦。

3，規定行船時間：爲防止盜匪深夜潛入區內刦掠起見，規定每夜二更後，一律禁止行船。如有特別事件，必須行駛者，應領有公安隊或各場聯保辦公處證據，方能放行，否則將人船一併扣留訊究，以防不虞。

4，改變巡邏方法：駐紮區屬各場之公安隊，偵察盜匪，素重巡邏，已爲宵小所識破，且巡邏行動聲浪，不能避免盜賊耳目，反易使其藏匿逃颺，本署爲補救此項缺點起見，乃令各公安隊，將巡邏方法有時改爲「便衣梭巡及把守各街隘口」。施行以來，成積頗佳。

四，查獲僞造輔幣犯：本月十六日，本署公安第二中隊，同日在文星，黃葛兩鎮，破獲僞造輔幣案兩起，當將人犯及僞幣解送本署訊辦，經審訊明確，僞造使用不虛，旋即備文，將該犯王元清等二人，及所獲僞輔幣一併移送江北縣政府訊辦去訖。

五，公安各隊之訓練

1，屬於公安一中隊者：（1）奉令調集各隊官兵，到北碚新營房集中受訓。（2）整理全隊武器，詳細檢査槍技零件，每名補充子彈十夾。（3）每晨令官兵練習跑山，及据槍瞄準，每晚練習國術一小時。（4）全中隊練習實彈打靶，每人射擊三發。（5）募捐訂新蜀報，大公報各半年，作官兵閱讀之需。

2，屬於公安二中隊者：（1）奉令調集全中隊官兵，到北碚新營房集中受訓。（2）每晨令官兵作越野跑及据槍瞄準。每晚練習國術一小時。（3）令士兵練習寫字，及熟讀總理遺囑，幷予詳細解釋。（4）整理全隊武器，詳加檢查，修配完善，並每名添發子彈十夾。（5）全隊士兵練習游泳比賽五次。

3，屬於公安三中隊者：（1）奉令調集全中隊官兵，到北碚新

營房集中受訓。（2）澄夏鐘樓爲本隊軍事上最要之地，特命士兵在該處添築防禦工程三道，用備不虞。（3）每晨令官兵練習跑山及据槍瞄準每晚練習國術一小時。（4）整理全隊武器公物，添配槍枝零件，並每兵補充子彈十夾。

七，區屬各鎮之治安

1，屬於公安一中隊者：（1）換釘北碚全場門牌，上塡街名，重新編號，改劃全場爲十四路。（2）破獲溫泉公園盜案一起，除將贓物追還原主外，盜兒黃國清黃禎祥施以薄懲，驅逐出境。（3）召集北碚，金剛碑，兩處船戶開會，商討組織水上保甲問題。（4）檢查上下汽船乘客。

2，屬於公安二中隊者：（1）每夜令派便衣兵秘密清查黃葛東陽兩鎮旅店以防匪患。（2）改訂巡邏劃到時間，將黃葛全場分爲三段，每段只需一刻鐘即能走遍，以期迅速。（3）佈告市民禁在場內焚化袱包，以防火警。（4）每夜二更後派兵一組通應在黃葛鎮河干査禁違規駛行之船隻，白日由白廟子分駐所注意檢查水上攬儎船隻，以防下游盜匪混入境內

3，屬於公安三中隊者：（1）召集澄夏兩鎮船戶會議攬儎不準在非碼頭之地搭客下客，以免發生意外。（2）禁止夜間燃

放遂炮以免發生誤會，（3）佈告人民每夜二更後非有各鎮聯保辦公處及公安隊通過證，船隻不許行駛，（4）注意檢查下水攬儎船隻，以防上遊盜匪混入境內。

八，公安各隊之衛生

1.屬於公安一中隊者：（1）逐日指派官兵檢查北碚全場旅食店及涼食挑担清潔，（2）取締金剛碑不合規定之糞缸廁所，指定適中地方而新改建，（3）本月嘉陵江漲水兩次，其高度均逹四十餘尺以上，派兵幫助河邊居民義務搬家，並於水退後挖運沙泥，（4）改建北碚場內公共廁所四所，（5）用兵工補修署後鞍子石及水嵐埡兩處碉樓。

2.屬於公安二中隊者：（1）派兵幫助文星市民修淘水井兩口令鎮人民得飲清潔水料，（2）派兵修竣白廟子藍球場磚牆對於市民運動頗稱便利，（3）檢查旅食店及街面清潔九次（4）乘大雨之際，率領官兵洗滌街面，並疏通陰陽溝渠一次

3.屬於公安三中隊者：（1）禁止澄夏兩鎮屠戶售賣瘟豬，并須斟酌市面需要宰殺，不準售賣臭肉，（2）逐日派兵檢查澄夏兩鎮食店及涼食担清潔，（3）乘大雨之際，率領全隊官兵大清潔澄夏兩鎮一次，（4）本月份大檢查全市清潔十二次，（5）修復被水沖之馬路一條。

九，調處案之統計

1.屬於區署者：（1）債務糾紛三件，（2）盜竊一件，（3）婚姻二件，（4）租谷糾紛二件，（5）備會五件，（6）雜案八件。

2.屬於公安一中隊者：（1）債務糾紛十三件，（2）拐逃二件，（3）婚姻一件，（4）盜竊二件，（5）毆辱二件，（6）雜案十四件，（7）口訴糾紛十五件。

3.屬於公安二中隊者：（1）債務糾紛二件，（2）盜竊六件，（3）兇毆四件，（4）拐逃二件，（5）賭博一件，（6）僞幣二件，口訴糾紛十六件。

4.屬於公安三中隊者：（1）違警及賭博四件，（2）婚姻二件，（3）盜竊二件，（4）債務糾紛三件，（5）口訴雜案二十三件，以上合計百三十七件。

（乙）建設方面

一，發興水利——（1）特約合川鶴鳴鎮老農王東軒，在本署製造伊發明之改良水車，工作完成後，邀集鄉間農民眼同作初度之試驗，惟因翻造鐵輪工作粗率，未得美滿之成績，現正

再加考究，改製機械後，得結果再作試驗。

2，區屬文星鎮後灣，有水田約產穀千石，山土約產玉蜀黍二千石，近數年均遭旱災，收獲無多，農民因此萬分窮困，本月特派員前往踏勘，爲擬計劃興辦水利，以資補救，現正商請建設廳派一水利專家前來實地側勘，作修築塘堰之圖。

3，統計八月份嘉陵江江水漲落情況，最低爲二十尺，最高爲四十五尺以上先後漲水兩次，均到四十五尺，第一次漲落較漫，第二次則漲落較快。

二，調查事項——（1）奉令調查三峽染織工廠組織情形，逐一詳細擬具報告書，隨文呈復　第三區專員公署備查，（2）派員調查文星二岩等鎮旱災情況，以作賑濟時之參考，（3）派員調查區屬各鎮之縫衣業工人數，以便準備領發新尺，（4）派員協助四川蠶絲業管理局調查東陽鎮上壩土地面積，約計共有一千畝，地價依上中下三等計算，平均每畝值銀三十五元，（5）組織職工消費合作社，擬訂計劃章則，派員調查本署職員官兵家庭狀況，募股成立。

三，整理電話——（1）計劃安設由溫泉公園三花石過河到二岩之電話專線，所需電桿電線材料逐一算出，一俟購集，即派

工安置，（2）幫助果園公司計劃由區署設一電話專線到達該園，其材料由該園購備，仍俟購集爲之架設，（3）派工調查區屬各鎮鄉電話種類及現況。俾資整頓。

四博物館——（1）分類統計七月份參觀人數送交嘉陵江日報登載，（2）整理陳列物品，換舊易新，俾資吸引觀衆，擬南川縣金佛山物產調查報告書。

五，動物園——（1）製繕七月份動物增減表及飼料消耗表，（2）擬定動物園之改進計劃及整理方法，（3）用竹質製造動物號牌七十個，俾便檢查，（4）補寫各種動物說明牌，（5）編定各種雞鴨兔之號數，（6）各種動物產卵數目，規定逐日填表登記，以資查考。

六，平民公園——（1）每日更換北碚各事業機關盆花及瓶花一次，（2）照舊整理花壇及除草，施肥，中耕等事，（3）搜集秋花各種種籽，分類註名存放，（4）秋乾過久，督工挑水灌溉全園花木，（5）整理大禮堂外空地兩幅，種値花木並佈置花壇。

(丙)教育方面

一，署期研究，會，班——本署自改組成立後即於普及敎育掃除

文育非實行強迫教育不爲功乃於本年五月調査全區戶口時，附帶調査區屬五場學齡兒童及不識人數，據統計結果：全區共有學齡兒童一萬一千七百五十九人，不識字者約三萬餘人，本區所屬五鎮鄉僅有兩級小學四所，初級小學十四所統計學生只一千三百餘名，以全區現有之學齡兒童人數相較，僅十分之一強。再以全區面積論，周圍二十里內，僅有一校，倘長此以往，不設法補救，則普及教育必致徒託空言，本署籌思再四，乃根據新編保甲數目，考察地方情形，擬在區內設立義務小學八十所，俾全區學齡兒童，悉有入學機會，惟教育之良窳，關係於師資之優劣，乃利用暑假機會，在北碚鄉舉辦暑期小學教育研究會及義務教師研究班，通令全區各小校原有校長教員一律入會研究，并令各場聯保主任轉飭各保保長保送教師入班研究籍以培育師資，計各小學教員入研究會研究者三十四人，義務教師研究班學員由各場保送者二十八名，自動報名投考者二百八十四名，經考試及格計錄取五十五名，連同保送者總有義務教師八十五人，均於本月一日起開始研究，爲期共一個月，業已如期研究完結，派往各場各保會同保長籌設學校，招收學生，曾將此案專文呈報專員公署備査，并佈告全區人民以後須送子弟入義務學校肄業，不得再入私塾，所有私塾，限廢曆中秋節前一律停止，義務學校至遲在九月十五日以前開學行課。

二，婦女讀書會情形——本署民衆教育辦事處組織之北碚婦女讀書會，計有會員九十五人，前于成立時，曾經彙報在案，本月因天氣酷熱，各會員有爲家事所累者，少數不能按時到會上課，該會負責人爲便於婦女求學起見，乃變更方針，將授課時間改爲活動辦法，會員在何時得暇，便可到會讀書，無論時間與人數之多寡，該會教員均可授課，其課程以識字，常識，音樂……等爲中心教材本月份并加授學習寫信及記賬兩項，其人數比較上月增加十三人，以三峽染織工廠之女工爲多，市民婦女次之。

三，民衆露天會場——北碚民衆會場，除每星期日照常開放外，所有平民公園山麓之露天會場，每逢星期二四六晚照常由本署全體職員官兵及小學教師暑期研究會學員輪流担任各種游藝，表演節目，計有話劇，京調，川劇，國技，魔術，幻燈，雙簧，音樂，舞蹈，講演，報告時事及省內外新聞，每次觀衆約六百餘人。

四，民衆問事處民衆圖書館

2，民衆問事處——本月份代人寫謀事信三封，慰問信五封，通知信八封，索債信三封，請託信五封，購物信二封，匯兌信四封，借貸信七封，合計三十七封，雜條借約等四十九件，代人解釋疑難事項十七件，引導參觀團體十八起，

2，民衆圖書館——（1）蒐集農村救濟方面書籍及小學教育行政書籍，作備教建兩方專門參考，（2）整理鄉村建設參考室及警務參考室，增加參考書籍（3）代小學教育研究會及義務教師研究班蒐集書籍報紙各數十種，以作參考之用，（4）巡迴圖書担，本月在北碚市面繼續登記讀書市民，一百五十八，收入書籍二千一百六十一册，借出書籍二千二百八十六册，（5）本月開放三十一天，入館閱覽人數共計八千九百八十三人，平均每日約二百九十八人弱，由館直接借出書籍二千零三十二次。

五，公安各隊之民衆教育

1，屬於公安一中隊者：（1）派官兵在露天會場表演新劇一次，國技兩次，（2）選繕重要新聞，每日在各派出所張貼，（3）召集北碚旅食店各同業指導組織該業同業公會事宜。

2'屬於公安二中隊者：（1）選佈時事要聞於文星鎮，白廟子，北川鐵路沿線一帶，（2）本月份黄桷鎮圖書館閱覽人數一千一百八十八人，白廟子六百三十一人，文星鎮八百五十五人，（3）三個民衆問事處代人寫信五十三封，雜條三十五件，代人解答疑問二十四件。

3，屬於公安三中隊者：（1）代澄夏圖書館募得重慶新蜀報三月，成都復興日報兩月，（2）每逢場期，派人向民衆講演衛生常識，及禁煙等問題，（3）澄夏圖書館本月份閱覽人數統計一千三百四十二人，平均每日四十三人強，（4）澄夏民衆問事處本月份代人寫信二十九封雜條一十五件。

（丁）地方醫院

一，整理院務——（1）為病家安全起見，對于施行手術，特新製手術自願書一種，以後凡施行手術，須先由病家將自願書填就，方能照行，（2）本月將藥房含有毒質之藥及貴重藥品另行安置一處，加以雙重鎖鑰，只院長一人方能開啓，以防不虞，（3）外科室，門診室，工作人員將急間預備敷料工作改在晚間，以便該時閱覽書報，（4）每逢場期，將診斷時間提前於八鐘時即開始診斷，以資便利鄉民，（5）本

月份五院長立樑應漢藏教理院邀請到該院教授戰時救護工作及簡易治療工作十六小時。

二、戒煙所工作——該院在北碚設立之戒煙所，本月份已戒脫癮民十一名，其中略取藥資者四名，完全免費者七名，至戒煙所地址原擬設於附近西南茶社，因經費與人力分配均感困難，乃變通辦法，將醫院男護士寢室讓出作爲戒煙所址，可容戒煙病人二十餘名，男護士則移至西南茶社住宿。

三、治療病人統計——該院本月份施用特種手術十三次，院內院外接生共計七次，治療區屬各事業機關人員及男女民衆外病一千八百九十三名，內病八百零五名，五個分診所治療，外病一千七百二十四名，內病七百九十八名，用普通手術治療者一百零三名，合計治療五千三百四十三人，本月三十一日計算，平均每日治療一百七十二人強。

怎麼樣做事——爲社會做事

事不怕慢祇怕斷！事貴做得好莫嫌小！

做事有兩要着：大處着眼小處着手。

無論做什麼事，事前貴有精密的計劃，事後尤貴有清晰的整理。今天整理出來的事項，不但是今天的成績，又是明天計劃的根據。

做事要免忙亂，總須事前準備完善。

做事應在進行上求興趣成績上求快慰，不應以得報酬爲鵠的，爭地位爲能事。

——盧作孚——

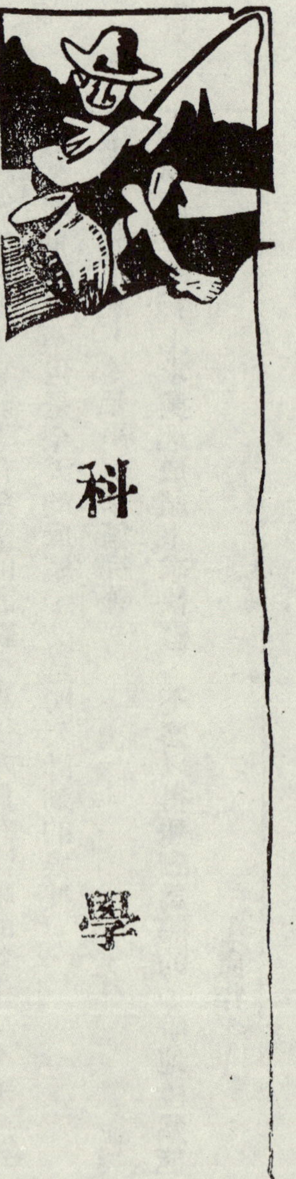

昆虫採集製作經驗談（續）

黄楷

第二章　採集

第一節　採集之意義

世界學術進步研究亦隨之而日見精微，雖有詳細之記載眞確之圖畫載之史册，足將智識由一代而傳之於後代，然究不免發生差誤，是則標本之採集與保存尙矣，採集者即將此項觀察研究所應用之標本一一採得之，加以合法之處理，使能永久保存，作爲後來之參考，故如不得其法，則能減退標本之之品質，失去在學術上之價值，因此從事此事者，非可視爲遊戲之事而隨意爲之，可不加之意乎。

第二節　採集前之準備

昆虫種類繁多，分佈至廣，其生活習性與所在環境每隨其種類而各有不同，故其採集自非用簡單之方法，與少數之器具所能奏效，又採集後所得之標本，要能在科學上作研究之用，則又非有合法之處置，縝密之保藏不爲功，故於採集之前，必須有相當之準備，若欲作遠道之大規模採集，則尤非預計週詳不可，蓋適於採集昆虫之地點，往往在人煙稀少交通不便之深山空谷，苟用品不齊或藥料缺乏，則不免工作停頓，豈非徒勞往返，故諺曰，「工欲善其事，必先利其器」。採集工作，又安能例外？至於悅情怡目之附近採集，則自又當別論，非本篇範圍所及，茲將最低限度應準備之事項列舉如下：

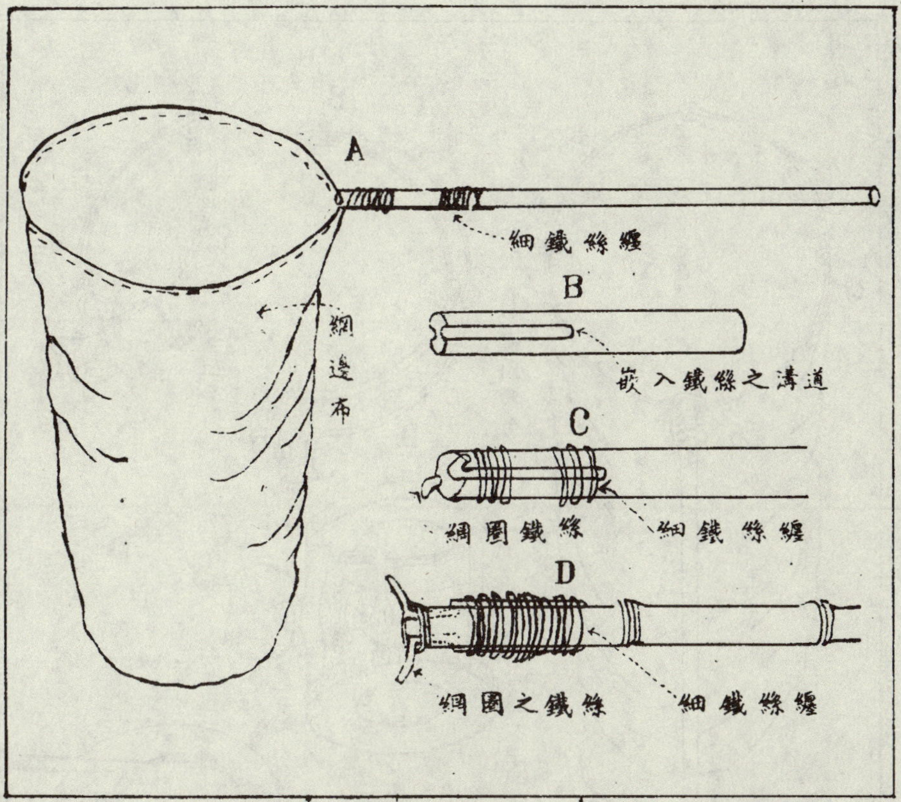

第一圖　捕虫網

A 網之全部張開狀
B 木柄之溝道
C 網法
D 竹柄之綁法

第一項　採集器具之構造及其用途

採集器具，種類甚多，效用不一，形狀各異，但總以合於應用，攜帶輕便爲原則，據作者之經驗，以爲最切用而不可少者，則有下列各種，茲略爲分別言之：

一，捕虫網；　捕虫網之形狀不一，用途各殊，其構造方法與需用材料亦因之而有異，其中以羅紋（即帳紗）鉄絲做成較大而輕便之兜形者，則最適於掏捕空中飛翔之蝶，蛾，蜻蜓，蠅，蜂之類 其製法有二；（1）以粗鉄絲（即有彈性之鋼絲，鉛絲等，此處則通稱鉄絲），五十一英吋長，紆成十二英吋半直徑之圓圈，在圈之交接處，將所餘鉄絲之兩端，使曲成直角，插於堅實而長約四尺之竹竿（作網柄）內，兩端由竹節處之兩旁各穿小孔而出，用細鉄絲纏於竿上，同時可使竹竿不致破裂。然後將羅紋做成長三十一英吋，直徑十三英吋之圓底網，縫於鐵絲圈上，即成（如第一圖）若網柄爲木杆，則於杆頂之兩側，可各挖一小溝，（如第一圖A）將網圈所餘鐵絲，分別嵌入溝內，幷將鐵絲之兩尖稍使曲，釘入溝中，外面緊縛細絲或麻繩，（如第一圖B）（2）用相等長

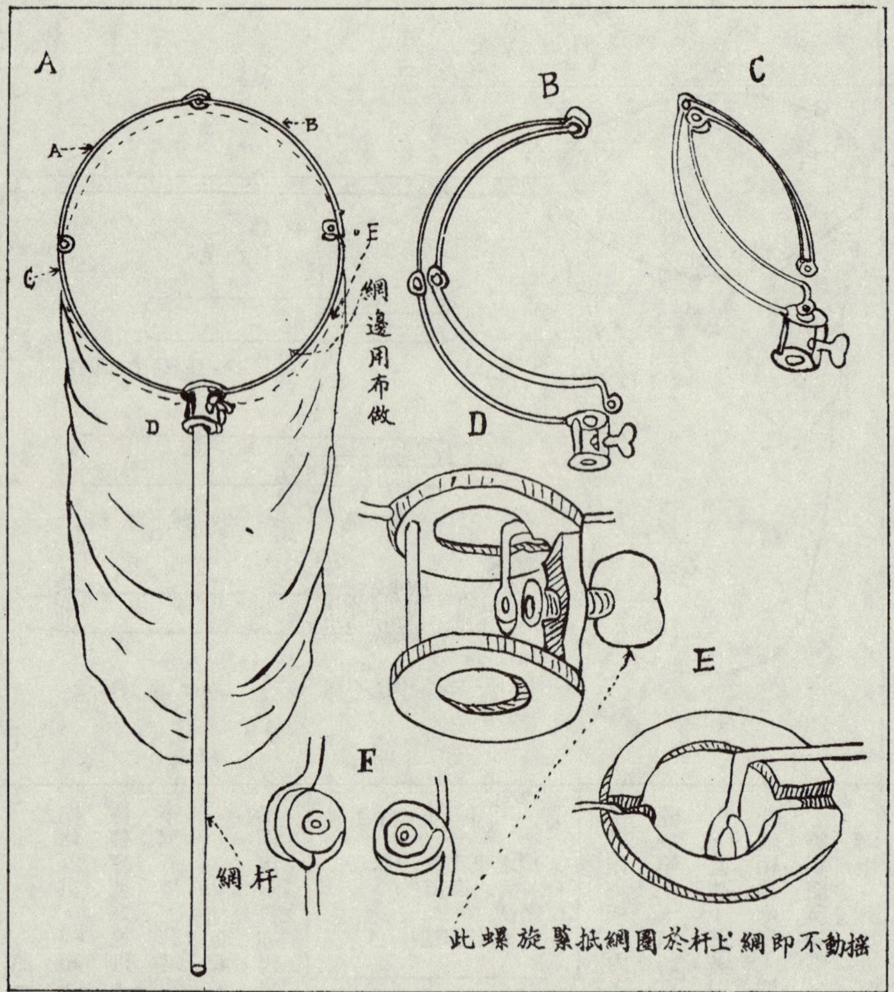

第二圖　摺疊捕虫網

A張開狀　B二摺狀　C摺疊狀　D網柄構造側面圖　E網柄構造正面圖　F鐵絲圈之A，B結合法　F鐵絲圈之B，C結合法

十一英吋半之粗鐵絲二段，每段之兩端，各以一英吋另四分之一長，紆成方向不同之小圈，並將鐵絲屈成弧形，（成圓圈之四分之一），如第二圖A，B）再另以比前段長一英吋之鐵絲一段，一端紆成上述之小圈，仍作弧形，一端則固插於長一英吋半，直經四分之三英吋寬之鐵製或鋅鑄之網柄筒（如第二圖C，D）之左側，并以錫固合之，使不動搖，靠柄端處，將鐵絲折成直角，再用鐵絲一段，比A，B，段約長四分之三英吋，兩端如法紆成小圈，但一端在所長四分之三英吋處亦紆成直角，附於網柄筒右邊，（如第二圖E，）而不固定，在該處網柄筒之右側置一螺旋釘，以便應用時臨時嵌合，然後將各段有小圈之鐵絲，依其方向，按A，B，C，的次序聯合

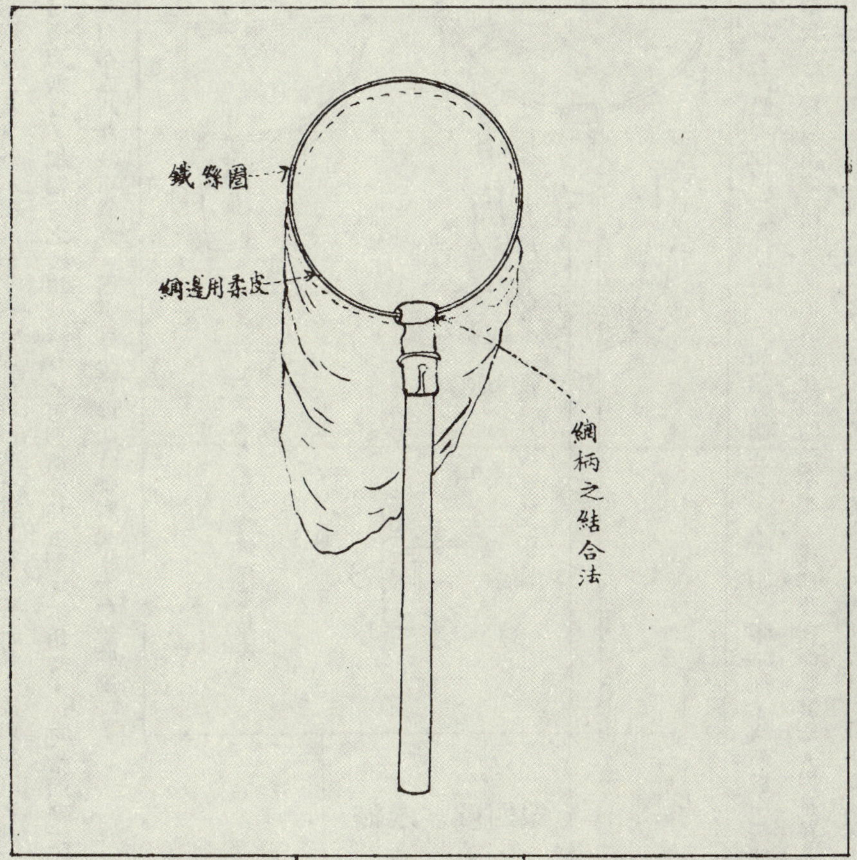

第三圖　掃網

，在小圈中各柱以短釘或於短釘之端加一眼腔形之小鐵皮，錘之，使成絞鏈狀，如是所成之網圈，可以摺疊，便於攜帶，到臨用時則須將羅紋做成之網穿上，插以長約四尺之木杆於網柄內，以螺旋釘將網圈上之小圈，緊抵於木杆之上，（如第二圖）網即不動搖，凡遇下雨或途中進行不用之時，可扭鬆螺旋釘將網取下摺疊，納入袋中，以資保護而便攜帶，（其摺疊程序如第二圖，（下）），故較上述之網，更為便利，若欲掃捕草叢中之小形昆虫，則可以用紗布做成較小而輕巧之袋形掃網，此網可叫鐵工將鐵攤成薄片捲成一筒，筒長三英吋，直徑四分之三英吋空，頂端包一直徑六英吋寬之鐵絲圈，用高溫熔合之，而以紗布或粗白帆布縫成一尺長之袋形網，用柔皮或帆布夾縫網口於鐵圈之上，插入二尺餘長之網柄，即可應用，（如第三圖，）

此外尚有水網，專用以撈捕生活在水中之昆虫，其製法則以寬四分之一英吋，厚二分，長二英呎之尖形鐵片二塊，各於七英吋半處，使曲成直角，其頂端各穿一孔，拴以短釘，錘之，使牢而不固，能活動，可摺疊，兩尖併攏，即成一弓箭形網口，網柄筒之製法與結合，可照摺疊捕虫網，不用時，亦可摺而藏之，網口之大小，則須照網圈，網長約二十英吋，質料以稀白布或粗孔紗布爲宜，因其漏水快而工作便利也，（如第四圖）：

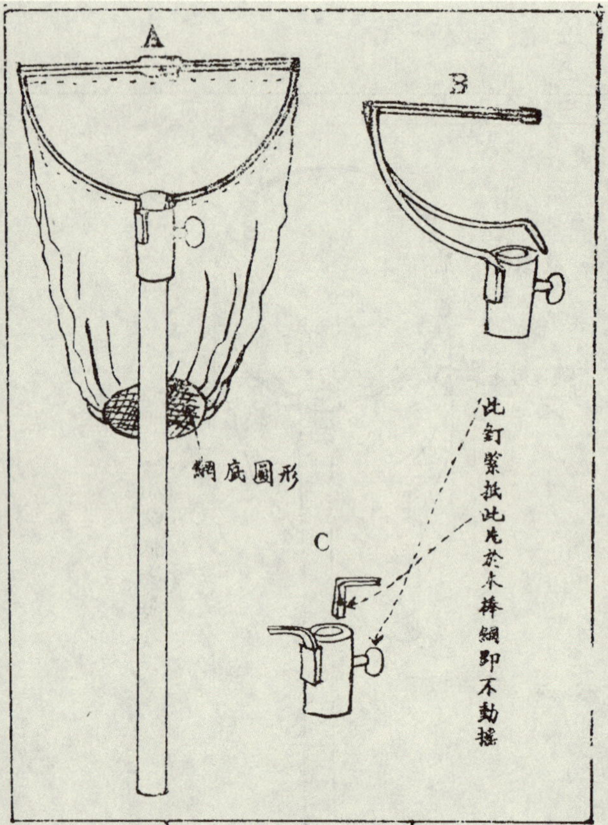

第四圖　水網

二，毒瓶：　毒瓶用以殺昆虫，爲採集必須之要件，其形狀大小，亦頗多不同，但以玻璃及膠質所製造者爲合宜，因其透明，便於覺察所採標本之多少，及其互相侵食情形，以便酌量增減，設法避免上項弊端，惟是項物品必須訂購，故如作短期時間之簡便採集則可利用大形玻璃盃，罐頭鐵筒，香煙鐵盒等，凡能盛毒品，可以密閉而不漏氣者，即可將就使用，茲將兩種毒瓶之用途說明於次，（A）玻璃毒瓶，通常皆用廣口平底，能以木塞塞之，在離底約一吋高處，有緊縮如頸形之帶便於緊帶，以免遺失碰毀之虞，頸下之空間，塞以棉花或紙屑，浸吸毒液以殺死標本，（如第五圖A，B）（B）膠毒瓶，爲新近所發明者，質輕便而透明，亦不易碰壞，惟其缺點則在一遇華氏九十度以上之高溫後，即能軟化而凹凸不平，或則收縮而脫其底，因是在熱天不能使用，倘將來能加以改良，則自當稱爲上品，其大小高低，則視所採標本之體積與攜帶之方便爲定，普通皆白天帶小瓶以採小形之甲虫，蜂子，蒼蠅……等，較大之蝴蝶蜻蜓，可

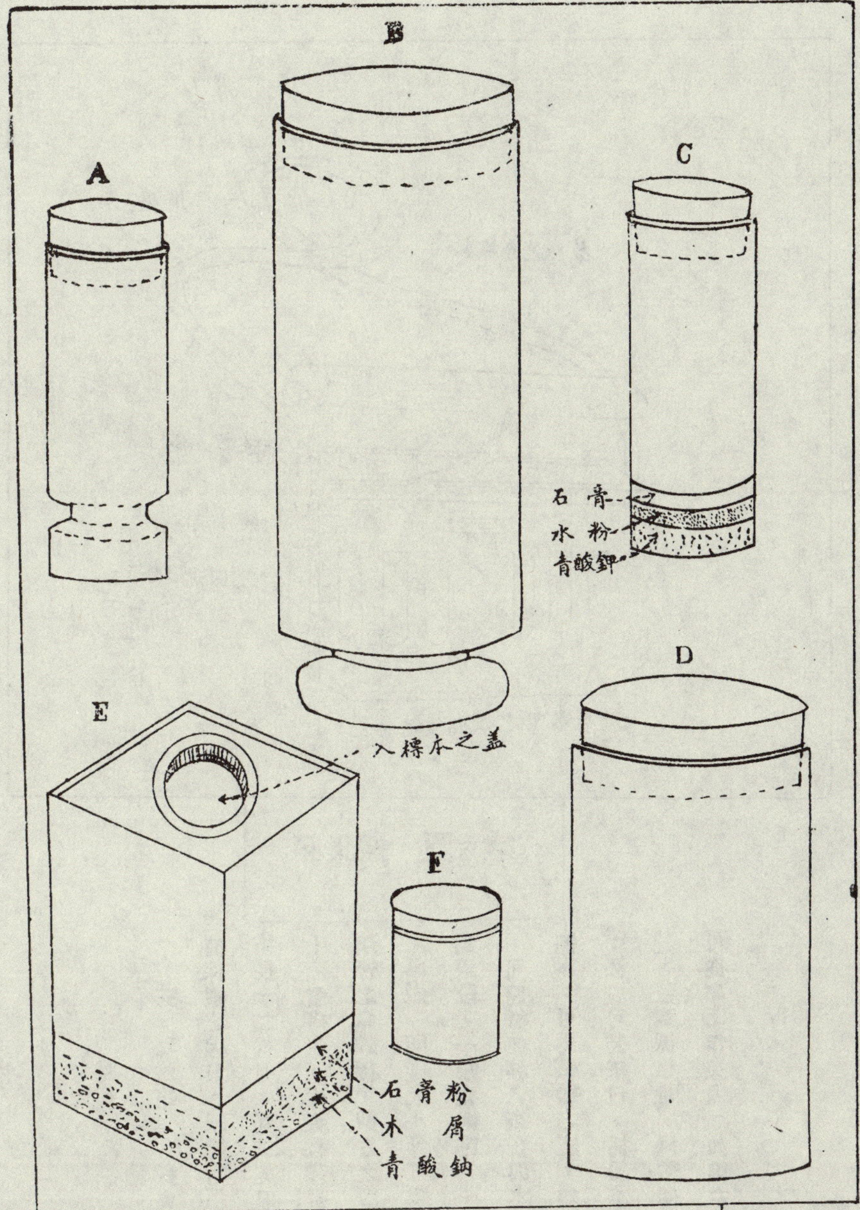

第五圖　毒瓶

A小玻璃毒瓶　B大玻璃毒瓶　C小膠毒瓶
D大膠毒瓶　E利用餅乾瓶做毒瓶
F利用牙粉筒或香煙筒做毒瓶

藏於紙包內，晚間則改用大毒瓶，以體形膨大之蛾類多出現於晚間，（如第五圖C，D）此外還有一種毒箱，此箱即可利用裝餅乾其之長方鐵桶，因封閉嚴密，不會洩漏空氣，用以盛毒品，集中毒殺標本，頗為合用，其藥品製配法，見藥品用途說明項內（如第五圖E）

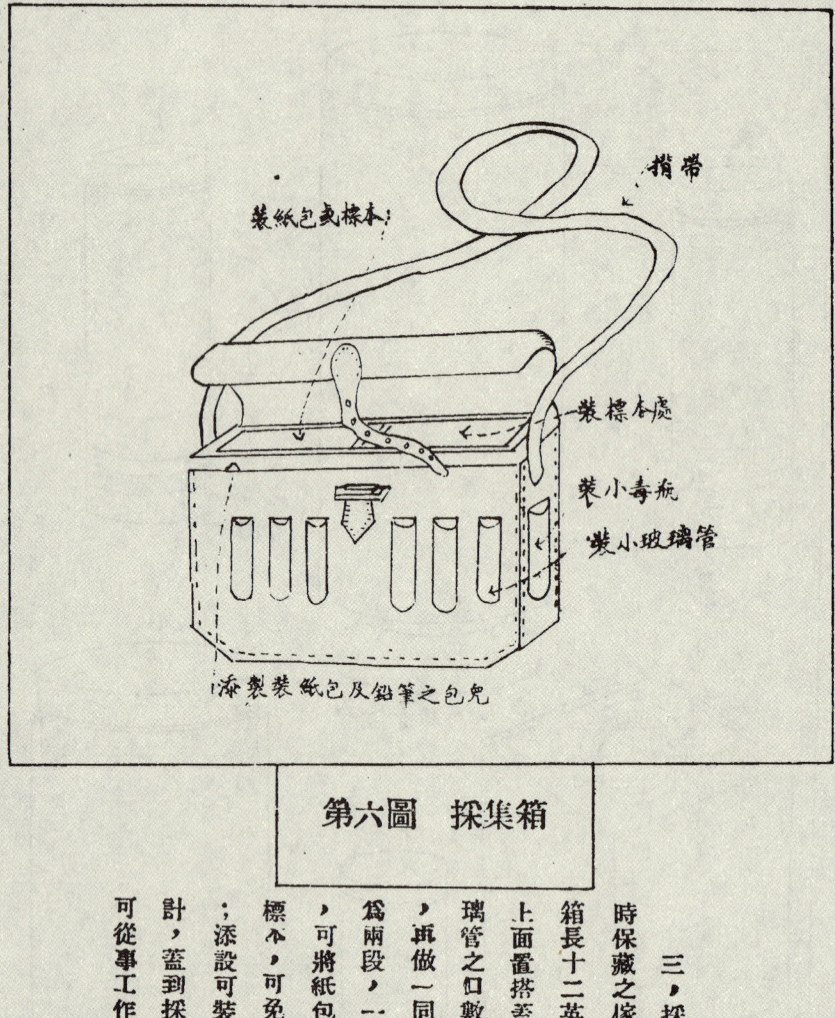

第六圖　採集箱

三，採集箱：　採集箱係在野外採集標本作暫時保藏之傢具，以能耐用之黃或灰色帆布所做成，箱長十二英吋，寬二英吋，高七英吋之圓角方袋，上面置搭蓋，兩旁截背帶，更在前面縫製能插小玻璃管之口數行，前方之傍邊縫一可帶小毒瓶之包兒，再做一同樣大小幷可裝入之無蓋木箱，其內分隔為兩段，一端盛紙包，一端藏標本，若遇標本過多，可將紙包移入布袋與木箱相接之空間，木箱全置標本，可免壓毀之虞，如在挨本箱之布袋內邊壁上；添設可裝紙包，插鉛筆鑷子之小包兒，則更為得計，蓋到採集時，只須掛上採集箱，拿上網子，便可從事工作矣，（如第六圖，）

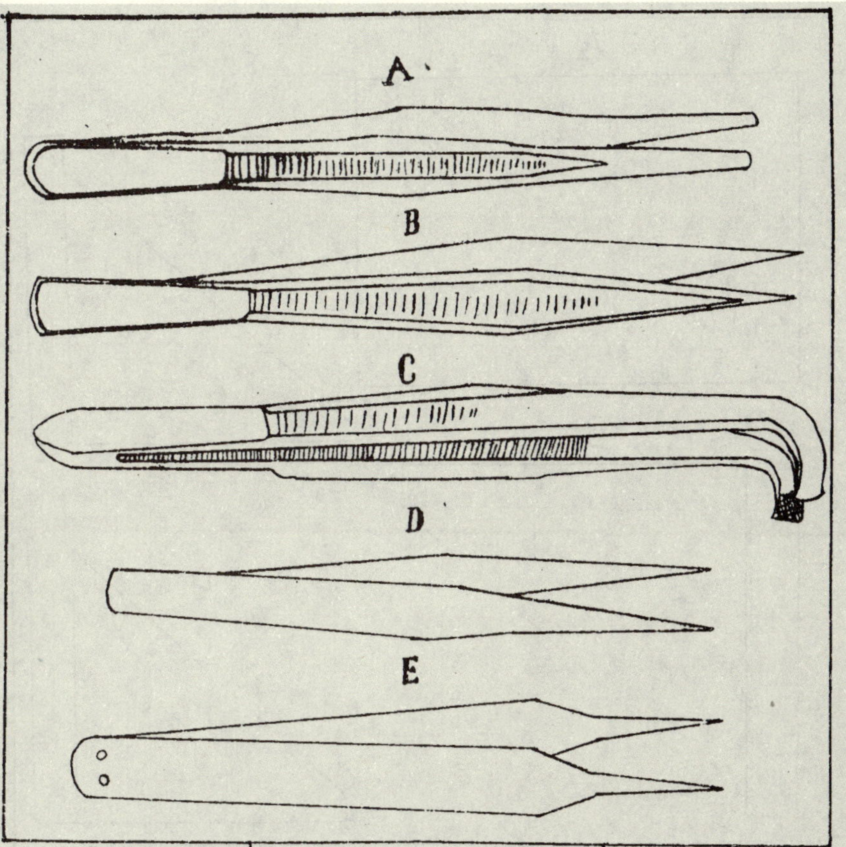

第七圖　鑷子

A整理鑷子　B較大整理鑷子
C刺針鑷子　D鐘發條鑷子
E鐘發條小尖鑷子

四鑷子；　鑷子種類甚多，用途各異，有大小曲直之別，爲採集小虫，或毒虫如蜂子之類及包裝標本不可或無之利器，形狀如醫用之鍍白鐵鑷，惟其彈簧式之夾柄較爲軟和，蓋採集昆虫無需用猛力也，但此項器具，價値頗昂，亦不易購買，大抵本地鐵匠就能仿造，或竟利用市售之鑷而稍加改良，（將彈簧柄磨薄）亦未嘗不可，採集時只須帶上大小鑷及灣鑷各一柄已足應用，惟爲預防遺失計不可不多帶幾柄以萬防一（如第七圖，）

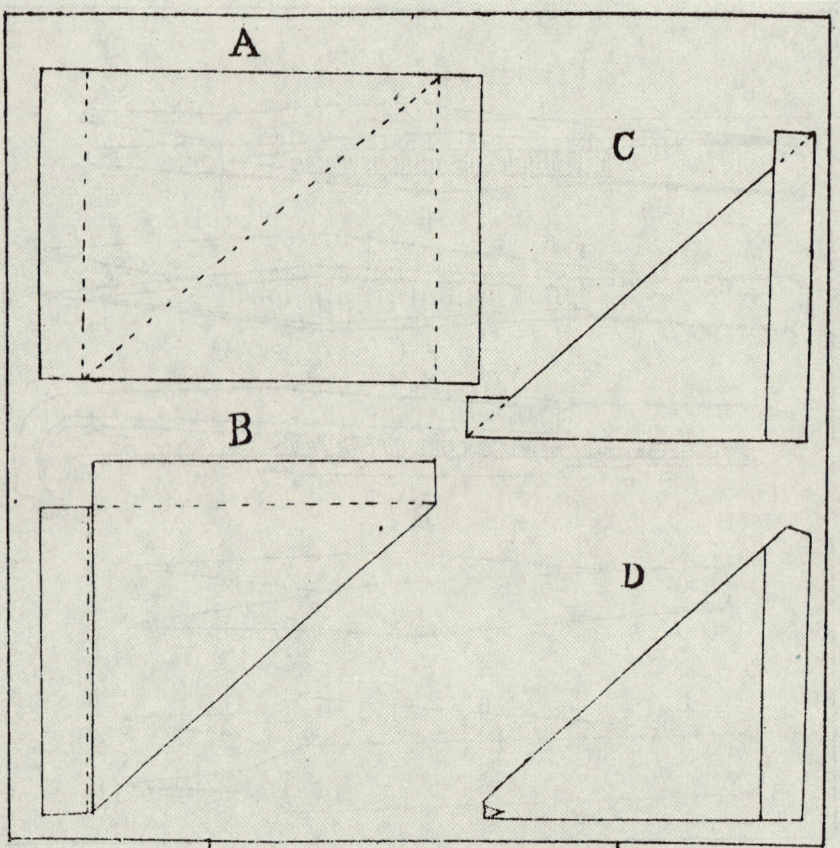

第八圖　摺紙包之順序

五，紙包：　紙包爲保藏蝶蛾及蜻蜓，……標本之用，以磅紙，硬性報紙，或無用畫報爲之，亦可用平滑透明之玻璃紙，惟因其太軟，不易保護標本，雨則虫體時有水份蒸發出來，若其放散不易，則易使標本霉爛，故包藏標本時切須斟酌從事，紙包之大小亦有一定號數，過小則不能容納標本，過大則標本在其中動搖，有礙安全，通常，二號，及〇，二、四，六，八，十，十二，等八種，背爲長方形之紙片其製法將紙片橫放桌上，由胸前向外翻摺，摺成三角形，以兩端之角尖架成直角爲度，所餘之邊，即趁勢包轉，以封其口，復將封口紙片之角尖裹轉，並折轉少許而壓之，以免標本裝進後紙包開展起來，用時須測定標本之大小，而施以適宜號數之紙包，其製造程序如第八圖之A，B，C等，茲將各號紙包之大小列表於次，以資比較。

紙包號數比較表（普通以二至六號需用較多）

號別	長度	寬度	應用紙料	號別	長度	寬度	應用紙料
0.2.	65.mm.	40.mm.	平滑之玻璃紙畫報或報紙	0.	75.mm.	50.mm.	平滑之玻璃紙畫報或硬性報紙
2.	85.mm.	60.mm.	平軟磅紙	4.	100.mm.	71.mm	平軟磅紙
6.	115.mm.	83.mm.	通常磅紙	8.	131.mm.	94.mm.	硬性磅紙
10.	145.mm.	105.mm.	硬厚磅紙	12.	160.mm.	116.mm.	硬厚報紙

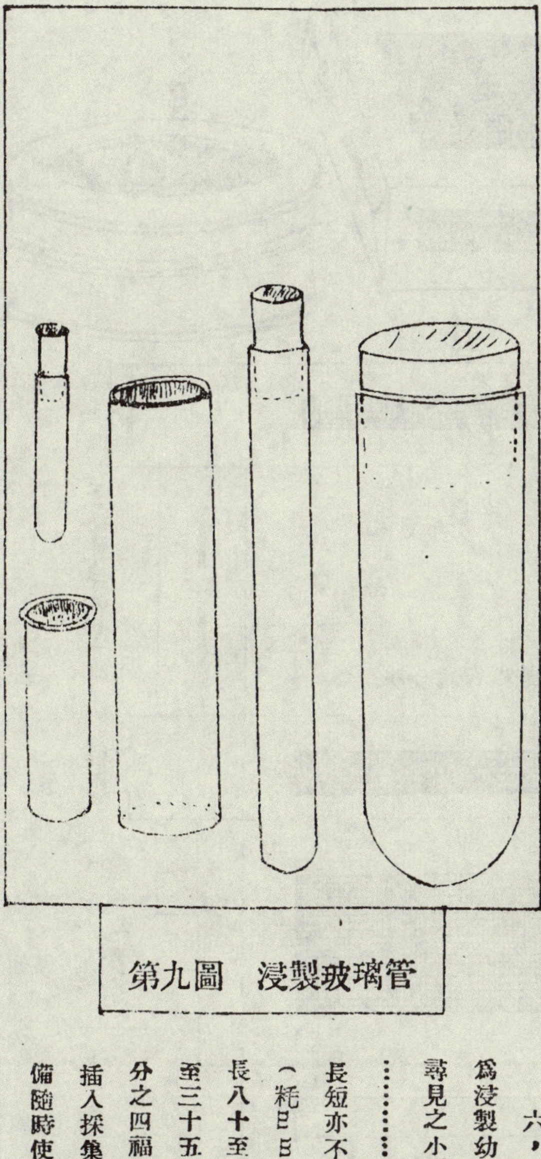

第九圖 浸製玻璃管

六，玻璃管；玻璃管用為浸製幼虫，及入毒瓶後不易尋見之小形甲虫，蚜虫，虫卵……等，有大小十餘種，長短亦不一，其最小長二十粍（粍mm）空徑三粍，最大者長八十至一百二十粍，空徑十至三十五粍，預盛酒精，或百分之四福爾馬林（frolmalin）插入採集箱前面之小袋內，以備隨時使用，（如第九圖）

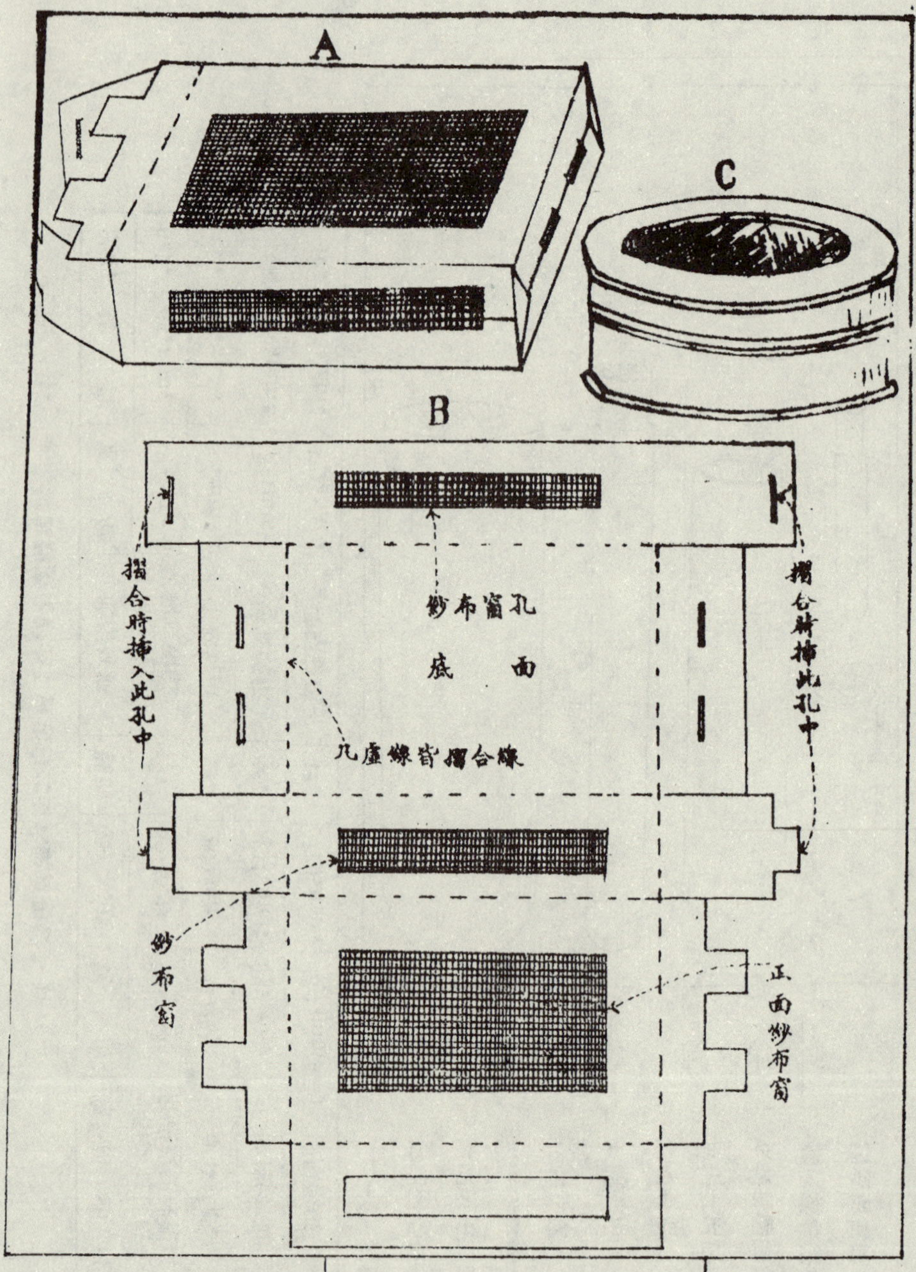

第十圖　飼養盒

A方紙盒摺合狀 B方紙盒之解剖圖 C圓紙盒

七，飼養紙盒：此盒專爲祇能採得幼虫，必須將幼虫帶回養成成虫時用之，其製法可將普通圓形或方形之小紙盒，在蓋上挖一孔，貼上紗布以流通空氣即成（加第十圖A，B）或用做香煙紙盒之原料，或雙層磅紙，做成長八英吋，寬三英吋，厚一英吋又四分之一吋之方筒，兩端各將四角裁破一英吋又四分之三長，摺轉而塞其兩端之口，為能栓住計，在突出紙條之一側，以剪刀剪成如刀狀之凸形片，另一側在與凸形相接處，鑿成一方口，俾與凸出之紙角相合，其上下突出之兩方紙條，亦照樣剪成凸形及方口，惟每側各有一個，用時將此各個凸起分別插於相對之方口內，即可成

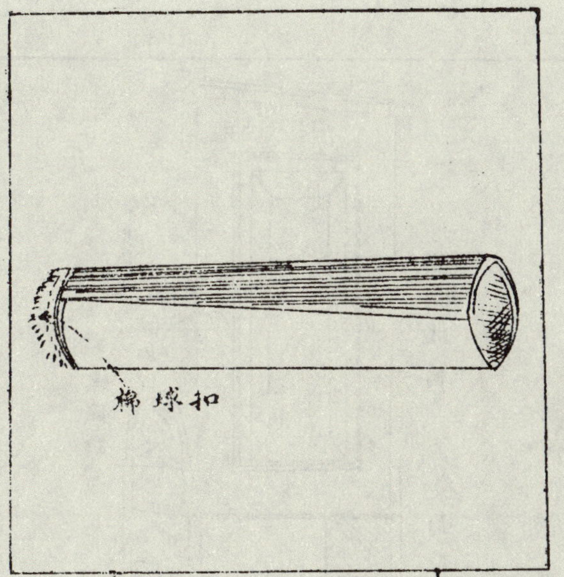

第十一圖　紙捲

一長方紙盒，再為流通空氣計，在盒蓋及前後兩邊各挖一相當大之孔，貼上大眼紗布，同時又可從此觀察盒中之飼養情形，不用時，則取出各凸片，壓扁叠藏，攜帶亦甚方便，（如第十圖之C，D，E，為其製造程序，）。

八，紙捲：　紙捲乃以二三吋寬，四吋長之磅紙，或其他厚硬紙條裹在木棒上，將其邊緣用膠粘貼之，然後取出木捧，即成為一個紙筒，在此紙筒之一端用紙屑，或紙片包一棉球以封塞其口，但不可直接用棉球，免虫爪因抓住棉絲而脫落其足，虫子由另一端裝入，仍以紙包棉球而封塞之，外面即可作各種記載之用，（如第十一圖，）

九，捕蛾燈：　在夜間用帶子引來吃糖的蛾子，（其法見下節食物引誘法放帶子，）必須帶燈及毒瓶而捕之，在此時若燈光過強，則蛾子必皆驚飛而去，非用一種特製之捕蛾燈不可，此燈之製法，可用鐵皮做成高六英吋，寬三英吋，厚二英吋之黑色方匣，兩側各嵌二英吋半長，一又四分之一英吋寬的厚玻璃，前面裝一玻璃插門，以便開閉，匣內置一小煤油燈，穩嵌匣底之上，其燃料以菜油煤油各半，混合而點之為宜，在燈之背面，設置一鉤，以便掛於腰際，頂上置一鐵絲絆，又可提行，頂上留出煙孔

，以槓鐵皮覆之，使煙由兩傍洩出，更在頂之兩側，及下面三方，各鑿三五個小孔以助燃燒，（如第十二圖之A，B）若無此項之燈，爲將就工作計，用馬燈圍上黑布，只留一小孔透光亦可，倘有手電筒蒙上紅紙，掛於脅下以代之，工作尤爲方便。

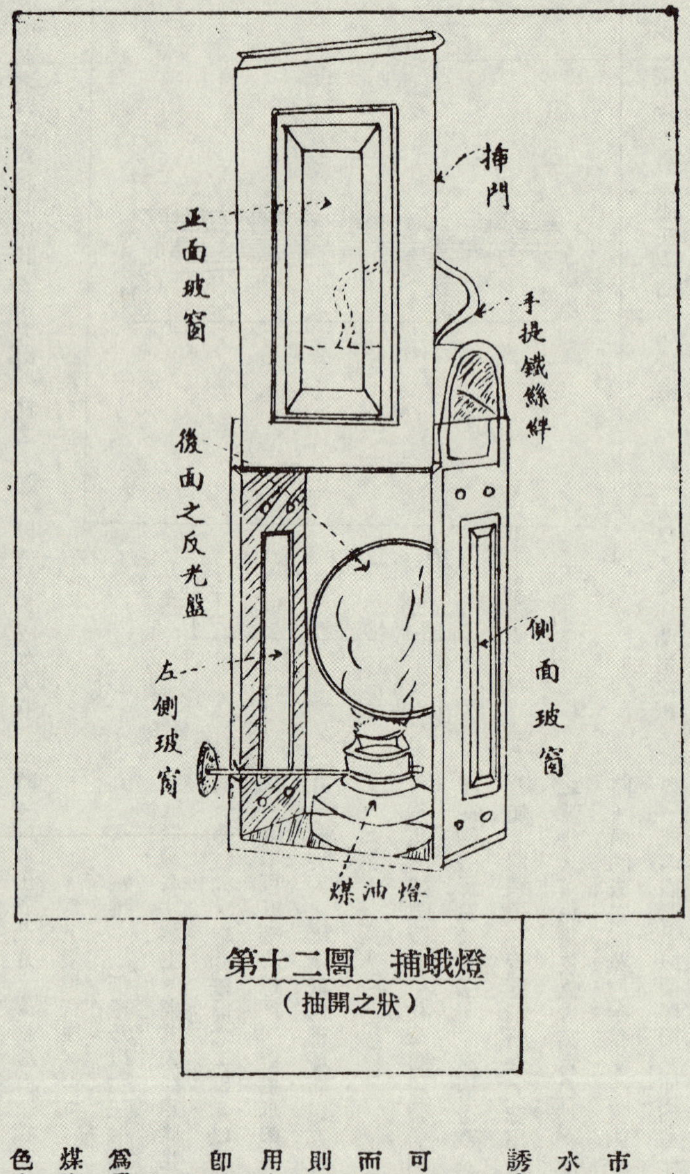

第十二圖　捕蛾燈
（抽開之狀）

十　帶子；　帶子卽普通市售之燈心寬板帶，用特製糖水浸透，牽林邊小樹上卽能引誘夜間飛翔之蛾類而捕之。

十一，泡帶子桶；　此桶可卽利用空煤油桶，將其洗淨而乾之，待其油臭完全散發後則將其頂剪去，另配一蓋，外用木箱護之，中盛糖水，帶子卽浸漬其中。

十二，誘蛾燈：　誘蛾燈爲燈形式之直立汽油燈，或名煤汽燈，四週爲藍色，或灰白色之護燈鐵筒，在其前面發光之紗罩下，置一反光盤，使燈光變成直射式之光柱，其構造原理與煤汽燈相同，此外又有所謂加爾比燈（Karbil）卽自行車上所用之百步燈，內盛石油灰狀之加爾比，（電石，）碎塊，上面裝一小壺清水，扭開螺旋，使水一滴一滴的漏下，當其與加爾比化合後便

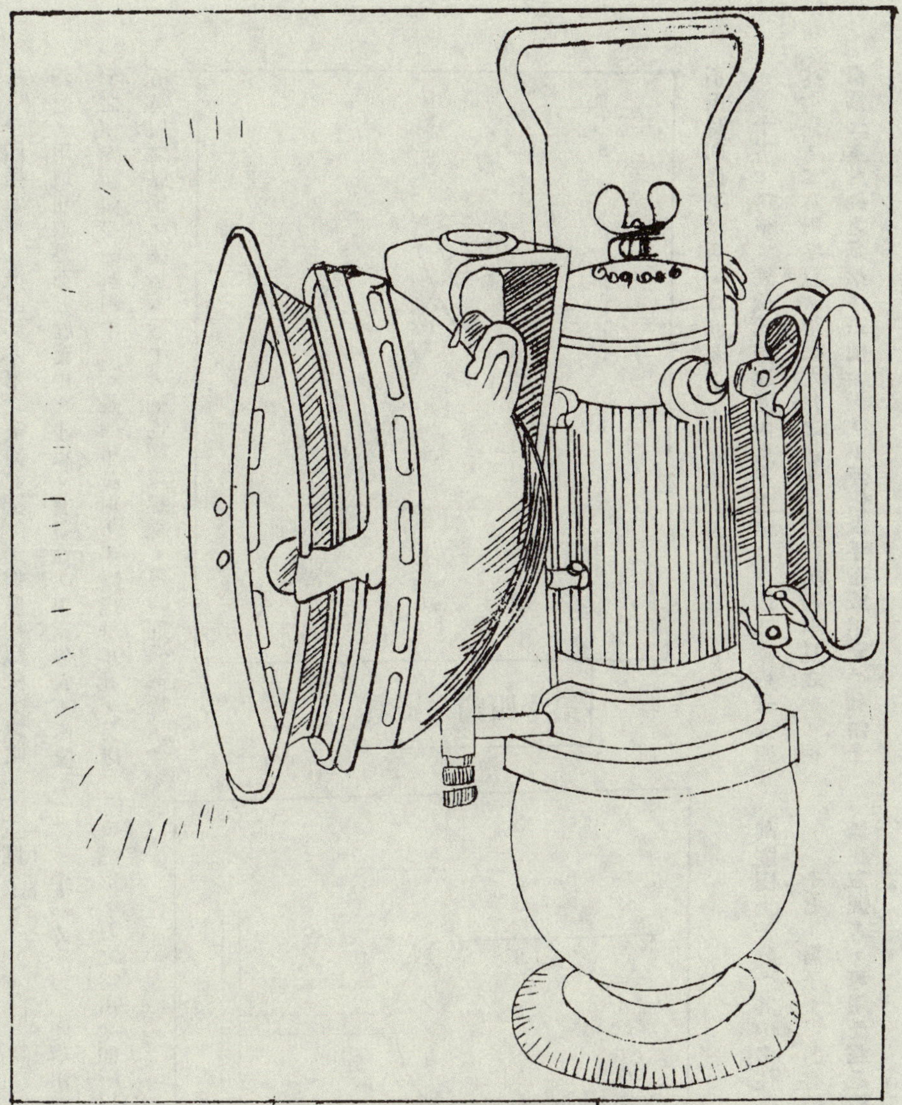

第十三圖 誘蛾燈

發生燃燒作用，其光明與電燈無異，（如第十三圖。）亦可就近處利用電燈，或明亮馬燈代之。

十三，白布擋子：白布擋子可用普通漂白布縫成，長約六尺餘，寬四五尺，夜間撐於林中或草叢傍邊或生長灌木之溪谷岸上，移誘蛾燈光於其上，以誘各種昆虫而捕之。

十四搔具： 搔具即小形之五齒釘鈀，形似農用耙梳，以鐵爲之，用以耙取地面及腐葉內之小虫，其製法，用鐵做成五齒梳形之耙，耙齒長一英吋半，耙長四五英吋，中鑽螺絲小孔，另以五英吋之鉄柄，插於木柄中，柄端團以螺絲，用時則插柄於耙，不用時則退下鐵柄，分別藏之．（如第十四圖，）

第十四圖 搔具

十五，鐵鍬 鉄鍬爲掘取泥內虫子之佳具，以薄鉄板做成四英吋長，二英吋半寬，形如瓦片之鏟，上有二英吋半長之柄，柄端鑲二英吋長之鉄柒，以便緊握，不致傷及手指或手掌（如第十五圖，）

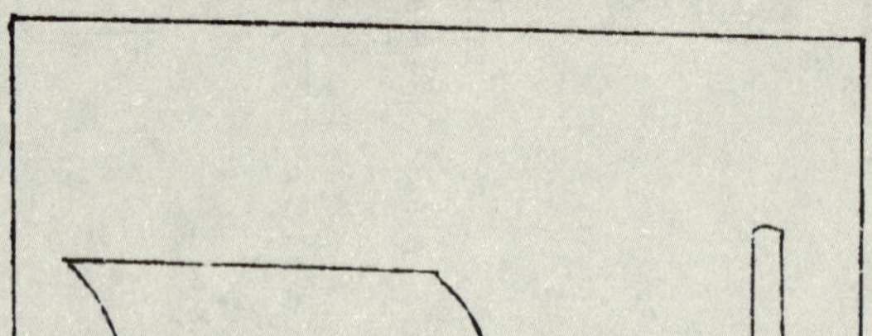

第十五圖 鐵鍬

十六，小刀 此項小刀須較普通者堅實耐用，其尖端略灣如鷹嘴形，刀之爲用，即所以刁剝樹皮，或朽木內之小甲虫，并可刮削樹上苔蘚（其中多住小虫），及割切他物。

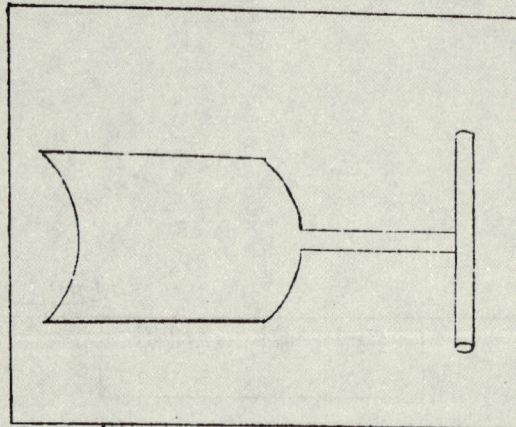

十七，鋸子： 遇有較大之腐朽樹木，知其中生有昆虫而又無法取掘者，可用此鋸截斷而尋之。

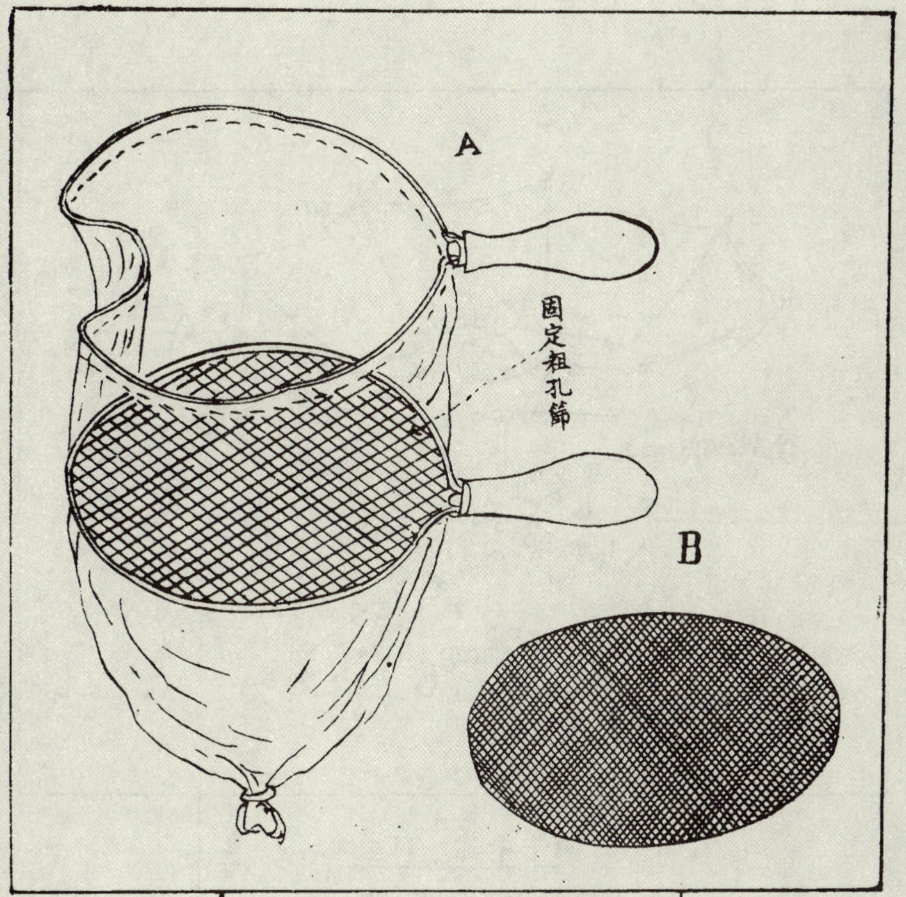

第十六圖　雙層篩網

A篩網之全部
B網內之細篩孔（係活動體，篩細物時嵌入，篩粗物時取出之）

十八，雙層篩網：　雙層篩網用以篩尋泥灰中，朽木碎屑中，腐葉中，及生在樹上之苔蘚中，不易尋見之小虫，其製法，以極粗鐵絲紆成十二英吋直徑之圈，在圈之交接處，將兩端所餘鉄絲屈成直角，併攏而溶合之，上裝一木柄，以便提攜，依圈大小，縫以三十二英吋長之密白布籠，距口十三英吋遠處，仍做上述之網圈及網衲，籠中安置用鉄絲編成之圓篩，篩孔約十粍間方，固縫布籠之上，再故一鉄絲圓篩，孔粗約五粍間方，篩小物品如苔蘚類，或細泥粉時，即將小篩擱於大篩之上，篩物品時常取出小篩，而後篩之，末端留一巨孔，用帶子縛封之，篩內有虫時，可由此處解繩傾出，如能將網口前方紆成凹形以奏合樹幹，則更為合用，此種網特

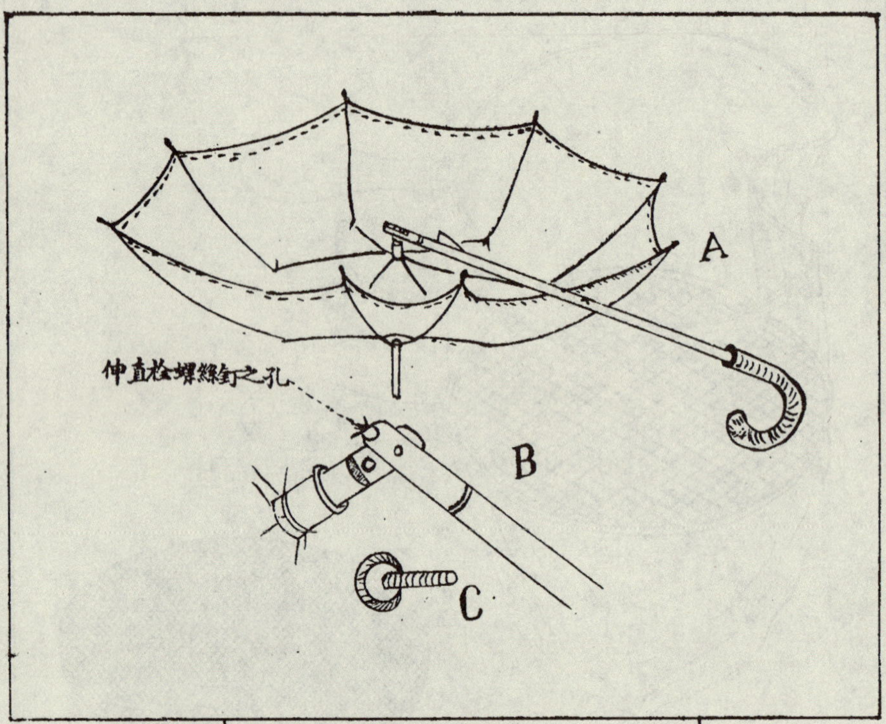

第十七圖 昆虫傘

A伸開狀 B傘柄結構
C螺旋釘栓入孔中，傘柄卽直伸如常傘

名之爲篩網，（如第十六圖A，B，）

十九，昆虫傘： 昆虫傘爲打落法中之接虫器，有專製出售者，但亦可以用普通雨傘改造而成，其製法，卽在傘內加裹布一層，蓋去傘骨僅留六七吋長縫口，便手伸入在傘柄上栓釘，縫口邊置按扣，以便將縫口閉合，又在傘頂與傘骨盤之間將傘柄切斷，兩端另連以寸餘長之鉄柄，做成雌雄式之銜口，一端先栓一釘，使能屈折自如，另一端置一螺旋釘，用時將螺旋栓釘取出，傘柄卽可折持，接於樹下以施行打落法，不用時栓上螺旋釘，遂如常傘，（如第十七圖，）

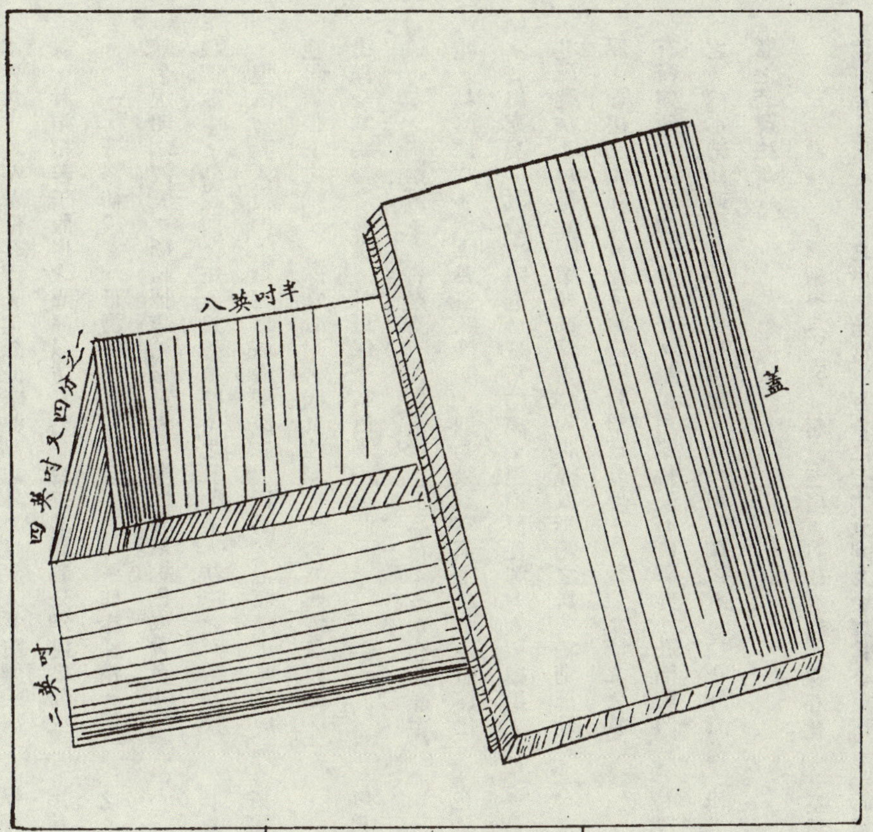

第十八圖　針盒

二十，吹煙橡皮管；用二尺餘長之小橡皮管，一端接一較大之玻璃管。或瓷嘴頭，他端則插入一醫用滴水管，用以插入虫孔中，口啣粗管，注入香煙或捲菸之煙子，將虫驅出捕獲之。

二十一，針虫盒：用鉄皮或薄木板做成八英吋半長，四又四分之一英吋寬，二英吋高之有蓋方盒，內墊鋪軟木板，或通風紙，面鋪一層小方格紙，作臨時針釘昆虫之用，（如第十八圖，）

二十二，昆虫針：凡不便保存如蜂子，蒼蠅，椿象…………等類之標本，於採得經毒斃後，隨即用昆虫針穿好，釘入針虫盒內，以作暫時保藏而便攜運。其種類形狀大小，則姑於下章述之。

二十三，筆記本與鉛筆；此二物宜隨帶身邊，於採集時將觀察前所得如擬態，食物，生活情形，及其交配方法，抗敵術，并及自然風景，社會現象…………等，俱宜記之，以備後日之參考。

第二項　採集之藥品及其用途

採集應用之藥品，種類甚多，用途亦各異，然

不外爲毒殺劑及保存劑，但除此項藥品以外，採集人爲防禦疾病計，並須帶若干服用之藥品以防意外。茲擇其要者分別述之如次

一，哥洛紡謨： 哥洛紡謨（Chloroform）即迷矇精，係無色透明之液體，極易揮發，市售者，多保存於棕色或黃色小口玻璃瓶中，外護顏色紙，爲普通醫用之麻醉藥，初嗅之微帶甜味，但慎勿吸入腹中，用時以紙屑浸透之，密閉於毒瓶中，此藥於晚間捕帶上之蛾子 殊爲合用，因其性劇毒，容易將蛾子殺斃，得保全其鱗粉之落脫，並可保全其色彩不退敗。

二，青酸鉀： 青酸鉀（Potassium cyanide）爲白色之結晶體，易溶於水，倘使與空氣接觸，則易吸取空氣中之水份而溶化，發出惡臭，其效力略遜於哥洛紡謨，但價值便利，人多樂用，其配製法，以青酸鉀塊粒或粉末盛入毒瓶或毒箱之底，約鋪三分厚，面覆鋸木粉二分厚，再加石膏粉三分厚，然後以水濕之，俟石膏變硬，不易傾倒時爲止，最後用鐵絲將石膏鑿穿小孔而密閉之，標本納如其中，不久即可毒斃，（如第五圖之C，D，膠毒瓶之裝製法）

三，酒精： 酒精（alcohol）用途至廣，可作燃料，保存劑消毒品…………之用，通常以百分之七十五到九十度爲合用，

保存幼虫者，宜先稀釋酒精，以百分之九十五度酒精（即市面所出售者）一百西西（西西，即C，C，）加蒸溜水三十西西配合之。

四，挪福塔林： 挪福塔林（Naphtalin）又名洋樟磁，爲白色塊末，有異臭，易於揮發，着火即燃燒，置入標本盒內，或貯藏櫃內，或潮溼箱內，可免標本生虫生毒之虞。

五，樟磁： 樟磁有方塊，粉末及液體三種，可用於醫藥，以其粉塊混入挪福塔林粉中，可增加防虫效率。

六，福爾馬林： 福爾馬林（Formalin）又名蟻醛液，爲白色液體，有臭味，可作保存劑及固定劑，其配製法，以百分之四十度的福爾馬林（即市售之福爾馬林）一西西，加蒸溜水，或清水十西西，即可應用。

七，甘油： 甘油（Glycerin）將標本製成玻璃片時，可使標本透明，通常混少許於酒精中以保存幼虫，或塗於有光澤之甲虫背上，可使標本不退色，此外又可用於醫藥以治鼻燥。

八，松節油： 松節油（Turpentine）不易揮發，可隔絕空氣，用毛筆塗於有光之虫體，可保顏色不敗，其用於醫藥者，能通氣血，爲筋節瘀氣之良藥。

九，樹膠：樹膠爲做紙捲，封標本箱，及粘貼他物之必須品，故亦不可不備。

十，棉花：棉花之質柔軟體輕鬆，爲保標本及藥瓶之妙品，再則有害虫誤其中，其足卽爲纖維所纏裹，不能逃脫，故又可以隔斷虫路，宜多備之。

十一，人服藥品：人服藥品則視所到地點，及採集者之需要而定，但常用之痢疾，痧症，傷風，感冒，頭痛，目眩，清熱，解暑，瘴氣，瘧疾，嘔吐，咳嗽，積食…………藥品，以及外傷所用之碘酒，油膏，止血，止痛，消毒…………等藥，與膠布，洋棉，繃帶類之衛生設備，亦不可少。

第三項　普通用具之準備

凡到邊地作長期採集時，因人煙稀少，交通不便，貿易困難，關於日常生活之用品如帳幕，行軍床，蚊帳、油布，雨衣，陽傘，馬燈，電筒，水瓶，茶壺，烙鍋，飯碗，菜盤，菜盒，筷子，鍋鏟，刷子，柴刀，菜刀，背箕，擦布以及一切應用炊具，皆宜備帶，此外如團體公用的旗幟，團片，圖章，護照，公函，封條，以及工作時所應用的氣壓表，寒暑表，溫度，溼度比較表，雨量計，指北針，望遠鏡，擴大鏡，照相器，文具，地圖，賬簿，表册，及個人所需之名片，衣，被，書籍，筆墨，日記，面巾，牙膏，牙刷，面盆，肥皂，避風顏色眼鏡，草鞋，手巾…………等件，亦須酌量備帶，此雖常用之零星物品，但臨事愴悴，每多遺漏，假如一旦不能接濟，不免進退維谷，此種艱難，惟有曾作遠道採集之人，方能領會，至於行李多了，須放一定位置，並須登記，何箱所置何物，在箱面貼一名單，用時一查名單，卽可使用。

一期本欄所載「昆蟲採集製作經驗談」一文，因手民失檢，致將該文之「昆蟲分目檢索表」兩處排列顛倒，程序紊亂，茲恐讀者不易得着頭緒，特此聲明並示歉意。

編者

教育

義務小學的障礙

葉心符

教育要普及到鄉村去，這是我們工作的目標，也是全國一致的要求。幹鄉村教育工作的人，須有埋頭苦幹的精神，這是我們對於義務教師希望之一。不過鄉村教育究竟要怎樣的普及，埋頭苦幹究竟要怎樣的方法，還是值得研究的問題。我們是負有普及鄉村教育的使命，同時還抱着埋頭苦幹的決心。但是事實告訴我們，鄉村教育工作的進行，當前還有許多障礙，並不如理想的那末容易，這次義務教師研究完畢，分派各保籌設學校，下面的種種，是親身體驗到的：

（一）保長不負責任，事業不易推動：鄉村教育工作的推動，須藉地方上的政治領袖。現在鄉村政治的組織，是採用保甲制度，無疑的保甲長是當地政治的領袖。記得我們在出發工作的當兒，曾諄諄的告誡義務教師：須用誠懇的態度做事，對於保甲長，尤須誠摯懇切的和他們商量，請他們幫同選擇校地校舍，勸導鄉民送子女入學，以及設法解決私塾等，一面還召集各聯保主任，請負責督促進行，可是結果，雖然大多數保長都是很熱心的襄助進行，但也還有很少的不負責任，甚至阻撓進行。研究所以如此的原因，有的是義務教師本身的不會做事，把事情弄僵，有的是保長自私自利，只知有已不知有人。有的是缺乏責任心，絲毫不知道是保長分內之事。更有的是和義務教師鬧意氣，為了自己，不顧公益甚至種種搗亂總以一報私仇為快，試問這樣那裏配當地方的領袖？願回轉頭來！

（二）鄉村民衆，對於教育的真義。根本不了解，因此對於學校的設立不免誤會，或竟表示反對：須知：鄉村教育的對象是鄉村的兒童和民衆，但是鄉村民衆根本認錯了教育，他們認爲讀書識字，只是爲的陞官發財，他們自問自己不能陞官，便不願子弟受教育。他們感覺到平常應用文字的機會很少，實在沒有讀書認字的需要，不識字也不感覺有怎樣的痛苦，因此就不願意把子弟送進學校去。他們覺得像私塾一般的死讀死唄死寫，便是好方法，洋學校(?)是決不用這個方法教兒童的，所以他們便要反對

（三）受生計的壓迫，無力送子弟入學校：鄉村農民的生計，大半是很困難的，尤其是在農村經濟崩潰的現在。據本署建設股調查的結果，什有九窮，十室九空大半是佃農。不但如此，有許多甚至田都沒得種，或則跑到都市裏去做工，或則流爲乞丐，此外，在本區範圍內，還有一個特點，就是因爲有許多地方是礦區，所以他們就做了非人生活的挑夫。他們終日忙着於生計，孩子如果滿了七八歲，就要命他幫着做活計，這樣，尙且還不免於飢寒，那裏能夠送子女進學校！

（四）私塾的存在，對於鄉村教育的推進，是一大障礙：私塾是教古書的，是教文言文的，是死讀死唄死寫的。他們爲保持飯碗起見，對於我們所實施的鄉村教育，自然要表示反對。鄉村民衆受傳統觀念的束縛，贊成私塾的心裏，無形間要比贊成學校的心理強些，因此對於義務小學的成立，不免受很大的障礙，雖然區署已佈告限廢歷中秋前所有私塾一律停止，否則查封，但在目前——尤其是學校開辦的當兒，深感到還是一重障礙。

義務教師往鄉間去籌設學校所遇到的困難，已如上述，但是我到決不能因爲困難而停止我們教育工作的進行，相反的更應進一步打破這些困難，謀事業的積極發展。

現在我們能發現這些困難，就是我們對社會有了一些認識，我們能解決困難，便是事業已有了進步。義務教師們，對着我們的困難去努力罷！

本文乃作者依據各義務教師初下鄉設學校時所感受的困難而寫的，現得各鄉鎮一部份保甲長之熱心襄助，地方人士之誠懇扶持及各義務教師之努力奮鬥，上述各種困難，已經解決過半矣。

寫給義務教師研究班就業諸君

心豈

實驗區署義務教師研究班的諸位先生：

你們的目的遠大，意志堅決，能在這樣大熱天氣，趁別人休閒的暑假，不畏艱難，不憚勞苦，在此受着軍事訓練，這種精神眞足令人敬佩，在這世界列強拚命擴充軍備的狂潮中，軍訓的確是萬分需要，迫切。現在你們訓練結束，畢業期屆，賡續就要深入民間，爲無數國民的導師，作復興民族的先進，促起民衆武裝救國，諸位就是前敵指揮官，敝人別無所贈，只在一傍爲諸位祝福，願諸位先生前途光大，早日成功，同時并希望各位先生將自已所學的長處，一一施展出來，負起組織民衆，訓練民衆，教導民衆之責任，努力前驅，以達到救亡圖存最後目的，爰將個人管見所及，關於鄉村教育應當進行的，而又極平常的幾點，分別陳述於後，以資參考而備採擇，蒭蕘之識，幸祈垂察：

1，提高民衆愛國熱忱：中華民族在近幾十年來飽受列強之侵略，慘遭帝國主義之壓迫，領土喪失，國勢衰危，經濟破產，人民窮困。尤以倭奴之橫行，至於此極……凡此種種事實，各地宣傳機關雖克盡所職，然只偏於都市，在交通不方便，教育不發達之鄉村，影響實不甚大，而鄉村民衆非無愛國之天質，非無禦侮之決心，非無辨識是非之理智，惟以知識疏淺，消息不靈，一盤散沙，力量薄弱，此種組織工作，教導責任與激發民衆興奮之職務，應由諸位先生負担起來。

2，普及農村生產教育：我國農村破產，財盡民窮，已成爲全國普遍現象，而復興農村之急切需要，亦早爲各界所公認，故舉國上下，一致高呼着到農村去的口號，吾人試推農村病源，固不外乎軍閥政客之刮削，土匪之騷擾，天災之流行。而一般民衆智識低下，不講究生產事業，實與有極大關係，關於農家副業如喂豬，牛，羊，養鷄，養鴨，養魚，養蜂，養蠶，及種棉，種麻，種漆，種桑，種茶，種蔗，以至於栽竹，畜果，培植森林，飼養白蜡，五倍子……等，均能大量增加收入，直接造福人類，過去實驗區署已曾提倡，而且收到相當功效，諸位若能力謀推進，大事改良，俾農民衣食優裕，即可以救濟破產的農村也。

3，灌輸民衆的農業知識：中國以農立國，開化最早，祇以各門守舊事事不如外人，要達到改良農業，增加生產的目的，簡分三點敘述。

A選種：普通農作物除播種趁時，施肥適當，耕耘得法（此三者農民俱有好的經驗）以外，對於選種，尤須格外注意！我們知道，品種不佳，發育不旺，結實不豐，影響收獲甚大，關於鹽水選種工作，今春區署曾經試辦成績良好，還須諸位設法推廣，以期普及。

B，防災：吾國連年以來，遍遭苦旱，人民感於天命，不謀正當方法預防，卻求神禱鬼，反而枉自消耗財帛，以致災情奇重，民不聊生，今夏實驗區署本以合理方法，靈效可期的放炮求雨，燒烟求雨見諸事實，但終屬暫時救急，耗費亦鉅，倒不如鑿堰築池來得穩便，因此岸邊可以植樹，池傍樹下可種葡萄，池內可以養魚，遇下大雨即儲水於池，以備旱時灌田 從中並可減少水災，一舉數得，頗合經濟，務希諸位於工作之暇，多方解釋，促其早日實現，以符年年防天乾之鄉諺。

C，除害：農民一年辛苦，期在秋收，若一旦虫害發生，病症流行，雖有嘉禾，亦屬完全絕望，前功盡棄，實為可惜，農作害蟲，種類繁多，其最顯著，為害最烈者，則有螟（二化螟虫與三化螟虫），蝗，與稻包虫，浮塵子，鐵甲虫，烏蝇虫，稻椿象，及土內之地蠶，天牛……等數十種，本區今年曾經發現鐵甲蟲之類吃害秧苗，地蠶斷蝕玉蜀黍，均極劇烈，即使谷糧收藏以後，猶有一種象鼻蟲（俗稱米蛆，或牛角）前來侵害，此吾人不可忽視者也，諸君於農村施教時間，附帶灌輸此種除蟲常識於農民，尤其兒童，並從而鼓勵其興趣，借兒童休暇之便，組織採集隊作除蟲之義舉，收效必大，且能啓發兒童利用自然之科學觀念，便中即所以為人類謀幸福也，至於除蟲方法，大別之可分為天然防除，（利用益蟲，益鳥，氣候等），人工防除（捕捉，引誘）農業防除（輪作，灌溉，播種期之提前落後等），藥品及器械防除（觸殺，毒斃，熏蒸，利用噴霧器，撒粉器等）四種，當中又可細分若干項，茲限於篇幅，不必繁舉，諸位若欲實施，我們頗有切磋的機會。

4破除鄉村迷信：吾國教育不發達，文化不普及，一般鄉民（城市知識階級之一部份也在內），迷信甚深，一切虛幻無蹤，不能理解之事物（如風，雲，雷，雨），悉歸之於神明，崇拜尊仰無所不致，遇兵災匪患之騷擾，則概括之曰天命，惟坐嘆以度厄劫，田間發生害蟲使去唸經求神更作無補於事之糜費，吾國之大，每年消耗於香燭，紙張及僧道者，總在萬萬以上，以此項損失來作生產事業與國防建設之用，立地可以使中國國強民富，以此項損失來作教育經費，可以辦到全國皆君子之風氣，迷信一項，無形中妨礙於國際民生，及交通教育之進展，實至重且鉅，此點亦希望諸君以身作則，用力推翻此種惡習，節省虛糜，暗中即所以增加生產也。

5、改善農民娛樂：鄉村農民，常常是日未出而作，日已入而未息，尤其農忙時期，勤勞更甚，若過於疾勞，則致影響於壽命，故每年有所謂元宵，清明，端午，中秋，重九，等紀念節期，全國未禁，萬民同樂，借以恢復殘習，一般意志不堅，知識淺薄之輩，每恨佳節之不再，嘆良晨之難酬，於是嫖賭煙酒，相沿成習，屢有因此而墮落，而生活無依者，數見不鮮，希望諸位於教讀之暇，竭力提倡正當娛樂，如音樂，游藝，及含有社會教育之戲劇等，務要領導民衆走向重時間，守秩序的大道上去，工作有條理，時間有預算，其不良習慣即行自然潛消，綜之，農村應興應革之事尙多，此所述者，皆屬附帶之事，希望諸位要格外勤勉，克盡義務，以符義務教師之名，諸位先生若不嫌粗鄙：祈善自爲之，統希診重，幷祝

健康

爲義務教師研究班就業諸君進一言

劉運隆

嘉陵江三峽鄉村建設實驗區署。前次招致之義務教師研究班，集中北碚訓練一月，自八月一日起，直到現在，受訓期間屆滿，己由該區分發區屬各場服務，吾人於此，謹以至誠爲諸君告：

近年以來，我國農村經濟頻於破產，一般有識之士，無不注意於農村之救濟，固然，此種工作乃民族之基本；蓋復興救濟農村，千頭萬緒，豈止一端？而普及教育，又係目前刻不容緩之事，惟我國教育方針，極其錯誤，時而抄襲英美，時而採取日德；東革西改，終未改好，而且教育宗旨之與農村經濟及農民生活毫不發生關係，當至大相逕庭，信仰全失，而實際方面呢，農村經濟是如此低落，一般農民終日勞苦，不得一飽，那有担任教育經費之力量？即有學齡兒童，而亦不願送入學校，因此便形成了教育之不發達與兒童之失學，爲今之計，要想救濟農村失學兒童，各保實有設立義務小學之必要。此其一。

鄉村中的保甲長，乃爲一般農民之小官吏，最與農人接近，

這當然有指導他們生活與督促他們工作的責任，所以救濟農村而保甲長可以說是第一把鎖，不過，我們看到一般保甲長之低能無用，委實感到失望，有的簡直連字都認不得一個，試問還能負起指導農民生活與督促工作的責任嗎？我們要使這些目不識丁而又無甚作爲的保甲長能夠完成這樣重大的使命，那麼這就必須要以諸君領導他們，督促他們，推動一切工作了，此其二。

諸君之責任既如是重大，而困難問題，當亦在所不免，這自然要諸君善爲設法解決：

（一）校地和校具問題：實驗區五鎮共有一百保，兩級小學四所，初級小學十四所，現在各保忽然要增加八十六所初級小學，這當然是非常困難的事，校地及校具，并無空起在那裏等着，而又不能籌資建築，設備，勢必須要諸君先到各保時，卽與各地保長取得切實聯絡，請他們加以幫助，如果有公共地方或寺觀之類當然可以盡量設法利用，否則民房亦可暫時借用，對於校具，尤其談不上，祇可以因陋就簡，需要者設之，不需要者捨之，不可講求完善，以免犯齊頭難舉之弊，如椅棹之類的東西，可囑由學生自備，至於時鐘鈴子沒有的，可依照氣候之早晏，定上下課的時間，但不可過長或短，過長則容易使學生疲倦，而講所課程不易入學生之腦經，故時間長短，須選當爲佳。

（二）經費問題：全區每年的教育經費統籌起來爲一一，〇六四元以百名教師每年薪金以一百三十二元計算則需洋一三，二〇〇元，兩級小學開支也還在此數內，故經費支絀而又支絀！當然諸君務須節儉而又節儉，不但不可有一個錢的虛擲而且就是購置一點小小的東西，也要分其緩急，權其輕重，其相差之數即可按照私塾，酌議學費以作一部份之協助，也是一種辦法，

（三）招生問題：全區自六歲到十歲的學齡兒童，計八，七一八八，就學者，一，四九五八僅佔學齡兒童六分之一強，其餘大多數之失學兒童雖多，但願意入學及轉入學者，其數惟恐不多，有的是因爲生活逼迫，有的是對於義務教師，沒有相當信仰、所以我們就要用僧尼化緣的方式去與農民發生關係，要採取教士傳敎的精神去振着對我們要有信仰的農民，而救濟失學兒童，我們要佈置成爲一個教育網，不要有一個人尤其是不識字的兒童落網，這才是我們義務教育的目標。

教師就業典禮會場之速寫

向榮

北碚的兼善大禮堂，今天已給她披上一件鮮美的外衣，在她光榮的歷次送往迎來的史頁中，又增了一個光景的痕跡。

今天她的容裝雖不怎樣豔麗，然而却也清新別緻，楚楚動人，在華美和愉快的氣象中，仍寓着莊重嚴肅的神氣，她的兩重門楣，帶着綠色的花冠，當中露出「實驗區署小學教育研究會會員義務教師研究班學員就業典禮」的鮮明的容顏，場內的頂上，有新綠的柳葉和松枝，稀疏地交叉地垂着，四週粉白的壁上，貼着很大的刺目的標語，用樹葉嵌以藝術的圖案，襯托得非常堂皇美麗，尤其是在講台兩邊的角落，所點綴着的旭日初昇的陽光中，放射着「十年生聚，十年教訓」和「毋忘國難，毋忘建設」的斗大紅字，令人多麼深省啊！

鐘敲十點；

一隊隊武裝男女，一排排的來賓，擠滿了整個會場，司儀一聲呼贊，全場肅穆地注視，注視着一羣精神飽滿的武裝教師，伊們莊重地，興奮地，高舉左手，朗宣誓詞，……

一個偉大的使命，就在這衆目觸望之下，担上他們底肩頭了，接着各機關的主管人和來賓，一個個地上台來又是一番殷切的盼望和諄諄的教誨，不啻是「聆君一席話，勝讀十年書」了。

嘉陵江中汽船，噗噗的掙扎着上駛，時而發出烏烏的長嘯，此時田野的人們，都已回到茅屋安息去了，只有一裊裊的炊煙，在散落的村莊底空際飄渺，宇宙保持着暫時的恬靜和安詳。

會場的空氣，時而緊張，時而興奮，會程如電影般地一幕幕地序演着，忽然宏大的呼聲，突破了會場的沉寂，「努力普及教育，改進人民生活，完成鄉村建設，復興中華民族」的口號，震驚每個人的耳鼓，並傳入心之深處，更鼓起了他們和她們底前進的無限勇氣。

驕陽還在施放着它猛烈的餘威，人們一羣一羣地散了，只留着一個空空的會場，依然是在莊嚴肅穆地。

從此我們工作的前線，又新增了一批戰士，一萬一千多的學齡兒童，即將得着救星了……

隨筆

開學日

開圑

開學的第一日，在教育上與開課的第一日有同等的重要，決不可以忽視的，西方有句名言說：「開始好，其事已成功過半，」這確實可以斷言的。

因此，學校的教師，在開學前一日，不但應準備一篇富麗堂皇的演詞，而且和善的態度，果敢的精神，忍苦的行動，與及樸素而清潔的服裝，整齊而嚴肅的冠履，有計劃有組織的各種自由談話…………都要準備，才能樹立一個達到成功的基礎。

個人將北碚小學開學的第一日，處置情形談談，以供參考！

——一個新才開學的學校，集合着許多目不相識——當然有例外——的教育對象——許多各方綜合起來的學生，教師與他們和她們第一次正式聚談的當兒應有以下的各項測驗：

一，成見的測驗——這項測驗裏面包括學生的個性，智力。

二，記憶的測驗——這項測驗裏面包括學生觀察能力，批評能力，聽覺能力，整理能力。

三，敏速的測驗——這項測驗裏面包括學生的注意，天資，機警，鄭重，負責，知恥，忍耐。

這種測驗係舉行於談話中，談話時間不過數十分鐘，這篇演詞，就佔了各種測驗的中心，以下就是個人的演詞；

由今天的開學，我便想到異日的放學，諸位想想：當中要經過一段很長的時間，我們大家要怎樣才能不空過這很長的而且很寶貴的時間呢？今天是這樣的有秩序，有精神，有一顆共通的欲求先生指導向上的心，以後大家應當繼續呢？眞的，這是諸位應解決的，不得不仔細想想，經驗告訴我我也不妨引來告訴你們作何解決這些問題的參攷資料，有兩點：一，就是努力把壞的改得快，努力把好的學得深，我以這兩句話來指示我們的生活。二，就是分段教學，把全期二十二週分成三段，開始，繼結，幾個段落按步做去，（經過詳情和怎樣做法，待下次公佈，因現在尚在修正中，）諸位既然聽了這兩點個人經驗的介紹，恐怕多數都已明白了本期的工作概況，將來到散學日，一定有優良的結果，因此，現在我們可以來共同的做一樁工作，就是對于自已的好的，壞的加以檢討，到講台上來告訴大家聽，以後大家才好負起改正的責任，如不願意說，那就把今天我的說話材料，加以批評，畢了。（註）在說壞處時教師不妨先說。

這樣一來，引起了各種態度，那時就可一望而知其心理的大半，待到學生話未講完時，（要有方式才可由學生來講話，如以三人爲限，第一名要是自動的，第二名要是公推的，第三名要是指定的）教師已可完全知道全校學生現有程度。因而又抓着了他們的心，對教師有一個共同的心，（事後要詳細記下）加以教師和善的，果敢的，忍苦的，樸素的，雅潔的，整齊的——有種種動態的陶熔和暗示，對于以後的工作，至少要樹立這些基礎。

雜記

——記二十四年之金沙江斷流事

常兆寧

二十五年三月二十五日，早六時，與李爲倫同去，自新堡子出發向金沙江斷流處行進，出街行平谷中，四圍稻田均無滴水，天氣極乾燥，約行十里，望見獅子坪（即去年十二月十七日山崩處）到江邊小壩口，地高二二〇〇米，可望見金沙江，下山先行未崩壞之路，約二里，乃行崩墮亂石中，坡度旣大又無路可走，十分難行，甫二里在路側見二人家，房係新築，由亂石直下，愈下氣候愈熱，見崩壞之地，略如椅形，惟中部崩出，於下午二時許，乃到下岩壩西側，黃丙榮家，地名新田，高一五二〇米，距江面尚約有三百至四百米之高入門熱極，脫去外衣仍覺熱，乃狂啜冷茶數杯，盡其一壺，旋主人肅客登右側小樓，已先有李爲倫之叔榮成在其上，蓋黃爲李之佃戶，李家經山崩覆滅後，即常寄居黃家，乃與榮成談山崩事，榮成一癮君子也，知書而談話有條理，四時午飯，由黃家招待，有臘肉二大碗，及蒸雞蛋等，備極豐富，然蒼蠅滿桌，幾不敢下箸，但以餓極，亦吃四大碗，稍息，乃同主人及李家叔侄幷學忠等出門，向下行約一里，見江水被塞地，係一大沙洲，被沖散後，乃成若干沙島，棋佈水中，此金沙江上游難見之景也。

蓋去年十二月十七日上午九時許，獅子坪忽然崩下即將上下二岩墻向南推入河中，沙石即將岩墻溝掩蓋，崖石流動之勢極猛，墜約五里之遙，將到江時，乃從半山越江崩墜對岸魯車場之下，將金沙江即時堵塞，故金沙江北岸之上半坡，全爲沙石所掩，而下方接近江水之部，全無沙石痕跡、其力之猛，眞不可思議，以當時河中沙堰之痕跡計之，其旁約及一五〇米，在我未來之時，疑金沙江斷流，係由地震，或係由於江岸之石灰石成崖過陡，崩潰所致，今乃知係一單純之山崩，由此崩而引起之地溜現象也。據聞當十七日上午九時許，忽聞轟轟之聲，人以爲飛機至矣，旋即烟塵障天，半小時后，乃知上下岩墻，已全部埋於沙石之中，其中房屋三十餘所，（據云中多附戶，實有人口三百餘，）幾全體死亡，其幸存者，均係在外作客，惟有董姓女子，年十二，早飯后上山牧羊，方出屋外，即見獅子坪崩倒，即大呼其母曰：「山倒」，快快跑吧！」其母方送女出門，即隨應曰：「不怕的」，方連應三聲，而山已崩下，全村無一得脫，是時空氣振動成大風，此小女子幸在距岩石流動之地十數丈外，然亦吹倒地上（聞下裝都吹脫了），則似過甚之言也。此女現仍寄養黃家，亦爲我說所見，又聞有二鹽商，由魯車過河負鹽上山，擬在一家賣飯而店主以自家正賣午飯拒之此二人即忿而負鹽上山，行至半山，忽霹靂一聲，大風倏然而至即將二人吹倒，半小時后風定沙沉，則其鹽已跌落數十步外。乃折回新田，爲說所見，只知大風吹人欲死耳，而新田黃丙榮亦云：山崩前無任何預告，並未地震，亦無響聲，即覺天昏地黑，塵土蔽天，一小時後，乃知山下崖墻，已被崖壓蓋，才隔一二里，而響聲不聞，當係聲音過大，震耳欲聾，而以驚悸過甚，亦不暇辨別聲音也，又聞崖崩後，上下岩墻人家之家俱，多隨風入寄南魯車，均化爲碎塊，又其家所畜之羊，亦有二隻崩入雲南境內，其一已死，其一則折其足，旋由其牧羊人牽回宰食，而魯車人認爲羊飛過江，絕無是理，卽罰食羊人小洋六元，鄉人猶爲叫屈，崖崩時，魯車有二農人正刈蔗田中，亦爲沙石所埋，而魯車界內，被沙石掩埋之地，亦及五六十畝之多，所有沙石，均係由隔河之四川地內飛來，則地溜力之猛烈可知，當山崩後，江水卽時斷流，在去崩崖地不遠處，尤爲乾涸，人可至河床上踏過，惟中却仍須用一木板爲踏足耳，斯時過河已不用船，舊例過金河渡資，每人三角，外加團捐二角，挑擔馬轎尙須外加，其費可謂無理，及人可自由過河，而船戶尙藉口渡船浪破，仍揸取過河人五角，若過客拒絕，卽被禁上岸，亦駭聽聞之事也，至魯車上游，則在河塞後僅餘新田房屋二所，及上崖墈北之觀音廟一所而已，聞死人達三百餘名之多，卽李爲倫家中，亦死去十二人，然所有死屍，均深埋沙石之下，繼我由江岸赴下岩墈時，稍嗅屍臭，或係埋入較淺之處，同行諸人均以上下岩墈之人民，均已不在原地，多半已葬江中，甚至已遠入雲南境地，此說我亦以爲然也。在崖墈未崩前，崖後有溪水自山流出，可供村民飲用及灌田，蓋當時之崖墈，係一斜坡地，皆產米及芭蕉果，芭蕉果卽香焦，非極熱而多水之地不能結實，以前皆利用山水以資灌溉，及岩崩後稻田既全爲沙石所壓，而河谷中之芭焦果，亦皆萎化無一株存在矣。水渠既斷，僅上半部仍存在，下半部則流入泥沙中，瀦爲二池，而餘水卽滲入附近碎石池中，無法掘渠，以資利用，新田附近，原有水田數千畝，皆係引用渠水，今則滴水毫無，甚至黃家之飲用水，亦須遠赴三里以下之金沙江取用，而其所畜之牛羊，亦須驅至金河邊始能就飲，以現時情况觀察，在上下岩墈沙土，未凝緊以前，新田决不致得水，稻田均得放棄，而黃家亦非遷居不可，則崖墈附近遂將無復有人居住，崖墈位置，原在金沙江河谷中之一缺口處，金沙江之河谷，皆壁立千仞，非有此項缺口，不容易上下，而在對岸雲南地之魯車，亦有小溝流出，故魯車與崖墈，遂構成一天然之川滇通道，成爲重要渡口，卽所謂魯車渡也，自崖墈崩沒後，以前之大道均全體破壞，巉崖峭石，充塞乎江上之二十里間，大道不易重修，故現時由魯車來川之客商，均逆江上水至諸者，乃過江上山，商道既已改易，則崖墈之復興，非易易也，金沙江堵塞後，遠近來崖墈觀察者及千數百人，而此沙堰，在十二月十九日上午四時，卽溢出堰外，沙堰經侵蝕後，遂逐漸低下未成水災，馬邊在二十四年十二月十八日下午二時，發生大地震，損失極大，其地震之時刻，係比金沙江崩崖遲二十九小時，而其發生之原因，似與崩崖無關，然銅山洛鐘之崩應，固亦有或種影響也。

廣西最近的建設

吾人此地提出的廣西的問題，乃是該省近年努力建設的事實問題，而非國人目前所注意的政治變動的問題，此點須先向讀者聲明的。

廣西建設的主要原則，則爲三自政策；即「自衛」「自治」「自給」是也，他們以充實人民自衛的能力，爲軍事建設的重心。以扶植人民的自治能力，爲民主政治的基礎。以培養人民的自給能力，爲民生主義的實踐。這是廣西建設的根本理論與意義。

則建設的實際民團組織是比較有歷史和成績，全省劃分八個區域每區各設一民團總指揮營兼負行政督察的責任，以每一村一街做單位將全省人民一律武裝起來，十八至卅歲的壯丁叫常備隊卅一至四十五歲叫後備隊，都已受了嚴格的訓練，民團的訓練費年達三，二○○，○○○元完全由省庫支撥，民團的工作除了平時維持地方的治安外前幾年曾擊敗朱毛的共匪農閒時還築了二○，○○○里長的公路植了一三，○○○，○○○株樹此外隨時修建堤防免除水災可見民團的力量已能引用到建設上去了

國民基礎教育的普及，也是廣西建設的一種大企圖，期望以教育的力量來助長全省政治的，經濟的，文化的，社會的建設，他們規定八至十二歲的兒童至少須受二年基礎教育十三至十六歲的失學兒童，至少須受一年的基礎教育，成人則至少須受三月的短期基礎教育全省共二萬四千村，準備每村設國民基礎學校，每一縣或鎮設中心國民基礎學校爲實施的機關，現他們正努力推行六年的計劃第一年的師資訓練工作快要完成，本年度起就要從事這種基礎學校的普遍設立了

晨間

善碞

驀地醒來、揉開惺松的眼，黑暗緊抱住了我整個的軀體，朦朧，模糊……什麼都分不清，注視了許久才見着窗前似乎有些微微的光亮，但不知是夜半的月明，還是黎明的曙光？在這渺茫莫測的時分，忽傳來一陣尖銳的號角，在這靜寂中聲音聽得格外清楚。尤其是過慣了軍人生活的我，更明白這是起床的號音！於是匆匆起床，披上了衣裝，照例要跑到外面去活動

，活動。

出營門，一個崗兵，黑黝黝地立在門底角落，驟然瞥見，到把我吃驚不小！

迷朦的大霧，佈滿了嘉陵江上，漸漸地流瀉到江邊兩岸的人家，一團團地白烟，更不斷向大地發散，遠的山頭，近的流水……一忽均被蒸氣籠罩着了，自已好像沉溺在渺茫的大海裏一般。此時我沿着西山路慢慢地向體育場行進，路上微風拂面，清氣襲人，使人感到一些秋的涼意。通過了一段寥落的馬路，却不見一個人影，除路旁的秋虫唧唧的哀鳴而外，就是鷄鳴，犬吠，人言，鳥語……的聲息，怪，一點也不會聽着，寂靜的世界，使人渾然，更使人心悸！

尤其是市街上的人家，盡都緊緊地閉着雙扉，市民們，還在那安樂的床上，做着他甜密的夢吧！

經過學園路，道上却舖着不少的黃色落葉，兩旁的行道樹是減去了從前的葱綠了；踏上民衆馬路突然傳來一片雜沓的聲音，當中有人高呼着一，二，三，四，……的番號……呵！遼闊的運動場上，佈滿了生氣蓬勃的男女青年，藍色的水手隊，灰色的保長隊，黃色的公安隊，還有兼善校的學生及北碚各事業機關的職員，男的，女的，一羣，兩羣……有的奔跑，有的跳躍，有的呼唱……整個地場子幾乎沸騰起來了，你看，他們的動作多麼敏捷，他們的步伐多麼整齊，他們的精神多麼振作，他們的身心多麼愉快，他們的聲音多麼宏亮呵……

不久又聽得一陣緊急的號音，這時每個隊伍，隨着音波都停止了一切地活動，迅速地奔跑到旗竿之下一排排地站立着，司令台上的一位青年軍人，高呼一聲：「全體肅立」於是一切雜亂的聲息都飛去了，沒一個人說話，沒一個人咳嗽，沒一個人亂動，都靜立着聽候指揮，一致的動作，頗有一番嚴肅的氣氛，升旗後，他們又各各繼續剛才的活動，恢復了原來的熱鬧，在雜亂的羣衆中，無論是操作，練拳，踢球，賽跑……皆各有秩序，而且他們的秩序，終究一點不紊亂，他們的精神一直保持到底。最有味的是許多小朋友，在奔跑的時候，每每是拖在一羣人的後面，非常吃力，但他們總是努力追趕，仍究不會落伍，好像他們自已也不甘落伍似的。

幾百人的吶喊，呼嘯的聲浪，振盪了整個地三峽，喚醒了無數迷夢中的人們，待太陽從地平線下升起來的時候，霧也展開了籠罩，人都四散了，餘下一個淒悽的空場，幾個挑菜的小販無言無語的在場中蹣跚着。此時每戶人家的屋頂各吐出一縷縷的青烟，太陽光無力的照着大地……………

秋感

雪西

早晨起來，心上流過微微地冷，秋的冷！

披了衣，同往常一樣，在一個孤峙着嘉陵江濱的園子裏漫步，入園，觸眼一片蕭蕭索索，秋後的天氣，總是帶着傷感的情意。淡綠的野草，已經倉老起來，槐樹不耐煩地掛起了紅黃相間的葉子，有時被風吹落了兩片，在地上無歸宿地亂滾。

園裏空空洞洞地沒有幾個人影，繞過了一條曲折的小道，見着一個園丁悄悄地掃着落葉，從園的右邊望去就是幾畦菜園，一個老人挑着一担糞在那裏默默的灌溉，面上呈着悲傷痛苦的神氣

轉到露台，微微的風不停地吹拂，嘉陵江水給它吹縐了，滿園的竹樹給它吹得搖曳無定，啊！我的心頭，更是吹得滿感着蕭瑟的悲涼！對着這清幽的景色，眞使人有說不出的悵惘和怨愁。

看！空闊的天際，幻淡的雲霧…不斷地轉變，不斷地飄流。淡藍的天上飛過一羣灰色的小鳥，牠們高唱着秋，秋，秋…這撫媚的音樂似的聲音，撞開了我緊閉的心扉透出千條萬縷的感想。

啊！明天不是沉痛的「九一八」五週年了嗎？這五年中的艱夠算啦！第一年失去遼吉黑三省，第二年戰毀淞滬，亡掉熱河，第三年進佔冀東，第四年淪陷察哈爾，第五年河北與綏遠不保…他們一貫的侵略，可說是一帆風順，由東北到華北，由華北到華南，華中，以至華完了事，什麼塘沽協定，何梅協定，中日通郵，中日通航，中日經濟提攜，華北自治運動，冀察政委會之組織……花頭玩的不少，最滑稽的愛國也要犯罪了，現在侵略的範圍一天一天的擴大，私貨和漢奸一天一天的增多。尤以近兩月來的成都，北海，漢口，汕頭，豐台，上海等事件的發生中日問題更形尖銳化起來，我想這并非由於我國暗殺狂的風行，實是我們中國人愛國的熱烈情緒必然的一種表現，我相信明天在國內的大的都市，小的村鎮都會下半旗，開紀念會，我們將有成千成萬的學生，工人……悲壯的在馬路上遊行高呼打倒×ㄨ帝國主義的口號……抑或許這些吶喊的男女學生，青年工人，會被凶狠的警察逮捕，打傷追散……但我們要抑制着熱淚撫們着傷痕，還是要抗爭，要怒吼，因爲我們都是中國人，我們要繼續白山，黑水，長城之間的無數爲國犧牲的無名英雄，努力向着光明之路奮鬥！前進…

這樣的感慨，愈來愈多，秋聲，愈叫愈密，心，老是不自主的飄蕩着：唉！秋之蕭瑟的韶光，您眞象徵着國運的凋殘麼？

峽區要聞彙誌七，八，九，三月

一文化類

1實驗區署籌設義務教師研究班——七月十二日發出招生廣告，七月二十八日舉行考試結果取錄七十餘名（中女性八人）八月一日即入班研究，地點在北碚新營房，研究項目有鄉村建設，鄉村教育，政治經濟，社會調查，農業改良，公共衛生，民衆運動，合作運動：：：等并受軍訓，八月二十八日由區署佈告取締私塾，八月三十一日舉行就業典禮，九月一日即分配到各場籌設義務小學，九月十日教育股派員到各場視察教育并訓勉各教師要有誠懇態度，苦幹精神，九月十五日各場義務校紛紛開學。

2實驗區署設立小學教育研究會——七月十二日發出研究會簡章，八月二日計到男女會員三十餘人入會研究。地點在北碚兼善小學，研究項目爲：國際政治經濟，鄉村建設，小學教育行政，教學法……等同時并受軍訓，八月三十一日舉行就業典禮，九月五日各員返各校紛紛開學。

3民衆圖書館組織圖書担——於七月十七日開始工作，每日派員把書送上門去，并幫助讀者解釋疑難，地點限於北碚五里以內，每三日換書一次。

4兩教育專家來峽參觀——七月一日教育部科長徐逸

5實驗區遍設無綫電收音機——無線電專家戴如鏡先生兩次來碚，先後在民教處，報社，及北川公司等處安設收音機數部，端午日復在區署安交流收音機一具，又戴先生對於無線電收音機近有新的發現，即不用乾電及交流電，因其收音機上有手搖發電機一部，每搖一次，即可供一週之用。

6實驗區黃桷鎭新校舍及博物館已竣工

7博物館定十月十日開峽區物產展覽會——展覽物品係關於作物，礦產，及工藝品……等材料，實驗區署已派員到各場會同聯保主任及保長搜集，於二十日返署，計徵得工藝品，農作物，及各種農產品共三百餘種。

8實驗區各鎭鄉將添設體育場——此間民衆體育場場長，陳年郊，擬在各場設立民衆體育場，將來各保亦須設立小規模體育場：目的不僅作鍛鍊民衆體魄，且可作民衆會場實施民教之用。

9民衆體育場三年制銀杯比賽——期間定九月二十四日正式開幕，月底閉幕，除原有報名者外幷歡迎新隊參加。

地質研究所主任常隆慶前受建廳委託調查寧屬礦產，九月十九日業已公畢返碚，據云：寧屬礦產蘊藏極富。

11北碚家事女子職業校已於九月二十九日正式行課，各科教師已先後聘定。

12民衆教育委員會創辦農民週報——該會爲供給農民實際需要之智識及技能，特辦一農民週刊，中分談天，新聞，三峽消息，……等欄內容極其通俗化。十月可望出版。

13西部科學院運到大批礦產標本——二十一日此間科學院運到西昌……等縣大批礦產標本，共計念五箱重千餘斤。

14北碚家事女子職業校已於昨日遷入民教處——日內即可行課，該校原有校舍業由地方醫院接收。

二、政治類

1區屬各場開始訓練甲長及壯丁——文星場於八月六日開始，黃桷鎭於八月八日開始，二岩及澄江亦開始編製。

2各場公安隊與聯保公署聯合辦公——實驗區各場聯合辦公室均已先後設置妥善并開始辦公。

3區屬各場開始檢舉煙民——限期於八月內檢舉完善

4區屬各場烙印槍彈——各場已於八月舉辦完竣。徵款解歸各該場。

5實驗區署籌設保長及小隊附研究班——於九月十七日各場保長小隊附等受訓人員已齊到北碚，計有聯隊附五員保長及小隊附共二百員。

6北碚聯保主任王仲舒撤職——因其操縱選舉包庇土劣致受該鄉人民控告，現已奉專署令，將其撤職，區署業已另委馮書勳繼任，並於八月二十八日在北碚聯保公署宣誓就職。

7實驗區署及兼善中校紀念「九一八」——兼中校停止娛樂并素食一月以示臥薪嘗胆，實署民衆會場當晚開放講演九一八經過，藉使民衆知所警惕。

8別働隊第六大隊於九月十八日來碚旅行——廿二日晚實驗區署及別働隊開聯歡大會，峽區各事業職員與來賓約千餘人，除講演外並表演游藝助興。

三，經濟類

1實驗區煤業公會組織成立——七月四日由區署召集各炭廠代表開第一次籌備會議，九日開第二次籌備會議十二日正式成立，推唐瑞五，黃雲龍任正副主席，並選出常務委員五人，執行委員十五人，會址設北碚農村銀行。

2舉行全區牧畜調查——由區署特請四川家畜保育所技士梁正國於七月十七日開始調查，至二十二日已將五場調查完竣其調查項目分；牲畜數目，疾病死亡，屠店統計，牲畜市場等五項。

3實驗區署派員調查區屬各場旱災——已於九月二十日將區屬各場調查完竣據云：文星場後礄秋收僅三成，其他各場最好者亦只收獲十分之四，五。民食多以菜蔬，洋芋……等充飢，該員返署時並在災情嚴重的農田，攝影數張。

4實驗區署注意救荒運動——該署建設股近向此間農村銀行借款在各方購買洋芋，喬麥，牛皮菜等種子，準備分發農民種植，待收獲後還種，同時並從事塘堰調查，加以修改，以作未雨綢繆之計。於八月四日又將再生稻培植法印佈四鄉，以作旱災之補救。

5 七月三十一日李紹鵬在打鐵灣新闢一羊園——飼有瑞士羊三頭每日可產乳八磅，已就此間銷售，計每份每日半磅。

6 西山坪西瓜試種成功——科學院第二農場西山坪西瓜本年收獲十餘萬斤，其大者每個約四十餘斤，除開支外獲淨利五千元。瓜種以哈密瓜試驗獲得意外成功。

7 實驗區稻麥考查——全國經委會農業處處長兼稻麥改進所主任趙連芳於八月七日來碚考查本區稻麥，并指示改進辦法。

8 東陽鎮將設蠶桑學校——八月十二日省府蠶絲管理局局長魏文翰氏會同該局技師於本日午前來碚，考查東陽鎮土質，以作蠶桑育種之用，并擬在該場籌辦蠶桑學校，及北碚蠶業改良場。現已進行收購東洋鎮場地。

9 實驗區組織職工合作社——北碚各事業機關人員均有參加，現該社理事，監事，人選已決定，并同時籌款及登記社員。

10 實驗區開始推行新度量衡——八月十四日各場已開始試用。

11 東陽鎮將設園藝試驗場——四川省府建廳技士楊伯能八月二十七日來碚考查東陽鎮下壩土質備作園藝試驗場之用

12 實驗區購買優良麥種——九月四日特託民生公司購買小麥種（金大農院）以作本區各場種子。

13 川大教授曾吉夫九月四日來峽——參觀峽區各事業，并考查地質，擬選購適當地點以作種菌場所，五日在大禮堂為本署職員講演。

14 廣益化學工業廠即將開工——該廠經理王子谷前於四月。即在區屬東陽鎮將廠地購妥，籌備成立，擬製造鹽酸，硝酸，硫酸，業已先後呈准國府實業部及川省府註册有案，不日即將開工製造。

四，社會類

1 北碚市婦女會成立——七月一日假兼善中校禮堂開成立大會，會後表演游藝。

2 温泉公園新建餐堂落成——並於八月七日舉行開幕。

3 澄江鎮測量公墓——計有三處，面積約計八千餘方丈。

4 二岩官山調查——九月二十五日二岩官山已調查完竣，面積約二百餘畝，可種桐七千株。

5 峽區地方醫院送種牛痘——此間地方醫院在滬購大批新鮮牛痘苗及應用之一切材料，當即派員到峽區各場送種。期間自九月十五日起至十月十五日止。

6 峽區地方醫院分設戒烟所——時間從七月二十三日起，地點在北碚，蟬岩，文星鎮三處。

7 民教處倡辦敬老會——民教處爲提倡健康教育起見，特與地方醫院共同舉辦敬老會，訂於雙十節日舉行。

8 北碚民衆劇團昨開首次籌備會——九月二十三日各部負責人員已選出，並定中秋節公演。

9 文星鎮民衆劇團於九月廿九日開首次籌備會議——當選出各部負責人員，並擬辦民衆會場。

所謂知識，即是認清，既能認清，便可支配
——泡克洛夫斯基——

我一生只用了一本大書，
我的一生只有一個教師
這本書即是「生命」——去生活。
這個教師即是日常的經驗。
——黑尼里尼——

編輯後記

編者

「民教與義教合一制之商榷」一文，乃作者感於時勢的迫切，和實際的需要而提出的一種革興辦法。本文不但闡明了鄉教過去之癥結及未來之趨勢，更認為要實際辦到「生活即教育，社會即學校」和「能者教人，不能者向人學。」的境地，則非走向民教與義教合一之路不為功。當此國運危急的時候，吾人在復興救亡的教育原則下，實希望有別開生面收效宏速的方法來教育，組織廣大的羣衆作救亡圖存的工作，因此，特將本文刊出，俾供從事民教與義教的先生們研究和討論。

「鄉村教育應有的動向」，係作者根據嘉陵江實驗區目前的經濟狀況，鄉村環境，和民衆生活的需要而寫的一篇鄉村教育實施辦法的大要，當此普及教育的呼聲，已彌漫全國的時候，用何種既經濟且易收效的方法，使能教育普及。我想，這應值得討論的問題。

「嘉陵江三峽岩石之用途」，是羅正遠先生，忙中為我們寫成，其於岩石與人生之關係，三峽岩石之成因及其種類，性質，，用途等，都解釋得非常詳細，對生活或遊覽峽區間的人士，却能多增一新的常識。

「四川的旱災及其救濟」，作者將旱災的現狀，損失的成數，天然的與人為的原因，災後的影響及治標治本的方法，分別敍述，句句皆有根據，可供從事防旱及救災工作者之參考。

「峽區的旱災，」是一篇實際調查的報告，惟該文所述區域，乃嘉陵江實驗區屬五場，而非全峽區，特此向讀者聲明。

「嘉陵江三峽鄉村建設實驗區畜牧改進五年計劃」切實合用，這我們不能不感謝四川家畜保育所惠賜本文的盛意了。

「北碚的夏節運動」，乃北碚近幾年努力民教運動中留下來的成績和辦法。特此刊登，藉供作民教運動者之參考。

「衆辦小學教育研究，會，班經過」，是嘉陵江實驗區小學教師暑期研究中的全部生活寫真，其訓練與研究辦法。足資教界人士之參考，故特介紹。

教育欄內幾篇關於義務教師的文章，有的提出注意點，有的提出問題或辦法，切實扼要，都是下鄉辦學校的參考資料，希望義師諸君，不要將它輕輕放過。

本期封面承侯輔陶先設計，北碚夏節活動插圖，蒙汪德修先生攝贈多幀，均此誌謝。

四川經濟月刊

六卷三期　九月份

要目

歐戰後十八年來之世界經濟概觀
世界軍需工業之全貌
金融統制論
走私問題
成渝路沿綫經濟概觀—簡陽
金融機構改造聲中之銀行法修改問題
都江堰工程概況
日本強化貿易國策
二十五年度預算
孔財長財政報告
全國紗廠狀況
近四年來中國對外貿易
全鄂交通建設之鳥瞰

總發行處：四川省銀行經濟調查室

全年二卷十二冊　每冊零售二角　預定全年本埠二元

代售及預定處
重慶四川書店今日出版合作社及各大書局
南京花牌樓書局
上海羣衆雜誌公司
上海雜誌公司
中華雜誌公司
現代書局
北平玉山書店
武昌新生命書局
漢口生活書店
蘇州時代雜誌服務社
廣州上海雜誌公司
本行成都萬縣兩分行
瀘縣內江自流井宜賓遂寧涪陵上海南充綿陽各辦事處

嘉陵江日報四大特色

一，每天必有國防交通產業文化的各種消息
二，每天必有峽區事業的進展消息
三，常有中國西部科學院在邊地的採集通信
四，常有國內外重要都會的特約航空通信

社址：四川巴縣北碚鄉

工作月刊

定閱單

茲寄上大洋　元　角　分

定閱

工作月刊　卷　期至　卷　期

共　期請按期寄至下開地址為荷此致

四川　巴縣　北碚

嘉陵江三峽鄉村建設實驗區

工作月刊編輯部

定閱人

住址

年　月　日

工作月刊零售每期大洋二角郵費三分預定全年

十二期連郵費大洋二元三角國外五元

工作月刊

登載廣告通知單

茲向　貴刊登載廣告一則，請依後開各項辦理，
所有廣告各費準於付清，此致

四川　巴縣　北碚

嘉陵江三峽鄉村建設實驗區

工作月刊編輯部

工作月刊

地位　次數

大小　期限

自　起

至　止

定價　折扣

實價

定登廣告人簽章

住址

年　月　日

連登三期以上者九折，六月以上者八折，一年
以上者七折。

刊誤表

頁數	行數	字數	正	誤	遺落
六	三三	一一	教育的	的教育	
八	一四	一九	殼	穀	
一一	一	七	細	級	
一一	三六	一四			普通
一四	三四	一一	卑	俾	
二〇	一六	一七			一
二一	二九	一〇	照六	六照	
二六	三一	一三	政	致	
二七	二〇	三	睫	捷	
二八	一三	九	3	三	
三五	一二	五	野	書	
三九	一三	四	農	慶	
	一四	三七			糊
四〇	一二	一三	綠	錄	
四六	三一	一一	場	埸	
四八	二⑧	七	日	自	
六三	二	一四	隊	款	
六五	二三	一	繳	激	
七一	二二	七	各	谷	
七二	二九	一二	遺	遣	
八五	三〇	七	符	夫	
八七	三四	二一	尙	當	
	三五	一五			力
九三	三〇	五	異	爲	
九五	七	五	情	性	
九六	八	七	學	舉	
	二六	五	技	枝	
一〇〇	二三	一	七	六	
一〇六	二	一二	楷	階	
一二八	三	一七	熱	熱	
一三〇	一九	一七	運	連	
一三一	二八	一三	佔	估	

本刊已呈請內政部及中宣會登記

工作月刊

中華郵政特准掛號認為新聞紙類

定價

每月一册　一日出版　全年十二册

訂購辦法	册數	價目	郵費 國內及日本	郵費 澳門香港	郵費 國外
零售	一册	二角	三分	八分	二角
預定全年	十二册	二元	三角	九角六分	二元四角

郵票代價十足通用

第一卷第二期

民國二十五年十月一日發行

編輯者　嘉陵江三峽鄉村建設實驗區工作月刊編輯部（四川巴縣北碚）

發行者　嘉陵江三峽鄉村建設實驗區署

印刷者　重慶渝商印書館

分售處　各埠大書局

不許轉載

廣告刊例

等第	地位	全面	半面	四分之一
特別	底封面外面	四十元	—	—
優等	前後封面之內面及對面	三十元	十六元	—
上等	圖畫前後及正文首篇對面	廿五元	十四元	九元
普通	首篇以外之正文前後對面	二十元	十二元	八元

詳細廣告刊例函索印寄

工作月刊徵稿條例

一、本刊以記述農村實況傳達鄉建實施方法研究農村改良技術等為主旨歡迎投稿其範圍如下：

1 農村社會實況

2 鄉村建設之理論及實施

3 各地鄉村運動之消息及現況

4 鄉村事業之調查及報告

5 時代知識之介紹學術問題之商確

6 寫實的文藝作品國內外旅行實紀等

二、本刊暫分論著調查計劃報告科學教育文藝通訊隨筆等欄

三、來稿須繕寫清楚并加新式標點符號如用洋紙忌寫兩面

四、來稿以每篇自一千字至一萬字為限過長者不收文體不拘

五、本刊暫不收譯稿

六、來稿如不願增刪修改者須先聲明

七、來稿署名聽作者自便但須將真姓名及通訊處寫明以便通信

八、凡須索原稿退還者須預并付足郵票否則無論登載與否概不退還

九、來稿登載後酌酬本刊

十、來稿交四川巴縣北碚二峽鄉村建設實驗區本部

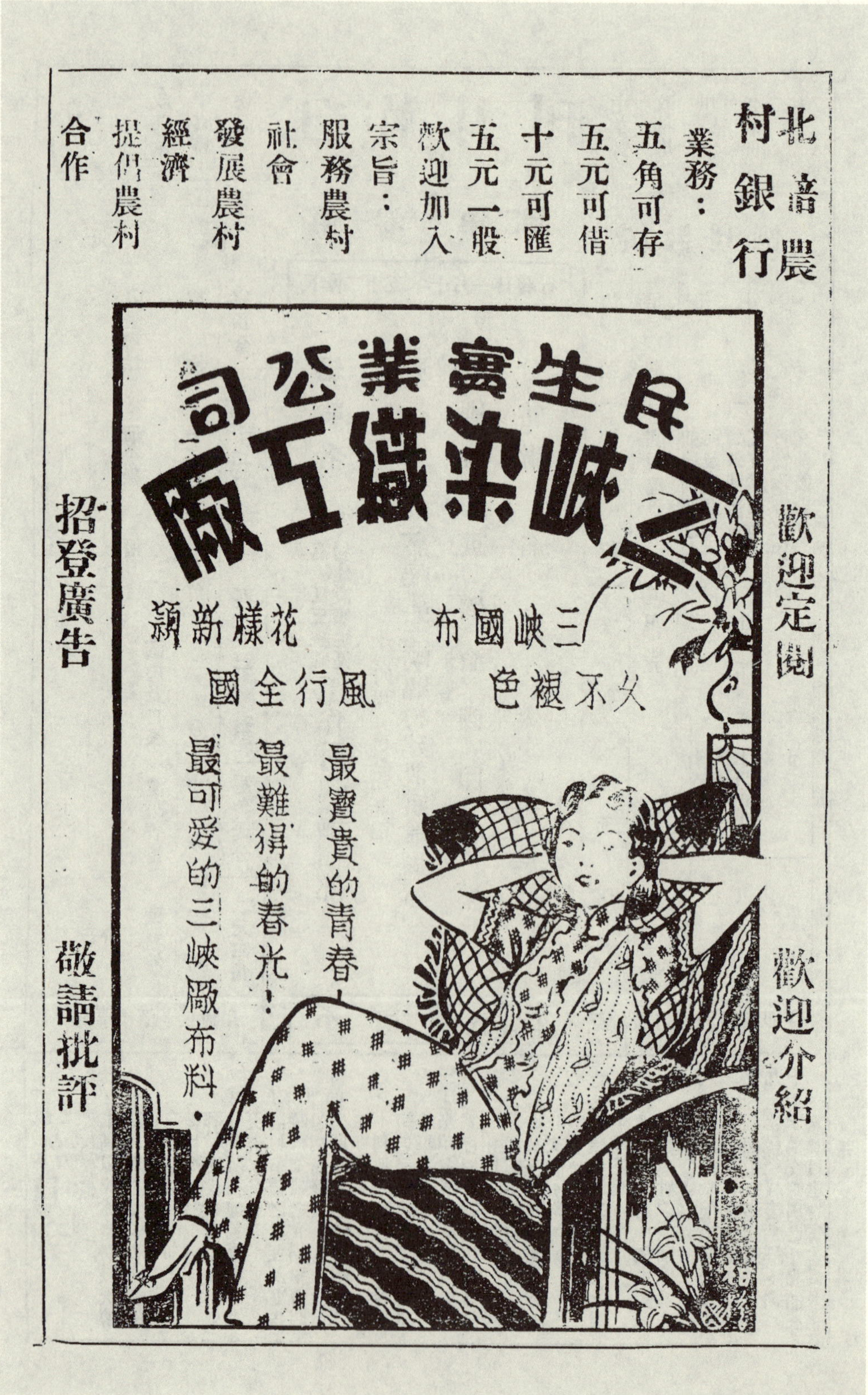
北碚農村銀行
業務：
五角可存
五元可借
十元可匯
五元一股
歡迎加入
宗旨：
服務農村
社會
發展農村
經濟
提倡農利
合作
民生實業公司
三峽染織工廠
三峽國布
花樣新穎
久不褪色
風行全國
最寶貴的青春
最難得的春光！
最可愛的三峽廠布料·
歡迎定閱
歡迎介紹
招登廣告
敬請批評